高等职业教育物流管理专业系列规划教材

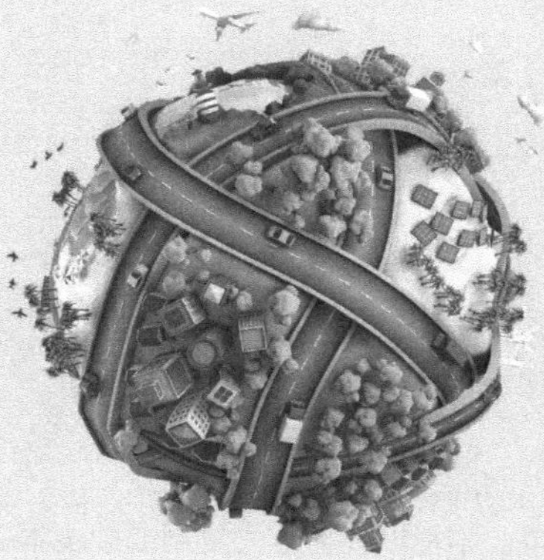

物流地理（第2版）

王溪倩 ◎ 主编

郑海超　刘冉昕　张璠　张宇 ◎ 副主编

田征　刘景良 ◎ 主审

電子工業出版社

Publishing House of Electronics Industry

北京 • BEIJING

图书在版编目（CIP）数据

物流地理/王溪倩主编. —2 版. —北京：电子工业出版社，2020.6
高等职业教育物流管理专业系列规划教材
ISBN 978-7-121-39031-9

Ⅰ. ①物…　Ⅱ. ①王…　Ⅲ. ①物流－经济地理－中国－高等职业教育－教材　Ⅳ. ①F259.22

中国版本图书馆 CIP 数据核字（2020）第 088661 号

责任编辑：刘淑敏
印　　刷：北京天宇星印刷厂
装　　订：北京天宇星印刷厂
出版发行：电子工业出版社
　　　　　北京市海淀区万寿路 173 信箱　　邮编：100036
开　　本：787×1092　1/16　印张：15.75　字数：434 千字
版　　次：2013 年 8 月第 1 版
　　　　　2020 年 6 月第 2 版
印　　次：2025 年 8 月第 12 次印刷
定　　价：56.00 元

凡所购买电子工业出版社图书有缺损问题，请向购买书店调换。若书店售缺，请与本社发行部联系，联系及邮购电话：（010）88254888，88258888。

质量投诉请发邮件至 zlts@phei.com.cn，盗版侵权举报请发邮件至 dbqq@phei.com.cn。

本书咨询联系方式：（010）88254199，sjb@phei.com.cn。

前　言

党的二十大报告指出："教育、科技、人才是全面建设社会主义现代化国家的基础性、战略性支撑。必须坚持科技是第一生产力、人才是第一资源、创新是第一动力，深入实施科教兴国战略、人才强国战略、创新驱动发展战略，开辟发展新领域新赛道，不断塑造发展新动能新优势。"这为推动当下和未来一段时间内我国科教及人才事业的发展、构建人才培养体系指明了基本方向。

物流地理是一门集物流学和经济地理学于一体的综合性学科，目前在我国高等院校物流专业课程设置中，已成为专业特色课程之一。

在多年的授课过程中，参考了前辈们的多本相关教材，收获颇丰。机缘巧合，有幸执笔编书，是对我所钟爱的教育事业的一点回馈，也是对前辈们的感谢。

本书总体上分为国内物流地理和国际物流地理两部分，每部分都是以物流环境分析为先导，以不同运输方式为主线的。国内物流地理分为我国物流环境分析、公路运输布局分析、铁路运输布局分析、水路运输布局分析、航空运输布局分析、管道运输布局分析六块内容；国际物流地理分为国际物流环境分析、海上运输布局分析、国际航空运输布局分析、国际多式联运及陆路运输分析四块内容。

在本书中，对资料和数据进行了更新，并加入了新的内容："一带一路"、中欧班列、瓜达尔港、世界著名内河航道建设、新的航运中心分类标准、洋山港四期全自动化码头等。

本书的特点是以任务驱动为导向的模式设置，每块内容就是一个任务，如"任务四　水路运输布局分析"，学习此块内容的目的是能够对水路运输布局进行综合分析。不同的任务又分设几个子任务，每个子任务都包括知识储备和任务检阅两个环节。知识储备是对基础知识的介绍，任务检阅则设置了不同类型的分析任务，类型新颖，资料丰富，时效性强，既要动脑，又要动手，此环节是本书的特色，充分体现了"做中学""学中练"的特点。

本书由王溪倩主编并总纂和修改补充。各章编写的具体分工是：刘冉昕编写任务一、九，张璠编写任务二、五，王溪倩编写任务三、四，张宇编写任务六、十，郑海超编写任务七、八。

在本书编写过程中，参考了相关领域内的教材、论文、资讯等，在此对其写作者表示感谢。此外，感谢辽宁省交通高等专科学校郑海超、刘冉昕、张璠和张宇四位的通力合作，感谢中国物流学会常务理事、大连海事大学田征教授和辽宁省交通高等专科学校刘景良教授的审阅。

因个人学识所限，虽全力编纂，但书中难免出现疏漏不当之处，恳请各位专家、学者和读者批评雅正。

提供意见和建议请发至邮箱：vicky_wxq@126.com，谢谢大家。

王溪倩

目　录

任务一

我国物流环境分析

学习目标

知识目标：

了解我国物流社会经济环境
了解我国主要资源种类
熟悉我国主要资源的分布及产销分布
熟悉我国经济区划分

技能目标：

能够对我国物流社会经济环境进行分析
能够对我国经济区划对物流的影响进行分析
能够对我国物流自然环境进行分析

引导案例

菜鸟网络总裁万霖：物流行业的数字化还处于早期阶段

2018 年 2 月 3 日，第一届 C2M 智能科技峰会在上海举办。本次峰会以“科技引领未来，智造幸福家庭生活”为主题，旨在搭建开放的对话平台，汇聚产业及科技的智慧与经验，聚焦“健康、快乐、富足”，围绕“智能科技+”进行深度沟通，探索新动能、新模式、新应用，开启智能连接，融合产业资源，赋能场景，共创家庭客户 C2M（Customer-to-Maker，顾客对制造商）幸福生态。

菜鸟网络科技有限公司总裁万霖出席峰会并以“智慧物流的未来”为题进行了演讲。随着我国物流行业体量不断提升， 万霖认为目前物流业还面临两大挑战，即新零售和全球化。新零售对于人、货、场的重构，对于数据链的打通效率的提升背后需要有更新的供应链物流网络支撑。全球化是整个行业乃至整个中国集体的趋势和诉求，除了在中国的市场上做得更好，满足消费升级的需求，还需更进一步走到全球化的市场上去，能够链接全球的消费者和全球的制造业，能够真正实现全球的 C2M。

对于全球化所涉及的跨境物流，万霖进一步分析认为，物流供应链网络目前有三个非常重要的点。首先，全球的运输配送网络，缺乏基于 B2C 跨境的电子商务的配送网络。其次，国际仓储，帮助商家形成全链路的整套方案，对爆品进行提前布局，对于长尾商品则采用配送网络。最后，在跨境中最主要的就是海关、商检环节的打通，而这一环节的打通不仅仅是政策层面的，更多的是技术、科技层面的。只有在配送、仓储、观物、拣物全面升级的情况下才有可能构建出最基本的全球的供应链物流网络。

（资料来源：腾讯财经）

子任务一　我国物流社会经济环境分析

学习目标

知识目标：

了解我国物流社会经济环境

熟悉我国经济区划分

技能目标：

能够对我国物流社会经济环境进行分析

能够对我国经济区划对物流的影响进行分析

引导案例

运输量年均增长10%，我国危化品物流需求强劲

2017年我国危化品全行业货物运输量超过16亿吨，实现10%以上的年增长，致使我国危化品物流仓储行业需求旺盛，且逐年增加。但从整体来看，在规模巨大的物流市场中，铁路运力无法提升、仓储能力不足、专业人才短缺三大短板问题制约了行业的发展。

运输规模庞大 铁路运输是短板

来自中国物流与采购联合会危化品物流分会的数据显示，我国每年运输的危险化学品中大部分通过道路运输，每年通过道路运输的危化品超过10亿吨，占危化品运输总量的60%以上，占公路年运输总量的30%以上，且呈上升趋势。数据显示，截至2017年6月，我国从事危化品货物运输的企业为10 928家，2016年年底危化品运输汽车车辆超过21万辆，总吨位超过220万吨。各地区车辆规模排名中，广东、新疆、辽宁位列前三位。

危化品运输车辆主要分罐车、厢式车等类型。据危化品物流分会统计，目前我国危化品罐车占比已超过70%，规模达到151 590辆。2016年年底我国危险货物运输汽车车辆的吨位总规模超过220万吨，从各省拥有的危化品车辆规模及吨位来看，广东、安徽、江西、新疆、河北等地车辆吨位占比较高。截至2017年6月，我国从事危化品货物运输的挂车为15万辆，总吨位为422万吨。

从水路运输来看，交通运输部数据显示，截至2017年6月30日，国内沿海省际运输油船1 319艘、994.73万载重吨，比2016年年底减少33艘，增加1.42万载重吨，载重吨增幅为0.14%。2017年上半年新增运力33艘，其中，新建油船14艘、16.02万载重吨。

国内沿海省际运输化学品船269艘、105.93万载重吨，比2016年年底减少3艘，减少0.41万载重吨，载重吨降幅为0.39%。2017年上半年新增运力3艘，其中，新建化学品船3艘、3.23

万载重吨。

国内沿海省际运输液化气船 68 艘、22.03 万载重吨，比 2016 年年底增加 1 艘，增加 0.82 万载重吨，载重吨增幅为 3.86%。2017 年上半年新增运力 1 艘，为新建船舶 1 艘、0.91 万载重吨。没有强制报废船。

2017 年 1—11 月，仅长江江苏段危险货物运输量就达到 1.74 亿吨，其中，散装液态化学品 6 843 万吨，散装油类 9 110 万吨；沿海危险货物运输约 2 200 万吨。2017 年全年我国水运危化货物总量超过 2.5 亿吨。

从铁路运输来看，由于我国铁路货运运力严重不足，现有运力主要从事大宗货物的运输，因此，危化品运输较少。

仓储缺口明显　高端仓储供不应求

目前，我国约有各种类型的仓储企业共 5 000 家，危化品仓储面积在 1 亿平方米的规模。我国石化仓储企业平均资产为 1.9 亿元，平均占地面积 15 万平方米，平均建筑面积 3 万平方米，平均储罐库容量 4 万立方米。危化品仓储需求则在 1.3 亿平方米左右，供需缺口在 30%以上，部分区域甚至更高，尤其是对危化品高端仓储的需求缺口更大。

数据显示，2016 年各类型仓储形式大致占比是：储罐约 55%，立体仓约 25%，平仓约 15%，其他类型仓储约 5%。2017 年储罐仓储占比接近 60%，立体仓约 30%，平仓及其他类型仓储的比例将逐步下降。最近几年，虽然危化品仓库储存能力有所增加，每年增长 6%～7%，但仍然难以满足市场需求。预计未来短期内危化品仓库短缺情况仍难以缓解。

从我国危化品仓储能力分布上看，我国东南沿海、长三角、珠三角、环渤海湾地区占我国危化品仓储业的 70%以上，中西部地区不足 30%，且大多分布在大中城市和能源产地，地域性集中分布的特点非常明显。

我国危化品仓储业，大型仓库数量占 30%，仓库容积可达上万平方米，多为大型石化企业自己建造；小型及以下仓库数量占 70%，但储量仅占 30%。

从仓储类型上看，随着我国原油产量和原油加工量不断增长，煤化工、天然气、油页岩化工发展速度加快，其产品多为液体和气体，储罐需求量不断增加。

专业人员短缺　行业呼唤正规军

安监部门数据显示，目前我国危险化学品仓储业一线保管人员中，农民工占有 33.57%的比例，他们文化素质普遍较低，对专业知识、商品养护、科学管理知之甚少，只能从事简单的出入库业务和装卸搬运作业。另据调查，有 70%～80%的一线保管人员没有进行过正规的职业技术培训。

道路运输业从业人员主要包括驾驶员、押运员和装卸管理员等人员。目前，我国道路运输从业人员 3 000 多万人，其中从事危化品运输的驾驶员、押运员和装卸管理员共约 148.9 万人。2017 年，全国危险货物运输驾驶员、押运员和装卸管理员数量分别为 72 万人、70 万人、7 万人。

危化品物流人才存在较大缺口，也存在懂物流的人不熟悉危化品，熟悉危化品的人不懂物流的问题，因此在人才政策上建议结合市场需求，分类培养综合素质人才。鼓励大专院校和职业院校开设相关专业和课程，分类培养危化品物流人才。

（资料来源：中国产业经济信息网）

知识储备

一、我国物流社会经济环境

人们在一般意义上使用的环境概念，往往是相对于某一中心而言的，即与某一中心事物有关的外部空间、条件和状况等。物流经济环境是指在物流业周边对物流业产生影响的重要行业。改革开放以来，我国经济发展迅速，国力增强。市场经济体制的确立和完善使资源配置更加科学化，极大地推动了物流产业的发展。

1．国民经济实现快速增长，为物流发展提供了良好的经济基础

（1）国民经济快速增长。全年国内生产总值 900 309 亿元，比上年增长 6.6%。2014—2018 年国内生产总值及其增速如图 1-1 所示。

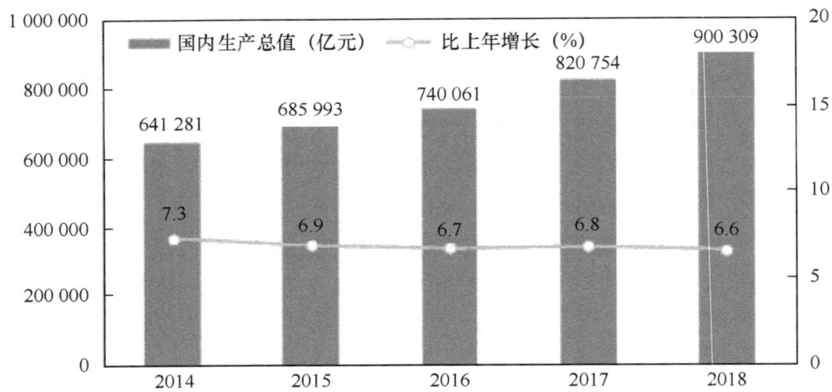

图 1-1　2014—2018 年国内生产总值及其增速

我国自 2008 年开始 GDP 总量超过日本，从而打破自 1972 年开始的“美国第一，日本第二”的 GDP 排位格局，之后一直稳坐世界第二的宝座。

（2）重要工农业产品的产量跃居世界前列。在我国主要农产品中，谷物、肉类、棉花、花生、茶叶、水果等产品产量已位居世界第一位；甘蔗、大豆分别居世界第三、第四位。在主要工业产品中，钢、煤、水泥、化肥、棉布、糖产量居世界第一位；水电装机和发电量居世界第一位；原油产量居世界第四位。

2．三次产业全面发展，经济结构不断优化，对物流发展提出了更高的要求

（1）农业生产稳步发展。2018 年全年粮食产量 65 789 万吨，比上年减少 371 万吨，减产 0.6%。

（2）工业快速发展，不仅解决了基本生活必需品的短缺问题，而且使我国逐渐成为一个世界制造业大国。2018 年全部工业增加值为 305 160 亿元，比上年增长 6.1%。

（3）第三产业的发展不仅基本满足了人们对服务业不断增长的需求，还在与第一、第二产业的良性互动中催生了大量新兴产业。2018 年规模以上服务业企业营业收入比上年增长 11.4%，营业利润增长 6.5%，交通运输、仓储和邮政业增加值 40 550 亿元，增长 8.1%。

（4）经济结构向优化方向发展。产业结构的日趋合理化和优化，特别是第三产业的快速发展，带动了交通运输、仓储、批发零售等的发展，从而为物流发展提供了良好的产业基础条件。2014—2018 年三次产业占国内生产总值的比重如图 1-2 所示。

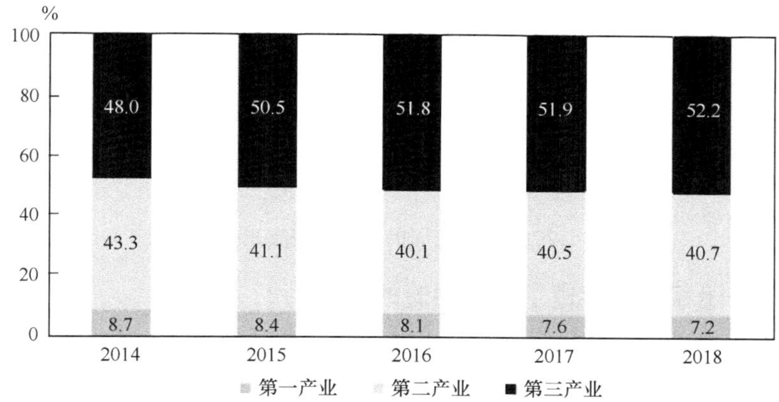

图 1-2 2014—2018 年三次产业占国内生产总值的比重

3. 固定资产投资快速增长为物流发展提供了物质保障

2018 年全社会固定资产投资 645 675 亿元，比上年增长 5.9%。高速铁路、西气东输、南水北调、长江三峡等关系到国计民生的重大项目的建成，形成了一批利于长远发展的优良资产，增强了经济社会发展的后劲，也为物流的发展提供了基本的物质保障。

4. 人民生活水平不断提高，物流需求不断增长

2018 年全国居民人均消费支出 19 853 元，比上年增长 8.4%，扣除价格因素，实际增长 6.2%。全年全国居民人均可支配收入 28 228 元，比上年增长 8.7%，扣除价格因素，实际增长 6.5%。伴随着收入的提高，人们的物质需求不断高涨，进而对物流的需求不断增长。2014—2018 年全国居民人均可支配收入及其增长速度如图 1-3 所示，2018 年全国居民人均消费支出及其构成如图 1-4 所示。

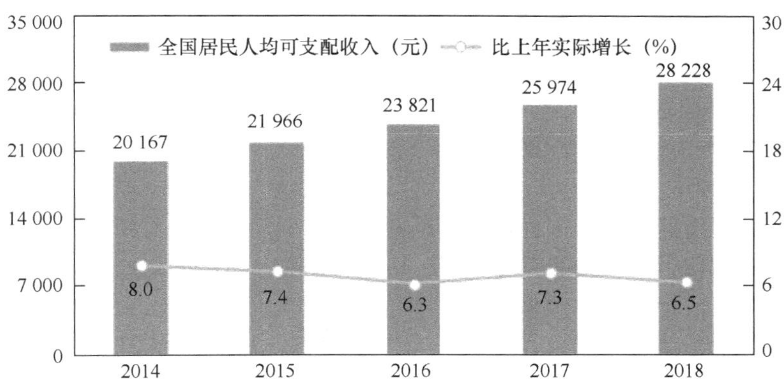

图 1-3 2014—2018 年全国居民人均可支配收入及其增长速度

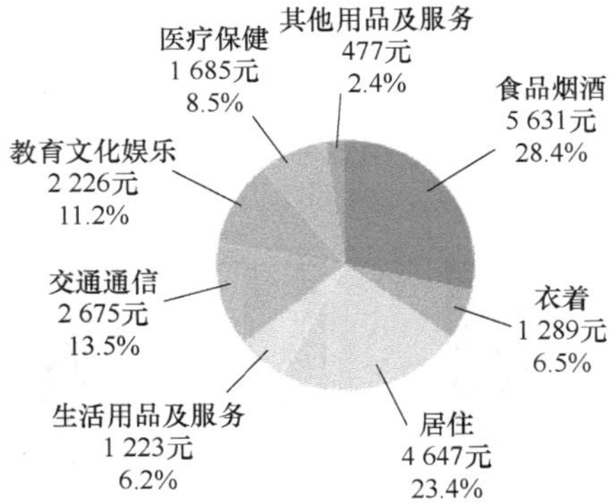

图 1-4　2018 年全国居民人均消费支出及其构成

5. 对外经济迅猛发展促进了国际物流的发展

2018 年货物进出口总额 305 050 亿元，比上年增长 9.7%。其中，出口 164 177 亿元，增长 7.1%；进口 140 874 亿元，增长 12.9%。货物进出口顺差 23 303 亿元，比上年减少 5 217 亿元。对“一带一路”沿线国家进出口总额 83 657 亿元，比上年增长 13.3%。其中，出口 46 478 亿元，增长 7.9%；进口 37 179 亿元，增长 20.9%。2014—2018 年货物进出口总额如图 1-5 所示。

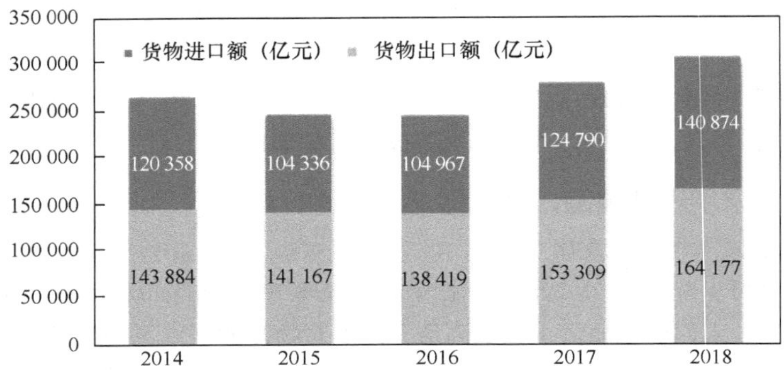

图 1-5　2014—2018 年货物进出口总额

二、我国经济区划分对物流的影响

经济区是以中心城市为核心，以地域专门化为主要标志，以区域综合发展为基本特征，以广泛的区内外经济联系为纽带，在全国劳动地域分工中承担一定的任务的开放性地域经济单元。

“十一五”规划将内地划分为东部、中部、西部、东北四大板块，并将四大板块划分为八大综合经济区（见表 1-1）。

（1）东北综合经济区，含辽宁、吉林、黑龙江：重型装备和设备制造业基地；保持能源原材料制造业基地的地位；全国性的专业化农产品生产基地。

（2）北部沿海综合经济区，含北京、天津、河北、山东：最有实力的高新技术研发和制造中心之一；加速区域一体化进程。

（3）东部沿海综合经济区，含上海、江苏、浙江：最具影响力的多功能的制造业中心；最具竞争力的经济区之一。

表 1-1　八大综合经济区

八大综合经济区	包含地域	区域中心	区域副中心
东北综合经济区	辽宁、吉林、黑龙江	沈阳	哈尔滨
北部沿海综合经济区	北京、天津、河北、山东	北京	天津、青岛
东部沿海综合经济区	上海、江苏、浙江	上海	南京、杭州
南部沿海经济区	福建、广东、海南	广州	深圳、厦门
黄河中游综合经济区	陕西、山西、河南、内蒙古	西安	郑州
长江中游综合经济区	湖北、湖南、江西、安徽	武汉	长沙
大西南综合经济区	云南、贵州、四川、重庆、广西	重庆	昆明、成都
大西北综合经济区	甘肃、青海、宁夏、西藏、新疆	兰州	乌鲁木齐

（4）南部沿海经济区，含福建、广东、海南：最重要的外向型经济发展基地；消化国外先进技术的基地；高档耐用消费品和非耐用消费品生产基地；高新技术产品制造中心。

（5）黄河中游综合经济区，含陕西、山西、河南、内蒙古：最大的煤炭开采和煤炭深加工基地、天然气和水能开发基地、钢铁工业基地、有色金属工业基地、奶业基地。

（6）长江中游综合经济区，含湖北、湖南、江西、安徽：以水稻和棉花为主的农业地区专业化生产基地及相关深加工工业；以钢铁和有色冶金为主的原材料基地；武汉“光谷”和汽车生产基地。

（7）大西南综合经济区，含云南、贵州、四川、重庆、广西：以重庆为中心的重、化工业和以成都为中心的轻纺工业两大组团；以旅游开发为龙头的“旅游业—服务业—旅游用品生产”基地。

（8）大西北综合经济区，含甘肃、青海、宁夏、西藏、新疆：重要的能源战略接替基地；最大的综合性优质棉、果、粮、畜产品深加工基地；向西开放的前沿阵地；中亚地区经济基地和特色旅游基地。

经济区经济发展不平衡，资源优势、产业结构各不相同，要发展只有依赖相互的协作，无形中促进了物流业的发展和建设。

区域经济是一种聚集经济，是人流、商流、资本流等各种生产要素聚集在一起的规模化生产，以生产的批量化和连续性为特征。但是，聚集不是目的，要素的聚集是为了商品的扩散，如果没有发达的商业贸易作保障，生产的大量产品就会堆积在狭小的空间里，商品的价值和使用价值都难以实现，区域经济的基本运转就会中断。因此，在区域经济的发展进程中，要促进物流系统的发展和建设。

一般来说，区域中心城市是商品集散和加工的中心，第二、第三产业的发展优势明显，而且物流设施和基础设施齐全，流通人力资本高，消费集中而且需求量大，交通与信息发达，人才众多，城市与周围地区存在不对称性。在这种非对称结构中城市扮演着“中心地”与“增长极”的角色，作为核心枢纽将其他地域“极化”成一个商品流通整体，所以区域经济一体化促进了现代物流的发展。

根据区域经济理论，一个区域只要具备某种有利于经济发展的条件，这个区域与其他区域的差异就会形成一种优势，产生一种引力，有可能把相关企业和生产力要素吸纳过来，在利益原则的驱动下形成产业布局上的相对集中和聚集，从而促进地区经济的发展。同时，根据区域经济产业结构协调理论，在整个产业结构中，产业结构的基本演进方向是：由第一产业占优势比重逐级向第二产业、第三产业占优势比重演进；由劳动密集型产业占优势比重逐级向资本密集型、知识密集型产业占优势比重演进；由制造初级产品的产业占优势比重逐级向制造中间产品、最终产品的产业占优势比重演进。以城市为中心的物流中心正是适应区域经济理论和产业结构协调理论要求的。

任务检阅

资料分析

资料1：中国物流体系全球化发展加速　中邮速递易助力中国制造

近年来，我国物流行业保持着高速发展，物流体系的全球化发展也在加速。“物流‘走’到哪里，国货就‘卖’到哪里。”海外物流体系的建设将推动跨境电商出口贸易加速发展，有助于打破中企代工贸易“中间商”角色，推动中企全球化发展。作为物流行业领军企业的中邮速递易则通过产品和技术的革新，受到国际市场的广泛关注，成为中国物流走向全球化的重要力量。

（1）中邮速递易受国际市场关注加快中国物流全球化步伐。就在不久前，中邮速递易作为智能快递柜行业的代表受邀参加 CES（国际消费电子展）。据悉，CES 是世界上规模最大、影响最为广泛的消费类电子产品展，也是全球最大的消费技术产业盛会，迄今已有 51 年历史。在展会上，中邮速递易向世界展现了中国智能快递柜行业的最新进展和最前沿的技术，成为今年 CES 的亮点之一，同时也向国际展示了中国智慧物流的最新发展成果。

值得注意的是，这并不是中邮速递易在国际上的首次亮相。在参加 CES 之前，中邮速递易就作为末端投递能力建设的代表，受邀出席在泰国曼谷召开的亚太邮政业合作论坛，中邮速递易也是首个且唯一一个受邀出席此国际会议的智能快递柜企业。不仅如此，中邮速递易还在论坛上向来自 20 多个国家和地区的企业和国际组织展示了中国邮政和快递行业在发展逆向物流、建设末端投递能力的成功经验和成果。这一举动不仅使中邮速递易开启了行业先河，也加快了中国物流体系全球化的步伐。

（2）中邮速递易助力中国制造成为出口贸易增长的重要一环。随着中邮速递易频繁地在国际亮相，其也受到了国际市场的广泛关注。据悉，中邮速递易在国际上的发展已经取得一些突破性的进展，目前已有多家知名电商企业和快递企业与中邮速递易就智慧物流的发展进行了探讨，并且有意与中邮速递易达成合作引进计划。

与此同时，中邮速递易的国际化进程也符合目前的市场需求。“一带一路”的建设也迫切需要中国快递物流企业走出去，“中国制造”也需要和“中国服务”协同走出去。中国的电商平台要“买全球”“卖全球”，也需要中国快递企业同步“运全球”“送全球”。中邮速递易的国际化发展也为中国电商的全球化布局提供了更多可能性。

业内人士认为，中邮速递易的全球化发展也在推动跨境出口贸易的加速发展，这有助于中国企业走出“代工”的身份，实现轻资产的“走出去”，是我国出口贸易增长的重要途径，亦有利于推动中企的全球化发展进程。未来，中邮速递易也必将持续发挥领先优势，为中国制造添砖加瓦。

（资料来源：中国网）

问题：请结合知识储备对上述资料进行分析。

资料 2：2018 年物流业全面迈向高质量发展　绿色物流将加快推广

2017 年，在技术、政策、市场等多因素驱动下，物流行业发展进入量质齐升阶段。全年快递业务量超过 400 亿件，连续四年稳居世界第一。与此同时，全球化、智能化、绿色化趋势显著，并成为物流行业开始迈向“升级版”的关键词。

2018 年，随着各类“黑科技”的日益成熟，以及利好政策的持续催化，智慧物流、绿色物流有望进入加速普及和推广期。与此同时，资本与物流企业的结合日益紧密，一方面，资本继续向各个物流子行业渗透；另一方面，随着更多物流企业进入资本市场，“马太效应”将更加显著，大的物流企业通过物流资源并购和整合形成绝对优势地位，小的物流企业或将面临新一轮洗牌和淘汰。

（1）“黑科技”竞相涌现，智慧物流或再升级。2017 年，物流行业保持较快增长态势。以快递业为例，1 月 8 日，2018 年全国邮政管理工作会议通报的数据显示，2017 年全国完成快递业务量 401 亿件，同比增长 28%，连续四年稳居世界第一，超过美、日、欧等发达经济体，对世界增长贡献率超过 50%。截至 2017 年年底，全国快递专业类物流园区超过 230 个，行业运营全货机达 96 架。

值得一提的是，在数量稳步增长的同时，2017 年物流行业发展也进入提质增效期。2017 年，《关于进一步推进物流降本增效促进实体经济发展的意见》《新一代人工智能发展规划》等多个文件相继出台，提出要发展智慧物流，推进产业自动化升级。与此同时，快递“黑科技”不断涌现，上百个智能化分拨中心已建成，无人仓、无人机和无人车争相亮相。

在专家看来，得益于政策的持续推动和技术的日趋成熟，大数据、人工智能、云计算等信息技术将在物流行业得到更广泛应用，2018 年物流业向智慧化方向发展的步伐进一步加快，智慧物流进入“升级版”。

北京物资学院物流学院副院长王晓平指出，随着“互联网+物流”的发展，智慧物流已经成为物流业发展的必然趋势。大数据、云计算、人工智能、机器学习等一系列信息技术的发展和在物流领域的广泛应用，不但可以提高数据处理能力，还可以对客户的行为进行更为精准的分析和预测，从而提高企业的决策水平。“像 2017 年‘双 11’期间，天猫首单物流完成的时间只有 12 分钟，这在以往是不可能实现的。但是通过大数据，企业能够分析出客户的需求，并将商品提前储备到最近的配送中心，从而实现高效的物流服务。”王晓平说。

清华大学互联网产业研究院副院长刘大成指出，在智慧物流的发展过程中，数据越来越深入到快递、快运等物流平台中，以数据为核心资源的争夺战会越发激烈。2018 年，互联网、大数据、IT 行业、云计算和人工智能必将进一步渗透至物流行业的方方面面。

业内人士表示，随着物流行业从信息化走向智能化、智慧化，物流行业也将更加迅猛地发展。“一是在数据和算法驱动下，一些智能车货匹配和智能装载等有望获得更大的市场空间；二是包括无人机、无人车等无人技术在内的智慧系统的自我进化；三是设备的智能化更加显著，如通过托盘了解商品。”百度公司的梁星表示，全面智能化需要进行协同创新，包括仓配的降本增效及更精确的产业链协同等。其中，新技术的研发和引入将在协同创新产业升级过程中发挥重要作用。

（2）政策持续驱动绿色物流或加快推广。绿色物流在过去的一年里，同样取得了快速发展。政策方面，国家邮政局、国家发改委、科技部、工信部、环保部等十部门联合发布《关于协同推进快递业绿色物流包装工作的指导意见》；行业方面，主要品牌快递企业电子运单普及率提升至 80%；共享快递盒进入试验阶段等。

在专家看来，2018 年，更大力度的环保政策将延续，这也将倒逼仓储、运输及物流平台发生根本性变化，以满足环保和绿色的要求。

王晓平指出，近年来，快递量的逐年攀升、商品的过度包装，给环境造成了沉重负担，日益增多的快递物流车辆则进一步加大了交通压力。绿色物流将成为 2018 年物流业发展的重要趋势，并得到加快推广。与此同时，低效的、不绿色的物流企业和物流方式将逐渐被淘汰。

刘大成认为，环保政策持续加码，对京津冀相关产业影响颇大。天津港及河北各港口从汽运转为铁路运输的集港和疏港，使得公转铁成为一种可能。北京市政府也在酝酿通过铁路及新能源汽车，实现物流发展的新模式、新方法。

刘大成还表示，随着供应链创新与发展成为国家发展战略，将有更多产业融入物流平台，传统实体企业逐渐打造以上下游产业链为核心的供应链模式。无论是信息技术、资本金融方面，还是基础设施及技术装备方面，都将得到进一步突破和发展。

（3）资本加速渗透，马太效应将更加显著。2017 年的快递行业迎来上市潮。截至 2017 年年底，韵达、顺丰等 7 家企业陆续上市，已形成 6 家年收入超 300 亿元的大型企业集团。不仅如此，包括圆通速递在内的多家企业加速出海进行跨境并购。

而从仓储企业看，2017 年，菜鸟、京东、苏宁及以物流地产为核心的企业在物流资本融合方面也得到了较快发展。

刘大成分析称，当前，消费在拉动经济增速中所占的比例越来越高，满足消费市场商业渠道的支撑就是物流。“从快递到快运，物流企业上市潮渐涌。2017 年，韵达、顺丰相继上市，德邦拿到 IPO 批文，这将形成一种示范效应。后续会有更多物流企业进入资本市场。”

事实上，资本也在促进企业间的并购。运满满、货车帮合并为“满帮集团”就是一例。此外，海航、南航、东航等航空运输企业，以及中远海运、中外运、长航等海运企业也在持续发力，通过资本进行物流资源的并购，甚至包括物流相关的客户及市场资源整合。

专家表示，在中国经济加快转型的背景下，资本将加速进入有发展潜力和国家政策支持的物流企业。其中，2018 年，物流信息化、物流装备仍获得资本的进一步青睐，无人机、无人货车、无人仓储、无人快递等也将获得更大普及和发展。以无车承运人为代表的物流平台企业也将迎来更大发展空间。

王晓平指出，近年来，物流行业以市场为主导，不断地优胜劣汰，逐渐形成了京东自营物流和菜鸟物流平台等龙头企业，而在今后的发展过程中，规模较大的物流企业将继续借助规模经济，在渠道布局和新技术的引进上，逐渐形成绝对的优势地位。而对于那些服务功能少、竞争能力弱、信息化程度低、经营秩序不规范的小企业来说，竞争环境将日益恶化。只有不断创新并探索新的物流模式，才有可能获得新的发展机会。

“物流企业的运行方式也将越来越多地从各自为政转向合作，从竞争转向共赢。多式联运、共同配送等运作方式将得到更广泛运用，并成为物流业发展的新增长点。多家企业可以在互联网上实现信息共享，从而实现物流资源的高效配置。”王晓平说。

（资料来源：中国网）

问题：请结合知识储备对上述资料进行分析。

子任务二　我国物流自然环境分析

学习目标

知识目标：

了解我国主要资源种类

熟悉我国主要资源的分布及产销分布

技能目标：

能够对我国物流自然环境进行分析

引导案例

提起煤炭储量，在多数人的印象中，山西、陕北和内蒙古鄂尔多斯是中国煤炭资源最富集的地区，毕竟各种媒体最经常曝光的都是这些地方，日进斗金、财大气粗的煤老板也多出于此地。鲜有人知道，新疆才是我国煤炭资源储量最大的地区，新疆煤炭预测储量2.19万亿吨，占全国预测储量的四成以上，位居全国首位。

新疆奇台县是中国煤炭储量最大的县，探明储量1 200亿吨，远景储量3 700亿吨以上，而奇台县的人口只有26万人，也就是说，人均煤炭储量140多万吨，按照最近秦皇岛港口动力煤的最低价格470元/吨来计算，每个奇台人竟拥有多达6.69亿元人民币的煤炭财富！

（资料来源：搜狐网）

知识储备

我国面积广阔，资源丰富。以下主要介绍我国自然资源的分布和产销布局等。

一、煤炭

1. 资源分布

我国煤炭储量丰富，分布面广，品种齐全，呈现西多东少、北多南少的状况。据我国第二次煤田预测资料，埋深在1 000米以内的浅层煤炭总资源量为2 600万亿吨。其中，大别山—秦岭—昆仑山一线以北地区资源量约24 500亿吨，占全国总资源量的94%；以南的广大地区仅占6%左右。其中新疆、内蒙古、山西和陕西四地占全国资源总量的81.3%，东北三省占1.6%，华东七省占2.8%，江南九省占1.6%。

我国煤炭资源的种类较多，在现有探明储量中，烟煤占75%、无烟煤占12%、褐煤占13%。其中，原料煤占27%，动力煤占73%。动力煤主要分布在华北和西北，储量分别占全国的46%和38%，炼焦煤主要集中在华北，无烟煤主要集中在山西和贵州两省。

（1）我国煤炭资源地理分布的重要特征。

1）分布广泛。在全国33个省级行政区划中，除上海、香港、澳门地区外，都有不同质量和数量的煤炭资源储存；在全国63%的县级行政区划里都分布有煤炭资源。这充分说明，煤炭是我国目前分布最广、数量最多的一种矿产。这一特征，为我国乡镇集体煤矿的大发展提供了广阔的天地。

2）相对集中。在10 025亿吨煤炭保有储量中，超过1 000亿吨的有山西（2 578亿吨）、内蒙古（2 247亿吨）和陕西（1 619亿吨）；超百亿吨的有新疆（952亿吨）、贵州（524亿吨）、宁夏（309亿吨）、安徽（245亿吨）、云南（242亿吨）、河南（227亿吨）、山东（227亿吨）、黑龙江（218亿吨）、河北（147亿吨）、甘肃（102亿吨）。以上13个省（自治区）共有9 637亿吨，占全国煤炭保有总储量的96.1%。这些省（自治区）的煤炭资源，往往又集中分布在几个大型聚煤盆地中，从而为建设大型和特大型煤炭生产基地提供了物质基础。

（2）主要煤矿分布。我国重点建设的煤矿，山西省有大同、王坪、小峪、平朔、轩岗、西山、太原、寨沟、东山、阳泉、荫营、汾西、霍州、潞安、韩城、晋城等；内蒙古自治区有扎赉诺尔、伊敏、大雁、霍林河、平庄、乌达、海勃湾等；陕西省有铜川、浦白、澄合等；新疆维吾尔自治区有乌鲁木齐、哈密等；贵州省有水城、六枝、林东、盘江等；宁夏有石嘴山、石炭井、灵武等；安徽省有淮北、淮南等；河南省有鹤壁、义马、焦作、郑州、平顶山等；山东省有龙口、淄博、新汉、肥城、兖州、枣庄等；黑龙江省有鹤岗、双鸭山、七台河、鸡西等。此外，河北省有开滦、邢台、邯郸、峰峰、井陉等；江苏省有徐州；辽宁省有北票、阜新、铁法、南票、沈阳、抚顺等；江西省有萍乡、丰城、乐平等；四川省有攀枝花、广旺、达竹、华蓥山等。

2. 生产力布局

根据我国煤炭的地域分布及其工业布局和交通条件，基本形成了以下四大重点煤炭生产基地。

（1）山西煤炭基地。山西煤炭的探明储量和开采量均居全国第一位。山西素有“北方煤海”之称，已探明储量为2 035亿吨，占全国总储量的21%，其中炼焦煤与无烟煤都占全国探明储量的一半。其煤种齐全、质量高、埋藏浅、煤层稳定，大体分布是：雁北为动力煤，汾河各地为炼焦煤，晋东南为无烟煤。山西的著名大矿有大同、西山、阳泉、潞安和晋城等。其中大同煤矿是我国最大的煤矿，所产均为优质动力煤。阳泉煤矿是我国最大的无烟煤矿，硫分低，发热量高，煤炭品质优良。此外，古交、汾西、轩岗、霍县、平朔等也是山西重要的煤炭产地。其中平朔煤矿是我国五大露天煤矿之一。

（2）陕西煤炭基地。陕西的煤炭资源主要分布在渭河以北，从彬县、铜川到韩城，煤田连绵不断，故有“渭北黑腰带”之称；主要有铜川、蒲白、澄合、韩城4个矿区，四矿合计年产量超过1 800万吨，煤种以瘦煤为主，焦煤次之，铜川、韩城都有铁路与陇海铁路相接。陕北榆林地区已探明一处大煤田——神木府谷煤田，面积为7 890平方公里，总储量达782亿吨，这里为低灰、低硫、低磷优质煤，是动力和化工的理想煤种，而且水文地质条件好，多数可以露天开采，建井方便，是国家出口煤炭的基地。

（3）内蒙古煤炭基地。内蒙古煤炭探明储量仅次于山西，居全国第二位，是我国的“第二煤乡”，煤炭产量仅次于山西、河南居全国第三位。全区有192个煤矿，探明储量2 000多亿吨，约占全国煤炭总储量的20%。煤藏主要分布在西部，约占全区总储量的80%，达1 600亿吨。但由于地处内陆，开发较迟。内蒙古的著名大矿有乌海、东胜、平庄、石拐沟、准格尔、元宝山、伊敏河和霍林河等。其中东胜煤田是我国优质精煤的主产区。西部的最大煤矿是乌海煤矿。全区年产原煤7 000多万吨，年调出煤炭2 500万吨，供东北、华北两大电网的发电。内蒙古东部的霍林河、伊敏河、元宝山三大露天煤矿，为了缓解我国东北能源紧张状况，配合建立了坑口电站。准格尔露天煤矿位于鄂尔多斯市准格尔旗东部，距呼和浩特市仅 150 公里，储量 205 亿吨，埋藏浅，煤种齐全，是我国目前已发现适合露天开采的最大的煤矿。

（4）河南煤炭基地。河南煤炭资源丰富，品种齐全，已探明煤炭资源 175 亿吨，居全国第七位。其中以豫西储量最大，已探明储量为 169 亿吨，占全省煤炭总储量的 96%。该省煤炭的特点是：储量大，牌号全，开采条件好，地处中原，煤炭外运条件好，煤产量和外调量仅次于山西，居全国第二位。主要煤炭基地有平顶山、义马、焦作、鹤壁等。平顶山煤矿储量近亿吨，为优质炼焦煤。煤田地质构造简单，煤层厚而平缓，易于开采，并有铁路支线与京广、焦枝两线相连，对供应武钢和两湖、两广等工矿企业用煤十分有利；同时，还通过陇海等线运往华东地区。

除上述全国重点四大煤炭基地外，全国还有一些比较重要的地方性煤矿。

3. 产销分布

煤的产销地区分布不平衡决定了我国煤的流向，主要是从产地运销到全国缺煤地区和供应出口。

华北区是全国最大的煤炭生产和供应区，担负着供应全国和部分出口外销的任务。山西、河北两省煤炭调入北京、天津两市。晋北煤向东运销京、津，南下供应华东和华南沿海、沿江地区，向西供应内蒙古地区。晋中煤主要运往青岛转海运，供应南方缺煤区。晋东南煤主要南运中南各地，或转长江水运供华东等地。山西煤除供应全国 26 个省区外，还大量出口。

东北地区煤产量也不少，但区内消费量很大，每年还需从区外大量调入。

西北地区煤炭生产基本自给，部分调出。宁夏、陕西、新疆三地有剩余，而甘肃需调入。

西南地区以贵州产煤最多，可大量经铁路运销两广和两湖地区。四川、云南两省的煤基本自给。

华东区煤炭产量并不太少，但区内消费量很大。山东、安徽两省自给有余；江西基本自给；其他省区则需大量调入，特别是沪、宁、杭地区缺口最大。

中南地区的河南自给有余，而其他各省区严重不足，主要由河南南运供应各地，不足部分由华北煤和贵州煤补充。

煤炭运输布局的基本特点是西煤东运、北煤南运和水铁联运。

我国水路煤炭运输主要有三条通道：

（1）北方秦皇岛、天津、青岛、日照、连云港五港接转铁路来煤，经沿海运输通道运往华东、广东沿海地区。

（2）长江“三口一枝”，即经京广线转武汉港汉阳、江岸港区，简称汉口；淮南铁路转芜湖港的格溪口港区；津浦铁路转南京港的浦口港区；焦枝铁路转枝城港，经长江运输通道运往沿江电厂和华东地区。此外，四川等地煤炭也经长江运往华东地区。

（3）大运河运输通道接转津沪铁路、陇海铁路部分煤炭和徐州等地煤炭运往江苏、浙江等地。

二、天然气

1. 资源分布

天然气是存在于地下岩石储集层中以烃为主体的混合气体的统称，包括油田气、气田气、煤层气、泥火山气和生物生成气等。天然气主要成分为甲烷，通常占 85%～95%，其次为乙烷、丙烷、丁烷等。中国天然气总资源量达 38.04 万亿立方米，陆上天然气主要分布在中部和西部地区，分别占陆上资源量的 43.2%和 39.0%。我国陆上 62 个含气盆地和地区的天然气储量为 29.9 万亿立方米，其中 78.6%集中在四川盆地、陕甘宁地区、塔里木盆地和青海省。10 个海上盆地天然气储量为 8.14 万亿立方米，占总量的 21.4%，大多集中在南海和东海海域。

我国天然气探明储量主要集中在 10 个大型盆地，依次为渤海湾、四川、松辽、准格尔、莺歌海-琼东南、柴达木、吐-哈、塔里木、渤海和鄂尔多斯。

2000 年我国在内蒙古伊克昭盟（现为鄂尔多斯市）发现第一个世界级大气田——苏里格大气田，天然气探明地质储量达到 6 025.27 亿立方米，相当于 1 个储量 6 亿吨的特大油田。苏里格不仅是我国现在规模最大的天然气田，也是我国第一个世界级储量的大气田。

2016 年，全国天然气新增探明地质储量 7 265.6 亿立方米。截至 2016 年年底，全国累计探明天然气地质储量 13.74 万亿立方米，剩余技术可采储量 5.44 万亿立方米，剩余经济可采储量 3.93 万亿立方米，储采比为 31.9。

2. 产销布局

我国天然气主要分布在中部和西部经济欠发达地区，东部经济较发达地区却十分紧缺，由此决定了天然气的产销方向是由西向东的。

（我国最大的输气工程——“西气东输”工程请详阅本书任务六。）

2016 年，全国天然气产量为 1 231.72 亿立方米，同比增长 5.4%。鄂尔多斯、塔里木、四川盆地是我国天然气的主产区。

三、石油

1. 资源分布

石油是一种高效能源，它的发热量比煤炭高 1.5 倍，而且石油比煤炭装运方便、易燃烧、烟尘少、无灰烬，是现代内燃机的主要燃料，特别是对于汽车、拖拉机、飞机等现代化运输工具来说，石油至今仍是主要能源。目前，世界上多数工业发达国家的燃料构成中，石油均占首位。同时，石油又是重要的有机化工原料，特别是合成材料的基础。

我国拥有丰富的陆上石油资源，主要集中在以下地方。

（1）胜利油田。地处山东北部渤海之滨的黄河三角洲地带，主要分布在东营、滨州、德州、济南、潍坊、淄博、聊城、烟台 8 个城市的 28 个县（区）境内，主要开采范围约 4.4 万平方公里，是我国第二大油田。

（2）辽河油田。主要分布在辽河中上游平原及内蒙古东部和辽东湾滩海地区。已开发建设 26 个油田，建成兴隆台、曙光、欢喜岭、锦州、高升、沈阳、茨榆坨、冷家、科尔沁 9 个主要生产基地，地跨辽宁省和内蒙古自治区的 13 市（地）32 县（旗），总面积 10 万平方公里，产量居全国第三位。

（3）克拉玛依油田。地处新疆克拉玛依市。40 年来在准格尔盆地和塔里木盆地找到了 19 个油气田，以克拉玛依为主，开发了 15 个油气田，建成了 792 万吨原油配套生产能力（稀油 603.1 万吨，稠油 188.9 万吨），从 1990 年起，陆上原油产量居全国第四位。

（4）四川油田。地处四川盆地，已有 60 年的历史，发现油田 12 个。在盆地内建成南部、西南部、西北部、东部 4 个气区。目前，天然气产量占全国总量近一半，是我国第一大气田。

（5）华北油田。位于河北省中部冀中平原的任丘市，包括京、冀、晋、蒙区域内油气生产区。1975 年，冀中平原上的一口探井任 4 喷出日产千吨高产工业油流，发现了我国最大的碳酸盐岩潜山大油田——任丘油田。该油田 1978 年原油产量达到 1 723 万吨，为当年全国原油产量突破 1 亿吨做出了重要贡献。直到 1986 年，保持年产量原油 1 000 万吨达 10 年之久。目前，该田原油产量 400 多万吨。

（6）大港油田。位于天津市大港区，其勘探地域辽阔，包括大港探区及新疆尤尔都斯盆地，总勘探面积 34 629 平方公里，其中大港探区 18 628 平方公里。现已在大港探区建成投产 15 个油气田 24 个开发区，形成年产原油 430 万吨和天然气 3.8 亿立方米的生产能力。目前，发现了公里桥等上亿吨含油气构造，为老油田的增储上产开辟了新的油气区。

（7）中原油田。地处河南省濮阳地区，于 1975 年发现，经过 20 年的勘探开发建设，已累计探明石油地质储量 4.55 亿吨，探明天然气地质储量 395.7 亿立方米，累计生产原油 7 723 万吨、天然气 133.8 亿立方米。现已是我国东部地区重要的石油天然气生产基地之一。

（8）吉林油田。地处吉林省扶余地区，油气勘探开发在吉林省境内的两大盆地展开，先后发现并探明了 18 个油田，其中扶余、新民两个油田是储量超亿吨的大型油田，油田生产已达到年产原油 350 万吨以上，形成了原油加工能力 70 万吨特大型企业的生产规模。

（9）河南油田。地处豫西南的南阳盆地，矿区横跨南阳、驻马店、平顶山三地市，分布在新野、唐河等 8 县境内。已累计找到 14 个油田，探明石油地质储量 1.7 亿吨及含油面积 117.9 平方公里。

（10）长庆油田。勘探区域主要在陕甘宁盆地，勘探总面积约 37 万平方公里。油气勘探开发建设始于 1970 年，先后找到了油气田 22 个，其中油田 19 个，累计探明油气地质储量 54 188.8 万吨（含天然气探明储量 2 330.08 亿立方米），已成为我国主要的天然气产区，并成为北京天然气的主要输送基地。

（11）江汉油田。我国中南地区重要的综合型石油基地。油田主要分布在湖北省境内的潜江、荆沙等 7 个市县和山东省寿光市、广饶县及湖南省境内的衡阳市。先后发现 24 个油气田，探明含油面积 139.6 平方公里、含气面积 71.04 平方公里，累计生产原油 2 118.73 万吨、天然气 9.54 亿立方米。

（12）江苏油田。油区主要分布在江苏的扬州、盐城、淮阴、镇江 4 个地区的 8 个县市，已投入开发的油气田 22 个。目前，勘探的主要对象在苏北盆地东台坳陷。

（13）青海油田。位于青海省西北部柴达木盆地。盆地面积约 25 万平方公里，沉积面积 12 万平方公里，具有油气远景的中新生界沉积面积约 9.6 万平方公里。目前，已探明油田 16 个、气田 6 个。

（14）塔里木油田。位于新疆南部的塔里木盆地。东西长 1 400 公里，南北最宽处 520 公里，总面积 56 万平方公里，是我国最大的内陆盆地。1988 年轮南 2 井喷出高产油气流后，经过 7 年的勘探，已探明 9 个大中型油气田、26 个含油气构造，累计探明油气地质储量 3.78 亿吨，具备年产 500 万吨原油、25 亿立方米天然气的资源保证。

（15）吐哈油田。位于新疆吐鲁番、哈密盆地境内，负责吐鲁番、哈密盆地的石油勘探。盆地东西长 600 公里、南北宽 130 公里，面积约 5.3 万平方公里。于 1991 年 2 月全面展开吐哈石油勘探开发会战。截至 1995 年年底，共发现鄯善、温吉桑等 14 个油气油田和 6 个含油气构造，探明含油气面积 178.1 平方公里，累计探明石油地质储量 2.08 亿吨、天然气储量 731 亿立方米。

（16）玉门油田。位于甘肃玉门市境内，总面积 114.37 平方公里。油田于 1939 年投入开发，1959 年生产原油曾达到 140.29 万吨，占当年全国原油产量的 50.9%，创造了 20 世纪 70 年代 60 万吨稳产 10 年和 80 年代 50 万吨稳产 10 年的优异成绩，被誉为中国石油工业的摇篮。

除陆地石油资源外，我国的海洋油气资源也十分丰富。中国近海海域发育了一系列沉积盆地，总面积近百万平方公里，具有丰富的含油气远景。这些沉积盆地自北向南包括渤海盆地、北黄海盆地、南黄海盆地、东海盆地、冲绳海槽盆地、台西盆地、台西南盆地、台东盆地、珠江口盆地、北部湾盆地、莺歌海—琼东南盆地、南海南部诸盆地等。中国海上油气勘探主要集中于渤海、黄海、东海及南海北部大陆架。

1966 年联合国亚洲及远东经济委员会经过对包括钓鱼岛列岛在内的我国东部海底资源的勘察，得出的结论是，东海大陆架可能是世界上最丰富的油田之一，钓鱼岛附近水域可以成为“第二个中东”。据我国科学家 1982 年估计，钓鱼岛周围海域的石油储量为 30 亿 ~ 70 亿吨。还有资料反映，该海域海底石油储量约为 800 亿桶，超过 100 亿吨。

南海海域更是石油宝库。中国对南海勘探的海域面积仅有 16 万平方公里，发现的石油储量高达 52.2 亿吨，南海油气资源可开发价值超过 20 亿万元人民币，在未来 20 年内只要开发 30 亿吨，每年可以为中国 GDP 增长贡献 1 ~ 2 个百分点。有资料显示，仅在南海的曾母盆地、沙巴盆地、万安盆地的石油总储量就将近 200 亿吨，是世界上尚待开发的大型油藏，其中有一半以上的储量分布在应划归中国管辖的海域。经初步估计，整个南海的石油地质储量大致在 230 亿 ~ 300 亿吨，约占中国总资源量的 1/3，属于世界四大海洋油气聚集中心之一，有“第二个波斯湾”之称。

2016 年，全国石油新增探明地质储量 9.14 亿吨。截至 2016 年年底，全国石油累计探明地质储量 381.02 亿吨，剩余技术可采储量 35.01 亿吨，剩余经济可采储量 25.36 亿吨，储采比为 12.7。

2．石油工业

石油工业是对包括原油、油页岩等在内的勘探、开采、炼制的能源工业。

我国石油加工业随着石油产量增长而迅速发展。20 世纪 50 年代，除辽宁大连与新疆有中苏合营的炼油厂外，仅有玉门油田的 12 万吨加工能力。目前，在全国 21 个省（自治区、直辖市）建设了规模不等的炼油厂或石油化工厂，总计约 100 个，其中列入大型炼油厂、石油化工厂、化纤厂的约 50 个，总计年加工能力达 1.5 亿吨以上。

石油行业是一个资金投入高度集中的行业，同时也是一个高风险的投资领域。国外大型石油公司几乎都是上下游一体化、业务遍布全球的跨国公司。全球经济发展的不均衡性，使得大石油公司在不同国家或地区的投资回报水平各不相同。在石油工业的整个生产链中，上游的勘探开发、中游的管道运输、下游的炼油与销售及化工业务在不同时期的项目投资回报水平差异也十分明显，这决定了石油公司在进行投资决策时具有极大的选择性。如何充分、合理地确定投资规模及资金投向，求得较高的投资回报，是石油公司共同关注的问题。

2016 年，全国石油产量稳中有降，全年生产石油 1.996 亿吨。

3．消费布局

我国石油资源和原油开采主要分布在东部沿海和西北地区，而炼油厂除油田附近外，主要分布在消费地区。我国石油的基本流向是北油南运和西油东运。

东北地区石油采量大，炼油能力也大。东北大部分成品油运销全国各地，大庆炼油厂和吉林石化总厂产品有少量经丹东、大连出口。

华北地区石油产品除满足区内需要外，也有相当数量的外运，主销中南、华东北部地区，少量运销青海、内蒙古、陕西和四川等地。华北油田部分原油由管道运往北京、天津及沧州等地炼油厂；部分经管道南运直接供应长江沿岸各炼油厂。

西北地区石油资源虽然丰富，但尚未大量开采，生产能力基本适应区内需要，有少量供应四川。克拉玛依原油主要经管道运往乌鲁木齐，部分在炼油厂和石化厂加工，部分转铁路供应兰州炼油厂。玉门原油主要由管道输送至兰州炼油厂，部分经铁路东运。

华东地区石油及其制品需要调入。本地区北部所需石油制品由东北、华北调入，南部所产石油制品除供应当地需要外，有少量运销中南南部和西南部分地区。

中南地区石油需从华北、东北调入，但区内仍有少量石油产品运销四川、云贵等省。

西南地区目前石油生产能力最小，所需石油绝大部分依靠调入。

四、铁矿石

1. 资源分布

截至 2016 年年底，全国铁矿查明资源储量为 207.60 亿吨，我国铁矿石查明资源储量绝大部分为贫矿，贫矿石占全部铁矿石储量的 98%，绝大部分铁矿石须经过选矿富集后才能使用。

我国已探明铁矿资源的基本特点是：分布广泛又相对集中；矿床类型多，成矿条件复杂；中、小型矿床多，超大型矿床少；贫矿多，富矿少，矿石类型复杂，伴（共）生组分多等。

（1）分布广泛又相对集中。全国除天津市等个别地区外，绝大部分省（自治区、直辖市）都或多或少地拥有部分铁矿储量，但铁矿储量相对集中在河北、四川和辽宁三省之内，这三省的铁矿储量合计占全国总储量的 45%。全国共有 7 个储量在 10 亿吨以上的大矿区：鞍本矿区、冀东矿区、攀西矿区、五台—岚县矿区、白云鄂博矿区、宁芜矿区和霍邱矿区。新中国成立以来，依靠这些矿区为原料基地，我国建设了鞍钢、本钢、首钢、唐钢、攀钢、太钢、包钢、马钢和梅山钢铁厂等一批大型钢铁联合企业。此外，铁矿储量相对比较集中的地区还有云南的安宁—晋宁地区、河北的邯郸和邢台地区、河南的舞阳地区、山东的济南—淄博—莱芜地区、湖北的大冶地区、甘肃的酒泉地区、新疆的东疆地区和海南的石碌地区等。

（2）铁矿床类型多，成矿条件复杂。我国铁矿床类型多，矿石类型复杂，多组分伴（共）生的储量所占比重大，世界上已有的铁矿床类型在我国都已发现，我国具有工业价值的铁矿床类型主要有鞍山式沉积变质铁矿、攀枝花式钒钛磁铁矿、大冶式矽卡岩型铁矿、梅山式火山岩型铁矿和白云鄂博式热液型铁矿等。与其他国家矿床类型不同之处在于我国岩浆型、火山岩型和接触交代-热液型储量占的比例较高。

目前，我国铁矿主要开采的铁矿石类型有：磁铁矿矿石 308.33 亿吨，占全部铁矿查明资源储量的 51.0%；钒钛磁铁矿矿石 105.18 亿吨，占 17.3%；“红矿” 180.12 亿吨，占 29.8%，磁铁矿矿石所占比重较大。

（3）贫矿多，富矿少。我国铁矿石查明资源储量绝大部分为贫矿，能直接入炉的富铁矿石查明资源储量（铁矿石品位大于 48%）有 11.11 亿吨，仅占全部铁矿查明资源储量的 1.8%，我国绝大多数开采的铁矿石必须经过选矿才能高炉利用。

我国铁矿查明资源储量平均品位约为 33%，与巴西、澳大利亚等国的铁矿相比，品位相差很大。从我国铁矿查明资源储量吨位-品位分布直方图可以看出，我国绝大部分铁矿品位在25%～40%，占我国铁矿查明资源储量的81.2%；品位在25%以下的查明资源储量，占我国铁矿总查明资源储量的4.6%；品位在40%～48%的查明资源储量，占我国铁矿总储量的11.5%；品位大于48%的富铁矿查明资源储量，仅占我国铁矿查明资源储量的1.9%。

（4）伴（共）生组分多，综合利用价值大。我国铁矿资源矿石类型复杂，难选矿和多组分伴（共）生铁矿储量所占比重大，难选赤铁矿和多组分共生铁矿石储量各占全国总储量的1/3，涉及一批大中型矿区，如攀枝花、大庙、白云鄂博、大冶、铜绿山、石头咀、翠宏山、谢尔塔拉、大宝山、大顶、黄冈、滩溪和翁泉沟等矿区，伴生组分主要包括V、Ti、Cu、Pb、Zn、Co、Nb、Se、Sb、W、Sn、Mo、Au、Ag、S、稀土等30余种，最主要的有Ti、V、Nb、Cu、Co、S和稀土等，有的伴（共）生组分的经济价值甚至超过铁矿价值，如白云鄂博铁矿中含有丰富的稀土和Ta、Nb；攀枝花钒钛铁矿中的V和Ti储量居世界前位。随着科学技术水平的提高，这些伴（共）生组分将得到充分的综合回收利用。

（5）铁矿勘查深度较浅，深部潜力很大。目前，我国铁矿的勘查深度仍然较浅，不论是已开发利用的铁矿还是未开发利用的铁矿，其主要矿体最大埋藏深度在1 000米以内，主要集中在600米以内，峰值在50～200米范围，这说明我国铁矿资源深部找矿潜力还很大。

2．产销布局

目前，我国具有年产近6亿吨铁矿石原矿的生产能力，居世界首位。在全国铁矿石生产能力中，地方中小矿山产量约占2/3，重点矿山产量约占1/3；按开采方式，露天开采占70%，地下开采占30%。

我国铁矿资源开发利用已经形成一批铁矿石生产基地：鞍山—本溪、西昌—攀枝花、冀东—密云、五台—岚县、包头—白云鄂博、鄂东、宁芜、酒泉、海南石碌、邯郸—邢台、承德等地区。

2016年我国铁矿石产量达到12.81亿吨。我国铁矿石生产集中在河北、辽宁、内蒙古、四川、山西、安徽、山东、北京8个省（自治区、直辖市），铁矿石生产在地区分布上极不平衡，仅河北、辽宁两省的铁矿石产量就占全国铁矿石总产量的59%。

五、钢铁工业

2016年，中国大陆粗钢产量为11.38亿吨，尽管中国钢铁产量增速较往年减缓，但整体增速仍高于全球平均水平，显示出中国市场相对较好的发展水平。

从国家和地区来看，2016年全球钢铁产量排名前12位的国家和地区钢铁产量均超2 000万吨，分别是中国大陆和日本、印度、美国、俄罗斯、韩国、德国、土耳其、巴西、乌克兰、意大利、中国台湾，其中中国大陆钢铁产量以80 840万吨，稳居榜首；日本钢铁产量以10 480万吨排在第二；第三名是钢铁产量为9 560万吨的印度。

钢铁工业的特点是所需的燃料、原料多，运输量大，用水占地、耗电多，“三废”污染严重。根据这些特点，在布局中应考虑下列因素：资源因素、消费因素、厂址因素、运输因素。总之，钢铁工业布局是一个极其复杂的问题，必须综合考虑多方面的因素，才能达到合理布局的目的。

我国钢铁工业的布局大致可分为以下四种类型。

（1）靠铁近煤。这是我国最理想的布局类型。这一类型的钢铁工业基地既靠近铁矿资源又临近煤炭产地，是在丰富的煤铁资源基础之上发展起来的，如鞍山、本溪、包头、北京、天津、唐山等钢铁工业基地均属这一类型。

（2）移煤就铁。这一类型的钢铁工业基地，是在当地丰富的铁矿资源基础上发展起来的，但需从外地调入大量煤炭，如武汉、攀枝花、马鞍山等钢铁工业基地。

（3）移铁就煤。这一类型的钢铁工业基地是在当地丰富的煤炭资源基础上，从外地调入铁矿石而发展起来的，如太原、抚顺、水城、乌鲁木齐、石嘴山等钢铁工业基地。

（4）近消费地。这一类型的钢铁工业基地，附近既无铁又无煤，资源贫乏，但本身是消费中心或接近消费中心，如上海、宝山、广州、重庆、杭州、齐齐哈尔等。

我国大型钢铁基地的建立，从历史发展的既成事实出发，起步于原有基础，充分利用沿海原有钢铁工业基础，在改造和加强沿海钢铁基地的同时，有计划地、循序渐进地建立了相当数量的新基地。

我国大型钢铁工业的布局具体如下。

（1）鞍本钢铁基地，包括鞍山钢铁公司和本溪钢铁公司。基地位于辽宁中部工业区，东倚千山山脉，北临辽河支流太子河，西侧千里平原，南望渤海海湾。鞍山与本溪两钢铁公司之间相距约 100 公里，周围资源丰富，铁矿的探明储量近 100 亿吨，其中工业储量 40 亿吨，居全国各大基地之首。现有铁矿开采能力约 4 000 万吨，是全国最大的铁矿基地。辽宁中部煤炭资源也相当丰富，拥有本溪湖（采屯）、红阳（沈北）等煤矿，与钢铁基地相距在 100 公里范围内。但经长期开采，区内煤炭不能满足钢铁工业的需要，不足部分由黑龙江及河北、吉林等省供应。目前已具有年产 300 万吨铁、150 万吨普钢、20 万吨特钢的综合生产能力。

（2）京津唐钢铁基地，包括首都钢铁公司（含北京市各钢厂）、天津各钢厂及唐山钢铁公司，是全国重要的钢铁基地之一。该基地周围资源丰富，冀东铁矿储量仅次于鞍本，开滦煤矿年产 2 000 万吨以上，是我国最大型优质炼焦煤基地。基地又靠近消费区，技术力量雄厚。首钢是京津唐地区最大的钢铁联合企业，年产钢 250 万吨以上。

（3）上海钢铁基地，拥有上海宝山钢铁公司和上海一、三、五厂 3 个主要炼钢企业和 10 多个轧钢厂及铁合金厂等 30 多家企业。上海钢铁基地所在的上海市工业发达，生产协作条件好、技术力量强、管理水平高、水陆交通方便等，是本基地发展钢铁工业最有利的条件；无铁、无煤、无辅助材料又是本基地最突出的缺点，每年需要运入近千万吨的生铁和焦炭。始建于 1985 年 11 月底的宝钢年生产能力为产铁 650 万吨、钢 670 万吨、钢材 422 万吨、商品坯 122 万吨。宝钢具有设备大型化、自动化程度高的突出优点。

（4）武钢基地，位于武昌青山区的长江沿岸，是新中国成立后我国新建的大型钢铁工业基地，已建成具有 400 万吨铁、400 万吨钢和 400 万吨钢材的综合生产能力。武钢主要生产中型材、薄板、中厚板、大型板、带钢等，是我国最大的钢板生产基地。武钢位置条件优越，水陆运输方便。鄂东铁矿是主要矿石产区，所产矿石品位高，含铜等有益成分，但储量有限，埋藏较深。这是武钢基地进一步发展的限制因素。

（5）攀钢基地，位于四川攀枝花市，建于第三个五年计划时期，是我国西南地区最大的钢铁联合企业。这里自然资源得天独厚，攀枝花钒钛磁铁矿储量达数十亿吨，钒、钛储量居世界首位；与攀枝花相距只有 10 ~ 20 公里的宝鼎煤矿是优质炼焦煤基地；附近的辅助原料矿和水力资源都很丰富。

（6）包头钢铁基地，位于内蒙古包头市昆仑河西岸，是我国“一五”期间国家重点建设项目之一，“二五”期间正式投入生产。包钢基地近铁又近煤，铁矿石基地在白云鄂博，南距厂区仅150公里，在厂区东北约80公里处有石拐沟煤矿，可供部分炼焦煤和动力用煤。

（7）太原钢铁基地，是“二五”时期重点扩建、改建项目之一。它是我国目前大型的特殊钢铁联合企业，也是以生产优质板材为主的特殊钢基地。山西焦煤资源丰富、品种齐全，是太钢基地的突出优势。太（原）、古（交）、岚（县）铁矿是我国主要铁矿区之一，但矿石品位低，矿区分散，这是基地建设的不利条件。

（8）马鞍山钢铁基地，位于安徽省东部马鞍山市内，临江近海，交通十分便利，资源丰富。

（9）重庆钢铁基地，包括重庆钢铁公司和重庆特殊钢厂，钢材品种齐全。除提供民用产品外，还为军工常规武器及国家尖端科学的研究提供优质钢材和特种合金材料。

（10）中国钢铁股份有限公司。依靠大力发展拆船行业壮大起来，位于高雄市，年产钢600万吨。

六、林业

我国现有林业以东北、西南两个地区分布最为集中，是我国主要的天然林业生产基地，此外，南方林业地区也是一个比较重要的林区。

（1）东北林区包括黑龙江、辽宁、吉林三省及内蒙古自治区东部大小兴安岭和长白山三个林区。林区内林业用地总面积约65万平方公里，其中有林地面积35万平方公里，是我国目前森林资源最为集中的地区，木材产量居各大林区之首。东北林区已成为我国林业企业最多，采伐规模最大，机械化程度高，运材道路最长的林区。

（2）西南林区包括四川、云南、西藏交界的横断山地林区和藏东南山地及滇南热带林区。林业用地总面积约52万平方公里，其中有林地约20万平方公里，是我国第二大天然林区。由于这里地形复杂，陆路交通不便利，木材采伐极为困难，森林资源尚未得到充分开发，今后的发展潜力巨大。

（3）南方林区是指川、滇以东，秦岭、淮河、大别山以南，云贵高原以东的广大地区。以人工林为主，林木生长迅速，经济林木和竹林所占比重大。

任务检阅

一、煤炭工业发展“十三五”规划解读

煤炭工业“十二五”规划完成情况如下。

截至2015年全国煤炭产量37.5亿吨，年均复合增长率1.8%；煤炭消费量39.6亿吨，年均增速2.6%；千万吨级煤矿53处，新增13处，年均增速达5.8%；大型煤炭基地产量35亿吨，占全国原煤总产量的93%，较2010年提高6个百分点；“十二五”期间全国共淘汰落后煤矿7 100处，涉及产能5.5亿吨/年，其中关闭煤矿产能3.2亿吨，煤炭生产集约化、规模化水平明显提升，煤炭企业兼并重组加快，行业集中度进一步提高。

煤炭工业“十三五”规划解读之一：“十三五”时期煤炭产量及消费量将呈正增长。

“十三五”规划到2020年全国煤矿总产量39亿吨/年，年均增速为0.8%；消费量41亿吨/年，年均增速为0.7%，“十三五”期间我国煤炭产量及消费量均为正增长。“十三五”规划提出，化解淘汰过剩、落后产能约8亿吨/年，通过减量置换和优化布局增加先进产能约5亿吨/年。

煤炭工业“十三五”规划解读之二：煤炭供给侧结构性改革是贯穿“十三五”的主旋律，

大型化、集约化发展模式提升行业发展水平和国际竞争力。

“十三五”规划从 2016 年起，3 年内原则上停止审批新建煤矿项目、新增产能的技术改造项目和产能核增项目；因结构调整、转型升级等原因确需新建煤矿的，应关闭相应规模的煤矿进行减量置换。国家在“十三五”期间支持晋陕蒙等地煤炭企业兼并重组、强强联合，推动跨区域、跨行业、跨所有制的特大型煤炭企业建设。根据规划，预计到 2020 年煤矿数量控制在 6 000 处左右，120 万吨/年及以上大型煤矿产量占比 80%以上，大型煤炭基地产量占 95%以上，煤炭企业数量控制在 3 000 家以内，5 000 万吨级以上大型企业产量占 60%以上。“十三五”规划在严控新增产能的同时有序退出过剩产能，积极发展先进产能，推进煤炭企业兼并重组，优化产业结构，产业集中度和国际竞争力进一步提升。

煤炭工业“十三五”规划解读之三：“十三五”规划煤炭总体布局战略性西移：压缩东部、限制中部和东北、优化西部。

根据煤炭工业“十三五”规划，东部地区原则上不再新建煤矿，中部和东北地区从严控制接续煤矿。一是到 2020 年 14 个大型煤炭基地产量 37.4 亿吨，占全国煤炭产量的 95%以上，大型基地外煤炭产量控制在 2 亿吨以内；二是降低鲁冀豫煤炭基地产量，到 2020 年鲁西基地煤炭产量控制在 1 亿吨以内、冀中基地 0.6 亿吨、河南基地 1.35 亿吨、两淮基地 1.3 亿吨；三是控制蒙晋云贵煤炭基地规模，到 2020 年蒙东（东北）煤炭产量 4 亿吨，晋北 3.5 亿吨，晋中 3.1 亿吨，晋东 3.4 亿吨，云贵 2.6 亿吨，宁东 0.9 亿吨；四是推进陕北、神东、新疆煤炭基地建设，到 2020 年陕北基地煤炭产量 2.6 亿吨，神东基地 9 亿吨，黄陇基地 1.6 亿吨，新疆基地 2.5 亿吨。

国家统筹资源禀赋、开发强度和运输通道等因素，优化煤炭生产布局，“十三五”期间将压缩湖北、湖南、广西、河北、山东、河南、安徽等省份煤炭生产规模，有序推进陕北、神东、新疆等区域煤炭基地建设，国家旨在做好煤炭减法的同时做优煤炭增量。煤炭生产的区域化结构性差异，叠加资源优势和政策红利，将利好陕西、蒙东等地区煤炭企业的长远发展。

煤炭工业“十三五”规划解读之四：铁路规划煤炭运力 36 亿吨，煤炭铁路运力总体宽松。

预计到 2020 年全国煤炭运输总需求约 26 亿～28 亿吨，考虑铁路、港口的生产、消费等环节的不均衡性，需要铁路运力 30 亿～33 亿吨，铁路规划煤炭运力 36 亿吨。煤炭铁路运输以晋陕蒙煤炭外运为主，推进环渤海、长三角等大型煤炭储配基地和煤炭物流园区建设，加强物流环节收费监管，降低煤炭物流成本，在全国范围内形成“九纵六横”的煤炭物流通道网络，满足“北煤南运、西煤东调”的煤炭运输需求。

煤炭工业“十三五”规划解读之五：深化煤企改革，加快安全高效、清洁绿色煤炭工业体系建设。

国家重点推进煤炭清洁化利用，对燃煤机组全面实施超低排放和节能改造；提高全员劳动工效达 1 300 吨/人·年以上，剥离煤企“三供一业”和企业办社会职能等历史遗留包袱，坚持区别对待、有控有扶的原则，加大金融支持力度，创造条件推进集团公司整体上市等一系列政策措施，意在降低煤矿行业整体生产运营成本，提高煤企运营效率，解决煤炭企业融资成本高、难度大的问题，助力煤炭企业轻装上阵。

投资逻辑：“十三五”期间煤炭供需仍将保持正增长，煤炭企业逐渐向大型化、集约化、绿色化、高效化模式发展，供给侧去产能和结构性改革成为煤炭板块投资逻辑的主要驱动因素，一方面从供给侧去产能角度，把握国家实施西部转移带来新增产量的煤炭上市公司，另一方面从供给侧调结构角度挖掘具备优质煤炭资源和区位优势的煤炭企业，建议重点关注两类标的。

问题：试分析上述资料。

二、神华集团

神华集团是于 1995 年 10 月经国务院批准设立的国有独资公司，是中央直管国有重要骨干企业，是以煤为基础，电力、铁路、港口、航运、煤制油与煤化工为一体，产运销一条龙经营的特大型能源企业，是我国规模最大、现代化程度最高的煤炭企业和世界上最大的煤炭经销商。该集团主要经营国务院授权范围内的国有资产，开发煤炭等资源性产品，进行电力、热力、港口、铁路、航运、煤制油、煤化工等行业领域的投资、管理；规划、组织、协调、管理神华集团所属企业在上述行业领域内的生产经营活动。神华集团总部设在北京。由神华集团独家发起成立的中国神华能源股份有限公司分别在香港、上海上市。神华集团在 2015 年度《财富》全球 500 强企业中排名第 196 位。

截至 2015 年年底，神华集团共有全资和控股子公司 21 家，投入生产的煤矿 54 个，投运电厂总装机容量 7 851 万千瓦，拥有 2 155 公里的自营铁路、2.7 亿吨吞吐能力的港口和煤码头及船舶 40 艘，总资产 9 314 亿元，在册员工 20.8 万人。2015 年，神华集团上下团结一心，积极主动适应经济新常态，紧紧围绕“1245”清洁能源发展战略，生产经营取得了难能可贵的成绩：完成自产商品煤量 4.01 亿吨、煤炭销量 4.85 亿吨、发电量 3 171 亿度、自营铁路运量 3.64 亿吨、主要油品化工品 807 万吨、港口吞吐量 1.76 亿吨、货运装船量 6 787 万吨，实现营业收入 2 364 亿元、利润总额 318 亿元。国有资本保值增值率处于行业优秀水平，企业经济贡献率连续多年居全国煤炭行业第一，年利润总额在中央直管企业中名列前茅，安全生产多年来保持世界先进水平。

问题：以上信息是关于我国规模最大、现代化程度最高的煤炭企业神华集团的简介，请自查资料了解一下它的具体业务。

✔ 小提示：神华集团网址 www.shenhuagroup.com.cn

三、中国石油三巨头

中国石油三巨头是中国石油天然气集团公司、中国石油化工集团公司和中国海洋石油总公司。

中国石油天然气集团公司（以下简称中国石油）是 1998 年 7 月在原中国石油天然气总公司基础上组建的特大型石油石化企业集团，2017 年 12 月完成公司制改制。

中国石油是国有独资公司，是产炼运销储贸一体化的综合性国际能源公司，主要业务包括国内外石油天然气勘探开发、炼油化工、油气销售、管道运输、国际贸易、工程技术服务、工程建设、装备制造、金融服务、新能源开发等。2017 年，在世界 50 家大石油公司综合排名中位居第三，在《财富》杂志全球 500 强排名中位居第四。企业标识如图 1-6 所示。

中国石油化工集团公司（简称中国石化，英文缩写 Sinopec Group）是 1998 年 7 月在原中国石油化工总公司基础上重组成立的特大型石油石化企业集团，是国家独资设立的国有公司、国家授权投资的机构和国家控股公司。企业标识如图 1-7 所示。

图 1-6　中国石油天然气集团公司标识　　图 1-7　中国石油化工集团公司标识

中国海洋石油总公司（China National Offshore Oil Corporation，CNOOC，简称中国海油）是 1982 年 2 月 15 日成立的国家石油公司。依据《中华人民共和国对外合作开采海洋石油资源条例》，负责在中国海域对外合作开采海洋石油、天然气资源。企业标识如图 1-8 所示。

图 1-8　中国海洋石油总公司标识

问题：请自查资料更多地了解一下我国石油三巨头的业务发展。

✔ 小提示：中石油网址 http://www.cnpc.com.cn
中石化网址 http://www.sinopec.com
中海油网址 http://www.cnooc.com.cn

四、资料分析

中国石油北极圈 LNG 项目开始投资回收

从中国石油天然气集团有限公司获悉，2018 年 2 月，由中国石油参股的亚马尔液化天然气（LNG）项目首船份额气已在西班牙顺利完成卸货。这艘船装载着 7.3 万吨液化天然气，标志着集团公司在北极圈内的第一个 LNG 项目正式进入投资回收阶段。

据悉，亚马尔 LNG 项目地处极寒地带，全部建成后可年产 1 650 万吨 LNG。项目投产初期生产稳定，有一部分 LNG 现货，中国石油按持股比例可获取其中 20%。根据统一部署，国际事业公司与中油国际俄罗斯公司、赛宁公司提前近一年组成工作组，进行销售前的各项准备工作，通过再装船运作，突破了项目投产初期冰级船运力不足的瓶颈，将首船份额气销往南欧市场，获得较好收益。

中国石油相关负责人表示，亚马尔 LNG 项目首船中方份额 LNG 现货的成功销售，提升了集团公司海外份额气市场价值，是国际事业公司落实协同创效要求、服务海外上游天然气业务的里程碑。

（资料来源：中国财经网）

问题：请结合知识储备对上述资料进行分析。

五、地图填充

试在中国地图（见图 1-9）上画出省（自治区、直辖市）轮廓并标注省（自治区、直辖市）

名称及简称。

中国地图

图 1-9　中国地图

精华总结

- 我国的八大综合经济区：东北综合经济区、北部沿海综合经济区、东部沿海综合经济区、南部沿海经济区、黄河中游综合经济区、长江中游综合经济区、大西南综合经济区、大西北综合经济区。
- 我国面积广阔，资源丰富。
- 我国煤炭资源分布广泛，相对集中，主要有山西、陕西、内蒙古、河南四大生产基地。
- 我国陆上天然气主要分布在中部和西部地区。
- 我国石油的基本流向是北油南运和西油东运。
- 我国铁矿石具有分布广泛又相对集中；矿床类型多，成矿条件复杂；中、小型矿床多，超大型矿床少；贫矿多，富矿少，矿石类型复杂，伴（共）生组分多等特点。
- 我国钢铁工业布局类型有靠煤近铁、移铁就煤、移煤就铁、近消费地。

任务二

公路运输布局分析

学习目标

知识目标：

了解公路运输的特点
熟悉我国公路运输的发展
熟悉国道编码规则
熟悉城市道路网布局类型
掌握我国公路的分类
掌握我国公路运输的车辆选择
掌握“五纵七横”和“71118 网”

技能目标：

能够对我国公路运输的发展进行分析
能够对我国公路网布局进行分析
能够对不同城市的路网布局类型进行识别

引导案例

青岛物流业：甩挂运输“甩”出新网络

一辆满载货物的牵引车日前从青岛发出，抵达威海后，甩下挂车，挂上另一辆已满载货物的半挂车，马不停蹄地返回青岛，不仅提高了运输效率，而且降低了运输成本。这种“甩挂”运输方式是青岛某物流公司进行新运输方式的试点。

作为先进的运输方式，青岛市公路货运甩挂运输规模不断增加。青岛天人物流集团等四家开始甩挂运输试点，青岛至上海、威海、黄岛甩挂运输试点获得成功，运输线路逐渐增多，运输网络逐渐扩大。

目前，依托环渤海湾地缘和广大腹地优势，由天津、河北、内蒙古、黑龙江、吉林、辽宁、山东七省（自治区、直辖市）组建成立的环渤海湾甩挂运输联盟，在更大的范围内，鼓励运输企业加强异地联合。组成环渤海湾甩挂运输联盟，构建了七省（自治区、直辖市）环渤海湾甩挂运输区域性运营网络，为青岛甩挂运输提供了更好的机遇。

公路运输的优点

（1）机动灵活，适应性强。公路运输最显著的优点之一是机动灵活。由于公路运输网一般比铁路、水路网的密度要大十几倍，分布面也广，因此公路运输车辆可以“无处不到、无时不有”。

1）空间上的灵活性。可以实现门对门、站对站的直达运输。汽车体积较小，中途一般不需要换装，除可沿分布较广的路网运行外，还可离开路网深入工厂企业、农村田间、城市居民住宅等地，即可以把旅客和货物从始发地门口直接运送到目的地门口，实现“门对门”直达运输。这是其他运输方式无法与公路运输比拟的优点之一。

2）服务上的灵活性。公路运输的起运量最小，能够根据货主和顾客的具体要求提供服务，满足不同性质的货物运送与不同层次顾客的需求；同时对客、货的运量也具有很强的适应性，汽车的载重吨位有小（0.25～1吨）有大（200～300吨），既可以由单个车辆独立运输，也可以由若干车辆组成车队同时运输。这一点对抢险、救灾工作和军事运输具有特别重要的意义。

3）运输功能的灵活性。公路运输便于同铁路、水路、航空运输线路相衔接，既适用于城市、乡村、工矿、车站、码头的短途接运，集散货物，又可促进直达运输，减少货物换装转运等中间环节，还适用于邻国之间的进出口货物的运输。

4）时间上的灵活性。公路货运可根据货主的需求随时起运，车辆可随时调度、装运，实现即时运输。

5）运输条件的灵活性。汽车不仅可以在高速公路和其他各等级公路上运输，其服务还可以延伸到等级以外的公路上，甚至包括一些乡村便道、简易公路。这样，公路运输网就可以连接城乡，干支结合，沟通城镇农村。

（2）在中短途运输中，运送速度较快。在中短途运输中，由于公路运输可以实现“门对门”直达运输，中途不需要倒运、转乘就可以直接将客、货运达目的地，因此，与其他运输方式相比，其客、货在途时间较短，运送速度较快。

（3）原始投资少，资金周转快。公路运输与铁路、水路、航空的运输方式相比，所需固定设施简单，车辆购置费用一般也比较低。因此，投资兴办容易，投资回收期短。有关资料表明，在正常经营情况下，公路运输的投资每年可周转1～3次，而铁路运输需要3～4年才能周转一次。

（4）掌握车辆驾驶技术较容易。相对于火车司机或飞机驾驶员的培训要求来说，汽车驾驶技术比较容易掌握，对驾驶员的各方面素质要求相对也比较低。

公路运输的缺点

（1）运量较小，运输成本较高。目前，世界上最大的汽车是美国通用汽车公司生产的矿用自卸车，长20多米，自重610吨，载重350吨左右，但仍比火车、轮船小得多。由于汽车载重量小，行驶阻力比火车大9～14倍，所消耗的燃料又是价格较高的液体汽油或柴油，因此，除了航空运输，就是汽车运输成本最高了。

（2）运行持续性较差。有关统计资料表明，在各种现代运输方式中，公路的平均运距是最短的，运行持续性较差。

（3）安全性较低，污染环境较大。据历史资料记载，汽车自诞生以来，已经吞吃掉3 000多万人的生命，特别是从20世纪90年代开始，在汽车交通事故中遇难的人数急剧增加，平均每年

50 多万人。这个数字超过了艾滋病、战争和结核病每年导致的死亡人数。汽车所排出的尾气和引起的噪声也严重地威胁着人类的健康，是城市环境污染的最大污染源之一。

子任务一　我国公路运输发展分析

学习目标

知识目标：

了解公路运输的概念

掌握我国公路的分类

掌握我国公路运输的车辆选择

熟悉我国公路运输的发展

技能目标：

能够对我国公路运输的发展进行分析

引导案例

垫江：国道 G243（渝巫路）复线开工动建 投资 2.13 亿元

2017 年 1 月，垫江县重大交通项目——国道 G243（渝巫路）复线（澄溪至太平段）项目正式开工动建，总投资达 2.13 亿元。

据了解，该项目占地约 4.5 万平方米，全长 5.7 公里，城镇路段路基宽 34 米，镇外路段路基宽 26 米，为双向六车道。道路起于垫江县与长寿区两地交界处的海棠镇土桥处，平行于渝巫路和垫江明月山，途经澄溪镇双桂、通集、十字等三个村（居），止于太平镇群力村。

该项目是垫江县推进交通基础设施建设，把澄溪镇建设成渝川东部的陆上交通枢纽，提升全县互联互通能力的重要项目。该项目的建设，对缓解渝巫路交通压力，拉动垫江华夏牡丹园和太平牡丹园两大园区一体化建设，促进垫江县域经济社会发展具有至关重要的意义。

（资料来源：凤凰网）

知识储备

公路运输或称公路汽车运输，是发展最快、应用最广、地位日趋重要的一种运输方式。自 1885 年德国卡尔·本茨制成以内燃机作动力的汽车以来，汽车运输迅速发展，逐渐成为铁路运输的强大竞争对手，甚至在某些国家已取代铁路运输，在运输中占据主导地位。

一、公路运输的概念、分类

1．概念

公路运输有广义概念和狭义概念之分。

从广义上来说，公路运输是指在一定时间内，利用载运工具，如汽车、拖拉机、畜力车、人力车等沿公路实现旅客或货物空间位移的过程。

从狭义上来说，公路运输就指汽车运输。

公路运输主要担负中、短途运输，是补充和衔接其他交通运输方式的客货运输，一般 200 公里以内为其经济运距。公路运输在整个运输业中处于基础地位，是各种交通运输方式中最便捷的。

在发达国家中，由于经济和科学技术的发展，拖拉机、畜力车、人力车等低效率的运输工具已被淘汰。在我国，农村经济还有待提高，拖拉机、畜力车、人力车等运输方式在不同地区不同程度地存在着，但从完成的运输量、它对社会经济的影响及其发展趋势看，汽车已成为我国公路运输的主要运载工具。因此，现代公路运输主要是指汽车运输。

2．分类

公路运输的种类有很多，总体可分为汽车客运和货运两大类。其中汽车客运可以分为公汽运输、出租车运输、长途汽车运输、自用汽车运输；汽车货运可以分为普通货物运输、特种货物运输、零担货物运输、集装箱运输等。

二、公路运输的车辆选择

在现代公路物流中，货物运输是主导，利用的是各种各样的载货汽车，实现货物运输。就车头形式看，有平头式和长头式两种；就车厢结构看，有厢式、平板式和箱型三种；就整体结构看，有单车（整体式）、拖挂车和汽车列车（铰接式）三种；就用途来说，有乘用车和商用车之分等。

主要是根据货物的种类、特点及批量，合理选择运输车辆类型及载重量大小。合理选择运输车辆不但可以完好、准时、无误地完成任务，还能够降低运输费用。所以，合理选择运输车辆是提高车辆运输生产率，降低运输成本的有效途径之一。其中影响车辆选择的首要因素是运输费用，另外还有货物的种类、特点及批量，装卸工作方法，道路与气候条件，货物运送速度，运输工作的劳动力、动力及材料消耗量等。

其中小型厢式载货汽车的体积小，载重小，一般只用于运距短、对运达时间要求较高的小批量货物运输。厢式载货汽车因其封闭式的车厢结构，使运载的货物能避免风吹、日晒、雨淋、外界温度和湿度变化的影响。它的滑动式侧门或后开车门，也极大地方便了货物装卸作业。有些小型厢式货车的车厢内还设有几个可翻转折叠的活动座椅，平时可以载人，必要时可折叠起来以便腾出更大的空间载货，有小巧灵便、通达性好的特点。因此，这种载货汽车相当广泛地应用于商业和邮件运输等各种服务行业，日常生活中比较多见，如图 2-1 所示。

图 2-1　小型厢式载货汽车

平板式载货汽车有小型（或称为轻型）送货车（见图 2-2）和大、中型平板式货车（见图 2-3）两种。轻型送货车又称“皮卡”（是 Pickup 的音译），主要用于运送小批量、轻巧的货物。“Pickup”本身的含义是“中途搭人、中途捎带、集收”，而实际上，不足整车的小批量零担货物的分类和集收是同时进行的。轻型送货车一般有单厢（驾驶室只有一排座位）和双厢（双排座）两种，都被广泛应用于各种货物运输。

图 2-2　皮卡

图 2-3　平板式载货汽车

集装箱式载货汽车（见图 2-4）是近年来国际、国内货车市场上的一支主力军。其特点是载货容积大，货物运送安全，货厢密封性能好，尤其是轻质合金材料及增强型合成材料广泛应用于车厢的制造，为减轻车厢自重，提高有效载重量创造了条件。

图 2-4　集装箱式载货汽车

拖挂车（见图 2-5）由拖车（又称“牵引车”）和挂车两部分组成，通过挂钩等连接结构把二者连接起来。拖挂运输是提高运输生产率的有效手段。挂车有全挂车和半挂车之分。全挂车相当于一个完全独立的车厢，其全部负载依赖挂车本身的轮轴，由前面的牵引车拖载着行驶。半挂车的负载只有一部分作用于挂车的轮轴，其余则是通过连接装置作用于牵引车的轮轴。

图 2-5　拖挂车

三、我国公路的分类

1. 按行政级别划分

按照公路在国民经济及政治、国防中的作用，以及所在国家公路网中的地位，可将公路划分为不同类别。在我国现有条件下，公路可分为以下 5 类。

（1）国道。国道是国家干线公路的简称，包括由首都通向各省（自治区、直辖市）政治、经济中心和 30 万人以上城市的干线公路或通向各大港口、铁路枢纽、重要工农业生产基地的干线公路，大中城市通向重要对外口岸、开放城市、历史名城、重要风景游览区的干线公路，以及具有重要意义的国防干线。这些公路线组成国家干线公路网的框架。

（2）省道。省道是联系省（自治区、直辖市）首府和重要城市的干道及大城市联系郊区城镇、工矿区、疗养地的道路。这类公路是区域公路网的骨干。

（3）县道。县道以县城为中心，通往县内集镇，组成地方公路网。它直接服务于城乡物资交流和地方客运，同广大人民的生产、生活联系密切。

（4）乡道。乡道是指主要为乡（镇）村经济、文化、行政服务的公路，以及不属于县道以上公路的，乡与乡之间及乡与外部之间联络的公路。乡道由人民政府负责修建、养护和管理。

（5）专用公路。专用公路是指专供或主要供厂矿、林区、农场、油田、旅游区、军事要地等与外部联系的公路。专用公路由专用单位负责修建、养护和管理，也可委托当地公路部门修建、养护和管理。

2. 按使用任务、功能和适应的交通量划分

单位时间内通过公路某一断面的汽车数量称为交通量，它是衡量公路交通运输繁忙程度的一种尺度。交通量以载货汽车为标准，其他车辆需进行折算。

公路根据交通量及其使用任务、性质分为如下 5 个等级。

（1）高速公路。高速公路为专供汽车分向、分车道行驶，并全部控制出入的多车道公路。

四车道高速公路应能适应将各种汽车折合成小客车的年平均日交通量 25 000 ~ 55 000 辆。

六车道高速公路应能适应将各种汽车折合成小客车的年平均日交通量45 000～80 000辆。

八车道高速公路应能适应将各种汽车折合成小客车的年平均日交通量60 000～100 000辆。

（2）一级公路。一级公路为供汽车分向、分车道行驶，并可根据需要控制出入的多车道公路，连接重要的政治、经济中心，通往重点工矿区，部分立体交叉。

四车道一级公路应能适应将各种汽车折合成小客车的年平均日交通量15 000～30 000辆。

六车道一级公路应能适应将各种汽车折合成小客车的年平均日交通量25 000～55 000辆。

（3）二级公路。二级公路为供汽车行驶的双车道公路，连接政治、经济中心或大矿区等地的干线公路，或者运输任务繁忙的城郊公路。

一般能适应每昼夜3 000～7 500辆中型载重汽车交通量。

（4）三级公路。三级公路为主要供汽车行驶的双车道公路，为沟通县及县以上城市的一般干线公路。

一般能适应每昼夜1 000～4 000辆中型载重汽车交通量。

（5）四级公路。四级公路为主要供汽车行驶的双车道或单车道公路，沟通县、乡、村等支线。

双车道四级公路能适应每昼夜中型载重汽车交通量1 500辆以下。

单车道四级公路能适应每昼夜中型载重汽车交通量200辆以下。

公路运输发展数据（2018年）

1. 基础设施

2018年年末全国公路总里程484.65万公里，比上年增加7.31万公里。公路密度50.48公里/百平方公里，增加0.76公里/百平方公里。公路养护里程475.78万公里，占公路总里程的98.2%。

年末全国四级及以上等级公路里程446.59万公里，比上年增加12.73万公里，占公路总里程的92.1%，提高1.3个百分点。二级及以上等级公路里程64.78万公里，增加2.56万公里，占公路总里程的13.4%，提高0.3个百分点。高速公路里程14.26万公里，增加0.61万公里。高速公路车道里程63.33万公里，增加2.90万公里。国家高速公路里程10.55万公里，增加0.33万公里。

年末国道里程36.30万公里，省道里程37.22万公里。农村公路里程403.97万公里，其中县道里程54.97万公里，乡道里程117.38万公里，村道里程231.62万公里。

年末全国公路桥梁85.15万座、5 568.59万米，比上年增加1.90万座、342.97万米，其中特大桥梁5 053座、902.69万米，大桥98 869座、2 637.04万米。全国公路隧道17 738处、1 723.61万米，增加1 509处、195.10万米，其中特长隧道1 058处、470.66万米，长隧道4 315处、742.18万米。

2. 运输装备

年末全国拥有公路营运汽车1 435.48万辆，比上年下降1.0%。

拥有载客汽车79.66万辆，比上年下降2.4%，2 048.11万客位，下降2.4%。其中大型客车30.27万辆，下降1.0%，1 333.99万客位，下降0.4%。

拥有载货汽车1 355.82万辆，比上年下降0.9%，12 872.97万吨位，增长9.3%。其中，普通货车816.76万辆，下降9.5%，4 791.21万吨位，下降1.6%；专用货车52.63万辆，增长13.8%，547.59万吨位，增长9.7%；牵引车237.67万辆，增长14.7%；挂车248.76万辆，增长17.2%。

3．运输服务

全年完成营业性客运量 136.72 亿人，比上年下降 6.2%，旅客周转量 9 279.68 亿人 · 公里，下降 5.0%。完成货运量 395.69 亿吨，增长 7.3%，货物周转量 71 249.21 亿吨 · 公里，增长 6.7%。

4．固定资产投资

全年完成公路建设投资 21 335 亿元，比上年增长 0.4%。其中，高速公路建设完成投资 9 972 亿元，增长 7.7%；普通国省道建设完成投资 6 378 亿元，下降 12.2%；农村公路建设完成投资 4 986 亿元，增长 5.4%。

（数据来源：交通运输部）

任务检阅

车辆选择

请根据所学知识：①分析不同车型适合运输的货类；②与同桌各想一种货物，根据它的性质、运量、运输要求等条件一起讨论应该选用哪种车辆进行运输。

子任务二　我国公路运输布局分析

学习目标

知识目标：

熟悉国道编码规则

掌握“五纵七横”和“71118 网”

技能目标：

能够对我国公路网布局进行分析

引导案例

省道 323 线改建　郑州南部新增东西向通道

2018 年 2 月 13 日，郑州南部连接新郑至新密、登封的重要通道之一——省道 323 线新密关口至登封张庄段改建工程最后一段登封大冶至告成段建成通车。至此，全长 85.571 公里的省道 323 线改建工程全线贯通。

省道 323 线新密关口至登封张庄段改建工程是南部东西方向重要的干线公路之一，起点位于新密市关口村东新郑市与新密市交界处，途经新密市的苟堂镇、超化镇、平陌镇，登封市的大冶镇、告成镇、东华镇、大金店镇、石道乡、君召乡和颍阳镇，路线终点位于登封市颍阳镇张庄西侧的登封与伊川市交界处，路线全长 85.571 公里。道路采用双向四车道一级公路标准建设，设计速度为 80 公里/小时，路基宽 24.5 米，路面宽 23 米。

（资料来源：郑州日报）

知识储备

一、我国主要国道

国道包括重要的国际公路、国防公路、连接首都与各省（自治区、直辖市）首府的公路，连接各大经济中心、港站枢纽、商品生产基地和战略要地的公路。国道中跨省的高速公路由交通部批准的专门机构负责修建、养护和管理。

国道以 1、2、3、0 和 5 开头。

以 1 开头的是连接首都和重要城市的国道，以北京为中心向四周辐射（112 国道为首都环线，除外），但具体以北京什么地方为中心一直以来没有统一说法。北京是我国的首都，也是全国政治、经济、文化中心。我国 68 条国道中有 12 条是以北京为起点向全国辐射的，但这些国道在北京没有一个统一的起点，有的甚至连起点位置都尚未明确。这不仅给公路管理部门带来一定困难，而且给公路使用者增添了许多不便。因此，在北京天安门设立公路零公里标志十分必要。世界上许多国家，如美国、法国、俄罗斯、西班牙、意大利等，都在首都的中心位置设立了公路零公里标志，我国于 2006 年 9 月 24 日在首都北京的天安门广场设立了“中国公路零公里”标志，如图 2-6 所示。

图 2-6　“中国公路零公里”标志

小知识

中国公路零公里——该标志于 2006 年 9 月 24 日正式镶嵌在天安门广场南侧，正阳门前两座石狮之间。中国公路零公里标志为青铜合金铸造，采用了中国文化中天圆地方的理念，外方内圆。而且由于该标志位于北京中轴线上，故为对称图形。标志图案的正中是阿拉伯数字 0，四周由中文中国公路零公里点和英文 Zero Point of Highways，China 环绕，外侧分别有青龙、白虎、朱雀、玄武的图案对应东、西、南、北四个方位，然后是向四周发散的线条，整体形象似中国古代的车轮。在图案的最外侧，还有四个菱形方块，上面分别有标记东、南、西、北的汉字及对应的英文缩写，呈纵向排列。

以 2 开头的则为南北走向，以 3 开头的是东西走向。国道一览表如表 2-1 所示。

表 2-1　国道一览表

<table>
<tr><td colspan="2">首都放射线 12 条，编号 101～112</td></tr>
<tr><td>G101</td><td>北京—承德—沈阳线，通过地区有北京、河北、辽宁，共计 869 公里</td></tr>
<tr><td>G102</td><td>北京—山海关—沈阳—长春—哈尔滨线，通过地区有北京、河北、天津、辽宁、吉林、黑龙江，共计 1 317 公里</td></tr>
<tr><td>G103</td><td>北京—天津—塘沽线，通过地区有北京、河北、天津，共计 166 公里</td></tr>
<tr><td>G104</td><td>北京—南京—杭州—福州线，通过地区有北京、河北、天津、山东、江苏、安徽、浙江、福建，共计 2 280 公里</td></tr>
<tr><td>G105</td><td>北京—南昌—广州—珠海线，通过地区有北京、河北、天津、山东、河南、安徽、湖北、江西、广东，共计 2 312 公里</td></tr>
<tr><td>G106</td><td>北京—兰考—黄冈—广州线，通过地区有北京、河北、河南、湖北、湖南、广东，共计 2 422 公里</td></tr>
<tr><td>G107</td><td>北京—郑州—武汉—广州—深圳线，通过地区有北京、河北、河南、湖北、湖南、广东，共计 2 520 公里</td></tr>
<tr><td>G108</td><td>北京—太原—西安—成都—昆明线，通过地区有北京、河北、山西、陕西、四川、云南，共计 3 228 公里</td></tr>
<tr><td>G109</td><td>北京—银川—兰州—西宁—拉萨线，通过地区有北京、河北、山西、内蒙古、宁夏、甘肃、青海、西藏，共计 3 846 公里</td></tr>
<tr><td>G110</td><td>北京—呼和浩特—银川线，通过地区有北京、河北、内蒙古、宁夏，共计 1 231 公里</td></tr>
<tr><td>G111</td><td>北京—通辽—乌兰浩特—加格达奇线，通过地区有北京、河北、内蒙古、黑龙江，共计 1 827 公里，另有复线 490 公里</td></tr>
<tr><td>G112</td><td>北京环线，共计 1 024 公里</td></tr>
<tr><td colspan="2">南北纵线 27 条，编号 201～227/232（无 226）</td></tr>
<tr><td>G201</td><td>鹤岗—牡丹江—大连线，通过地区有黑龙江、吉林、辽宁，共计 1 762 公里</td></tr>
<tr><td>G202</td><td>黑河—哈尔滨—吉林—沈阳—大连—旅顺线，通过地区有黑龙江、吉林、辽宁，共计 1 726 公里</td></tr>
<tr><td>G203</td><td>明水—扶余—沈阳线，通过地区有黑龙江、吉林、辽宁，共计 710 公里</td></tr>
<tr><td>G204</td><td>烟台—连云港—上海线，通过地区有山东、江苏、上海，共计 967 公里</td></tr>
<tr><td>G205</td><td>山海关—淄博—南京—屯溪—深圳线，通过地区有河北、天津、山东、江苏、安徽、浙江、福建、广东，共计 2 891 公里</td></tr>
<tr><td>G206</td><td>烟台—徐州—合肥—景德镇—汕头线，通过地区有山东、江苏、安徽、江西、广东，共计 2 339 公里</td></tr>
<tr><td>G207</td><td>锡林浩特—张家口—长治—襄樊—常德—梧州—海安线，通过地区有内蒙古、河北、山西、河南、湖北、湖南、广西、广东，共计 3 405 公里</td></tr>
<tr><td>G208</td><td>二连浩特—集宁—太原—长治线，通过地区有内蒙古、山西，共计 751 公里</td></tr>
<tr><td>G209</td><td>呼和浩特—三门峡—柳州—北海线，通过地区有内蒙古、山西、河南、湖北、湖南、广西，共计 3 346 公里</td></tr>
<tr><td>G210</td><td>包头—西安—重庆—贵阳—南宁线，通过地区有内蒙古、陕西、四川、重庆、贵州、广西，共计 3 011 公里</td></tr>
</table>

续表

南北纵线 27 条，编号 201 ~ 227/232（无 226）	
G211	银川—西安线，通过地区有宁夏、甘肃、陕西，共计 629 公里
G212	兰州—广元—重庆线，通过地区有甘肃、四川、重庆，共计 1 257 公里
G213	兰州—成都—昆明—景洪—磨憨线，通过地区有甘肃、四川、云南，共计 2 286 公里
G214	西宁—昌都—景洪线，通过地区有青海、西藏、云南，共计 3 182 公里
G215	红柳园—敦煌—格尔木线，通过地区有甘肃、青海，共计 656 公里
G216	阿勒泰—乌鲁木齐—巴伦台线，所在地区为新疆，共计 864 公里
G217	阿勒泰—独山子—库车线，所在地区为新疆，共计 1 089 公里
G218	清水河—伊宁—库尔勒—若羌线，所在地区为新疆，共计 1 123 公里
G219	叶城—狮泉河—拉孜线，通过地区有新疆、西藏，共计 2 178 公里
G220	东营—济南—郑州线，通过地区有山东、河南，共计 571 公里
G221	哈尔滨—同江线，所在地区为黑龙江，共计 486 公里
G222	哈尔滨—伊春线，所在地区为黑龙江，共计 327 公里
G223	海口—榆林（东）线，所在地区为海南，共计 319 公里
G224	海口—榆林（中）线，所在地区为海南，共计 296 公里
G225	海口—榆林（西）线，所在地区为海南，共计 426 公里
G227	西宁—张掖线，通过地区有青海、甘肃，共计 338 公里
G232	牙克石 ~ 四平线，通过地区有内蒙古、黑龙江、吉林，共计 916 公里
东西横线 29 条，编号 301 ~ 330（除 313 外）	
G301	绥芬河—哈尔滨—满洲里线，通过地区有黑龙江、内蒙古，共计 1 303 公里
G302	珲春—图们—吉林—长春—乌兰浩特线，通过地区有吉林、内蒙古，共计 1 007 公里
G303	集安—四平—通辽—锡林浩特线，通过地区有吉林、辽宁、内蒙古，共计 1 215 公里
G304	丹东—通辽—霍林河线，通过地区有辽宁、内蒙古，共计 813 公里
G305	庄河—营口—敖汉旗—林东线，通过地区有辽宁、内蒙古，共计 676 公里
G306	绥中—克什克腾线，通过地区有辽宁、内蒙古，共计 507 公里
G307	黄骅—石家庄—太原—银川线，通过地区有河北、山东、山西、陕西、宁夏，共计 1 274 公里
G308	青岛—济南—石家庄线，通过地区有山东、河北，共计 320 公里
G309	荣城—济南—宜川—兰州线，通过地区有山东、河北、山西、陕西、宁夏、甘肃，共计 2 198 公里
G310	连云港—徐州—郑州—西安—天水线，通过地区有江苏、山东、安徽、河南、陕西、甘肃，共计 1 222 公里
G311	徐州—许昌—西峡线，通过地区有江苏、安徽、河南，共计 710 公里
G312	上海—南京—合肥—西安—兰州—乌鲁木齐—霍尔果斯线，通过地区有上海、江苏、安徽、河南、湖北、陕西、甘肃、宁夏、新疆，共计 4 451 公里
G314	乌鲁木齐—喀什—红其拉甫线，所在地区为新疆，共计 1 733 公里
G315	西宁—若羌—喀什线，通过地区有青海、新疆，共计 2 921 公里
G316	福州—南昌—武汉—兰州线，通过地区有福建、江西、湖北、陕西、甘肃，共计 2268 公里

续表

东西横线 29 条，编号 301 ~ 330（除 313 外）	
G317	成都—昌都—那曲线，通过地区有四川、西藏，共计 1 827 公里
G318	上海—武汉—成都—拉萨—聂拉木线，通过地区有上海、江苏、浙江、安徽、湖北、重庆、四川、西藏，共计 4 877 公里
G319	厦门—长沙—重庆—成都线，通过地区有福建、江西、湖南、重庆、四川，共计 2 453 公里
G320	上海—南昌—昆明—畹町—瑞丽线，通过地区有上海、浙江、江西、湖南、贵州、云南，共计 2 217 公里
G321	广州—桂林—贵阳—成都线，通过地区有广东、广西、贵州、四川，共计 1 612 公里
G322	衡阳—桂林—南宁—凭祥—友谊关线，通过地区有湖南、广西，共计 880 公里
G323	瑞金—韶关—柳州—临沧线，通过地区有江西、广东、广西、云南，共计 1 863 公里
G324	福州—广州—南宁—昆明线，通过地区有福建、广东、广西、贵州、云南，共计 2 181 公里
G325	广州—湛江—南宁线，通过地区有广东、广西，共计 769 公里
G326	秀山—毕节—个旧—河口线，通过地区有重庆、贵州、云南，共计 1 054 公里
G327	连云港—济宁—菏泽线，通过地区有江苏、山东，共计 407 公里
G328	南京—扬州—南通线，所在地区为江苏，共计 197 公里
G329	杭州—宁波—沈家门线，所在地区为浙江，共计 206 公里
G330	温州—寿昌线，所在地区为浙江，共计 361 公里

以“0”开头的是“五纵七横”主干线。“五纵”指同江—三亚、北京—福州、北京—珠海、重庆—湛江、二连浩特—河口；“七横”指绥芬河—满洲里、丹东—拉萨、青岛—银川、连云港—霍尔果斯、上海—成都、上海—瑞丽、衡阳—昆明。“五纵七横”主干线一览表如表 2-2 所示。

表 2-2 “五纵七横”主干线一览表

五　纵				
路　线	简　称	编　号	详细路线	全　长
同江—三亚	同三线	G010	同江—哈尔滨（含珲春—长春支线）—长春—沈阳—大连—烟台—青岛—连云港—上海—宁波—福州—深圳—广州—湛江—海安—海口—三亚	5 700 公里
北京—福州	京福线	G020	北京—天津（含天津—塘沽支线）—济南—徐州（含泰安—淮阴支线）—合肥—南昌—福州	2 540 公里
北京—珠海	京珠线	G030	北京—石家庄—郑州—武汉—长沙—广州—珠海	2 310 公里
重庆—湛江	渝湛线	G050	重庆—贵阳—南宁—湛江	1 430 公里
二连浩特—河口	二河线	G040	二连浩特—集宁—大同—太原—西安—成都—昆明—河口	3 610 公里
七　横				
路　线	简　称	编　号	详细路线	全　长
绥芬河—满洲里	绥满线	G015	绥芬河—哈尔滨—满洲里	1 280 公里

续表

七　横				
路　线	简　称	编　号	详细路线	全　长
丹东—拉萨	丹拉线	G025	丹东—沈阳—唐山（含唐山—天津支线）—北京—集宁—呼和浩特—银川—兰州—拉萨	4 590 公里
青岛—银川	青银线	G035	青岛—济南—石家庄—太原—银川	1 610 公里
连云港—霍尔果斯	连霍线	G045	连云港—徐州—郑州—西安—兰州—乌鲁木齐—霍尔果斯	3 980 公里
上海—成都	沪蓉线	G055	上海—南京—合肥—武汉—重庆—成都（含万县—南充—成都支线）	2 970 公里
上海—瑞丽	沪瑞线	G065	上海—杭州（含宁波—杭州—南京支线）—南昌—贵阳—昆明—瑞丽	4 090 公里
衡阳—昆明	衡昆线	G075	衡阳—南宁（含南宁—友谊关支线）—昆明	1 980 公里

以“5”开头的是《国家公路网规划（2013—2030 年）》中新增的联络线国道。

小知识

五纵七横——国道主干线，简称“五纵七横”，是中国公路建设网中的主骨架。12 条线路总里程约 3.5 万公里，道路标准以高速公路、汽车专用公路（包括一级公路、二级公路）为主，组成快捷、安全、经济、舒适的快速通道。这一系统具有完善的安全保障、现代化通信信息、规范化管理的综合服务设施，具有承担重要城市间、省际的直达客货的长途运输功能，实现 400 ~ 500 公里当日可往返，800 ~ 1 000 公里当日可到达的目标。这一系统连接了所有人口在 100 万人以上的特大城市，还连接了全国 93%的人口在 50 万人以上的大城市，连接了中等城市（含县级市）200 多个，覆盖了全国人口的 55%以上。

二、我国高速公路网布局

高速公路一般能适应 120 公里/小时或者更高的速度，要求路线顺畅，纵坡平缓，路面有 4 条以上车道的宽度。中间设置分隔带，采用沥青混凝土或水泥混凝土高级路面，为保证行车安全设有齐全的标志、标线、信号及照明装置。

高速公路是在汽车数量增多，车行速度加快，汽车中长途运输在国民经济中日益重要的综合要求下形成和发展的。最早的高速公路出现在 20 世纪 30 年代末 40 年代初的德国，是希特勒法西斯政权为达军事侵略目的在全国修建的。第二次世界大战后，各国高速公路迅速发展。一些西方国家已形成全国性高速公路网，如美国的州际高速公路网长达 56 000 公里，德、英、意、法、日等国亦各有数千公里的国家高速公路干线。另外，这些国家大城市内都有大量的快速路干线，同高速公路亦有相类似的技术经济特点。

高速公路是现代化公路运输设施的最高形式，是专供汽车高速、安全、通畅运行的公路类型。具有行车速度高、通行能力强、交通事故少、服务水平高、物资周转迅速、投资回收期较短、节约能源等特点。高速公路已成为交通运输现代化的标志之一。

目前，全世界已有 80 多个国家和地区拥有高速公路，通车总里程超过了 23 万公里。其中美国 8.8 万多公里。我国高速公路建设起步较晚，但随着改革开放的深入，我国高速公路事业取得了巨大的成就。我国用了短短 10 年的时间，就使高速道路建设走过了发达国家一般需要 40 年完成的发展历程。

1988 年 10 月 31 日，上海至嘉定 18.5 公里高速公路建成通车，使中国大陆有了第一条高速公路。此后，我国高速公路建设突飞猛进：1999 年突破 1 万公里，跃居世界第四位；2000 年达到 1.6 万公里，跃居世界第三；2001 年达到 1.9 万公里，跃居世界第二；2011 年年底总里程达 8.49 万公里，居世界第二。

国务院审议通过《国家公路网规划（2013—2030 年）》，采用放射线与纵横网格相结合的布局方案，形成由中心城市向外放射，以及横连东西、纵贯南北的大通道，由 7 条首都放射线、11 条南北纵向线和 18 条东西横向线组成，简称“**71118**”公路网，总规模约 11.8 万公里。

首都放射线 7 条：北京—上海、北京—台北、北京—港澳、北京—昆明、北京—拉萨、北京—乌鲁木齐、北京—哈尔滨。

南北纵向线 11 条：鹤岗—大连、沈阳—海口、长春—深圳、济南—广州、大庆—广州、二连浩特—广州、呼和浩特—北海、包头—茂名、银川—百色、兰州—海口、重庆—昆明。

东西横向线 18 条：绥芬河—满洲里、珲春—乌兰浩特、丹东—锡林浩特、荣成—乌海、青岛—银川、青岛—兰州、连云港—霍尔果斯、南京—洛阳、上海—西安、上海—成都、上海—重庆、杭州—瑞丽、上海—昆明、福州—银川、泉州—南宁、厦门—成都、汕头—昆明、广州—昆明。

此外，规划方案还包括辽中环线、成渝环线、海南环线、珠三角环线、杭州湾环线、首都环线、台湾环线共 7 条地区性环线，以及若干条并行线和联络线。

目前，我国已建成的主要高速公路有以下线路。

1. 沈（阳）大（连）高速公路——中国第一条长距离高速公路

沈大高速公路北起沈阳，南至大连，途经辽阳、鞍山、营口、大连四大工业城市，沟通大连港、营口港、鲅鱼圈港三大港口和鞍钢、辽化、辽河油田等许多特大型企业，是东北地区的一条主要公路干线。

沈大高速是中国内地第一条通车的高速公路，也是中国内地第一条八车道高速公路，全长 375 公里，1990 年完工时为全部四车道，全立交，全互通。2002 年开始拓宽改造，于 2004 年改造完毕，为八车道高速公路，设计时速 120 公里，昼夜通行能力可以达到 13 万 ~ 15 万辆次。

2. 京津塘高速公路——中国第一条利用世界银行贷款修建和管理的高速公路

京津塘高速公路是连接北京、天津和塘沽的高速公路，全长 142.69 公里。全线全部控制出入口，采用立体交叉，出入口一共 13 个，与 2 条国道和 4 条高速公路互相连接。

京津塘高速公路的主要路线为北京—廊坊—天津—塘沽。这条高速公路与北京三、四、五和六环路，天津外环线与京沪、津蓟和唐津高速公路及 103 国道和 104 国道互相连接。

京津塘高速公路是我国国内第一条利用世界银行贷款，按照国际标准兴建的现代化交通工程，系双向四车道、全封闭、全立交的高等级公路。它的全线竣工，打开了首都直达天津港口的快速通道，汽车单程只需 1.5 小时。它与北京机场、天津机场又构成了“海陆空”完整的交通体系。

这条高速公路沿线两侧，有北京市经济技术开发区、河北省廊坊市经济技术开发区、天津市经济技术开发区、天津港保税区等 11 个新兴区，初步形成了一条高新技术产业带的新格局。高速公路的人流、物流、信息流、资金流的形成，大大加快了这一地区的经济发展和对外开放的步伐。

京津塘高速公路正以其对高新技术产业的强大吸附力，形成我国北方的“黄金通道”。

目前，本条高速公路使用车辆已经过多，故兴建了京津高速公路即第二通道或北线，以及第三通道或南线。北线已于 2008 年 7 月 16 日全线通车。

在天津城区范围内，京津塘高速公路同天津的津滨高速公路呈平行线，都由天津城区直通塘沽，唯军粮城出口由京津塘高速公路挪到津滨高速公路上。

3．沪（上海）宁（南京）高速公路

沪宁高速公路起自上海真如，途经沪苏交界的安亭，江苏的昆山、苏州、硕放、无锡、横山、常州、丹阳、镇江、句容，终于南京东郊的马群，全长 274 公里。沪宁高速公路是沪（上海）杭（杭州）甬（宁波）高速公路的重要组成部分，1996 年被列为国家重点建设工程。

沪宁高速公路为全封闭、全立交、高等级、多功能的现代化高速公路，全线采用交通部部颁标准建设，设计车速为每小时 120 公里，设计车辆荷载为汽车超 20 ~ 120 挂，通过能力每天达 6 万辆次。全路共建有大小桥梁 431 座，通道 294 道，互通立交 20 座。

目前，沪宁高速公路为双向八车道，道路宽阔，同时采取了分车道行驶的通行规则，因此车流更加顺畅、快捷，从南京到上海只需两个多小时。沪宁高速公路建成通车后成为长江三角洲经济腾飞的黄金通道。

4．深（圳）珠（海）高速公路

广州—深圳—珠海高速公路横贯珠江三角洲。它东起深圳的皇岗，西至珠海的拱北，途经东莞、广州、佛山、江门、新会、中山等县市，总长 302 公里，于 1985 年 3 月破土动工，工程估算投资 38 亿元，由香港合和实业有限公司与广东省合作兴建。

5．京港澳高速（北京段）——中国第一条全封闭、全立交式高速公路

京港澳高速（北京段，原名京石高速公路）是一条连接北京和石家庄的高速公路，从北京的三环路六里桥出发，全程约 270 公里。它由北京出发的平行国道是 107 国道。

这条高速公路连接了北京、涿州、保定和石家庄。

该高速公路为收费高速公路，在北京段限速 120 公里（北京五环路以内为 80 ~ 90 公里），在河北段限速 120 公里。

6．成渝高速公路——四川第一条高速公路

成渝高速公路是四川省与重庆市之间的公路交通大动脉，起于成都五桂桥，止于重庆陈家坪。

公路途经四川盆地腹心地带，连接成都、内江、重庆三大工业城市，途经 14 个县（市）区，全长 340 公里，设计为全封闭、全立交、设中央分隔带、单向行驶的四车道公路，路基宽度 21.5 ~ 25.0 米，设计行车时速 100 公里。设计交通流量每昼夜 4 万辆。

成渝高速公路是成都与外界交流的第一条高速公路。

7．京沪高速公路——中国第一条国道主干线

京沪高速公路是我国大陆第一条全线建成高速公路的国道主干线。京沪高速公路是“五纵七横”和“两纵两横”三个重要路段中的一条，同时也是国家高速规划中的一条纵向主干线，全长 1 262 公里，全封闭，全立交，全线大部分为四车道。该高速公路起点在北京，途经天津、河北、山东、江苏，终点在上海，横跨海河、黄河、淮河和长江，进一步将华东、华北、东北 3 个在中国经济的总体格局中具有重要战略意义的地区纵向贯通，将在促进沿线地区的经济相

互交往，推动沿渤海经济区、淮海经济圈和长江三角洲的合作与开发，加快东部地区基础设施建设步伐和城镇化进程等方面产生积极而深远的影响。

（1）北京段：为京津塘高速公路的一段，起于北京市东南部十八里店桥，经北京市大兴区，止于通州区柴厂屯，全长 35 公里。

（2）天津段：由京津塘高速公路天津段和京沪高速公路天津段代用线组成，全长 142.25 公里。

（3）河北段：由京津塘高速公路河北段和京沪公路河北段青县至吴桥段组成，全长 147.84 公里。

（4）山东段：起于德州市梁庄，经德州、禹城、济南、长清、泰安、临沂，止于临沂市红花埠，全长 431.82 公里。

（5）江苏段：起于新沂市黄墩河北，止于昆山市花桥，与沪宁高速公路上海段相接，全长 480.15 公里。

（6）上海段：沪宁高速公路上海段，起于青浦安亭，经闵行、嘉定江桥止于万镇路，全长 24.94 公里。

8．京沈高速公路

京沈高速公路是连接北京和沈阳的高速公路，全长 658 公里，是一条非常长的高速公路。京沈高速公路起自北京东四环，最高限速为时速 110 公里，但是在天津部分为 120 公里。这条高速公路连接北京、香河、宝坻、北戴河、秦皇岛、山海关、锦州和沈阳。京沈高速公路与津蓟高速公路、唐津高速公路相互连接。

9．粤西沿海高速公路

广东省西部沿海高速公路，东起珠海市，连接国道主干线的京珠高速公路，西至阳江市，连接同三国道主干线广湛高速公路阳江段。

西部沿海高速公路包括珠海金鼎至新会古井段、新会段、台山段、阳江段。

西部沿海高速公路珠海段，串联了京珠高速公路、太澳高速公路、江珠高速公路、国道 105 线等干线公路。

西部沿海高速公路珠海段的建成通车，对改善珠三角西部地区，尤其是珠海、中山两市的路网结构，完善广东省高速公路布局具有重要意义；对加强港澳及珠江三角洲向粤西乃至大西南地区的辐射，促进经济的全面发展，也起到重要作用。

10．京珠国道主干线——中国第一条全部以高速公路标准贯通的国道主干线

国家规划的“五纵七横”国道主干线中的重要一纵，是全国第一条全部以高速公路标准贯通的国道主干线。

京珠国道主干线全长 2 291 公里，于 1986 年开工建设，始于北京，途经河北、河南、湖北、湖南，止于广东珠海市，贯穿五省一市。京珠国道主干线纵贯南北，是连接华北、华中、华南的交通大动脉，在国家公路网中具有十分重要的地位和作用。

11．楚大高速公路

楚大高速公路是上海—昆明—瑞丽国道主干线中的一段，是昆明通往滇西、滇西北、滇西南 8 个地区的主要经济干线，是交通部和云南省“九五”期间的重点建设项目，也是云南第一条按照业主负责制，利用亚洲开发银行贷款和国际招标方式建设的高速公路。

12．榆靖高速公路——中国第一条沙漠高速公路

榆靖高速公路起自榆林市榆阳区芹河乡孙家湾村，止于靖边县新农村乡石家湾村，正线全长 115.918 公里，榆林、横山、靖边三条连接线长 18.256 公里，项目建设里程全长 134.174 公里，是中国第一条沙漠高速公路。

13．安楚高速公路——国家重点工程

云南省安楚（安宁至楚雄）高速公路的建成使得云南省高速公路里程达到 1 400 公里。

这条公路于 2003 年 2 月开工建设，2005 年 6 月全线贯通，全长约 130 公里，总投资 38.5 亿元，是昆明市连接缅甸边境重镇木姐市公路的重要路段。

任务检阅

一、绘制五纵七横

根据知识储备中学到的国道主干线内容，试在中国地图（见图 2-7）上粗略画出“五纵七横” 12 条线。

中国地图

图 2-7　中国地图

二、识别高速公路编号

1．字母标识符

中国国家高速公路网编号由字母 G 和阿拉伯数字编号组成，省级高速公路编号由字母 S 和阿拉伯数字编号组成。

2．数字字母编号

（1）首都放射线的编号为 1 位数，以北京市为起点，放射线的止点为终点，以 1 号高速公路为起始，按路线的顺时针方向排列编号，编号区间为 G1～G9。

（2）纵向路线以北端为起点，南端为终点，按路线的纵向由东向西顺序编排，路线编号取奇数，编号区间为 G11～G89。

（3）横向路线以东端为起点，西端为终点，按路线的横向由北向南顺序编排，路线编号取偶数，编号区间为 G10～G90。

（4）并行路线的编号采用主线编号后加英文字母“E”“W”“S”“N”组合表示，分别指示该并行路线在主线的东、西、南、北方位。英文字母采取下标方式标示。例如，$G1_N$ 京秦高速公路。

（5）纳入中国国家高速公路网的地区环线（如珠江三角洲环线），按照由北向南的顺序依次采用 G91～G99 编号；其中台湾环线编号为 G99，取意九九归一。

（6）中国国家高速公路网一般联络线的编号，由国家高速公路标识符“G”+“主线编号”+数字“1”+“一般联络线顺序号”组成，编号为 4 位数，其中后两位数值采取下标标示。例如，$G94_{11}$ 莞佛高速公路。

（7）城市绕城环线的编号为 4 位数，由“G”+“主线编号”+ 数字“0”+城市绕城环线顺序号组成。主线编号为该环线所连接的纵线和横线编号最小者，如该主线所带城市绕城环线编号空间已经全部使用，则选用主线编号次小者，以此类推。如该环线仅与首都放射线连接，则在 1 位数主线编号前以数字“0”补位，最后两位数值同样采取下标标示。例如，$G42_{01}$ 成都绕城高速公路。

3．出口编号

（1）国家高速公路出口编号一般为阿拉伯数字，其数值等于该出口所在互通立交中心里程桩号的整数值。如果出口处桩号为 K5+700，则该出口编号为 5；某出口处桩号为 K2536+700，则该出口编号为 2536。这种出口编号方法较好地解决了因出入口数量增减而导致整条高速公路出口编号被迫变更的问题，同时也方便事故救援。

（2）同一枢纽式互通立交在同一主线方向有多个出口时，该枢纽式互通立交所有主线出口统一编号，采用出口编号后加英文字母组合表示。出口编号按照桩号递增方向逆时针排列，英文字母按照“A”“B”“C”“D”等序列排序。例如，某枢纽式互通桩号为 K15+700，在主线 K15+200、K16+200 和反方向 K16+200、K15+200 处有 4 个出口，则该出口编号为 15A、15B 和 15C、15D。

请根据上述编号规则识别表 2-3 的高速公路编号，并查询路线。

表 2-3　国家高速公路一览表

<table>
<tr><td>G1</td><td>北京—哈尔滨（京哈高速公路）：北京东四环—唐山—秦皇岛—葫芦岛—锦州—盘锦—沈阳—铁岭—四平—长春—哈尔滨</td></tr>
<tr><td>G0121</td><td>并行线：北京—秦皇岛（京秦高速公路）：北京—廊坊（三河）—天津—唐山—秦皇岛</td></tr>
<tr><td>G4</td><td></td></tr>
<tr><td>$G4_{E}$</td><td></td></tr>
<tr><td>…</td><td></td></tr>
<tr><td colspan="2">南北纵线</td></tr>
<tr><td>G11</td><td>鹤岗—大连（鹤大高速公路）：鹤岗—佳木斯—七台河—鸡西—牡丹江—延边—敦化—通化—本溪—丹东—大连，后接 G15 沈海高速</td></tr>
<tr><td>$G11_{11}$</td><td>联络线一：鹤岗—哈尔滨（鹤哈高速公路）：鹤岗—伊春—绥化—哈尔滨</td></tr>
<tr><td>G15</td><td>沈阳—海口（沈海高速公路）：沈阳—辽阳—鞍山—海城—大连—烟台—青岛—日照—连云港—盐城—南通—常熟—太仓—上海—宁波—台州—温州—宁德—福州—泉州—厦门—汕头—汕尾—深圳—广州—佛山—开平—阳江—茂名—湛江—海口</td></tr>
<tr><td>$G15_{22}$</td><td>并行线一：常熟—台州（常台高速公路）：常熟—苏州—嘉兴—绍兴—台州</td></tr>
<tr><td>G25</td><td></td></tr>
<tr><td>G75</td><td></td></tr>
<tr><td>…</td><td></td></tr>
<tr><td colspan="2">东西横线</td></tr>
<tr><td>G10</td><td>绥芬河—满洲里（绥满高速公路）：绥芬河—牡丹江—哈尔滨—大庆—齐齐哈尔—阿荣—满洲里</td></tr>
<tr><td>$G10_{11}$</td><td>联络线：哈尔滨—同江（哈同高速公路）：哈尔滨—佳木斯—双鸭山—同江</td></tr>
<tr><td>G22</td><td></td></tr>
<tr><td>$G50_{S}$</td><td></td></tr>
<tr><td>…</td><td></td></tr>
<tr><td colspan="2">地区环线</td></tr>
<tr><td>G91</td><td>辽中环线（辽中环线高速公路）：铁岭—抚顺—本溪—辽阳—辽中—新民—铁岭</td></tr>
<tr><td>G99</td><td>台湾环线（台湾环线高速公路）：台北—台中—高雄—台东—花莲—台北</td></tr>
<tr><td>G94</td><td></td></tr>
<tr><td>$G94_{11}$</td><td></td></tr>
<tr><td>…</td><td></td></tr>
<tr><td colspan="2">城市环线</td></tr>
<tr><td>$G45_{01}$</td><td>北京</td></tr>
<tr><td>$G42_{01}$</td><td>武汉</td></tr>
<tr><td>$G15_{01}$</td><td></td></tr>
<tr><td>…</td><td></td></tr>
</table>

子任务三　城市道路网布局分析

学习目标

知识目标：

了解我国城市交通的特点

熟悉城市道路网布局类型

技能目标：

能够对不同城市的路网布局类型进行识别

引导案例

葡萄牙的历史古城埃武拉在16世纪就已形成规则的城市规划设计，街道房屋沿山丘顶部放射状发展。

在古老的不规则布局的城市中心，一些城市广场延伸至其中的规划轴线的起始点，把建筑组成整体。这些轴线之间是由狭窄街道组成的道路网，大多数的街道为直线，从一个建筑群体以不同的方向伸向另一个建筑群体。三个连续的城防系统（罗马时期、中世纪及沃邦式）护卫着城市。在四周由花园围绕的砖墙和砖墙残迹之间，具有倾斜屋顶的低矮白粉房屋形成了统一的建筑整体，铸铁和花砖使这一特点更为突出。

（资料来源：http://www.stnn.cc/geography/200705/t20070515_537712.html）

知识储备

由于各地公路四通八达，干线布局密如蛛网，公路枢纽相对铁路枢纽要多。各省级行政中心都是规模较大的公路枢纽，其省内公路交通多以它为中心呈放射状展开布局，到县级，便是以县城为中心而展开的公路交通。城区是人口分布最集中分布的地区，人们各种目的的出行活动非常频繁，对公路运输的依赖程度很高，因而公路运输是城市交通运输的主要方式，担负着城区的各种客货运输。城市公路运输是一个非常复杂的系统。

一、城市交通的特点

（1）居民出行特征。居民出行特征反映出城市特定环境下出行者的行为特点。城市规划和交通建设的效果也能够从出行特征的前后变化中反映出来。居民出行日平均次数、每日的出行量（人次）、出行平均时耗，是评估城市建设效果的基础。城市居民主要出行目的是上班和上学。在全日出行中，两者比率通常可占30%；在早高峰出行中，两者占到75%。在全日的出行中，居民的主要交通方式是乘坐公共汽车、骑自行车、步行和自驾车。其中居民乘坐公共交通（公共汽车和中巴）的比例一般较高，骑自行车的比例次之。居民出行量在中小城市一般呈近（时耗短）多远（时耗长）少的特点。在经济发达的大城市，城郊间的客货流较大，居民多借助公交、私人小汽车和地铁出行。所以城市交通运输的重点是客运。

居民出行呈现较为明显的早高峰和晚高峰，时间集中在上午 7 点和晚上 6 点前后。早晚高峰主要是在职人员的上班和学生的上学，在午前和下午各有一个回家高峰。早高峰之后至中午，离退休人员出行占有较大比重，出行目的较为多样；中午高峰期间学生出行占有较高比重。他们的出行多依赖公路交通。

（2）城市公路交通运输点、线、面紧密结合，方便人们的出行。

（3）行人与车辆，车辆与车辆，加上不同的交通运输方式的交叉，形成了城市典型的混合交通。因而，交通组织比较复杂，城市交通安全问题对城市来说也非常重要。

（4）城市道路交通设施和管理设施多，占用大量的城市面积和空间，是城市的有机组成部分。

（5）道路交叉点多，区间段短，交通流速较低，通行能力较小。

（6）城市道路的布局、线形、路型和宽度，除要满足城市交通运输的要求外，还要满足许多非交通性的要求，如排除地面水、埋设工程管线、通风、日照、绿化、防火、防震及城市景观等。

二、城市道路网布局类型

城市道路网是在一定的自然、历史、现状和建设条件下，为满足城市交通运输，人们的出行，节约用地，合理利用地形和水文条件，保护环境和其他各种要求而形成的城市道路格局。

我国城市根据当地自然条件、城市运输需要及城市总体布局的要求，经过改建和建设形成多种不同的道路网结构形式，主要有如下 5 种。

1．方格式

这是我国城市道路网最普遍的一种布局形式。我国许多老城市采用的棋盘式道路网就属于方格式。其优点是道路系统比较简单，便于组织交通，且有机动性，不会形成复杂的交叉道口，如图 2-8 所示。同时，也有利于道路两侧建筑物的布置。缺点是对角线间的交通绕行距离远，交叉道口多，行驶速度受影响。方格式路网多在地形平坦的中小城市和大城市的中心区采用。目前，我国大多数城市采用了方格式道路网。例如，20 世纪 50 年代新兴工业城市洛阳，新市区在老城西侧布置，涧西区和洛北区道路网均为方格式。西安市以老城棋盘式路网为核心，分别向东、南、西三个方向延伸，仍基本保持了方格式道路网的特征。

2．扇形（放射式）

城市干道以对外交通车站或港口前的中心广场为轴向外布置成扇形。这种道路结构对客货集散十分有利，尤其对于有大量职工利用铁路或水运通勤的城市最为有利。其缺点是随交通量的增加，主要交通流都经过中心广场，易造成交通阻塞，须另建干道予以分流。本溪市道路网就是以本溪站为中心呈扇形布置的。

3．环形放射式

城市主干道路由多条放射干线和环状干线有机结合。天津市道路系统通过建设内环、中环和外环（三环）及 14 条放射干道构成了环形放射式道路网络，彻底改变了原有道路的混乱状况，如图 2-9 所示。

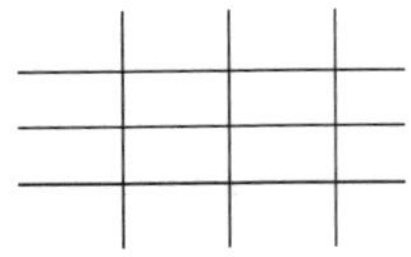

图 2-8　方格式

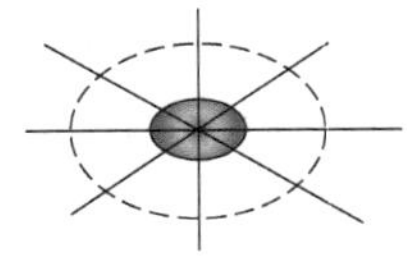

图 2-9　环形放射式

4．方格—环形—放射式

实为内方格外放射，并以环线相连的布局形式，是我国众多棋盘式道路网向现代城市交通体系发展的主要途径之一。它与欧洲城市的环形—放射式道路网的区别在于：前者的放射干道起自环形干道（多在老市区外），而后者起自市中心广场。前者道路多垂直相交，后者道路却多以锐角和钝角相交。如北京以老城区棋盘式路网为核心先建设了四条环状干道。一环在市中心区内，二环环绕市中心区，三环沿着城市建成区。以二环路为起点，已形成 9 条主干放射路，14 条次要放射路，并逐步以立交取代平交路口。首都现代化道路系统已初步形成。成都市的道路网也属此类型，干道网由 8 条放射干道和 2 条环路组成。

5．自由式

城市道路根据地形特点，或者依地势高低建设而成，道路网无一定的几何形状，主要形成在山丘地带或沿海沿河的城市。例如，山城重庆位于嘉陵江与长江汇合处，道路主要沿等高线开辟，形成了不同高程的道路网，并以几条干道（包括隧道）将其相连。又如，青岛市地形起伏，三面环绕岸线曲折的大海，道路依山傍海呈不规则的自由式网络。另如，地处平原的芜湖市道路，依湖泊和残丘也呈自由式布置图形。

任务检阅

道路网布局类型识别

自查标准地图或电子地图，判断以下地区的道路网布局类型。

1. 西安老城区
2. 莫斯科市
3. 郑州市
4. 北京市
5. 巴黎市

精华总结

- 公路按行政级别分为国道、省道、县道、乡道、专用公路。
- 公路按使用任务、功能和交通量分为高速公路、一级公路、二级公路、三级公路、四级公路。
- 国道编码规则。
- 国道主干线“五纵七横”。
- 国家公路网规划“71118 网”。

任务三

铁路运输布局分析

学习目标

知识目标：

了解我国铁路运输的发展

熟悉我国铁路大通道

掌握主要铁路干线

技能目标：

能够对我国铁路运输发展进行分析

能够对我国铁路运输网布局进行分析

引导案例

中欧班列（大庆至泽布鲁日）发送成品小轿车突破一万辆

2018 年 2 月 7 日 10 时 35 分，X8031 次中欧班列（大庆至泽布鲁日）从卧里屯站鸣笛驶出。截至当天，中欧班列（大庆至泽布鲁日）已安全开行 80 列，经满洲里口岸出境，累计发送 10 936 辆沃尔沃高级轿车奔赴比利时。

中国铁路哈尔滨局集团有限公司去年 6 月 6 日正式开行中欧班列（大庆至泽布鲁日），发送沃尔沃成品小轿车，并在开行过程中不断优化调整，努力提高班列运行综合效率。自首趟中欧班列（大庆至泽布鲁日）成功开行后，哈尔滨局与中铁集装箱运输有限责任公司哈尔滨分公司、哈欧国际物流股份有限公司哈尔滨分公司密切协调，根据企业需求，为其量身设计运输方案。

大庆车务段让湖路站实行优先办理、车辆优先调入、优先挂运等一系列举措，确保中欧班列（大庆至泽布鲁日）安全正点开行。

（资料来源：中国铁路总公司网站）

铁路运输的优点

铁路运输是由铁路、车站枢纽设施和机车车辆三要素协调配合，共同实现客、货流位移的最重要的现代化运输方式之一。

1．运输能力较大

铁路在各种运输方式中，运输能力一般仅次于水运，是普通卡车的数百倍甚至上千倍。

2．运输速度较快

运输速度仅次于飞机，时速平均为 100 公里左右，高速列车时速可达 300 公里以上。

3．受气候影响小

运输过程中受天气和气候变化影响小，安全准时，可保证一年四季昼夜不停地连续工作。

4．运输成本较低

铁路运输成本略高于水运，长途运输成本低于公路运输，适宜中长距离大宗货物的运输。

因此，铁路运输具有运载量大、速度快、连续性强、时刻准、运价低、受自然条件影响较小等优势，最适于承担大宗笨重货物的中长途运输。铁路运输在世界范围内得到普遍的发展，尤其在国土辽阔的国家，铁路运输地位异常突出。

铁路运输的缺点

1．投资太高

单线铁路每公里造价为 100 万 ~ 300 万元，复线造价在 400 万 ~ 500 万元。

2．建设周期长

一条干线要建设 5 ~ 10 年，而且占地太多，随着人口的增长，将给社会增加更多的负担。

小知识

2013 年，铁道部实行铁路政企分开。将铁道部拟定铁路发展规划和政策的行政职责划入交通运输部；组建国家铁路局，由交通运输部管理，承担铁道部的其他行政职责；组建中国铁路总公司，承担铁道部的企业职责；不再保留铁道部。

子任务一　铁路运输发展分析

学习目标

知识目标：

了解新中国成立前的铁路运输发展

熟悉新中国成立后的铁路运输发展

技能目标：

能够对我国铁路运输发展进行分析

引导案例

广西与川渝实现高铁“一日达”

“朝啜南宁老友粉，夜食重庆麻辣锅”，对于广西人而言已不再是难以实现的事。自 2018 年 1 月 25 日贯通西南地区的渝贵铁路开通运营以来，广西与重庆、四川实现高铁连通，壮乡高铁通达的省会城市增至 18 个。

渝贵铁路开通运营后，经广西去往重庆、成都方向的动车组列车达 26 对，南宁、柳州、桂林、贺州等地旅客均可乘动车直达重庆、四川、陕西等省市，出行更加便捷。其中，从南宁到重庆、成都，与普速客车相比，动车组列车运行时间分别从最快 21 小时、28 小时左右缩短至最快 8 小时、10 小时左右，压缩近 2/3，可实现当日往返。同时，南宁东至西安北方向动车也改经渝贵铁路运行，运行时间为 13 小时。

作为劳务人员重要输出地，广西、四川、贵州等省区间每年春运均有大批劳务人员往来。渝贵铁路开通运营后，运能压力得到极大缓解。同时，该线路将旅游名城桂林、重庆、成都及西安连成一线，使旅客享受到“一乘直达”的便利，进一步拉动沿线旅游产业发展。

为保证广西开往川陕地区的动车顺利开行，中国铁路南宁局集团有限公司各相关客运站加强运输及售票组织，通过官方微信、微博及地方媒体平台，加强渝贵方向列车宣传，及时向旅客推荐最新客运产品；车辆部门做好车辆调拨工作，加强上线动车调试、检修；南宁客运段根据交路需要，优化班组设置及劳力安排，确保乘务工作平稳有序。

（资料来源：中国铁路总公司网站）

知识储备

一、新中国成立前的铁路运输发展

铁路运输是 19 世纪工业革命的产物，至今在交通运输体系中仍占重要地位，也是我国交通运输网的骨干，担负着大部分客货运输任务。

1. 我国铁路的开创时期（1876—1893 年）

有关铁路信息和知识开始传入我国，大约是在 1840 年鸦片战争前后。当时我国的爱国有识之士如林则徐、魏源、徐继畲等人先后著书立说，介绍铁路知识。特别是太平天国干王洪仁轩于 1859 年所著《资政新篇》中，强调近代交通运输对巩固政权和建设国家的重要性，提出了发展轨道交通运输的倡议。但这一理想由于太平天国的失败而未能实现。在这期间，帝国主义列强纷纷谋求在我国修建铁路，以便把他们的侵略势力从我国沿海伸向内地，并为此展开了种种活动。例如，1865 年英商计划在北京宣武门外修建一条长约 0.5 公里的展览铁路，广为宣传，但遭到清政府的拒绝。1876 年，我国土地上出现了第一条铁路，这就是英国资本集团采取欺骗手段擅筑的吴淞铁路。这条铁路经营了一年多时间，就被清政府赎回拆除了。五年后，在清政府洋务派的主持下，于 1881 年开始修建唐山至胥各庄铁路，从而揭开了我国自主修建铁路的序幕。此后又在台湾修筑了台北到基隆港和到新竹的铁路。但由于清政府的昏庸愚昧和闭关锁国的政策，早期修建铁路的阻力很大，到 1894 年中日甲午战争前夕，近 20 年的时间里仅修建了约 400 公里铁路。

小知识

吴淞铁路——中国第一条办理营业的铁路，但这条铁路是帝国主义分子用欺骗手段非法修建的，通车后16个月就拆除了。

1866年，英国公使威妥玛向清政府提出：吴淞、上海之间河道淤塞，疏通困难，大吨位轮船无法停靠上海港，请求修筑从吴淞到上海的铁路，以便大吨位轮船停泊吴淞后，能和上海办理联运。这时的清政府尚对修建铁路心存疑虑，没有批准威妥玛的请求。1875年年初，上海英商怡和洋行耍了个花招，组织了吴淞道路公司，声称修筑吴淞上海间的马路，而实际是要在筑好的路基上铺设钢轨，开行火车。清政府未能识破骗局，就同意征购土地。1876年年初路基完成，在铺轨完成3/4时首次试车。当地群众因切身利益受到损害而强烈反对，上海的政府官吏也出面与英国领事交涉，制止铁路继续建设。怡和洋行阳奉阴违，表面上遵令停车而铺轨工程照常进行。1876年4月，全长9英里（约14.5公里）的吴淞铁路全线完工，7月1日正式通车营业。这是一条轨距为0.762米的窄轨铁路，采用每米重13公斤的钢轨铺设，列车速度为每小时24～32公里。

然而，火车仅运行了一个多月就轧死了一名过路行人，当地民众被压制的不满终于爆发，群起而攻之，阻止火车开行。英国人不甘“损失”，于1876年10月，与中方议定，由清政府用28.5万两白银买下这条铁路，款项在一年半内分三次付清，未付清前允许照常营业。款项如期付清后，清政府决定拆毁线路，准备修筑台湾铁路。后因为种种原因，使台湾铁路未能即时开工，吴淞铁路的这些设备锈蚀成为一堆废铁。

吴淞铁路粉墨登场，火车这个现代交通工具终于在古老的中国大地上亮了相。

小知识

唐胥铁路——我国自办的第一条铁路

自唐山起至胥各庄（今丰南县）止，全长9.7公里。采用1 435毫米的轨距和15公斤/米的钢轨铺设，于1881年建成。这条铁路是为了开发开平煤矿，在清政府洋务派主持下，由开平矿务局负责集资修建的。1886年，成立开平铁路公司，收买唐胥铁路后开始修建，并独立经营铁路业务。开平铁路公司是我国自办的第一个铁路公司。1887年，唐胥铁路修建至芦台，1888年修建至天津，1894年天津至山海关间通车，改称津榆铁路。

2．帝国主义争夺路权，我国铁路缓慢发展时期（1894—1948年）

1894年，清政府在中日甲午战争中战败后，割地赔款，国力大损，英、俄、法、日、德、比、美等帝国主义国家乘机对清政府施加压力，攫取我国的铁路权益。他们或强行擅筑，或假借“合办”，或通过贷款控制，超过1万公里的中国路权被吞噬和瓜分，形成帝国主义掠夺我国路权的第一次高潮。随后，他们按照各自的需要，分别设计和修建了一批铁路，标准不一，装备杂乱，造成了中国铁路混乱和落后的局面。在清政府时期（1876—1911 年）共修建铁路约 9 400 公里。其中帝国主义直接修建经营的约占 41%；帝国主义通过贷款控制的约占 39%；国有铁路，包括我国自力更生修建的京张铁路和商办铁路及赎回的京汉、广三等铁路仅占 20%左右。

1911 年，辛亥革命推翻了清政府，建立了中华民国。但革命果实被大地主、大买办阶级的代表北洋军阀袁世凯篡夺。他在 1912 年宣布“统一路政”，解散了各省商办铁路公司，把各省已经建成和正在兴建的铁路全部收归国有，用以抵借外债，因而形成了帝国主义掠夺我国路权的第二次高潮。1912—1916 年各国夺得的路权超过 13 000 公里，只是由于当时帝国主义正在进行世界大战，他们没有力量把得到手的路权变为现实。北洋政府时期（1912—1927 年），在关内修了约 2 100 公里铁路，大都是原有铁路的展筑和延续；在东北修了约 1 800 公里铁路，多数是日本帝国主义采用借款、垫款或“合办”等方式修建和控制的，还有一些是官商合办的铁路。

1928 年，南京国民党政府执政以后，主要以官僚买办资本与帝国主义垄断资本“合资”方式修建铁路，从而出现了帝国主义掠夺我国路权的第三次高潮。1928—1937 年在关内修建了约 3 600 公里铁路；在东北以官商合营方式修建约 900 公里铁路（1928—1931 年）。1927—1945 年抗日战争期间，在西南、西北“大后方”修建约 1 900 公里铁路。综上所述，南京国民党政府时期（1928—1948 年），在我国大陆共修建铁路约 13 000 公里。

京张铁路是我国自己筹款、勘测、设计、施工的第一条铁路。它的建成，揭开了我国铁路建筑史上崭新的一页。

小知识

京张铁路——我国自力更生修建的铁路

1905 年，正当英、俄两国激烈争夺我国华北路权时，清政府决定自建京张铁路，任命詹天佑为京张铁路局会办兼总工程师。詹天佑面对外国人的冷言恶语和封建官僚的嘲笑议论，毅然挑起重担。从 3 月开始，他亲自率领我国工程技术人员，背上标杆，分别勘测了数条线路。经过缜密计算和反复比较，最后选定关沟段进行复测。8 月定测完毕，10 月开始动工。

京张铁路自北京丰台到张家口，全长 201.2 公里。其中关沟段穿越军都山，最大坡度为 33‰，最小曲线半径 182.5 米，隧道 4 座，计长 1 644 米，采用“之”字形线路，工程非常艰巨。经过 4 年奋战，1909 年 9 月全线提前胜利完工。

二、新中国成立后的铁路运输发展

1949 年以前，在我国大陆上共修筑铁路 2.2 万公里。但由于战争的破坏，到新中国成立前夕，能够通车的仅有 1.1 万公里。我国留下来的铁路不仅量少质差，而且过度集中于东北地区及东部沿海地带，幅员辽阔的内地为数甚少，西南、西北地区几乎没有铁路。

1．快速发展时期（1950—1997 年）

新中国成立以后，党和政府对铁路的发展十分重视，在百业待兴、资金有限的情况下，人民政府对铁路进行大量投资，有重点地修建一批新的铁路。1950—1997 年，先后新建了成渝、宝成、鹰厦、包兰、兰新、贵昆、成昆、青藏、焦枝、湘黔、京通、襄渝、皖赣、枝柳、广梅汕、京九等铁路干线，全国除西藏自治区外，各省、自治区、直辖市都有了铁路。特别是成渝、天兰、宝成、黔桂等几十条向西部纵深地区延伸铁路的修建，使西部地区基本形成了铁路网骨架，西南、西北地区交通状况大为改观，初步改变了我国铁路网地区分布不平衡的状况。

2．铁路提速（1997—2007年）

1997—2007年，我国铁路先后进行了六次大提速。

第一次大提速：1997年4月1日零时。列车运行速度有了大幅度提高，实现了历史性突破。在京广、京沪、京哈三大干线，提速列车最高运行时速达到了140公里。全国旅客列车时速由1993年的48.1公里，提高到54.9公里。

第二次大提速：1998年10月1日零时。以京广、京沪、京哈三大干线为重点，快速列车最高运行速度达到了时速160公里，夕发朝至列车增加到228列。

第三次大提速：2000年10月21日零时。京广、京沪、京哈、京九线四条纵贯南北的大动脉和陇海兰新线与浙赣线这两条横跨东西的大干线，实现了全面提速，全国铁路提速线路延展里程接近1万公里，初步形成了覆盖全国主要地区的“四纵两横”提速网络。夕发朝至列车达到266列。全国铁路旅客列车平均时速又提高了5.1公里，达到60.3公里。

第四次大提速：2001年10月21日零时。重点区段为京九线，武昌—成都（汉丹、襄渝、达成），京广线南段，浙赣线和哈大线。中国铁路提速网络进一步完善，提速范围进一步扩大，铁路提速延展里程达到13 000公里，覆盖全国大部分省区。

第五次大提速：2004年4月18日零时。几大干线的部分地段线路基础时速达到200公里要求，提速网络总里程16 500多公里，其中时速160公里及以上提速线路7 700多公里。全国铁路旅客列车平均旅行速度达到时速65.7公里，比2001年提高4.3公里。

第六次大提速：2007年4月18日。在京哈、京沪、京广、陇海、浙赣、胶济、武九、广深线等既有干线实施200公里速度级的提速，有条件的线路列车运行时速可达250公里，同时具有世界先进水平的动车组大量投入使用。

> **小知识**
>
> 动车——把动力装置分散安装在每节车厢上，使其既具有牵引力，又可以载客。

3．高铁时代（2008年至今）

2008年8月1日，中国第一条高速铁路客运专线京津城际铁路开通，标志着我国已经进入了高铁时代。

高速铁路是指通过改造原有线路（直线化、轨距标准化），使营运速度达到每小时200公里以上，或者专门修建新的“高速新线”，使营运速度达到每小时250公里以上的铁路系统。高速铁路除在列车营运达到一定速度标准外，车辆、路轨、操作都需要配合提升。

> **小知识**
>
> 京津城际高速铁路——京津城际高速铁路由北京南站始发，终点站为天津站，正线全长113.54公里，其中约86%为高架线路，北京段全长49.3公里、高架线42公里。京津高速铁路是中国第一条时速300公里以上的城际高速铁路，是中国首条高速铁路客运专线。

铁路运输发展数据（2018 年）

1．基础设施

2018 年年末，全国铁路营业里程达到 13.1 万公里，比上年增长 3.1%，其中高铁营业里程 2.9 万公里以上。全国铁路路网密度 136.0 公里/万平方公里，增加 3.7 公里/万平方公里。

2．运输服务

2018 年全年完成旅客发送量 33.75 亿人，比上年增长 9.4%，旅客周转量 14 146.58 亿人·公里，增长 5.1%。其中动车组发送旅客 20.05 亿人，增长 16.8%。

全国铁路完成货物总发送量 40.26 亿吨，比上年增长 9.1%，货物总周转量 28 820.55 亿吨·公里，增长 6.9%。

3．固定资产投资

2018 年全年完成铁路固定资产投资 8 028 亿元。

（数据来源：交通运输部）

任务检阅

一、高铁对空运业务量的影响

表 3-1 是日本、欧洲和中国台湾高铁抢占航空业客运市场份额的统计数据，试根据此数据和所学知识分析高铁对空运业务量的影响。

表 3-1 日本、欧洲和中国台湾高铁抢占航空业客运市场份额统计

高铁公司	线　　路	开通时间	高铁份额	航空份额
日本新干线	东京—大阪	1964 年	100%	0
	东京—名古屋	1964 年	100%	0
法国	巴黎—里昂	1983 年	90%	10%
	巴黎—马赛	2001 年	69%	<30%
西班牙 Renfe	马德里—马拉加	2007 年	—	下降 35%以上
	马德里—巴塞罗那	2008 年	—	
欧洲之星	伦敦—巴黎	1994 年	68%	—
	伦敦—布鲁塞尔	1994 年	63%	—
中国台湾高铁	台北—高雄	2007 年	—	下降 50%
	高雄—台南	2007 年	—	下降 52%

二、解读铁路“十三五”规划

在路网建设方面，规划指出，到 2020 年，中国铁路营业里程达到 15 万公里，其中高速铁路 3 万公里，复线率和电气化率分别达到 60%和 70%左右。

（1）高速铁路扩展成网。在建成“四纵四横”主骨架的基础上，高速铁路建设有序推进，

基本形成高速铁路网络。

（2）干线路网优化完善。东部路网持续优化完善，中西部路网规模继续扩大，西部与东中部联系通道进一步拓展，区域内部联系更加紧密，中西部路网规模达到 9 万公里左右。对外通道建设有序推进，与周边国家铁路互联互通取得积极进展。

（3）城际、市域（郊）铁路有序推进。经济发达、人口稠密、城镇密集地区形成城际、市域（郊）铁路骨架网络，城际和市域（郊）铁路规模达到 2 000 公里左右。

（4）综合枢纽配套衔接。建成一批设施设备配套完善、现代高效的综合交通枢纽，建设支线铁路约 3 000 公里，基本实现客运“零距离”换乘和货运“无缝化”衔接。

在运输服务方面，规划提出如下三方面要求。

①覆盖范围更为广泛。全国铁路网基本覆盖城区常住人口 20 万人以上城市，高速铁路网覆盖 80%以上的大城市。②旅客出行更为便捷。动车组列车承担旅客运量比重达到 65%。实现北京至大部分省会城市之间 2 ~ 8 小时通达，相邻大中城市 1 ~ 4 小时快速联系，主要城市群内 0.5 ~ 2 小时便捷通勤。③货物运输更为高效。货运能力基本满足跨区域能源、资源等物资运输需要，“门到门”、快速送达的全程物流服务体系初步形成。

对于中国铁路的信息化建设，规划也做出如下系列安排。

①客货服务网络化。客运网上售票比例达 80%，实现货物受理、电子支付、物流追踪等货运业务网上办理。②运输组织智能化。调度指挥智能化水平进一步提高，基本实现运输生产全过程信息化。③安全监控自动化。集监测、监控和管理于一体的安全监管信息系统基本建立，实现安全生产动态信息的实时监测监控。

以上是《铁路“十三五”发展规划》的节选，请试结合所学知识对其进行解读。

子任务二　我国铁路运输网布局分析

学习目标

知识目标：

了解我国高速铁路发展

掌握我国铁路大通道及主要铁路干线

技能目标：

能够对我国铁路运输网布局进行分析

引导案例

中铁特货公司提前完成冷链经营指标

截至 2017 年 12 月 15 日，中铁特货公司今年冷链运量共完成 100.2 万吨，实现运输收入 24 919.76 万元，提前 16 天完成全年经营指标。

中铁特货公司迅速转变经营思路，将重心从冷藏运输向冷链物流转移，在各分公司、机保段配备专门力量，制定激励措施，整合优势资源开拓冷藏市场，通过媒体发布和上门走访等宣传方式，提高铁路冷链运输的影响力。

这个公司对全路冷藏车空车、到重、即将到重、待卸、通过、用车需求等信息进行动态管理，使车辆调配更加贴近市场需求；做好车货衔接，满足客户对运输时效性的需求，将机冷车运输周时由20天压缩至14.61天，车辆使用效率提高了37%；实施大客户战略，为伊利、蒙牛等重点企业提供运力保障，制订运输方案，及时反馈货物在途信息，实现铁路冷链运量稳步增长。

目前，中铁特货公司已联合各铁路局集团公司开通了6条铁路冷链运输线路，铁路冷链运输品类不断增加、市场份额快速增长，发展前景喜人。

（资料来源：中国铁路总公司网站）

知识储备

一、铁路大通道

中国铁路在改革开放后取得了令人瞩目的发展，全国铁路运营里程已经突破9万公里。为了适应国民经济发展的需要，在今后的若干年间，中国铁路要实行跨越式发展的战略，尽快建立起“八纵八横”大通道，充分发挥铁路的网络优势。

所谓铁路大通道是连接区域中心或大城市间的能力强大的铁路线路，是由一条或多条功能相近的主要铁路干线构成的有机集合，是铁路运输网乃至整个综合运输网的主骨架。

1．“八纵”铁路通道

（1）京哈通道。

自北京经天津、沈阳、哈尔滨，至满洲里，全长2 344公里。由京秦、京山、沈山、沈哈、滨州线和京沈哈客运专线构成，是东北与其他地区客货交流的主要通道，也是东北地区的交通命脉。

（2）沿海通道。

自沈阳经大连、烟台、胶州、新沂、长兴、杭州、宁波、温州、福州、厦门、广州至湛江，全长 4 019 公里。该通道沟通环渤海、长江三角洲和珠江三角洲地区，在国家社会经济和国防建设中地位十分重要。该通道由沈（阳）大（连）、宣（城）杭（州）线、杭（州）长（沙）段、萧甬、鹰厦线厦门至漳平段、梅坎、广梅汕、三茂、黎湛线、新长铁路、烟大轮渡、胶州至新沂铁路和宁温、温福、福厦铁路等构成。

（3）京沪通道。

自北京经天津、济南、徐州、南京至上海，全长 1 463 公里，由京沪铁路和规划中的京沪高速铁路构成，是东北、华北地区与华东地区客货交流的主要通道。京沪线全线均为复线自动闭塞、内燃机车牵引线路，既是客运快速线路，也是货运重载线路。

（4）京九通道。

自北京经聊城、商丘、九江、南昌、龙川至九龙，全长2 403公里。该通道是中国东北、华北地区与华东、中南地区客货交流的主要通道之一，对京广、京沪两大通道具有重要的分流作用。

（5）京广通道。

自北京经石家庄、郑州、武汉、长沙、衡阳至广州，全长 2 265 公里，是东北、华北、西北地区通往华南地区的主要通道。但考虑到京广通道运输质和量的需求，须尽快实施客货分线。

（6）大湛通道。

位于中国中西部的结合部，自大同经太原、洛阳、襄樊、石门、益阳、永州、柳州、黎塘、湛江至海口，全长 3 108 公里。由北同蒲、太（原）焦（作）、焦（作）柳（州）、石（门）长

（沙）、湘桂、黎（塘）湛（江）和在建的益阳至永州铁路、粤海通道构成，是中国“三西”煤炭南运的主要通道之一，也是中国内地大陆通向南部港口城市的主要出海通道。为适应晋、豫、陕煤炭南下两湖、两广的需要，加快中部地区经济的发展，今后将继续建设粤海铁路和益阳至永州铁路，进行部分线路的复线、电气化改造，逐步完善大湛通道。

（7）包柳通道。

自包头经西安、重庆、贵阳至柳州（南宁），全长 3 011 公里，由包（头）神（木）、西（安）延（安）、襄（樊）渝、川黔、黔桂、湘桂铁路和神（木）延（安）、西（安）康（安康）铁路构成，是中国西部南北向的一条重要铁路通道。

（8）兰昆通道。

自兰州经宝鸡、成都至昆明，全长 2 261 公里，由陇海线宝兰段、宝成线和成昆线构成，是西部地区南北向的重要通道。

2．“八横”铁路通道

（1）京兰通道。

自北京经大同、呼和浩特、包头、兰州、西宁至拉萨，全长 3 943 公里，是中国横贯东西的重要通道，其东段还是晋煤外运的重要线路。该通道由丰沙、京包、包兰、兰青、青藏铁路构成。

（2）煤运北通道。

由 3 条功能单一、运能强大、设施先进的运煤专用铁路构成，即由大秦铁路（658 公里）、神（木）朔（州）铁路（269 公里）和朔（州）黄（骅）铁路（586 公里）构成，是“三西”煤炭外运通道的重要组成部分。

（3）煤运南通道。

由自太原经石家庄、德州、济南（长治经邯郸、济南）至青岛（太原至青岛），以及自侯马经月山、新乡、菏泽、兖州至日照港两条通路组成，是“三西”煤炭外运的重要组成部分。

（4）陆桥通道。

自连云港经徐州、郑州、西安、宝鸡、兰州、乌鲁木齐至阿拉山口。全长 4 120 公里，横贯中国东、中、西部，是东西部联系的最重要纽带。该通道由陇海、兰新和北疆铁路构成。

（5）宁西通道。

自西安经南阳、潢川、合肥至南京（启东），连接中国东、中、西部，全长1558 公里，由西安至南京、南京至启东两条规划铁路构成。

（6）沿江通道。

自重庆经荆门、武汉、九江、芜湖至南京（上海），全长1893 公里，由既有的宁芜、芜铜、武九、长荆、达万、铜九、万枝（宜）等铁路构成，横跨西南、华中、华东三大经济区，贯穿中国东、中、西部。

（7）沪昆（成）通道。

自上海经杭州、株洲、怀化至贵阳、昆明（至重庆、成都），全长 2 653 公里，由沪杭线、浙赣线、湘黔线、贵昆线、达成线和渝怀线和遂渝线构成，是华东、中南、西南客货运输的重要通道。

（8）西南出海通道。

自昆明经南宁至湛江，全长 1 770 公里，是中国西南内陆各省出海的快捷通道。该通道由南昆、黎南和黎湛铁路构成。

二、我国主要铁路干线

1. 京广铁路——纵贯南北铁路中轴线

京广铁路是我国一条从北京通往广州的铁路，于 1957 年建成，全长 2 324 公里。京广铁路是我国最重要的一条南北铁路干线，连接了六座省会及直辖市，以及数十座大中城市，并与京山、丰沙、京九、京原、石太、石德、邯长、邯济、新焦、新石、陇海、孟宝、漯阜、宁西、横麻、汉丹、武九、石长、湘黔、浙赣、湘桂、广三、广九等铁路相接，在中国的国民经济中起到了非同寻常的作用。即使在平行的京九铁路建成后，京广铁路也依然发挥着巨大的作用。全路旅客列车和货物列车大多采用电力机车牵引。自 1997 年第一次提速起至 2007 年第六次提速，北京往返广州的客车的旅行时间已由过去近 40 小时缩短到 21 小时。

京广铁路是我国最重要的南北中枢干线。沿线通过华北大平原、两湖平原、江南丘陵、南岭山脉，直达珠江三角洲，跨越 5 大流域，沟通 6 个省市。京广线在北京与京包、京通、京承、京哈、京原等线相接；在石家庄东接石德线，西接石太线；在新乡分别与新焦、新荷线相交；在郑州与陇海线相会；在武汉接汉丹和武大线；在株洲与浙赣、湘黔线相遇，至衡阳接湘桂铁路；在广州又有广茂（名）、广深（圳）线可直达湛江和香港，为我国铁路网中南北向的“脊梁骨”。货运由北向南运的主要有煤炭、钢材、机械、木材、石油及经广州出口的物资；由南向北运的有稻米、茶叶、桐油、蔗糖、亚热带水果、有色金属及经广州进口的其他物资。

沿线所经过的车站有北京、河北（保定、石家庄、邢台、邯郸），河南（安阳、鹤壁、新乡、郑州、许昌、漯河、驻马店、信阳），湖北（孝感、武汉、咸宁），湖南（岳阳、长沙、株洲、衡阳、郴州），广东（韶关、广州）。

2. 京沪铁路——东部沿海交通大动脉

京沪铁路是从北京到上海的双线铁路，是客、货输运量最大的干线铁路之一，包括京沈铁路的京津段和津沪铁路，全长 1 462 公里。1881 年建成的唐山矿区至胥各庄的标准轨距铁路——唐胥铁路，到 1912 年向两端逐渐延伸到北京和沈阳，建设期间称关内外铁路；1907 年改称京奉铁路；1928 年 6 月改称平奉铁路；1929 年 4 月改称北宁铁路；1949 年以后称京沈铁路。其中京津段地势平缓，线路长 137 公里，铺设双轨，于 1897 年始建。

津沪铁路北起天津，经德州、济南、徐州、蚌埠、南京至上海，是 1968 年南京长江大桥建成通车后，将津浦铁路和沪宁铁路连接贯通后的合称，全长 1325 公里。

京沪铁路连接了我国最大的两座城市，沿途大都为沿海经济发达地带，因此成为中国目前最繁忙的铁路干线之一，并正在筹建高速铁路和客运专线，以缓解运输压力。

京沪铁路的改造工程自 2005 年 7 月 1 日正式开工，2006 年 6 月 20 日起全线供电，7 月 1 日正式投入运营。涉及北京铁路局管辖的正线 368.7 公里，包括京山线（京津段）、津浦线及北京、天津枢纽。主要工程项目包括铁路电气化、通信、信号、电力及与之相配套的改造工程。京沪铁路电气化改造后，京沪线部分列车将由原来的内燃机车牵引改为电力机车牵引。

沿线所经过的车站有北京、天津、河北（廊坊、沧州）、山东（德州、济南、泰安、兖州）、安徽（宿州、蚌埠、滁州）、江苏（徐州、南京、镇江、常州、无锡、苏州）、上海。

3. 北同蒲、太焦、焦柳铁路——第二条南北干线

同蒲铁路是贯穿山西省中部的南北铁路干线。自山西大同经太原、侯马至蒲州镇以南的风

陵渡，全长865公里。以太原为界，分为北同蒲和南同蒲。

太焦铁路是晋煤东南外运的主要铁路干线。从山西太原经榆次、长治至河南焦作。全长434公里。1970年开始修建，1979年建成，是与京广线平行的南北交通干线之一。对晋煤出口，减轻京广线压力，加强与河南、湖北、湘西、广西的联系，均有重要的意义。

与同蒲铁路、石太铁路在太原交会，与焦枝铁路、枝柳铁路、新焦铁路、新荷铁路在焦作交会。

焦柳铁路是中国一条由河南焦作通往广西柳州的铁路，于1978年建成，全长1 639公里。焦柳铁路连接数座工业重镇，与太焦铁路等共同构成了中国中西部地区的一条南北向铁路干线。

沿线所经过的车站有河南（焦作、济源、洛阳、南阳、邓州）、湖北（襄樊、荆门、宜昌）、湖南（怀化）、广西（柳州）。

该线北自山西大同经太原、长治，河南焦作、洛阳，湖北襄樊、枝城，南行至广西柳州，全程长达 2 521 公里。该线是新中国成立后修建的一条重要的南北干线，它加强了华北与中南地区的联系，分担了京广线运量，改善了全国原有路网布局，对晋煤外运和发展沿线经济发挥了重大作用。南运货物主要有煤炭、食盐、石油；北运货物主要有粮食、茶叶、亚热带水果等。

4．陇海、兰新—北疆铁路——横贯中原、西北边陲的干线

陇海铁路是中国一条从江苏连云港通往甘肃兰州的铁路，于1950年动工，1952年建成，全长 1 735 公里。陇海铁路是贯穿中国东、中、西部最主要的铁路干线，也是从太平洋边的中国连云港至大西洋边的荷兰鹿特丹的新亚欧大陆桥的重要组成部分。

1953 年 7 月陇海铁路全线建成通车。1956—1970 年郑州至宝鸡分段改建为复线，1980 年郑州至商丘复线建成。徐州至兰州段已经电气化。这条铁路工程艰巨，地质、地形都比较复杂，修建的桥梁、隧道较多。它的通车对开发中国西部地区有重大意义。

沿线所经过的车站有江苏（连云港、徐州）、安徽、河南（商丘、开封、郑州、洛阳、三门峡）、陕西（渭南、西安、咸阳、宝鸡）、甘肃（天水、定西、兰州）。

兰新铁路东起甘肃兰州，西跨黄河，越海拔3 000米的乌鞘岭，沿祁连山北麓入河西走廊，经武威、张掖、酒泉，出嘉峪关，经玉门、疏勒河，沿马鬃山南麓西进，跨红柳河进入新疆维吾尔自治区，再沿天山南麓，经哈密、鄯善及吐鲁番盆地北缘，在达坂城穿过天山至乌鲁木齐，全长1 903公里，是陇海铁路向西的延长线。

北疆铁路自新疆乌鲁木齐至中哈交界的阿拉山口，全长460公里，是兰新铁路的西延线，是欧亚大陆桥的一个部分。

该线东起江苏连云港，经徐州，穿越河南、陕西、甘肃等省，经过新疆乌鲁木齐，终达中哈（哈萨克斯坦）边境的阿拉山口，全长达4 112公里。1995年6月宝（鸡）中（卫）电气化铁路建成通车，全长约500公里。陇海线与我国几条主要南北干线相交，又经开封、洛阳、西安等历史文化名城及旅游胜地，故客货运输十分繁忙。兰新线在阿拉山口与中亚细亚的土西铁路相通，向西一直可达荷兰的鹿特丹，成为第二条欧亚大陆桥（又称新海大陆桥）的主干线。它是沟通欧亚大陆、太平洋和大西洋之间最为便捷的通道，有现代“丝绸之路”之称。

1999年5月6日，南疆铁路全线铺通。南疆铁路东起吐鲁番，西至喀什市，全长1 451公里。斜穿吐鲁番盆地的戈壁滩，夏季平均气温32℃以上，最高气温达48.8℃，是中国最热的地方。这条铁路沿线物产丰富，天山埋藏有煤、铁、铜、铅、锌、石棉、水晶等各种矿产资源，铁路通车后，为矿藏资源的开发创造了重要条件。

这条铁路对新疆地区的对外开放，沟通南疆与内地的联系，增强民族团结，扩大物资交流，巩固国防，均具有重大意义。目前西运货物主要有粮食、食盐、蔗糖、机械设备、石油制品以及日用工业品；东运货物主要有煤炭、畜产品、棉花、土特产等。

5．宝成、成昆、成渝、川黔、黔桂、南昆铁路——西南的交通大动脉

西南四川、云南、贵州三省，新中国成立以来大规模发展铁路交通，线网初具规模，彻底扭转了历史上交通闭塞的状况，形成了以成都、重庆、贵阳、昆明四大城市为交通枢纽的“井”字状线网布局结构。

宝成铁路是我国建成的第一条电气化铁路。

宝成铁路北起陕西宝鸡，南行达四川成都，与成渝、成昆两线衔接，全长 669 公里，是沟通西北与西南地区的第一套山岳铁路。全线隧道 304 座，延长 84 公里，大、中、小桥 1 001 座，延长 28 公里。桥隧总延长占线路长度的 17%。1975 年全线完成电气化改造。这条铁路的建成改变了“蜀道难”的局面，为发展西南地区经济建设创造了重要条件。宝成铁路是沟通西北与西南的第一条铁路干线，也是突破“蜀道难”的第一条铁路。

宝成铁路主要承担西南、西北两大地区间的物资交流，是全国铁路网的骨架，对沿线工农业经济的发展起了不小的作用。以后相继修建了广元至普济、德阳至汉旺、广汉至岳家山、青白江至灌县 4 条支线，促进了附近地区矿藏资源的开发。

沿线所经过的车站有陕西（宝鸡、汉中）、甘肃、四川（广元、绵阳、德阳、成都）。

成昆线北起四川成都，南至云南昆明，北与宝成线、成渝铁路相接，南与贵昆线、昆河铁路相连，并与攀枝花、昆阳等铁路支线相接，全长 1 100 公里。铁路通过地区聚居着汉、彝、藏、白、傣、傈僳等民族，农业发达，富有煤、铁、铜、铅等矿藏，森林、水力资源丰富。它的建成，对于加强各民族的团结，促进西南地区资源的开发、工农业发展和国防建设具有重要的作用。

成昆铁路于 1964 年 9 月全面展开施工，于 1970 年 7 月 1 日全线建成通车，于 1971 年 1 月 1 日正式交付运营，于 2000 年 8 月 30 日实现全线电气化，铁路上运行的全部客车和大部分货车已改用电力机车牵引。全线除成都、昆明外，设车站 122 个。

被称为中国第一路的成渝铁路西起成都，东抵重庆，全长 505 公里。1950 年 8 月 1 日开始从重庆向西铺轨，1952 年 6 月 13 日铺轨到达终点站成都。

川黔线北起重庆，经古城遵义，达贵州省省会贵阳，全长 463 公里。

黔桂线从贵阳到柳州，长 610 公里，是西南通向华南的主要路线，也是沟通西北、西南、华南的主要干线。南运货物主要有石油、食盐；北运货物有化肥、茶叶、亚热带水果等。

南昆线西起昆明，经罗平、安龙、百色至南宁，全长 899 公里，于 1997 年建成通车。南昆铁路东与湘桂、南防铁路相接，西与成昆、内昆、昆河铁路相通，北与盘西、贵昆铁路相交，纵横交错，四通八达，把西南内陆与华南沿海口岸紧密连成一体，形成新的经济优势和开放格局。西南地区的货物经南昆—南防线由防城港出海，比经贵昆—湘黔—京广线由广州港出海或经贵昆—黔桂—湘桂—黎湛线由湛江港出海要近。南昆线建成后，防城港将成为我国西南地区最近的出海口。

这组线路对促进西南地区，乃至全国的经济发展和社会进步，加快扶贫开发，缩小东西部差距，造福西南各族人民，增进民族团结，都具有十分重要的意义。货运结构以粮食、肉类、烟酒食品、有色金属、石油制品、机械、纺织品为主。

以上 6 线主要分布在云南、贵州、四川、广西 4 省区，从根本上改变了这里过去交通闭塞的局面，对我国铁路的合理布局、国防建设和大西南的经济开发发挥着重大的作用。

6. 大秦电气化铁路——晋煤东运的主要干线

大秦铁路自山西省大同市至河北省秦皇岛市，纵贯山西、河北、北京、天津，全长 653 公里，是晋煤外运的专线铁路，也是我国第一条双线电气化和重载单元列车线路，第一条具有微型计算机调度集中系统的线路，第一条全线采用光纤通信系统的线路，还是目前我国铁路设计标准和现代化水平最高的电气化铁路。该线对保证山西煤炭外运及加速神木、东胜、准噶尔煤田的开发，缓和我国能源供应紧张局面，促进国家经济发展，具有重要的意义。

7. 稠密的东北铁路网

东北是我国铁路建造历史最悠久的地区之一，线路长度达到 15 000 公里，占全国铁路总长度的 26%，分布密度为全国之首。哈大线和滨州—滨绥线构成“丁”字形铁路骨架，沟通了全区 70 条干、支线。

近几年内，我国铁道部对滨绥线、绥佳线进行改造，形成每年 5 000 万吨以上的煤炭外运能力；对哈大线、滨洲线哈尔滨至齐齐哈尔段进行提速改造，提高旅客列车运行速度。在哈尔滨、沈阳、大连建设集装箱中心站，并对京沈、哈大线进行改造，使其具备开行双层集装箱的运输条件。

另外，我国铁道部还将分别投资 4 亿元和 3.2 亿元对满洲里和绥芬河两个口岸站进行改造，使这两个口岸的运量翻一番。

哈大线北起哈尔滨，经长春、沈阳到大连，全程 946 公里，完全为复线和自动封闭装置。该线途经我国经济发达、特产丰富的地区，故客货流密度大，为全国最繁忙的干线之一。主要货物构成是钢铁、煤炭、石油、粮食、木材、机械等，南运量大于北运量。

滨州—滨绥线西起满洲里，经哈尔滨，东到绥芬河，全程 1 483 公里，东西两端与俄罗斯西伯利亚铁路接轨，对于发展中俄边境贸易有重要的意义。

8. 京沈、京承、京通线——沟通关内外的三条重要通道

京沈线自北京经天津、唐山、秦皇岛，沿辽西走廊过锦州到达沈阳，全程 844 公里。它为重型钢轨铺设的复线，并采用自动封闭装置和内燃机车牵引动力，通行能力很强，是目前国内客货运输最繁忙的线路，也是关内外联系的主要通道。其货物构成以煤炭、纺织品、石油、木材、粮食、钢材和机械为主，进关货物大于出关货物。

京承—锦承线，由北京至承德到锦州接东北路网，全长 696 公里，是一条分担京沈线运量的辅助线。其货运与京沈线接近。

京通线自北京昌平出发经过河北隆化、内蒙古赤峰至通辽，长达 868 公里。它主要担负着晋煤出关和东北木材进关的任务，也是东北地区北部与华北地区联系的直接通道。该线于 1999 年 6 月 1 日延长到呼和浩特。

9. 沪杭、浙赣、湘黔、贵昆铁路——横贯江南的东西干线

此线路由四段组成，贯穿浙江、江西、湖南、贵州、云南、上海 6 省市，长达 2 672 公里。此线位于长江以南，与陇海线平行，是我国横穿东西的第二条大动脉。这条线路沟通经济发达的华东沿海地区与资源丰富的西南内地，加强了华东、中南、西南地区的联系，对于边疆与内地的开发，巩固国防具有重要的意义。

10. 京九线——“八五”期间新建的南北铁路干线

京九铁路，是一条由北京通往香港九龙的一级双线铁路，于 1993 年 2 月全面动工，1996 年 9 月 1 日开通运营，纵贯北京、天津、河北、山东、河南、安徽、湖北、江西、广东、香港 10 个省市及特别行政区，全长 2 397 公里。加上两条联络线，总长 2 536 公里。全线有特大桥 65 座，大中桥 725 座，隧道 150 座。其中九江长江桥是长江上跨度最大的桥，全长 7 679 米。

京九铁路位于京沪铁路与京广铁路之间，其建造的目的，主要是缓解当时京广铁路负荷过大的情形，以及促进京广铁路以东贫困地区的发展。另外，也有将香港与中国内地更紧密联系起来的用意。

京九铁路的建成使全国铁路网布局更加趋于合理、完善，运输能力也明显增强，南北铁路运输的紧张状态将得到缓解。该线沿线物产、矿藏丰富，它的建成将大大促进沿线物产和矿藏资源的开发，并带动沿线地区的经济发展。

沿线所经过的车站有北京、河北（衡水）、山东（聊城、菏泽）、河南（商丘）、安徽（亳州、阜阳）、湖北（黄冈）、江西（九江、南昌、吉安、赣州）、广东（河源、惠州、深圳）、香港。

11. 京秦—京包—包兰—兰青—青藏线

这是我国北部地区一组重要的东西向铁路干线。

京秦铁路是中国“六五”期间重点建设的铁路新线。西起北京丰台西站，经双桥、丰润，东到秦皇岛市的山海关，全长 341 公里。其中从滦县坨子头站至山海关段与京哈线相重，为复线电气化铁路。该线西端与丰沙电气化铁路相接，主要承担山西煤炭至秦皇岛港下水的运输任务，同时分流京沈线部分直通运量，是山西煤炭外运的北路重要信道和捷径，年设计运量为 8 700 万吨，对华北、华东和华南地区经济发展和对外贸易具有重要意义。京秦铁路于 1982 年 3 月正式开工，1984 年下半年简易开通并开始运煤，1985 年 12 月全线正式营运。

京包铁路自北京至内蒙古包头，原为京张铁路，始建于清光绪三十一年（1905 年），由詹天佑设计并主持修建，京包线在京张铁路的基础上，通过两次展筑而成。京包铁路旧称京绥线、平绥线。从北京经河北省张家口、山西省大同、内蒙古自治区的集宁和呼和浩特到包头，全长 833 公里，是中国西北铁路干线。沿线经过冀北山地、张北高原、大同盆地，出长城达河套平原，既是一条山西煤炭外运线，又是一条与蒙古国、俄罗斯相通的国际线的一部分。

包兰铁路自包头至兰州，全长 990 公里。1954 年 10 月开工，1958 年 7 月通车，1958 年 10 月交付运营。经过腾格里沙漠，全线有 140 公里在沙漠中穿行，是我国 20 世纪 50 年代在沙漠中筑成的铁路。这条铁路是华北通往西北的重要干线，对加快内蒙古、宁夏、甘肃的经济建设起着重要作用。

兰青铁路是连接中国西北甘肃兰州和青海西宁的一条铁路，是联系甘肃和青海的铁路干线，是西北铁路网中重要枢纽线路之一。1959 年 10 月 1 日开通，是青海和西藏（经青藏铁路）与内地唯一的铁路连接。此线基本沿黄河及其支流湟水谷地西进，沿途为青海省主要农业区，人烟稠密，城镇较多，对促进青海经济发展及对外交通有重要作用。兰青铁路东起兰州的河口站，向西横跨黄河，沿河向西，跨越大通河到西宁市，全长 187.4 公里。

青藏铁路是青海西宁至西藏拉萨的铁路，全长 1 956 公里，其中西宁至格尔木段（814 公里）已于 1979 年铺通，1984 年投入运营。格尔木至拉萨段 2001 年 2 月 8 日宣布修建，2001 年 6 月 29 日正式开工，2005 年 10 月 12 日全线贯通。青藏铁路沿线地质情况十分复杂，多年连续冻土的地段有 550 公里，还有部分地段为岛状冻土及深季节冻土的地段，全线桥隧总长约占线路总长的 8%。

青藏铁路是世界上海拔最高、线路最长的高原铁路。最高点位在海拔 5 072 米的唐古拉山口，号称离天堂最近的铁路。

世界上海拔最高的火车站——唐古拉车站，海拔 5 072 米。

世界上海拔最高的冻土隧道——风火山隧道，海拔 4 909 米，全长 1 338 米。

世界上建在冻土地段上最长的铁路桥——清水河大桥，全长 11.7 公里。

为了最大限度地降低对于藏羚羊等野生动物的原有生活环境的影响，青藏铁路全线共设置野生动物通道 33 处，沿线路方向累计宽度近 60 公里。沿线还设有大量的桥梁、低路堤及家畜通道可供野生动物通行。

这组东起秦皇岛，西至拉萨的东西向铁路线联结我国的东北和西南地区，横贯华北和西北地区，是跨越大区最多的一条交通干线。

12．东胜—黄骅铁路

1995 年 7 月 1 日，我国西煤东运第二条铁路通道神（木）黄（骅）铁路一期工程建成通车。神黄铁路西起陕西神府至内蒙古东胜煤田，东到河北黄骅港，是继大秦铁路之后的第二条重载单元列车运煤线，全长 820 公里。近期设计年运力为 6 000 万吨，远期为 1 亿吨。该铁路的建成，对开发陕西北部、内蒙古西部、山西西北部的煤炭能源和基地建设，支援沿海工业，缓解煤炭资源紧张状况，促进陕西北部、内蒙古西部、山西西部的经济发展具有重要意义。

三、我国高速铁路网规划

本规划分成两个阶段：近中期、远期。

1．近中期——（568 网）5 纵 6 横 8 连线

从 2010 年至 2040 年，用 30 年的时间，将全国主要省区市连接起来，形成国家网络大框架。考虑现实，线路东密西疏；照顾西部，站点东疏西密。所有高铁线路的规划和建设，全部由中央政府集中组织实施，建成后的营运，交由中国高铁公司集中管理。本方案除京广线和京沪线外，所有线路建设应采用磁浮悬技术方案，如表 3-2 所示。

表 3-2（a） “568 网”线路说明（五纵）

五纵	
哈沪线	哈尔滨—扶余—长春—四平南—沈阳—营口—大连—烟台—青岛—日照—连云港（海州）—盐城—南通—上海。全线按以上节点只设 14 个停车站，站点之间直连
京沪线	北京—天津—沧州—德州—济南西—济宁—徐州—蚌埠—南京—无锡—上海—浦东机场。按以上节点只设 12 个停车站，站点之间直连
京港线	北京—保定—石家庄—邯郸北—安阳南—郑州—漯河—信阳北—武汉—岳阳—长沙南—衡阳—郴州—韶关—广州—深圳—九龙。全线按以上节点只设 17 个停车站，站点之间直连
集昆线	集宁—大同—朔州—忻州北—太原南—介休—临汾—韩城—西安—佛平—汉中—宁强—广元—绵阳—成都—乐山—冕宁—西昌—攀枝花—昆明。全线按以上节点只设 20 个停车站，站点之间直连
西湛线	西安—安康—万源—达州—华莹—重庆—遵义—贵阳—都匀—独山—南丹—河池西—马山北—南宁—钦州—北海—湛江。全线按以上节点只设 17 个停车站，站点之间直连

表 3-2（b） “568 网”线路说明（六横）

六横	
沈兰线	沈阳—盘锦—锦州—秦皇岛—唐山—北京—张家口—集宁—呼市—包头—杭锦—乌海—石嘴山—银川—青铜峡—中卫—白银—兰州。全线按以上节点只设 20 个停车站，站点之间直连
青银线	青岛—潍坊—淄博—济南西—武城—衡水—石家庄—阳泉—太原南—吕梁（离石）—绥德—靖边—鄂托克—银川。全线按以上节点只设 14 个停车站，站点之间直连
盐西线	盐城—淮安—宿迁—徐州西—商丘—开封东—郑州—洛阳—三门峡—华阴—西安—宝鸡—天水—定西—兰州—红古—西宁。全线按以上节点只设 17 个停车站，站点之间直连
沪蓉线	（上海）—南京—合肥—六安—麻城—武汉—潜江—荆州—宜昌—水布垭（或五峰）—恩施—黔江—涪陵西—重庆—遂宁—成都。全线按以上节点只设 15 个停车站，站点之间直连。该线向东南，可经溧阳—湖州—杭州—绍兴—宁波；向东可沿江北，经扬州、泰州至南通
沪昆线	上海—嘉兴—杭州—金华—衢州—上饶—鹰潭—南昌南—新余—萍乡—长沙南—娄底—邵阳—洞口北—怀化—玉屏—凯里—都匀—贵阳—安顺—关岭—盘州—曲靖—昆明。全线按以上节点只设 24 个停车站。站点之间直连
沪（上海）南（宁）线	上海—宁波—台州—温州—福鼎—宁德—福州—浦田—泉州—厦门（同安）—漳州南—云霄—汕头—汕尾—惠州—广州—肇庆—云浮—郁南—梧州—桂平东—贵港—南宁。全线按以上节点只设 23 个停车站。停车站点之间直连

表 3-2（c） “568 网”线路说明（八连线）

八连线	
津唐线	天津—唐山
开河线	开封东—菏泽—东平—济南西—滨州—东营北—河口
宁南线	南京—扬州—泰州—南通
宁宁线	南京—溧阳—湖州—杭州—绍兴—宁波
金温线	金华—丽水—温州
汉福线	武汉—黄石西—武穴（江南）—九江（县）—德安—南昌南—抚州—邵武—南平—福州
南厦线	南平—三明—大田—厦门（同安）
衡南线	衡阳—祁东—永州—全州—桂林—柳州—来宾—宾阳—南宁

2．远期——（81526 网）8 纵 15 横 26 连线

从 2040 年至 2070 年，再用 30 年的时间，最迟到 2100 年前全部建成。实现东部加密、西部联通成网（即联通西部主要交通枢纽），连接全国主要交通节点城市和旅游景点，使西部地区主要城市可通达任何沿海省区。国内客运主要依靠高速铁路和高速公路，如表 3-3 所示。

表 3-3 “81526”网线路说明（八纵）

八纵	
新哈沪线	哈尔滨—长春—沈阳—大连—烟台—青岛—连云港（海州）—上海。该线向东北延伸至抚远中俄边界，仍称哈沪线
京沪线	北京—天津—沧州—德州—济南西—济宁—徐州—蚌埠—南京—无锡—上海—浦东机场

续表

八　纵	
大京港线	由京港线向北延伸而成。延长线大体走向：北京—首都机场—承德—赤峰—通辽—白城—齐齐哈尔—嫩江—黑河
济茂线	大体走向：济南—菏泽—开封—郑州—平顶山—南阳—襄樊—荆州—武夷山—吉首—怀化—桂林—柳州—贵港—玉林—茂名
新集昆线	集宁—大同—太原南—韩城—西安—汉中—成都—西昌—昆明，该线向北延伸至二连浩特，向南经个旧沿至河口，仍称集昆线
徐三线	大体走向：（徐州）—合肥—安庆—景德镇—鹰潭—赣州—河源—九龙—珠海—阳江—湛江—海口—三亚
太温线	大体走向：太原—长治—焦作—郑州—周口东—阜阳—合肥—巢湖—铜陵—黄山—千岛湖—金华—温州
包湛线	由西湛线从西安向北延伸，经延安榆林到包头：西安—安康—万源—达州—华莹—重庆—遵义—贵阳—都匀—独山—南丹—河池西—马山北—南宁—钦州—北海—湛江。北延长线大体走向为：西安—铜川—黄陵—延安—靖边—榆林—鄂尔多斯—包头

任务检阅

一、铁路干线绘制

根据知识储备中学到的铁路大通道及主要铁路线的内容，试在中国地图（见图 2-7）上粗略画出“八纵八横”16 条线。

二、高铁网规划补充

我国高速铁路网规划分为近中期和远期两个阶段，其中远期规划简称“81526 网”，其中“8”指的是 8 条纵线。那么，请自查资料，分析规划“1526”指代的是什么。

三、世界高铁的发展

适合高速铁路生存的环境有如下两条基本特点。

一是人口稠密和城市密集，而且生活水准较高，能够承受高速轮轨比较昂贵的票价和多点停靠。

二是较好的社会经济基础和科技基础，能够保证高速轮轨的施工、运行与维修需要。

1. 第一次浪潮（1964—1990 年），代表为日本新干线

1959 年 4 月 5 日，世界上第一条真正意义上的高速铁路——东海道新干线在日本破土动工，经过 5 年建设，于 1964 年 3 月全线完成铺轨，同年 7 月竣工，1964 年 10 月 1 日正式通车。东海道新干线从东京起，途经名古屋、京都等地，终至（新）大阪，全长 515.4 公里，运营时速高达 210 公里，营运最高时速 300 公里。它的建成通车标志着世界高速铁路新纪元的到来。随后法国、意大利、德国纷纷修建高速铁路。

2. 第二次浪潮（1990 年—20 世纪 90 年代中期），代表为法国高铁

法国、德国、意大利、西班牙、比利时、荷兰、瑞典、英国等欧洲大部分发达国家，大规模修建本国或跨国界高速铁路，逐步形成了欧洲高速铁路网。这次高速铁路的建设高潮，不仅是铁路提高内部企业效益的需要，更多的是国家能源、环境、交通政策的需要。

3. 第三次浪潮（从 20 世纪 90 年代中期至今），代表为中国高铁 CRH

在亚洲（韩国、中国台湾地区、中国内地）、北美洲（美国）、大洋洲（澳大利亚）世界范围内掀起了建设高速铁路的热潮。主要体现在：一是修建高速铁路得到了各国政府的大力支持，一般都有全国性的整体修建规划，并按照规划逐步实施；二是修建高速铁路产生的经济效益和社会效益得到了更广层次的共识，特别是在节约能源、减少土地使用面积、减低环境污染、提高交通安全等方面的社会效益显著，以及能够促进沿线地区的经济发展，加快产业结构调整等。

试通过网络搜索，了解更多关于世界高铁发展的详细内容。

精华总结

- 铁路运输大通道“八纵八横”。
- 我国主要铁路干线。

任务四

水路运输布局分析

学习目标

知识目标：

了解水路运输的优缺点

熟悉我国水运主通道“两纵三横”

熟悉我国八大运输系统

熟悉中国主要远洋航线

掌握我国内河运输的布局

掌握沿海五大港口群布局

掌握港澳台经济发展及海上运输布局

技能目标：

能够对我国水路运输布局进行分析

能够对港澳台经济发展及海上货运进行分析

引导案例

《水运“十三五”发展规划》解读（一）

交通运输部印发了《水运“十三五”发展规划》(下称《规划》)。《规划》是落实《国民经济和社会发展第十三个五年发展纲要》的行业五年专项规划，是交通运输“十三五”发展规划体系的重要组成部分，也是“十三五”时期水运行业发展的纲领性文件，将为“十三五”时期水运行业的健康、持续、科学发展奠定基础。

1.《规划》编制的理念和思路

《规划》首次将沿海港口、内河水运和航道养护管理的规划内容整合在一起，在实现深度融合的同时体现了沿海、内河各自发展的特点。《规划》坚持问题导向和目标导向，在紧扣水运发展存在的主要问题的基础上，以国家发展、改革、开放对水运发展要求为导向，长远考量和五年发展相结合，对“十三五”水运发展的阶段性特征做出了判断，对“十三五”水运发展的各个方面进行了部署，研究范畴拓展到行业发展的各个领域。除水运建设外，也有行业管理及养护、信息、节能减排与环境保护、安全应急等，兼顾全面与重点，关注国家和公共利益，关注行业竞争力，实现了由建设规划向行业发展规划的转变。《规划》把以贯彻国家战略为代表的政治理性和以体现发展理念为代表的社会理性突出在规划视角中，总体把握了战略新导向、交通新态势、发展新理念、经济新常态对水运发展的新要求。

2. 发展基础

“十二五”以来，水运行业坚持以科学发展为主题，以转变发展方式为主线，加强专业化码头和内河航道等重点设施建设，拓展服务功能，推进绿色平安发展，保持了健康持续发展的良好态势，基本实现了“十二五”规划目标。

2015 年年底沿海港口船队规模位居世界前列，港口吞吐量规模稳居世界首位，港口通过能力总体适应发展需求。港口大型化、专业化、现代化水平进一步提升，现代港口服务功能得到较好拓展。航运中心建设取得阶段性进展，信息化得到广泛应用，资源利用进一步集约节约，节能减排取得实效，安全应急能力建设扎实推进。法律法规体系建设和行业发展政策继续加强。行业改革持续深化。

内河水运发展全面加快，长江干线航道系统治理成效显著，高等级航道体系基本形成，达标里程约 1.36 万公里，达标率由 2010 年的 54%提高到 72%。内河规模化、集约化港区建设取得进展。内河水运量和江海运量快速增长。内河运输船舶专业化、标准化持续推进。航道管理养护水平逐步提高。

（资料来源：交通运输部）

水路运输是利用船舶、排筏和其他浮运工具，在江、河、湖泊、人工水道以及海洋上运送旅客和货物的一种运输方式。它是我国综合运输体系中的重要组成部分，并且正日益显示出它的巨大作用。

水路运输按其航行的区域和距离，大体上可划分为远洋运输、近洋运输、沿海运输和内河运输四种形式。远洋运输通常是指跨大洲大洋的海上运输，如中国至美国、日本至荷兰等。近洋运输是指在同一大洋内的不同国家之间的海上运输，如中国至日本、日本至韩国等。沿海运输是指利用船舶在我国沿海区域各地之间的运输。内河运输是指利用船舶、排筏和其他浮运工具，在江、河、湖泊、水库及人工水道上从事的运输。

水路运输是历史最悠久的一种现代化运输方式。从 1807 年美国人富尔顿把蒸汽机装在“克莱蒙特号”船上航行开始，到我国自制的蒸汽机船开始航行于海上和内河，水路运输借助水的浮力的优势曾占据世界运输的主导地位。随着铁路、公路汽车运输、航空等现代化运输方式的蓬勃发展以及随之而来的运输竞争，水路运输因受自然环境限制大，一直处于不利地位。当前随着集装箱运输和船舶吨位大型化，水路运输又开始受到重视。世界仅内河航道就有 250 多万公里，内河水运系统主要有欧洲中部和西部河流系统、伏尔加—顿河河网、亚马逊河网、美国五大湖和密西西比河河网、中国河网。

水路运输的优点

1. 线路投资少

江河、湖、海为水运提供了天然、廉价的航道，只要稍加治理，建立一些轮船泊位和装卸设备，就可供船只通航运输。据分析比较，内河航道单位基建成本只有公路的 1/10，铁路的 1/100。

2．运载量大

因受惠于水的浮力，水运与其他陆上运输相比有较大的载运量。内河驳船运载量一般相当于普通列车的 3～5 倍。最大的矿石船可达 28 万吨，超巨型船舶可达 60 万吨。

3．运输成本低

由于线路投资少和运载量大，内河航运成本分别约为铁路运输的 1/5 和公路运输的 1/35，海运分别为铁路运输的 1/8 和公路运输的 1/53。

水路运输的缺点

其缺点主要是受自然环境限制大，灵活性差，受水运网分布的制约，与物流运输的经济要求不一致，难以直线行驶，航道往往因河流枯水、冰冻及大风和浓雾而中止航行；物流速度慢，在港停泊的时间长，有些货物要几个月才能送到用户手中。

水运最适于大型、笨重、大宗货物的长距离运输。在承运的货物上，水运与铁路运输有一定分工，水运更适于煤炭、矿石、谷物散货运输；铁路适于承运需要迅速、准时到达，并以捆包成件的货物。随着集装箱运输的发展和船舶的大型化、高速化，运输条件大大改善，水运仍然占有相当重要的地位，特别是国际物流使用水运尤其多。

中国幅员辽阔，大陆海岸线 18 000 多公里，岛屿海岸线 14 000 多公里，流域 100 公里以上的天然河流有 5 000 多条，大小湖泊有 900 多个。中国是世界上水路运输发展较早的国家之一。内河全国通航里程达 12.71 万公里，以长江、珠江、黑龙江、京杭运河和淮河航运最为发达。长江是中国内河航运的“黄金水道”，年客货运量相当可观。沿海运输既是我国南北的水上大通道，又是沿海各省市地区交流的重要方式，完成水上客货周转量的 20%～30%；远洋运输发展最快，前景最为广阔，目前中国的商船已航行于世界 160 多个国家和地区的 400 多个港口，被联合国海事组织确认为 A 类理事国，成为世界上主要海运国之一，远洋运输完成我国水上运输货运周转量的 70%左右。

港口是水路运输的基础设施，由港池、航道、码头、库场、起重机械、交通运输物流信息网络等各种建筑物和设备组成，是水运的起点和终点。港口的经济价值大小，取决于港口的地理位置、港口腹地大小及其经济发达程度、港口的自然条件等几种因素。

水路运输发展数据（2018 年）

基础设施：

1．内河航道

2018 年年末全国内河航道通航里程 12.71 万公里，比上年增加 108 公里。等级航道里程 6.64 万公里，占总里程 52.3%，提高 0.2 个百分点。三级及以上航道里程 1.35 万公里，占总里程 10.6%，提高 0.8 个百分点。

各等级内河航道通航里程分别为：一级航道 1 828 公里，二级航道 3 947 公里，三级航道

7 686 公里，四级航道 10 732 公里，五级航道 7 613 公里，六级航道 17 522 公里，七级航道 17 114 公里。等外航道里程 6.07 万公里。

各水系内河航道通航里程分别为：长江水系 64 848 公里，珠江水系 16 477 公里，黄河水系 3 533 公里，黑龙江水系 8 211 公里，京杭运河 1 438 公里，闽江水系 1 973 公里，淮河水系 17 504 公里。

2．港口

2018 年年末全国港口拥有生产用码头泊位 23 919 个，比上年减少 3 659 个。其中，沿海港口生产用码头泊位 5 734 个，减少 96 个；内河港口生产用码头泊位 18 185 个，减少 3 563 个。

年末全国港口拥有万吨级及以上泊位 2 444 个，比上年增加 78 个。其中，沿海港口万吨级及以上泊位 2 007 个，增加 59 个；内河港口万吨级及以上泊位 437 个，增加 19 个。

全国万吨级及以上泊位中，专业化泊位 1 297 个，比上年增加 43 个；通用散货泊位 531 个，增加 18 个；通用件杂货泊位 396 个，增加 8 个。

运输装备：

2018 年年末全国拥有水上运输船舶 13.70 万艘，比上年下降 5.5%；净载重量 25 115.29 万吨，下降 2.1%；载客量 96.33 万客位，下降 0.4%；集装箱箱位 196.78 万标准箱，下降 9.0%。

运输服务：

2018 年全年完成客运量 2.80 亿人，比上年下降 1.1%，旅客周转量 79.57 亿人公里，增长 2.5%。完成货运量 70.27 亿吨，增长 5.2%，货物周转量 99 052.82 亿吨·公里，增长 0.4%。其中，内河运输完成货运量 37.43 亿吨、货物周转量 15 365.89 亿吨·公里；沿海运输完成货运量 25.14 亿吨、货物周转量 31 760.34 亿吨·公里；远洋运输完成货运量 7.70 亿吨、货物周转量 51 926.58 亿吨·公里。

全国港口完成旅客吞吐量 1.77 亿人，比上年下降 4.3%。其中，沿海港口完成 0.88 亿人，增长 1.9%；内河港口完成 0.89 亿人，下降 9.7%。我国全年邮轮旅客运输量 250 万人，增长 2.7%。

全国港口完成货物吞吐量 143.51 亿吨，比上年增长 2.5%。其中，沿海港口完成 94.63 亿吨，增长 4.5%；内河港口完成 48.88 亿吨，下降 1.3%。

全国港口完成外贸货物吞吐量 41.89 亿吨，比上年增长 2.4%。其中，沿海港口完成 37.44 亿吨，增长 2.5%；内河港口完成 4.45 亿吨，增长 1.6%。

全国港口完成集装箱吞吐量 2.51 亿 TEU，比上年增长 5.3%。其中，沿海港口完成 2.22 亿 TEU，增长 5.2%；内河港口完成 2 909 万 TEU，增长 6.2%。全国规模以上港口完成集装箱铁水联运量 450 万 TEU，增长 29.4%，占规模以上港口集装箱吞吐量 1.80%。

全国规模以上港口完成货物吞吐量 133.45 亿吨，比上年增长 2.9%。其中，完成煤炭及制品吞吐量 24.50 亿吨，增长 3.4%；石油、天然气及制品吞吐量 10.66 亿吨，增长 3.8%；金属矿石吞吐量 21.22 亿吨，增长 3.1%。

固定资产投资：

2018 年全年完成水运建设投资 1 191 亿元，比上年下降 3.8%。其中，内河建设完成投资 628 亿元，增长 10.3%；沿海建设完成投资 563 亿元，下降 15.8%。

（数据来源：交通运输部）

子任务一　内河运输布局分析

学习目标

知识目标：

了解“两纵三横”五条水运主通道的基本概况
熟悉“两纵三横”五条水运主通道的主要港口
掌握“两纵三横”五条水运主通道的货运特点

技能目标：

能够分析内河运输布局
能够设计内河运输路线

引导案例

《水运“十三五”发展规划》解读（二）

3．形势和方向

金融危机以来，世界经济贸易格局、国际产业分工、能源资源版图、地缘政治环境等都在发生深刻变化，不稳定、不确定因素仍然较多，但和平与发展的时代主题没有变，世界多极化、经济全球化仍将深入发展。预计“十三五”时期世界经济在深度调整中曲折复苏，全球经济贸易增长乏力，大规模国际产业转移明显放缓。新一轮科技革命和产业变革蓄势待发，全球治理体系深刻变革，国家间的发展竞争日趋激烈。

我国进入了中高速增长、提质增效、结构优化、创新驱动的发展“新常态”，仍处于大有可为的重要战略机遇期，但也面临诸多矛盾叠加、风险隐患增多的严峻挑战。我国将以创新、协调、绿色、开放、共享五大发展理念为引领，抓住新时期实施创新驱动的机遇，实现结构优化和动力转换的机遇，发挥大国影响力、积极参与全球治理和规则制定、主动发展的机遇。

“十三五”水运发展需要紧紧围绕“四个全面”的总体要求，牢固树立创新、协调、绿色、开放、共享发展理念，着力推进水运转型升级和提质增效，加快发展内河水运，拓展港口功能，充分发挥好水运在海陆双向开放和综合运输体系中的重要作用，打造具有区域带动力、国际影响力的现代水运业，为实施三大战略提供坚实的水运保障。坚持创新驱动、统筹协调、绿色发展、开放融合。

《规划》提出了“到2020年，长江黄金水道等内河高等级航道功能显著提升，主要港口战略支点地位进一步强化，国际航运中心建设取得重点突破，从海运大国向海运强国迈进，基本形成保障充分、服务高效、平安绿色、国际影响力强的现代化水运体系，适应经济社会发展和全方位对外开放需要”的总体目标。

4．水运发展主要任务

《规划》提出八大主要任务，分别是建设海运强国、打造黄金水道、推进港口转型升级、加强集疏运体系建设、发展现代水路运输服务、提升管理信息化水平、加强绿色平安发展和完善法规规范。

建设海运强国。强化主要港口的战略支点作用，实施一流强港工程，加快国际航运中心建设；提高海运船队保障能力，优化海运船队结构，提高重点物资承运保障能力；深化国际合作，深化港口海事国际合作，培育国际港航运营商。

打造黄金水道。全面提升长江干线能力，提高干线通航条件，扩大三峡枢纽通过能力；构建通江达海干支衔接的航道体系，加快高等级航道达标建设，加强国际国境河流及其他航道建设；加强航道养护。

推进港口转型升级。推进港口资源整合，加快港口结构优化；拓展港口服务功能，发展现代物流和港口商贸及综合服务业；引导临港产业集聚集群发展。

加强集疏运体系建设。完善港口集疏运体系规划，加强铁路集疏运设施建设，完善公路集疏运体系。

发展现代水路运输服务。优化运输组织，完善江海联运，大力发展铁水联运；推进内河船舶标准化专业化；发展“互联网+”水运新业态；推进口岸便利化。

提升管理信息化水平。加大信息技术应用，提升岸线资源管理信息化水平，加强长江航运信息化平台建设。

加强绿色平安发展。全面节约和高效利用资源，加强资源管理，节约集约利用岸线资源；全面强化节能环保工作，大力推进节能降碳，推进设立船舶大气污染物排放控制区，全面开展污染综合防治工作；加强安全应急管理，全面强化运输安全管理，继续加强安全监管应急救助装备和基地建设，强化安全应急系统和平台构建。

完善法规规范。完善管理体系，完善法律法规体系，改革市场监管体系，强化基础工作；健全标准规范，加强重点领域标准制定，推进多式联运标准对接。

（资料来源：交通运输部）

知识储备

按照我国生产力布局和水资源“T”形分布的特点，重点建设贯通沿海经济发达地区的海上运输大通道和主要通航河流的内河航道。全国水运主通道总体布局规划是发展“两纵三横”共五条水运主通道。“两纵”是沿海南北主通道、京杭运河及淮河主通道；“三横”是长江及其主要支流主通道、珠江及其主要支流主通道、黑龙江松花江主通道。

一、长江

1. 长江干流自然条件

长江是我国最长的河流，发源于唐古拉山主峰——各拉丹冬，干流自西向东横贯我国中部，流经西藏、青海、四川、云南、重庆、湖北、湖南、江西、安徽、江苏和上海 11 省（直辖市、自治区）。东西跨过 31 个经度，南北相距 11 个纬度。在上海市注入东海，全长 6 275 公里，仅次于尼罗河和亚马逊河而居世界第三位。长江素来是我国最大、最重要的内河运输网，被称为我国的“黄金水道”。

按照自然地理特征，一般将长江从江源到湖北省宜昌市作为上游，长 4 529 公里；宜昌到江西省鄱阳湖湖口为中游，长 931 公里；湖口至入海口为下游，长 840 公里。但我国水运业长期以来的习惯分段与此不同，以宜宾至宜昌为上游，宜昌至武汉为中游，武汉至入海口为下游。

长江干流各段多有专称。当汇入沱沱河后称为通天河。从青海省玉树市直门达到四川省宜宾市岷江口称为金沙江，长 2 308 公里。岷江口以下正式称为长江，长 2 813 公里。其中，宜宾至宜昌 1 044 公里，因大部分在四川省境内，别称“川江”，川江中的三峡段又称“长江三峡”。从湖北省枝城港至城陵矶，另称“荆江”。在江西省九江市附近的长江又称“九江”或“浔阳江”。江苏省镇江市附近的长江又称“京江”。扬州以下长江别称“扬子江”，这是外国人将整条长江称为“扬子江”的由来。

整个长江水系有大小通航支流 3 600 多条，通航里程长约 64 883 公里，占全国内河航道总里程的 57%。货运量和货物周转量分别占全国内河货运量的 2/3 以上，货物周转量约占 4/5。据统计，沿江大型企业生产所需约 80%的铁矿石、72%的原油、83%的电煤是依靠长江航运来保障的。

2．长江支流状况

长江水系干支交错，支支相连，布满整个流域。据统计，长江干流拥有 700 多条一级支流，其中流域面积 10 000 平方公里以上的 40 多条，50 000 平方公里以上的 9 条，100 000 平方公里以上的 4 条。

水量大是长江支流的第一个特点。雅砻江、岷江、嘉陵江、乌江、沅江、湘江、汉江和赣江 8 条支流的多年平均流量都在 1 000 立方米/秒以上，超过了黄河水量。

支流集中是其第二个特点。较大的支流几乎全部集中在长江干流中段的“一盆二湖”地区，即四川盆地和洞庭湖、鄱阳湖。在四川盆地，从左岸汇入长江的有雅砻江、岷江、沱江、嘉陵江；右岸有乌江。洞庭湖一带的支流有清江、澧水、沅江、资水和湘江从右岸汇入长江，而长江最大的支流汉江，则从左岸汇入。鄱阳湖水系包括修水、赣江、抚河、信江和饶河，集中在长江右岸。长江干流从雅砻江河口至鄱阳湖口，流程仅 1 761 公里，占全江的 28%，而得到的水量补给近 8 000 亿立方米，占入海水量的 80%。在长江下游的主要支流中，青弋江和黄浦江虽较为有名，但其长度和水量都与上述的支流无法相比。

3．通行里程

长江干线水富至长江口航道里程计 2 838 公里，水富至宜昌里程 1 074 公里，可通航 500～3 000 吨级内河船舶；宜昌至武汉 624 公里，可通航 1 000～3 000 吨级内河船舶及组成的船队；武汉至长江口 1 140 公里，可通航 3 000～5 000 吨级内河船舶及其组成的船队。武汉以下可通航 5 000 吨级海船，南京以下常年通航 3 万吨级海船，5 万吨级海船可乘潮到南京。

4．主要港口

长江干线有港点 220 余个，共有 15 个一类开放港口口岸，初步形成了以重庆、宜昌、城陵矶、武汉、九江、芜湖、南京、镇江等大中城市为依托，大中小型港口相结合，铁水、公水、江海河联运的港口体系。长江水系省际运输船舶 8.1 万艘、1 970 万载重吨，船舶平均吨位达 243 吨。机动驳比重不断上升，一些新型专用船舶如化学品船、液化气船、汽车滚装船、散装水泥船从无到有，已初具规模。

长江航运具有良好的发展势头。随着沿江地区城市化进程的加快，拉动了各地对钢铁、水泥、矿建材料的需求，大宗散货运输总体稳步增长，长江干线货运量、港口货物吞吐量、外贸货物吞吐量、集装箱吞吐量等都得到了较大程度的增长。

长江航运的货物构成，以原煤、石油和金属矿石、矿建材料、钢铁等为主，这些物资运量占总运量的 90%以上；农业、轻工业物资的比重小。由于我国能源资源地区分布不平衡，长期形成北煤南运、西煤东调和北油南运的格局，今后长江航运仍将是以运输能源物资和其他大宗散货为主的运输大动脉。

5．长江流域资源、人口及经济状况

长江流域内自然资源丰富。长江拥有水力资源 2.6 亿千瓦，可开发利用的有 2 亿千瓦，占全国总量的 42.5%。长江流域还有种类多、品位高、储量大的矿产资源。长江流域内气候温暖湿润，森林、草山、草坡面积广，木材蓄积量占全国 1/3，还建立了 50 多个国家自然保护区。长江流域大农业完整，农、林、牧、副、渔样样俱全。长江流域面积 180 万平方公里，耕地有 3.7 亿亩，人口 3.5 亿，分别占全国总数量的 1/5、1/4 和 1/3，却生产了全国 40%的粮食、1/3 以上的棉花、70%以上的水稻、60%以上的淡水鱼，流域内分布有我国 6 个商品粮基地。畜牧业、粮、烟、茶、药等在全国占有重要地位。长江流域是我国工业最发达的地区之一，历年的工业产值占全国总产值的 40%以上。区域内工业体系门类齐全，干流沿岸有 5 个全国大型钢铁工业基地，机械化工、纺织在全国占有相当地位。长江把干支流的许多工业中心和名城重镇紧密地联结在一起，以上海经济为依托，横贯东西，带动南北，正在成为我国国民经济走向世界前列的战略基地，是我国最重要的产业密集带。三峡工程的建成，标志着长江大流域经济开发步入了新的里程碑。沿江芜湖、九江、武汉、岳阳、重庆等城市进一步开放，实行沿海开放城市的相关政策，使长江经济大走廊出现了清晰的雏形——以上海浦东开发区为“龙头”，以长江三峡工程为“心脏”，以沿江城市为“龙身”，沿长江开发跨世纪发展战略举世瞩目。长江自然旅游资源十分丰富，形成“雄、奇、险、秀、幽、旷、奥”等风景特征。例如，峨眉天下秀，青城天下幽，黄山天下奇；烟波浩渺的洞庭湖、太湖等。另外，长江还在扬州与京杭大运河相交汇，借此沟通了淮河和钱塘江水系。长江自西向东又与成昆、成渝、襄渝、川黔、焦枝、枝柳、京广、京九、皖赣、京沪等干线相接，通过铁路干线又可以很方便地联系西北、华北和华南地区。因此，长江内河航运对于地区经济开发、全国物资交流和沿江城市发展都具有十分重要的意义。

基于以上原因，长江成为我国最大的内河运输网，是我国著名的“黄金水道”。长江目前的货运量和货运周转量，分别占全国内河航运的 80%和 90%。但是，我们应该清醒地认识到，目前长江的航运状况同其所拥有的航运价值还是远不相称的。也就是说，长江水运目前利用程度还很低，其航运的开发利用还有较大的潜力。若按美国密西西比河的运输量相当于 20 条铁路来算，则长江的运输量应相当于 40 条铁路，而如今长江的实际货运量还不及 2 条铁路。

随着我国经济的发展、长江三角洲经济的快速发展、上海浦东的开发开放以及举世瞩目的长江三峡工程的建设，长江这条“黄金水道”将在我国未来的经济建设中发挥更大的作用。

二、珠江

珠江水系是华南第一大水系，流经云南、贵州、广西、广东、湖南、江西等省（自治区）及越南社会主义共和国的东北部，流域面积 453 690 平方公里，其中我国境内面积 442 100 平方公里。珠江水系是我国四大水系之一，水运仅次于长江。

1．珠江流域自然条件

珠江流域是一个复合的流域，由西江、北江、东江及珠江三角洲诸河四个水系组成。西、北两江在广东省三水区思贤窖、东江在广东省东莞市石龙镇汇入珠江三角洲，经虎门、蕉门、洪奇门、横门、磨刀门、鸡啼门、虎跳门及崖门八大门汇入南海。

主流西江发源于云南省曲靖市境内的马雄山，在广东省珠海市的磨刀门注入南海，全长2 214公里。西江由南盘江、红水河、黔江、浔江及西江等河段所组成，主要支流有北盘江、柳江、郁江、桂江及贺江等。思贤窖以上河长2 075公里，流域面积353 120平方公里，占珠江流域面积的77.8%。

北江发源于江西省信丰县大茅塬，思贤窖以上河长468公里，流域面积46 710平方公里，占珠江流域面积的10.3%，主要支流有武水、滃江、连江、绥江等。

东江发源于江西省寻乌县桠髻，石龙以上河长520公里，流域面积27 040平方公里，占珠江流域面积的5.96%，主要支流有新丰江、西枝江等。

珠江三角洲面积26 820平方公里，河网密布，水道纵横。入注珠江三角洲的主要河流有流溪河、潭江、深圳河等十多条。

珠江水系由西江、东江、北江三大分水系组成，它跨越广东、广西、云南、贵州、湖南、江西等省（自治区）及越南的东北部。珠江多年平均径流量为3 360亿立方米，仅次于长江，且充沛的水量对水运十分有利。

珠江虽属少沙河流，多年平均含沙量只有0.126～0.334千克/立方米，年输沙量8 600万吨，有80%的沙量经八大门输出河口，使珠江三角洲平均每年向海延伸60～110米。目前仍以平均每年近百米的速度继续向外海造陆。

珠江水系有如下两个特点。

（1）我国许多河流水系如长江、黄河都独流入海，而珠江以许多分流入海，有所谓“八门入海”之称。八门是虎门、虎跳门、蕉门、横门、崖门、磨刀门、鸡啼门、洪奇门，都在珠江三角洲。这种地理特色在世界上100多个河流三角洲中独一无二。它也使水路运输具有一江多口通航的特色。

（2）珠江水系有一小部分跨出我国国境，并不像黑龙江那样影响水运的整体性。

珠江流域是我国大流域之一。全流域的面积为45.31万公里，国内部分占44.15万公里，占整个流域的97.44%。

2. 珠江流域航行状况

珠江三角洲地区现有通航河流823条，通航里程16 450公里，其中三级及以上航道1 687公里，四级航道1 566公里。

珠江流域发展航运选择主要干支流和出海水道，分期逐步建设航道。

南宁至广州航道按全线通航1 000吨级的标准首先实施。南盘江、北盘江和红水河的航道近期采取局部整治及结合电站建设设置过船设施，分段按100～250吨级标准通航；远景结合水电梯级的全面开发，实现全线渠化，通航提高至500吨级。右江、柳江及北江干流，结合梯级开发，可分别提高通航标准至100～300吨级。珠江三角洲航道整治的重点是提高出海主要水道的通航标准，一般达500～1 000吨级。广州至黄埔通航5 000吨级，黄埔出海水道通航20 000～25 000吨级。为沟通长江和珠江两大流域的水运，开辟了粤赣运河和湘桂运河。

3. 珠江流域的港口

珠江流域有大小港口75个，大港如广州港、梧州港、江门港等均为流域内主要的经济中心，是水陆交通运输枢纽；中小港口则遍布流域内各地，为地区性物资集散中心。

广州港：位于珠江主干线的上游，是京广铁路的终点。

柳州港：位于柳州中游、湘桂和黔桂两铁路的交点，是枝柳铁路的终点。

贵港港：位于广西南部、郁江下游，是黎湛铁路沿线。
邕宁港：位于广西八江汇入邕江处，为南宁下游的又一重要港口。
百色港：位于右江上游，邻接云南省，为南宁至滇、黔公路干线中转站。
桂林港：位于广西东北部、桂江上游的漓江西岸，湘桂铁路经过市区。
桂平港：位于广西东南部、黔江和郁江江流处，为广西境内水上运输的一个重要中转港。
佛山港：位于广东珠江三角洲北部、广三铁路线上，是广东省重要的内河港口。
韶关港：位于广东省北部，北江上源侦、武两水合流处，京广铁路经此。
肇庆港：位于广东省中部偏西、西江中游北岸，扼广州至广西梧州航运要冲。

三、黑龙江和松花江

黑龙江，亚洲大河之一，总长度约 4 478 公里（以海拉尔河为源头计算），发源于蒙古国肯特山东麓，在石喀勒河与额尔古纳河交界处形成。经过中国黑龙江省北界与俄罗斯哈巴罗夫斯克区东南界，流到鄂霍次克海的鞑靼海峡。黑龙江是我国三大河流之一、世界十大河之一。黑龙江沿线曾盛产沙金，在清朝达到繁荣，为带动当地经济发展起到了重要作用。2004 年，中华人民共和国和俄罗斯联邦签署最后边界协定，将黑龙江作为两国基本界限划清，下游的黑瞎子岛现由中俄两国各占一半。黑龙江流域地跨中国、俄罗斯和蒙古国 3 个国家，下游在俄罗斯境内。黑龙江水系通航里程是 8 211 公里。

1．黑龙江

黑龙江流域河网密布，支流、湖泊众多，大小支流 1 万多条，湖泊 6 万多个。右岸（我国一侧）较大的支流有松花江、乌苏里江、呼玛河、逊河；左岸（俄罗斯一侧）较大支流有结雅河、布列亚河、阿姆贡河。流域内的主要湖泊有呼伦湖、贝尔湖、镜泊湖、天池、兴凯湖、五大连池、博隆湖、乌德利湖、奥列利湖和基齐湖等。

松花江是黑龙江最大的支流，河流全长 2 309 公里，流域面积 55.68 万平方公里。

黑龙江纬度高，每年有半年封冻期，再加上流域内经济不发达，故航运量不大。主要运输货物有粮食、木材、煤炭。黑河是最大的港口。

2．松花江

松花江是黑龙江水系的最大支流，流经我国东北地区北部。

上源一为嫩江，源于伊勒呼里山南麓；二为松花江正源（曾称第二松花江），源于长白山主峰白头山天池。两江于三岔河汇合后折向东北，即松花江干流，于同江县东北汇入黑龙江。自天池至松花江河口全长 1 657 公里，流域面积 55 万余平方公里，仅次于长江和黄河，居全国第 3 位。流域介于北纬 40 度 42 分～51 度 38 分，东经 119 度 50 分～132 度 31 分，包括黑龙江、吉林两省大部分地区和内蒙古自治区东部地区。山地、丘陵占流域面积的 63%，平原占 29%，其余为沼泽、湿地。

松花江正源长 790 公里，流域面积 7.82 万平方公里，众多支流源于长白山地，多从左岸汇入。上游穿流于高山峡谷，河道狭窄，水流湍急，水力资源丰富。在吉林市丰满，人工筑坝形成库容百亿立方米的丰满水库（亦称松花湖），湖区长约 200 公里，有小客轮通航。

松花江是中国东北境内航运价值较大的河流，干流哈尔滨以下丰水期可通航千吨以下江轮。松花江正源在吉林市以下江段，洪水期可通航 200 吨以下驳船。嫩江自大安以下有客轮通航。开江后和封江前的短暂流冰期不能航行。寒冬季节河流封冻，江面可通行汽车、拖拉机等。主要的港口有哈尔滨、佳木斯、牡丹江等。

松花江渔业资源丰富，嫩江下游为东北地区重要淡水鱼产地，主要经济鱼类有鲤鱼、草鱼、白鲢、长春鳊、大白鱼、鲫鱼、鳌花等。松花江流域是中国重要的商品粮生产基地和木材、矿产产地。哈尔滨、长春、吉林、齐齐哈尔、佳木斯等城市都位于松花江及其支流沿岸。

四、淮河

1. 淮河流域自然状况

淮河流域地处我国东部，介于长江和黄河两流域之间，位于东经 111 度 55 分～121 度 25 分，北纬 30 度 55 分～36 度 36 分，面积为 27 万平方公里。流域西起桐柏山、伏牛山，东临黄海，南以大别山、江淮丘陵、通扬运河及如泰运河南堤与长江分界，北以黄河南堤和泰山为界，与黄河流域毗邻。

淮河流域西部、西南部及东北部为山区、丘陵区，其余为广阔的平原。山丘区面积约占总面积的 1/3，平原面积约占总面积的 2/3。流域内除山区、丘陵和平原外，还有为数众多、星罗棋布的湖泊、洼地。

2. 淮河流域经济状况

淮河流域包括湖北、河南、安徽、山东、江苏 5 省，平均人口密度是全国水平的 4.8 倍，居各大江大河流域人口密度之首。

流域耕地主要作物有小麦、水稻、玉米、薯类、大豆、棉花和油菜，在我国农业生产中已占有举足轻重的地位。

淮河流域工业以煤炭、电力及农副产品为原料的食品、轻纺工业为主。目前已建成淮南、淮北、平顶山、徐州、兖州、枣庄等国家大型煤炭生产基地，1997 年产煤量占全国产煤量的 1/8，是我国黄河以南最大的煤田。流域内现有火电装机容量近 2 000 万千瓦。近十多年来，煤化工、建材、电力、机械制造等轻重工业也有了较大发展，郑州、徐州、连云港、淮南、蚌埠、济宁等一批大中型工业城市已经崛起。

淮河流域交通发达，京沪、京九、京广三条铁路干线在流域东、中、西部纵贯南北，陇海铁路横跨东西；公路运输四通八达，有 14 条国道纵横贯穿流域；京杭大运河和淮河干流为内河航运的骨干；有郑州大型航空港及开封、徐州、连云港、阜阳等航空口岸；连云港、石臼港等大型海运码头，不仅可直达全国沿海港口，还能通往韩国、日本、新加坡等地。山东半岛交通也很发达，京沪铁路贯穿南北，胶济铁路横亘东西；青岛、烟台、威海、龙口四大港口是对外贸易的重要口岸；济南、青岛机场已成国际航空港；区内高速公路四通八达。

3. 淮河流域航运及港口

（1）淮河流域航运状况

淮河是我国五大内河之一，其货运密度相当于 3 条铁路线的运量。每年航线上双向货量约 1 400 万～3 000 万吨。长期以来，由于国家重视对铁路、公路的投资建设，内河航运投资与铁路、公路投资相比差距太大。淮河水路运输在国民经济、对外贸易、促进经济可持续发展、加强国防交通、保障国家重点战备物资运输、节约土地和能源等方面具有极其重要和不可替代的作用。随着我国社会、经济的发展，人口、资源、环境压力越来越大，与其他运输方式相比，水路运输具有运量大、耗能少、投资省、占地少、污染轻及综合利用效益好等特点。在资源效益方面利用天然河道，占地或不占地，而且可结合水电开发，产生防洪、发电、旅游、水产养殖等多方面效益。

长期以来，苏北运河及淮河流域的内河集装箱运输发展缓慢。其实，自安徽蚌埠以东的河道多为三级河道，完全符合集装箱运输标准。同时，苏北和皖北同处淮河流域下游，经济状况十分相似，具有很强的互补性。如能形成区域合力，把淮河流域改造成为可常年通航的“黄金水道”，将对两省北部的经济社会发展产生巨大影响。

（2）淮河流域主要港口。淮河航道西起三河尖，经正阳关、凤台、淮南、蚌埠、五河，至红山头入洪泽湖，全长 370 公里，上至正阳关，下达长江，全年通航，淮河通航里程为 17 507 公里，干流客运以蚌埠、淮南为主要港口。

1）蚌埠港。蚌埠港是千里淮河第一大港，蚌埠市已基本形成了铁路、公路、水路等多种运输方式并存的综合运输体系。蚌埠新港及蚌埠新机场的建设，将使蚌埠市形成铁、公、水、空四位一体的立体交通体系，进一步完善本地区的综合运输网络。蚌埠新港的建设对于完善蚌埠地区的综合运输体系，使蚌埠成为沿淮及皖北地区的物流中心有着不可替代的重要作用。

蚌埠市是安徽省的主要省辖市，是皖北中心城市，位于沿海、中原和西部地区梯度发展的过渡带，具有沟通东西、联系沿海、发展中原、带动西部的区位功能。

2）淮南港。淮南是安徽省下辖的一个地级市，与蚌埠、合肥接壤，是华东地区重要的电力基地，发电量占安徽省的一半；为传统重工业城市，支柱产业为煤炭、化工、电力以及制药；人口 200 万，城区人口 40 万。

淮南港地处淮河干流段，一年四季水流平缓，水运条件优越，辖区内淮河主航道 81 公里，通航里程 187.06 公里。随着淮南“亿吨煤”基地建设的逐步实施，淮南煤炭产量增长速度加快，为淮河水路运输提供了充足的货源。

五、京杭大运河

1. 京杭大运河地理概况

京杭大运河是我国仅次于长江的第 2 条“黄金水道”，价值堪比长城，是世界上开凿最早、最长的一条人工河道，是苏伊士运河的 16 倍，巴拿马运河的 33 倍。

大运河北起北京，南达杭州，流经北京、河北、天津、山东、江苏、浙江 6 个省市，沟通了海河、黄河、淮河、长江、钱塘江五大水系，全长 1 794 公里。

京杭大运河是由人工河道和部分河流、湖泊共同组成的，全程可分为 7 段：①通惠河（北京城区至通州区）；②北运河（通州区至天津）；③南运河（天津至山东省临清）；④鲁运河（临清至台儿庄）；⑤中运河［台儿庄（也指邳州）至江苏省淮阴］；⑥里运河（淮阴至扬州）；⑦江南运河（镇江至杭州）。京杭大运河作为南北的交通大动脉，历史上曾起过巨大作用。运河的通航，促进了沿岸城市的迅速发展。

2. 京杭大运河沿岸经济状况

京杭大运河沿线是我国最富庶的农业区之一，工业生产也很发达。在兖州、济宁、枣庄、滕州、丰县、沛县、徐州及两淮等有大中型煤矿，并连接上海、南京、镇江、常州、无锡、苏州、杭州等工业城市。为了使“黄金水道”产生“黄金”效益，沿线的山东、江苏、浙江三省纷纷下大力气对大运河各段进行了整治、扩建和渠化，使千年古运河重新焕发了青春，成为我国仅次于长江的第 2 条“黄金水道”。

3．京杭大运河航运状况及港口

目前，京杭大运河的通航里程为1 442公里，其中全年通航里程为877公里，主要分布在黄河以南的山东、江苏和浙江。

济宁段（山东济宁—江苏徐州蔺家坝），全长约130公里，经过整治扩建，千吨级船舶可由长江直达济宁，年通过能力将达到2 500万吨，新增港口吞吐能力1 350万吨，抵得上新建一条"京沪铁路"。济宁原煤产量每年外销 2 500 万吨，都将通过京杭大运河，运往华东、华南及全国各地。

江苏境内的京杭大运河，全长628公里。经过扩建，京杭运河上的谏壁、解台两座二线船闸和淮阴、淮安、宿迁三座三线船闸，消除了京杭运河江苏段的"瓶颈"制约，实现了京杭运河苏南、苏北全线畅通，为江苏及华东地区提供了一条南北水上快速交通大动脉。

苏北运河（徐州蔺家坝—淮阴—扬州六圩口），全长404公里，纵跨徐州、宿迁、淮阴、扬州等11个县市，沟通了微山湖、骆马湖、洪泽湖、高邮湖等水系，是京杭运河上运输最繁忙的河段，也是京杭运河上等级最高的航道，常年可行驶 2 000 吨级的船舶。目前有江苏、山东、上海、浙江、湖南、河南等十多个省市的船舶航行其中，年货运量可达3亿多吨。徐州段最大通过量已达5 500万吨船舶吨位，其中货物通过量达3 500万吨。

苏南运河（镇江谏壁—常州—南浔），全长224公里，贯穿江苏经济最发达的常州、镇江、无锡、苏州等县市，沟通了长江、太湖水系，与上海、浙江等周边地区的省际河流相连。目前有江苏、山东、安徽、湖南、湖北、四川、上海等13个省市的船舶在该段运河上航行。

苏南运河经过整治，航道全部达到四级标准，可通航500吨级船队，是我国目前内河航道建设的样板，成为我国目前内河建设规模最大、标准最高、效益最好的水上主通道。

目前，年货运量已超过1亿吨，超过江苏境内长江航道的运量，相当于沪宁铁路单线货运量的3倍。航行船舶的密度超过了德国的莱茵河，是京杭运河上运量最大、密度最高的河段之一，刚建成的谏壁船闸日均船舶通过量已达10万吨以上。

浙江段（南浔—杭州），全长120多公里，沟通了太湖水系和钱塘江水系，分为东、中、西三条路线，一般以东线代表运河的位置，河道狭窄、弯曲，终年可通机动船舶。近几年来，经过交通部门的整治，航运条件改善，目前可通行300吨级的船舶。

运河沿线的主要港口有济宁、徐州、邳州、淮阴、淮安、宝应、高邮、扬州、镇江、常州、无锡、苏州、吴江和杭州等。

目前，大运河全程虽不能通航，但季节性通航里程已达 1 100 公里，对分担铁路的货流，特别是承担煤炭、建材、盐、日用工业品、粮、油和其他农副产品的中短途运输任务，对发展地区经济，加强南北交流，起到了一定的作用。

国家对京杭运河的全面整治，大大提高了其航运能力，使其成为国家北煤南运的黄金水道、南水北调的大动脉，还极大改善和推动了沿河的农田水利事业的发展，对确保农业的稳产高产也起了十分重要的保证作用，综合利用效益明显。

任务检阅

一、绘制两纵三横

请在中国地图（见图1-9）上画出我国水路运输主通道"两纵三横"。

二、中外运长航

中国外运长航集团有限公司（简称中外运长航）由中国对外贸易运输（集团）总公司与中国长江航运（集团）总公司于2008年12月重组成立，总部设在北京。2015年，经国务院批准，招商局集团有限公司（简称“招商局”）与中国外运长航实施战略重组，中国外运长航整体并入招商局。中国外运长航是以物流为核心主业、航运为重要支柱业务、船舶重工为相关配套业务的综合物流服务供应商。

1. 物流

物流具体分为货运代理、专业物流、仓码汽运三类业务，其中货运代理又具体分为水运货代、空运货代、铁路货代、船务代理。

2. 航运

航运具体分为干散货运输、油运、集装箱运输、滚装船运输、燃油贸易、船员培训及派遣。

3. 船舶重工

船舶重工具体分为化学品/油船、滚装船、散货船、多用途船、集装箱船、海洋工程、其他船舶。

……

请上官网自查资料，查看中外运长航的几个主要业务的具体介绍。

✔ 小提示：中国外运长航集团有限公司网址：http://www.sinotrans-csc.com/

三、长江干线货运量创新高

“2017年长江干线货物通过量达25亿吨，同比增长8.2%以上，稳居世界内河首位，三峡船闸通过量、货船平均吨位再创历史新高，长江已成为名副其实的黄金水道。”这是记者在4日召开的2018年长江航务管理工作会上获悉的。

数据显示，2017年，三峡船闸货运量达1.38亿吨，超过设计能力近四成；长江干线货船平均吨位为1 630吨，三峡库区过闸货船平均吨位达4 330吨，运力结构大幅优化。5年来，长江干线规模以上港口货物吞吐量从18.6亿吨增长到24.4亿吨，集装箱吞吐量从1 357万TEU增长到1 650万TEU，长江干线亿吨大港从10个增加到14个，万吨级泊位从421个增加到581个。

长江航务管理局局长唐冠军说，长江干线航道通过能力不断增强，南京以下12.5米深水航道初步贯通，中游航道“瓶颈”制约得到缓解，上游Ⅲ级航道上延至宜宾。多式联运加速推进，江海联运已达14.1亿吨，占长江干线货运量的一半多。港城融合一体化发展、港口企业资本重组步伐加快。

在长江经济带“共抓大保护、不搞大开发”的精神指引下，长江绿色航运取得新突破。唐冠军表示，生态航道、绿色港口、绿色船舶建设同步推进，非法采砂、非法码头得到有效遏制与清理，靠港船舶使用岸电和LNG等清洁能源广泛推广，航道疏浚土综合利用成效显著，长江航运安全事故“四项指标”全面大幅下降。

目前，长江航运行政管理实现了“五个统一”“一体化管理、一条龙服务”的管理模式，管理成效初显。长航局与沿江省市“2+N”合作机制不断深化拓展，合力共建黄金水道的局面日新月异。

（资料来源：新华网）

试分析此资料。

四、世界著名内河航道

1. 巴拿马运河

巴拿马运河是世界上最具有战略意义的两条人工水道之一（另一条为苏伊士运河）。行驶于美国东西海岸之间的船只，原先不得不绕道南美洲的合恩角（Cape Horn），使用巴拿马运河后可缩短航程约15 000公里。由北美洲的一侧海岸至另一侧的南美洲港口也可节省航程多达6 500公里。航行于欧洲与东亚或澳大利亚之间的船只经由该运河也可减少航程3 700公里。

巴拿马运河全长81.3公里，水深13～15米，河宽150米～304米。整个运河的水位高出两大洋26米，设有6座船闸。船舶通过运河一般需要9个小时，可以通航76 000吨级的轮船。

巴拿马运河由美国建成，自1914年通航至1979年间一直由美国独自掌控。不过，1979年美国将运河的控制权转交给巴拿马运河委员会（由美国和巴拿马共和国共同组成的一个联合机构），并于1999年12月31日正午将全部控制权交给巴拿马。运河的经营管理交由巴拿马运河管理局负责，而管理局只向巴拿马政府负责。

巴拿马运河的开凿过程是一段不平凡的历史。多少年来，帝国主义一直试图控制拉美国家，包括这些国家的主权领土、能源、交通等。处在这一地区的巴拿马共和国曾经就是一个受到扩张、侵占的国家，巴拿马人民在历史上总是陷入复杂的国际角逐，巴拿马运河就是最好的见证。

通过巴拿马运河的交通流量是世界贸易的晴雨表。世界经济繁荣时交通量就会上升，经济不景气时就会下降。1916年通过船只807艘是最低的，1970年交通量上升，通过各类船只高达15 523艘。当年通过运河的货物超过1.346亿吨。其后，每年通过的船只数虽有所减少，但由于船舶平均吨位加大，载运的货物比以往还多。

穿过巴拿马运河的主要贸易航线来往于以下各地之间：美国本土东海岸与夏威夷及东亚；美国东海岸与南美洲西海岸；欧洲与北美洲西海岸；欧洲与南美洲西海岸；北美洲东海岸与大洋洲；美国东、西海岸；欧洲与澳大利亚。

在运河的国际交通中，美国东海岸与东亚之间的贸易居于最主要地位。通过运河的主要商品种类是汽车、石油产品、谷物及煤和焦炭。

2. 伏尔加河

伏尔加河位于俄罗斯西南部，全长3 690公里，是欧洲最长的河流，也是世界最长的内流河，流入里海。伏尔加河在俄罗斯的国民经济和人民的生活中起着非常重要的作用。因而，俄罗斯人将伏尔加河称为“母亲河”。

伏尔加河由伏尔加-波罗的海水道连接，可通达波罗的海；而伏尔加-波罗的海水道，又可由白海-波罗的海运河连接，通向白海［通过阿尼加湖（Lake Onega）］；伏尔加河由莫斯科运河连接可通向莫斯科河，进而抵达莫斯科。伏尔加河又由伏尔加-顿运河连接，可通向亚速海和黑海。因此，伏尔加河实际上已与整个东欧水道系统连接成为一体，并有“五海之河”的美称。

3．圣劳伦斯河-大湖

圣劳伦斯河-大湖是一条连通多个湖泊和河流的水道，包括圣劳伦斯河和大湖。大湖又称北美五大湖（Five LargeLakesinNorthAmerica）。这条水道通过五大湖中的 4 个湖，即苏必利尔湖（SuperlorLake）、休伦湖（Huron Lake）、伊利湖（ErleLake）和安大略湖（Ontario Lake）；另一个湖称密歇根湖（Mkhiean Lake），又译为密执安湖。水道源头在美国明尼苏达州的圣路易斯（St. Louis）河，在德卢斯注入苏必利尔湖，从源头至圣劳伦斯河注入圣劳伦斯湾处，水道全长约 3 800 km，其中五大湖区和圣劳伦斯河各约占一半。水道通过苏必利尔湖、休伦湖、伊利湖、安大略湖的长度分别为 555 公里、359 公里、383 公里、257.5 公里。美国和加拿大边界线大致通过这 4 个湖的中心线，而密歇根湖则完全在美国境内。圣劳伦斯河源自安大略湖，从安大略湖东端至康沃尔为美加边界河段，康沃尔以下全在加拿大境内。所以这一水道又是美加两国的国际水道。圣劳伦斯-大湖流域总面积约 130 万平方公里，年平均径流量约 4 470 亿立方米。

大湖流域位于美国东北部和加拿大东南部，是殖民主义者首先进入的地区，也是美、加两国经济最先开发的地区。为了开发水运，促进经济发展，除整治天然河道外，还修建了多条运河和一些船闸，沟通了 4 个湖泊和圣劳伦斯海湾，并通过密歇根湖和伊利诺斯水道与上密西西比河连通。流域内丰富的矿产和土地资源，加上便利的水运，促进了地区的经济发展，使之成为世界上经济最发达的地区之一。该地区有华盛顿、渥太华、纽约、蒙特利尔、底特律、芝加哥、费城、布法罗、克利夫兰、多伦多、哈密尔顿、魁北克等大城市。

4．苏伊士运河

苏伊士运河是著名的国际通航运河。位于埃及境内，是连通欧、亚、非三大洲的主要国际海运航道，连接红海与地中海，使大西洋、地中海与印度洋连接起来，大大缩短了东西方航程。它是亚洲与非洲的分界线之一。与绕道非洲好望角相比，从欧洲大西洋沿岸各国到印度洋缩短 5 500 ~ 8 009 公里；从地中海各国到印度洋缩短 8 000 ~ 10 000 公里；对黑海沿岸来说，则缩短了 12 000 公里。它是一条在国际航运中具有重要战略意义的国际海运航道，每年承担着全世界 14%的海运贸易。从最低部位贯通苏伊士地峡，连接地中海和红海，沿途利用大、小苦湖等原已干涸的湖沼和洼地作为航道。从塞得港至陶菲克港长 161 公里，连同伸入地中海、红海河段总长 173 公里。河面宽 160 ~ 200 米，河底宽 60 ~ 100 米，可通行吃水 11.6 米、满载 6.5 万吨或空载 15 万吨的海轮。通过时间平均为 15 小时。运河通航后，当属欧、亚、非三洲交接地带的要冲，战略地位重要。通过船舶数及其货运量在各国际运河中均居首位，货运以北上的石油和南下的金属及其制品最为重要。运河原由英、法国管理。1956 年埃及宣布将运河收归国有。1967 年中东战争后，埃及关闭运河。1975 年 6 月重开后开展多次大规模拓宽浚深，目前全长 193 公里，深 23 米，可通航满载的 24 万吨货船。

2014 年 8 月 5 日，埃及政府宣布，将在苏伊士运河东侧开凿一条新运河，工程包括 35 公里的新开凿河道及 37 公里拓宽和加深的旧河道，使苏伊士运河实现双航道通行。2015 年 8 月 6 日，新苏伊士运河正式开通。苏伊士运河管理局预计，到 2023 年，平均每天通过苏伊士运河的船只数量将从现有的 49 艘提高到 97 艘。

作为世界最重要的海运通道之一，苏伊士运河的收益也是埃及主要外汇来源之一，平均每年为埃及创造 50 多亿美元收入。新运河开通后，预计给埃及带来的收入在 2023 年可超过 130 亿美元。

5．密西西比河

（1）概况。密西西比河是美国最大的河流，也是世界大河之一。若以发源于美国北部的艾塔斯卡（Hasca）湖的上密西西比河为河源，则全长为 3 767 公里。通常以发源于美国西部落基山脉的密苏里河支流红石溪（RedRock）（位于蒙大拿州）为河源，则全长为 6 021 公里，居世界河流的第 4 位；流域面积 322 万平方公里，占美国本土面积的 41%，覆盖了东部和中部广大地区。

密西西比河航道系统是美国最大的内河航道系统，通航里程约 20 000 公里，水深在 2.74 米以上的航道约占 2/3。经过多年建设，密西西比河水系已形成江河湖海贯通、水深标准统一的内河航道网络，在美国社会经济发展及国防建设中发挥了重要作用。

（2）运输情况。美国内河航运以密西西比河水系和五大湖水系为主体，其中以密西西比河水系的货运量为最大，占全国内河货运总量的 60%以上。据统计，密西西比河流域包括沿海的大量工业原料和商品，特别是大宗散货，有 90%以上都通过密西西比河航道和岸内水道运输。

密西西比河内河运输不仅运量大、成本低，而且是能耗极省的一种运输方式。据美国研究，一个由 15 艘 1 500 吨驳船组成的船队，其载重量相当于 2.25 列分别由 100 节车皮组成的火车或 870 辆大型卡车的载重量，同时内河运输的运费与铁路、公路的运费之比约为 1∶4∶30，可见内河运输具有得天独厚的优势。

内河运输的特点使密西西比河在战时运输中也发挥了巨大作用。第二次世界大战中，密西西比河不仅运送了大量的军用物资，还在内河船厂修造了 3 500 多艘舰艇，大量的军用船舶亦是经过密西西比河直接出海的。战后，包括原子弹和导弹在内的大量兵工厂几乎全部建设在河边，海湾战争时有相当数量的军需物资由密西西比河运出。

（3）航道开发建设模式及效益。密西西比河水系河流实行多目标开发，综合利用水资源，十分注重发挥综合和长远效益。根据干支流河道特性及具体情况，拟定河流开发目标，一般以防洪为主，但始终把航运放在相当重要的地位，并兼顾水力发电、城市和工业用水、农田灌溉和环境保护等。干流中下游航道建设以疏浚、炸礁、裁弯为主，中上游则主要进行渠化。支流上游修筑高坝，用以蓄洪、拦沙、发电及调节航运用水，中下游开发以航运为主，低坝渠化，兼顾发电、供水、灌溉和环保。整个航道开发过程基本做到了干流和支流并重，上游和下游兼顾，标准统一。为更加有效地利用航运资源，还开挖了人工运河，沟通五大湖及其他水系，形成了干支直达、水系沟通、江海相连的标准深水航道网。

成立于 1824 年的美国陆军工程兵团是全美河流开发建设的主要管理机构，专门负责调查、发展和改进国家的水资源综合利用，以及与水有关的土地资源利用，对密西西比河水系航道开发进行统一规划、设计、施工、运行管理及维护。河流开发规划须经美国国会批准，并通过立法确定开发标准和程序，建设资金须经国会批准后统一由联邦政府财政（含内河基金）拨付。正是由于一套完整、标准、高效的建设、管理及约束体制，经过 100 多年的努力，密西西比河水系河流开发建设才有了今天的成就，内河航道系统才有了目前的局面。

由于水资源得到了较为合理的开发利用，密西西比河水系开发工程效益十分明显。多年来，全社会用于密西西比河水系开发的投资约 300 亿美元，航运工程约占 1/3。据测算，其效益仅减免洪灾损失一项累计已达 2 440 亿美元，并形成了 1 万余公里四通八达的深水内航道网，年货运量稳定在 4.5 亿～5.4 亿吨；全流域喷灌面积达 3 170 万亩，水电装机 1 950 万千瓦，并促进了沿河地区工农业的发展和经济繁荣。目前，美国人口超过 10 万的 150 个城市中有 131 个位于河边，其中大部分分布在密西西比河水系。

密西西比河流域水能资源的利用程度已达 70%，而支流田纳西河水能资源利用程度竟达 87%。以目前标准看，重建密西西比河的航道网络需要花费 1 250 亿美元。当然，由于通航建筑物使用寿命大多按 50 年设计，密西西比河很多通航建筑物都存在因老旧需维修等问题。

总体来说，密西西比河航道的开发建设历程，也代表了世界发达国家内河航运的发展历程。通过对一些重要河流进行整治和渠化，一条一条加以开发，并开挖沟通水系的运河，逐步建立能通航千吨级船舶的深水航道网，从而振兴了内河航运。

（4）密西西比河航运开发的经验及特点。

1）健全的法律为密西西比河航运开发提供了坚实保障。自 1820 年美国国会第一次通过发展内河航运的法令后，100 多年来先后又通过了 40 余项有关防洪和航运的法律或法令，从密西西比河水系河流开发计划的制订到工程项目的实施，各个程序都有相应的法律、法令规范。1998 年国会通过的《面向 21 世纪的交通运输平衡法案》中，仍然把内河航运发展作为重要内容，又涉及了密西西比河的继续开发与治理。这些对密西西比河水系航运的开发起到了十分关键的作用。

2）权威的规划是密西西比河航运循序开发的重要基础。在密西西比河的整个治理历程中，国会通过的关于密西西比河水系治理的总体构想、长远目标、开发程序和实施步骤等有关法案起着关键作用。科学且具有法律效力的规划为陆军工程兵团开发和治理密西西比河奠定了基础。陆军工程兵团在制订五年规划及年度计划时，必须向国会报告已经实施的工程进展情况，并接受国会检查。国会一旦发现问题，则会限期改正，否则停止向其拨款并终止工程实施。正是因为有了权威的规划和严格的管理，密西西比河的开发治理才有了现在的成果。

3）“一龙治水”保证了水资源综合利用效果。陆军工程兵团负责美国主要河流的防洪、航道治理、水力发电、城市和工业用水、农田灌溉和环境保护等事项。由于国会通过的有关法律要求陆军工程兵团严格遵循水资源综合利用原则，同时，其直属国防部，不存在利益驱动，在规划制定及河流开发时，能按既定目标和原则，兼顾多方利益，力求水资源综合利用效益最优，保证了密西西比河的高效、合理开发。

4）灵活的筹资方式保证了建设资金。密西西比河的航运投资来源主要有财政拨款、内河基金、企业投资、私人投资。目前，国会每年用于内河航道的资金约为 9 亿美元，其中内河基金约 1.2 亿美元；同时，还有相当于国会资金总额的 20% ~ 30%的私有资金参与航道建设。

5）综合的运输管理体制为内河航运发展提供了相对公平的环境。美国交通运输管理目前采用的是综合行政管理体制，即由联邦运输部统一管理铁路、公路、水运、航空及管道运输，其好处在于能有效抑制不同运输部门间的恶性竞争和重复建设，各种运输方式的平衡发展主要依靠经济结构的调整和运输市场的变化来调节，这就为各种运输方式的合理发展创造了较为公平、公正的环境。同时，美国的水上安全管理体制也是全国统一的，海岸警备队是美国海上（包括内河）唯一的执法力量，它隶属于国防部，是美国五大武装力量之一，政府赋予其海上安全、海上执法、海上自然资源和环境保护、助航设施管理和国防五大任务，经费由联邦政府预算支出。综合、统一的水上安全管理体制，也促进了内河航运的发展。

6）超前的环保意识也是密西西比河成功开发的重要因素。密西西比河水系不仅驻有联邦环保署相应机构，陆军工程兵团也有专门负责环保的部门。美国在航运工程实施过程中，对环保和生态平衡考虑非常细致。例如，疏浚挖泥必须堆放在环保部门专门指定的位置，工程实施和完成后，必须设置有专门的野生动物保护区，甚至施工过程中对周围居民的影响（包括噪声）亦要考虑适当的补偿措施。为不破坏生态平衡，湿地的保护作为重要内容，由专门的部门负责管理。正是由于采取了诸多积极有效的环保措施，密西西比河至今依然环境优美，生态完好。

6. 莱茵河

西欧第一大河莱茵河，发源于瑞士境内的阿尔卑斯山北麓，西北流经列支敦士登、奥地利、法国、德国和荷兰，最后在鹿特丹附近注入北海，全长1 320公里。自1815年维也纳会议以来，它已成为国际航运水道，通航长约869公里，远至瑞士—德国边境上的莱茵费尔登（Rheinfelden）。流域面积（包括三角洲）超过220 000平方公里。

莱茵河是具有历史意义和文化传统的欧洲大河之一，也是世界上最重要的工业运输大动脉之一。莱茵河航运十分方便，是世界上航运最繁忙的河流之一。莱茵河干流全长1 230多公里，通航里程将近900公里，其中大约700公里可以行驶万吨海轮。莱茵河还通过一系列运河与其他大河连接，构成一个四通八达的水运网。莱茵河运费低廉，从而有助于将原料的价格降低，这是莱茵河成为工业生产区域主轴线的主因。现有1/5的世界化工产品是莱茵河沿岸生产的。莱茵河过去一直是欧洲政治纠纷的源泉，现在因污染程度提高，国际把注意力集中在生态保护上。

莱茵河所流经的是欧洲的主要工业区，人烟稠密。德国的现代化工业区鲁尔就在它的支流鲁尔河和利珀河之间。在鲁尔河和利珀河之间，通过4条人工开凿的运河和74个河港与莱茵河连成一体，7 000吨海轮可由此直达北海。莱茵河的航道就像公路一样，每隔一定距离就有一块里程碑，上面标注着公里数。莱茵河不仅保证了鲁尔区的工业用水，还为鲁尔区提供了重要的运输条件。正是依靠着这种便利的运输条件，大批铁矿砂和其他矿物原料才能源源不断地从国外运到这里。鲁尔工业区与荷兰内河航运网之间运输十分繁忙，每天船只来来往往，就像大街上的车水马龙，货运量居世界前列。

（资料来源：交通运输部网站）

阅读资料，试分析发达国家的内河航道建设，并总结可借鉴的经验。

五、我国内河航道建设

我国河流总长43万多公里，是水运资源比较丰富的国家，具有悠久的水运历史。近年来我国内河高等级航道工程建设取得了较大成绩，但也暴露出诸多问题，突出表现为以下四点。

1. 高等级航道建设的资金来源渠道较窄，地方配套资金落实困难

我国内河水运建设投资结构单一，以中央投资为主、地方筹资为辅。由于航道是不收费的公益性基础设施，经济效益较差，资金筹措难度较大，尚不具备较强的市场融资能力。今后一段时期，内河水运将处在较快发展阶段，对建设资金具有较高需求。要实现2020年内河高等级航道里程达到1.9万公里的规划目标，“十二五”“十三五”期间内河航运平均每年需投资400亿元左右，是“十一五”期间投资强度的2倍左右。建设资金严重不足仍是制约内河水运发展的主要因素。

2. 高等级航道基础设施薄弱，不能适应沿江区域经济社会发展要求

我国高等级航道历史上长期缺乏大规模投入，导致航道基础设施总体仍比较薄弱，航道的运输能力和通畅性难以保障，水运比较优势没有得到充分发挥。一方面建设资金投入不到位、未配套建设通航设施或通航设施等级低、碍航桥梁等建筑物多，使得部分航道尚未达到规划要求，干支航道不能高标准贯通，影响整个航道运营。目前高等级航道达标率仅为54%，三级及

以上航道仅有 9 500 公里，且通航保证率偏低。另一方面航道通过能力明显不足，在货运量快速增长的情况下，已经整治的部分航道出现了新一轮的不适应，局部船舶堵航现象时有发生，扩能刻不容缓。国家近期批准的数个规划和实验区均涉及长江、珠江、京杭运河沿线等内河水运发达地区，对航运提出了更高的要求。《关于大力实施促进中部地区崛起战略的若干意见》中明确提出加快长江、淮河干流及重要支流高等级航道建设，势必要求内河水运首先加强“硬件”建设，为沿江经济运行提供足够的运输实力和较好的保障环境。

3．高等级航道建设相关部门之间协调困难，水电开发与水运建设矛盾突出

高等级航道建设过程中涉及中央和地方水利、国土、环保、农林等多部门利益，征地、岸线、防洪及环评等外协难度较大，耽误了项目审批工作，影响了航道建设。例如，长江干线航道“延上游”系统整治牵涉环境保护和渔业资源保护等问题，因受环评限制，无法落实建设条件。另外，我国现行水资源管理分属于各涉水行业主管部门，部门缺乏统一的开发思路，尤其是水利、水电开发与水运发展之间有效协调不足，影响了航道发展。主要表现：一是现已建和在建的梯级中有的通航设施标准低于航道的规划标准；二是对梯级建设中缓建、未建过船设施，在较长时间内形成断航，制约了水运的正常发展；三是在通航河流梯级枢纽的开发建设中还存在着上下游梯级通航水位不衔接、梯级枢纽下游航运配套工程设计不合理等问题。

4．高等级航道支持保障体系不够完善，运输服务水平亟待提高

由于现代化的安全监控设备配备工作起步较晚，加之投资建设与运营维护成本相对较高，总体上安全监管能力提高较为缓慢，现有国家高等级航道的安全监管水平较低，监管范围较小，船舶搁浅、与桥梁碰撞、溢油等安全事故时有发生。相对薄弱的安全监管水平与保障航道安全通行的要求仍存在较大差距，管理的成分重、服务成分轻的传统管理模式并未根本改变。

（资料来源：中国航贸网）

请问：1．根据如上资料，分析我国内河航道的建设。

2．结合上面资料，试将世界著名内河航道与我国内河航道建设进行横向比较。

✔ 小提示：国际标准 GBJ 139—9 中航道等级划分为如下 7 个级别。

七级：最低级，即通行 50 吨级船舶的航道尺度标准
六级：通过 100 吨级船舶的航道尺度标准
五级：通过 300 吨级船舶的航道尺度标准
四级：通过 500 吨级船舶的航道尺度标准
三级：通过 1 000 吨级船舶的航道尺度标准
二级：通过 2 000 吨级船舶的航道尺度标准
一级：通过 5 000 吨级船舶的航道尺度标准

精华总结

- 我国水路运输的主通道是“两纵三横”。
- 内河运输建设重点任务是提高航道等级。

子任务二　沿海运输布局分析

学习目标

知识目标：

了解沿海运输的主要航线，包括江海联运、集装箱运输
熟悉八大运输系统的布局情况
掌握五大港口群布局，以及每个港口群的主要港口概况

技能目标：

能够分析不同港口的经济腹地范围及港口的发展
能够根据不同货类设计运输路线

引导案例

针对沿海港口建设与发展存在的问题，交通运输部出台《关于促进沿海港口健康持续发展的意见》(简称《意见》)，从积极促进港口协调发展、有序推进专业化运输系统码头建设等八个方面提出指导意见，防止出现过度超前和低水平重复建设，促进沿海港口健康、安全、持续发展。

积极促进五大区域港口群协调发展

《意见》提出，充分发挥主要港口在综合运输体系中的枢纽作用。

环渤海地区要完善煤炭装船、外贸铁矿石接卸码头布局，统筹开发新港区，注意把握建设节奏，避免过度超前和分散建设。

长江三角洲地区要进一步完善集装箱运输体系、大宗散货海进江中转体系和江海物资转运体系，把握外贸进口原油码头建设节奏。

珠江三角洲地区要重点建设公共煤炭接卸码头，完善中转运输体系，把握集装箱码头建设节奏，适时完善集装箱码头布局。

东南沿海地区要注重港口开发与产业布局的互动发展，把握集装箱码头建设节奏，加强对台运输码头设施建设。

西南沿海地区要有序发展专业化、规模化港区，合理利用和有效保护岸线、土地等资源，发展邮轮运输，提升客运服务水平。

有序推进专业化运输系统码头建设

《意见》提出，要统筹布局、有序建设长江三角洲、珠江三角洲、东南和西南沿海地区公共煤炭接卸码头；结合原油管道建设和原油战略储备相应布局建设大型原油接卸码头；建设环渤海、长江三角洲地区外贸进口铁矿石公共接卸码头；稳步推进干线港集装箱码头建设，相应发展支线港、喂给港集装箱码头，积极发展内贸集装箱运输；相对集中建设成品油、液体化工码头，继续完善商品汽车、散粮、邮轮等专业化码头建设。

防止新港区开发一哄而上遍地开花

《意见》提出，进一步明确和突出区域内的重点新港区，防止新港区开发一哄而上、遍地开

花和低水平重复建设。要科学、合理确定新港区的布置方案与开发规模，避免贪大求全。要合理确定新港区防波堤、航道、码头等起步工程建设规模，稳妥把握后续工程建设节奏，切实提高投资风险意识，避免过度超前。

（资料来源：交通运输部《关于促进沿海港口健康持续发展的意见》）

知识储备

我国现有沿海港口 150 余个（含长江南京及以下港口），2016 年货物吞吐量达 84.55 亿吨。沿海港口作为国民经济和社会发展的重要基础设施，有力地支撑了经济、社会和贸易发展以及人民生活水平的提高，对于国家综合实力的提升、综合运输网的完善等具有十分重要的作用。

一、五大港口群布局

近几十年来，沿海港口坚持统筹规划、远近结合、深水深用、合理开发的原则，整体上已初步形成了布局合理、层次清晰、功能明确的港口布局形态，呈健康、平稳、持续发展态势。在旺盛的运输需求带动下，货物吞吐量特别是外贸集装箱吞吐量持续快速增长，港口建设步伐明显加快，投资主体多元化的局面形成，建设和经营步入随市场需求变化而调整和发展的阶段，港口呈现出规模化、集约化、现代化发展趋势。

为进一步优化沿海港口布局，国务院于2006年8月审议并通过了《全国沿海港口布局规划》。《全国沿海港口布局规划》是沿海港口的空间分布规划，也是最高层面的港口规划，主要是根据沿海各区域港口的基本条件、区域经济发展和产业布局的状况及需要，并根据相关行业的发展规划，在现有港口布局的基础上，研究和确定沿海港口的合理分布，引导港口协调发展。作为国家级沿海港口的布局，服务于国家经济安全、社会进步、贸易发展、结构调整及国防建设，体现国家发展现代化港口和综合运输的意志，并通过港口布局规划来指导各省和具体港口的发展规划，合理利用和保护港口岸线资源，通过港口的集约化发展来提高港口资源的利用率，为经济社会的协调、可持续发展提供水路交通保障。

根据不同地区的经济发展状况及特点、区域内港口现状及港口间运输关系和主要货类运输的经济合理性，将全国沿海港口划分为环渤海、长江三角洲、东南沿海、珠江三角洲和西南沿海 5 个港口群，强化群体内综合性、大型港口的主体作用，形成煤炭、石油、铁矿石、集装箱、粮食、商品汽车、陆岛滚装和旅客运输 8 个运输系统的布局。

1. 环渤海港口群

环渤海港口群由辽宁、津冀和山东沿海港口群组成，服务于我国北方沿海和内陆地区的社会经济发展。

辽宁沿海港口群以大连东北亚国际航运中心和营口港为主，包括丹东、锦州等港口组成，主要服务于东北三省和内蒙古东部地区。辽宁沿海以大连、营口港为主布局大型、专业化的石油（特别是原油及其储备）、液化天然气、铁矿石和粮食等大宗散货的中转储运设施，相应布局锦州等港口；以大连港为主布局集装箱干线港，相应布局营口、锦州、丹东等支线或喂给港口；以大连港为主布局陆岛滚装、旅客运输、商品汽车中转储运等设施。

津冀沿海港口群以天津北方国际航运中心和秦皇岛港为主，包括唐山、黄骅等港口组成，主要服务于京津、华北及其西向延伸的部分地区。津冀沿海港口以秦皇岛、天津、黄骅、唐山等港口为主布局专业化煤炭装船港；以秦皇岛、天津、唐山等港口为主布局大型、专业化的石油（特别是原油及其储备）、天然气、铁矿石和粮食等大宗散货的中转储运设施；以天津港为主布局集装箱干线港，相应布局秦皇岛、黄骅、唐山港等支线或喂给港口；以天津港为主布局旅客运输及商品汽车中转储运等设施。

山东沿海港口群以青岛、烟台、日照港为主，包括威海等港口组成，主要服务于山东半岛及其西向延伸的部分地区。山东沿海以青岛、日照港为主布局专业化煤炭装船港，相应布局烟台等港口；以青岛、日照、烟台港为主布局大型、专业化的石油（特别是原油及其储备）、天然气、铁矿石和粮食等大宗散货的中转储运设施，相应布局威海等港口；以青岛港为主布局集装箱干线港，相应布局烟台、日照、威海等支线或喂给港口；以青岛、烟台、威海港为主布局陆岛滚装、旅客运输设施。

大连港

港口英文名	港口代码	港口缩写	所在国家
DALIAN	CNDLC	DAL	CHINA

大连港地处辽东半岛最南端，主要由大孤山半岛、大窑湾、鲶鱼湾、大连湾的“一岛三湾”综合运输港区和长兴岛临港工业港区组成，是一个天然的深水良港，也是我国最大的散粮、石油进出口及对外贸易的口岸，在东北港口群中处于枢纽和主导的地位，拥有集装箱、原油、成品油、粮食、煤炭、散矿、化工产品、客货滚装等近80个现代化专业泊位，其中万吨级以上泊位50个。目前已与世界上160多个国家和地区、300多个港口建立了经贸航运往来关系。

大连港拥有国内最大的45万吨级原油码头和国内港口规模最大的油罐群，年通过能力达8 000万吨，是东北地区重要的油品及液体化工品储转分拨基地。

大连港是中国东北最重要的集装箱枢纽港，集装箱码头可靠泊14 100TEU集装箱船舶，拥有国际国内集装箱航线90余条，航班密度为300多班/月，东北口岸97%的外贸集装箱均在大连港转运。

大连港拥有国内水深条件最好、综合效率最高的矿石专用码头，可接卸40万吨级散矿船。凭借区位优势和深水码头优势以及完善的保税功能，携手世界最大的铁矿石出口商巴西淡水河谷公司，合作打造中国北方散矿分拨基地。

大连港的汽车码头是国内成长最快的专业化汽车码头，可靠泊全球最大的汽车滚装船，年通过能力接近50万辆，业务量占东北地区港口市场份额的90%以上。

大连港杂货码头是东北地区重要的散杂货转运中心之一，致力于打造精品钢材、袋装粮食、煤炭转运基地。

近两年，大连港抓住“一带一路”建设机遇，发挥海铁联运优势，全力打造以大连港为核心的过境班列品牌。2017年，大连港中欧班列去程回程一共发了438列，集装箱量增长达94%，达3.5万标准箱，其中回程箱量增长高达284%。2016年1月，大连港借助“一带一路”的机遇，开行“三星班列”，同时还开行了全国第一个冷链班列、“辽满欧”第一个商品车班列。同年，与俄铁签订战略合作协议，完成了大连港中欧班列关键的“顶层设计”，为这条国际物流通道提供了坚实的保障。2017年是中欧班列发展最快的一年，先是“三星班列”升级为大连港—沃尔西诺的公共班列，之后是新西伯利亚的回程木材班列的数量增长，年底之前大连港打通了中国第一条至斯洛伐克的国际物流通道。大连开辟的中、韩、俄国际物流通道，仅用时两年就在“一带一路”上树立了品牌。目前，大连港中欧班列已成为国内最快、最稳定的过境班列之一。

大连港依托大连市，经济腹地包括黑龙江省、吉林省、辽宁省及内蒙古自治区东部的呼伦贝尔市、通辽市和赤峰市。腹地通过港口进出的主要货种有石油、粮食、杂货（包括集装箱），分别占总吞吐量的47.4%、16.1%和16%。金属矿石、钢铁、煤炭、化肥和非金属矿石等每年吞吐量分别为100万～250万吨。目前黑龙江省的海运物资大约95%通过大连港，吉林省的海运物资约有67%通过大连港，内蒙古东部的海运物资中约有70%通过大连港。辽宁省除部分物资通过营口、丹东、锦州、锦西等中小港口运输以外，其余地区的海运物资基本上在大连港中转。

营口港

港口英文名	港口代码	港口缩写	所在国家
YINGKOU	CNYIK	YIN	CHINA

营口港地处辽宁沿海经济带和沈阳经济区，是中国东北及内蒙古东部地区最近的出海港。2016年吞吐量突破3.52亿吨，集装箱吞吐量608万标准箱，成为中国沿海发展速度最快的港口之一。

营口港由营口、鲅鱼圈、仙人岛、盘锦、绥中5个港区组成，整体区位优势突出，地处丝绸之路经济带和海上丝绸之路的交汇区，及“京津冀协同发展”与“东北老工业基地振兴”两大战略区的结合部，是国家“一带一路”倡议中既在“带”上，又在“路”上的港口，是丝绸之路经济带东线在中国境内的最近出海口，是承接中欧物流运输重要的中转港，也是沈阳经济区、环渤海经济区的重要枢纽港。

现有外贸直航航线4条，分别是东南亚航线、日本关东航线、韩国釜山航线、韩国仁川航线（国际客货班轮航线）。另有通过天津、大连、宁波、上海中转世界各地的外贸内支线4条。外贸直航航线和外贸内支线合计可达到每月50班次以上。

现有的内贸集装箱航线已覆盖中国沿海30个主要港口，航班密度达到每月420班次以上，运量占东北港口的2/3。其中，广州、上海班期可达每天两班以上，宁波、福州、泉州班期可达每天一班以上。

营口港海铁联运网络已覆盖东北三省和内蒙古东部地区，海铁联运量在中国沿海港口排名前列。为更好地服务腹地经济发展，营口港将港口功能前移，先后成立了具有属地报关报验、仓储运输等功能的长春陆港、吉林陆港、哈尔滨陆港、内蒙古通辽陆港等多个陆港公司。

营口港提出了“TEU”战略，旨在以营口港为中心，纵横贯通东西和南北物流通道。东西方向通过“营满欧”通道，加强海铁联运，形成营口港—俄罗斯—欧洲的陆路运输通道；南北方向通过与南部沿海港口、长江沿线、西南、东盟的深度合作，形成营口港—中国东部及东北亚—中国南部并辐射大西南和东盟的海运通道。着力构建互联互通的全程物流体系，与沈阳市政府合资组建了沈阳港（集团）有限公司，将致力于打造成东北亚国际物流中心。营口港现已开通6条中欧班列，并已开行新东方快车精品班列和回程班列。2015年9月3日，营口港与俄罗斯铁路股份公司在习近平总书记和普京总统的共同见证下签署了合作备忘录，将营口港“TEU”战略推向了新的高度。营口港将通过“TEU”战略，实现由过去的“终点港”向“一带一路”的中转港转变。

天津港

港口英文名	港口代码	港口缩写	所在国家
TIANJIN	CNTSN	TJN	CHINA

天津港地处渤海湾西端，坐落于天津滨海新区，背靠国家新设立的雄安新区，辐射东北、华北、西北等内陆腹地，连接东北亚与中西亚，是京津冀的海上门户，是中国、蒙古国、俄罗斯经济走廊的东部起点，是新亚欧大陆桥的重要节点，是 21 世纪海上丝绸之路的战略支点。

天津港是世界级人工深水港，30 万吨级船舶可自由进出港口。2014 年 12 月 26 日，天津港复式航道正式通航，使航道通航能力在双向通航基础上实现了再次升级。天津港是综合性港口，港口功能齐全。拥有集装箱、矿石、煤炭、焦炭、原油及制品、钢材、大型设备、滚装汽车、液化天然气、散粮、国际邮轮等各类泊位总数 176 个。

天津港水陆域面积广阔、岸线资源丰富。现主要由北疆、东疆、南疆、大沽口、高沙岭、大港、北塘和海河港区八个区域组成。东疆港区作为中国（天津）自由贸易试验区的重要组成部分，充分发挥北方国际航运中心核心功能区载体作用，大力推进国际航运、国际贸易、融资租赁、邮轮经济等创新发展，积极吸引航运金融、海事金融、航运交易、跨境电商等要素集聚，着力打造国际港航创新示范区。北疆港区和南疆港区依托传统大宗海运和基础设施、岸线等优势，加强公共港口基础设施建设，重点发展海运贸易、口岸代理、大宗产品交易、现代物流、工业配送、燃料供应、船舶服务等，着力打造港口转型升级示范区。临港经济区南部区域将逐步承接东疆港区和北疆港区内贸集装箱、滚装汽车、件杂货码头转移，以码头装卸与综合物流产业、高端装备制造产业、新健康新能源材料产业为重点，积极承接北京非首都功能产业，着力打造“港产一体”的临港产业聚集区。大港港区东部区域作为落实天津港“北集南散”港口布局的新空间载体，将加快推进散货通用码头及后方堆场规划建设，逐步承接大宗散货转移，着力打造安全高效绿色的散货物流升级版。

天津港服务功能完善、区域辐射带动能力强，是我国唯一拥有三条亚欧大陆桥过境通道的港口；已经建成的天津国际贸易与航运服务中心是全国目前最大的“一站式”航运服务中心之一；成功实施一次申报、一次查验、一次放行的“三个一”通关模式，口岸通关环境不断优化；积极布局海侧物流节点，打造海上物流绿色通道，环渤海内支线年中转运量突破 80 万标准箱，进一步巩固了环渤海地区枢纽港地位；内陆腹地设立的 5 个区域营销中心和 25 个“无水港”，进一步完善了覆盖内陆腹地的物流网络体系。

天津港经济腹地广阔，其直接经济腹地包括天津、北京两大直辖市和河北、山西、内蒙古、陕西、甘肃、青海、新疆、宁夏八省（自治区）及河南、山东二省的部分地区，总面积达 450 万平方公里，占全国面积的 46.9%。腹地内自然资源丰富、三大产业发达、外向型经济活跃、信息和高科技产业发展势头强劲，是我国经济发展较快的区域之一。

唐山港

港口英文名	港口代码	港口缩写	所在国家
TANGSHAN	CNTAS		CHINA

唐山港位于河北省唐山市东南部沿海，下辖京唐港区和曹妃甸港区，是我国沿海的地区性重要港口，能源、原材料等大宗物资专业化运输系统的重要组成部分；河北省、北京市、华北及西北部分地区经济发展和对外开放的重要窗口之一；唐山市经济发展的重要依托。

曹妃甸港区是为服务曹妃甸循环经济示范区和大宗散货转运为主的大型综合性港区，为邻港冶金、石化、能源、装备制造、建材等大型重化工业服务；利用深水岸线资源优势，发展大宗原材料转运功能，并承担“北煤南运”的重要任务。京唐港区是为腹地经济发展所需各类物资运输服务的综合性港区，为唐山市及其他腹地的通用物资转运服务，并在唐山港煤炭运输中发挥辅助作用。

2017 年，唐山港全港完成货物吞吐量 57 320 万吨，同比增长 10.12%。其中煤炭吞吐量 17 738 万吨，增长幅度最大，同比增长了 23.84%。

黄骅港

港口英文名	港口代码	港口缩写	所在国家
HUANGHUA			CHINA

黄骅港是河北省沿海的地区性重要港口，也是我国的主要能源输出港之一，位于河北省与山东省交界处、沧州市区以东约 90 公里的渤海之滨，由杂货港区、煤炭港区、综合港区和河口港区 4 个港区组成。

黄骅港是冀东南地区运距最短的出海口，现已建成 20 万吨级航道和万吨级以上泊位 33 个，吞吐量连续 4 年突破亿吨。

朔黄铁路是神华集团煤运专线和黄骅港主要的铁路集疏运通道，为国家 I 级干线电气化铁路。朔黄铁路直通煤炭港区。

2017 年，黄骅港货物码头实现 20 万吨级船舶满载进港常态化，货物吞吐量达 2.8 亿吨，同比增长 11.7%，吞吐量创历史新高。

秦皇岛港

港口英文名	港口代码	港口缩写	所在国家
QINHUANGDAO	CNSHP	QHD	CHINA

秦皇岛港地处渤海北岸、河北省东北部，扼东北、华北之咽喉，是世界第一大能源输出港，是我国“北煤南运”大通道的主枢纽港，担负着我国南方“八省一市”的煤炭供应，占全国沿海港口下水煤炭的 50%。经过百年经营发展，秦皇岛港拥有原油、成品油和世界一流的现代化煤码头及装备先进的设备和集装箱码头，成为以能源运输为主的综合性口岸，全球最大的煤炭港。

秦皇岛港是以能源运输为主的综合性国际贸易口岸，分为东、西两大港区。东港区以能源运输为主，拥有世界一流的现代化煤码头；西港区以集装箱、散杂货进出口为主，拥有装备先进的杂货和集装箱码头。自营铁路与国铁联网，拥有国内港口最先进的机车和编组站，“地下大动脉”输油管道连接大庆油田，疏港路直通山海关机场，形成了公路、铁路、管道、空运等循环合理的港口集疏运网络。

秦皇岛港具有独特的经济地理位置，位于东北、华北两大经济区的结合部和半径为 300 公里的环渤海经济圈的中心地带，因此秦皇岛港口经济腹地遍及中国北部地区，直接腹地为秦皇岛市和冀东、塞北、辽西地区。按港口功能分工和货源分类，秦皇岛港主要货源——煤炭分布于山西北部、内蒙古西部、宁夏、陕西北部，以及河北、北京等地，这些地区都是中国著名的煤炭生产地。内贸煤炭主要流向沿海工业较发达的沪、浙、苏、闽、鲁、粤、桂、琼、辽九个省（自治区、直辖市），约占全港煤炭中转量的 4/5；外贸煤炭主要流向日本、东南亚、欧洲，以及中国台湾和中国香港特别行政区，约占全港煤炭中转量的 1/5。原油主要来自大庆，每年经港量 1 000 万吨左右。

青岛港

港口英文名	港口代码	港口缩写	所在国家
QINGDAO	CNTAO	QIN	CHINA

青岛港位于山东半岛南岸的胶州湾内，是太平洋西海岸重要的国际贸易口岸和海上运输枢纽。港内水域宽、深，四季通航，港湾口小腹大，是我国著名的优良港口。它主要由青岛大港港区、黄岛油港区、前湾港区和董家口港区四大港区组成。

青岛港是晋中煤炭和胜利油田原油的主要输出港，也是我国仅次于上海、深圳的第三大集装箱运输港口。

青岛港的经济腹地为青岛市，山东、河南、河北和山西省部分地区，纵横连接华东、华北、中南等地区。青岛港腹地内工业发达，通过青岛港出口的主要货种有原油、煤炭、五金、矿产、工业原料、纺织品、食品、冻货和其他农副产品；进口的主要货种有矿石、木材、粮食、五金、机电设备、化肥、纺织品等。

日照港

港口英文名	港口代码	港口缩写	所在国家
RIZHAO	CNRZH	RIZ	CHINA

日照港现拥有石臼、岚山两大港区，58 个生产性泊位，年通过能力超过 3 亿吨。它是中国重点发展的沿海主要港口，“一带一路”重要枢纽，新亚欧大陆桥东方桥头堡。

日照港区位优势显著，地处中国海岸线中部，山东半岛南翼，环太平洋经济圈和新亚欧大陆桥经济带的结合部，“一带一路”交会点，隔黄海与韩国、日本相望，在中国生产力布局和全球能源、原材料运输格局中具有重要战略地位，是中国中西部地区乃至中亚、西亚国家和中、俄、蒙经济走廊的主要出海口。

日照港建港条件得天独厚，港区湾阔水深、陆域宽广、气候温和、不冻不淤，适宜建设包括 20 万～40 万吨级在内的大型深水泊位 200 余个，是难得的天然深水良港。经济腹地纵深广阔，运输需求旺盛，集疏运高效便捷，海上航线可达世界各港，已与 100 多个国家和地区通航。陆上通过新菏兖日铁路、陇海铁路向西经新疆阿拉山口和霍尔果斯出境可达中亚、西亚国家及荷兰鹿特丹；通过瓦日铁路向西经甘其毛都出境直达蒙古国；日兰、沈海、潍日 3 条高速和 4 条国道干线直联港口，通往全国各地。日照至江苏仪征、日照至山东东明和已列入规划的岚山到莒县、日照至京博、日照至河南洛阳 5 条输油管线年总运力超过 1 亿吨，直接连通原油码头与石化企业。港口码头与临港企业通过皮带机互联，岚山港区拥有亚洲最长的铁矿石管状皮带机。日照港已形成整合航运、铁路、公路、管道、皮带等多种运输方式、大进大出、集疏运便捷的综合运输格局。

烟台港

港口英文名	港口代码	港口缩写	所在国家
YANTAI	CNYNT	YAN	CHINA

烟台港位于山东半岛北侧，扼守渤海湾口，隔海与辽东半岛相望，与日本、韩国一衣带水，位于东北亚国际经济圈的核心地带，是中国沿海南北大通道（同江至三亚）的重要枢纽和贯通日韩至欧洲新欧亚大陆桥的重要节点。

烟台港有芝罘湾港区、西港区、龙口港区、蓬莱港区四大港区。烟台港是中国沿海最大的化肥、铝矾土、石油焦、朝鲜煤炭接卸和非出口贸易口岸，是渤海湾南岸最大的矿石、散粮中转港，是石油化工品储运中转基地和北方重要的煤炭装船港。

烟台港直接经济腹地主要是烟台市，间接腹地为山东省北部沿海地区，包括潍坊市、淄博市北部、东营市、滨州市及河南、河北、山西、陕西的部分地区。腹地内矿产资源丰富，有许多重工业和轻工业基地。

2. 长江三角洲港口群

长江三角洲地区港口群依托上海国际航运中心，以上海、宁波-舟山、连云港港为主，充分发挥温州、南京、镇江、南通、苏州等沿海和长江下游港口的作用，服务于长江三角洲及长江沿线地区的经济社会发展。

长江三角洲地区港口群集装箱运输布局以上海港、宁波-舟山港、苏州港为干线港，包括南京、南通、镇江等长江下游港口共同组成的上海国际航运中心集装箱运输系统，相应布局连云港、嘉兴、温州、台州等支线和喂给港口；进口石油、天然气接卸中转储运系统以上海、南通、宁波-舟山港为主，相应布局南京等港口；进口铁矿石中转运输系统以宁波-舟山、连云港港为主，相应布局上海、苏州、南通、镇江、南京等港口；煤炭接卸及转运系统以连云港为主布局煤炭装船港和由该地区公用码头、能源等企业自用码头共同组成；粮食中转储运系统以上海、南通、连云港、宁波-舟山和嘉兴等港口组成；以上海、南京等港口布局商品汽车运输系统，以宁波-舟山、温州等港口为主布局陆岛滚装运输系统；以上海港为主布局国内、外旅客中转及邮轮运输设施。根据地区经济发展需要，在连云港港适当布局进口原油接卸设施。

上海港

港口英文名	港口代码	港口缩写	所在国家
SHANGHAI	CNSHA	SHA	CHINA

上海港位于长江三角洲前缘，居我国 18 000 公里大陆海岸线的中部，扼长江入海口，地处长江东西运输通道与海上南北运输通道的交会点，是我国沿海的主要枢纽港，我国对外开放、参与国际经济大循环的重要口岸。

上海港主要由分布在长江入海口南岸的宝山、张华浜、军工路、外高桥、共青、高阳、朱家门、民生、新华、复兴、开平、东昌等港区和洋山深水港区构成。

2017 年上海港装卸的第 4 000 万标准箱在洋山四期全自动码头起吊，自此上海港成为全球唯一一个年吞吐量达到 4 000 万标准箱的港口，继续坐稳“世界第一大港”交椅。

“十三五”规划中，上海港明确提出绿色港口建设的发展目标：采取有利于节约资源和能源，保护环境和生态，应对气候变化的技术和措施，确保实现节能减排目标。

从广义上看，上海港及其相邻港口的吸引范围广及整个长江流域及陇海、浙赣铁路沿线地区，这是长江三角洲港口群共有的腹地，对上海港来说，可谓第一层次的腹地。从狭义上分，江苏、浙江、安徽和江西四省是上海港及其相邻港口交叉的腹地，对上海港来说，可谓第二层次的腹地。上海港第三层次的腹地，也是直接的腹地，就是上海市。腹地处于我国南北的中部，横跨东、中、西部三个地带，是我国经济发达和比较发达的地区。腹地经济的主要特点：第一，加工能力大，但矿藏资源少。这些省（直辖市）的工业以加工工业为主，钢铁、石化、电力和纺织工业等都较发达，无论是品种、质量还是规模，都在全国占有领先地位。但矿藏资源少，工业所需的燃料、原材料，大部分或全部要从区外或国外进口。第二，沿江设厂，充分利用水运资源。一大批大型骨干工厂，如上钢、宝钢等都位于或基本上位于沿海沿江，这对发展水运有利，水运将在上述三个地带滚动发展中起重要作用。第三，随着改革开放的深入，外向型经济发展迅速。

连云港港

港口英文名	港口代码	港口缩写	所在国家
LIANYUNGANG	CNLYG	LYG	CHINA

连云港港地处中国沿海中部的海州湾西南岸、江苏省的东北端，为横贯中国东西的铁路大动脉——陇海、兰新铁路的东部终点港，被誉为新亚欧大陆桥东桥头堡和新丝绸之路东端起点，是中国中西部地区最便捷、最经济的出海口。

连云港港分为连云、赣榆、徐圩、前三岛、灌河五个港区。目前拥有包括集装箱、散粮、焦炭、煤炭、矿石、氧化铝、液体化工、客滚、件杂货在内的各类码头泊位 35 个，其中万吨级以上泊位 30 个。

连云港港的直接经济腹地为连云港市和江苏省东北部地区，并已辐射到河南、陕西、甘肃、青海、宁夏等省（自治区）。腹地内资源丰富，主要有煤、铁、石油、矾土及其他金属矿石。其中煤炭遍布陇海铁路沿线各省区，是我国重点产煤区，又是华东、华南煤炭供应和外贸出口基地。腹地内工业发达，煤炭、石油化工、钢铁、电力、机械、纺织、食品及建筑材料等工业部门齐全，产量大，品种多；乡镇工业近几年有很大发展，提供的产品越来越多。在农业方面，腹地内大部分省区是我国重要的粮棉产区和林果基地，西北等省区又是全国畜牧业生产基地。如此丰富的工农业产品，为连云港港提供了大量货源。

目前，包括中亚班列在内的连云港港国际班列已实现常态化运营，日均开行量达 2.1 对，整体年运量常年保持在全国沿海港口前列。据统计，2017 年累计完成 7.29 万标准箱，同比增长 55.6%，雄踞全国首位。其中，东行量完成 1.16 万标准箱、同比增长 69.9%，西行量完成 6.13 万标准箱、同比增长 53.2%。在西行中，国际中转出口完成 1.7 万标准箱、同比增长 41.3%，出口完成 4.43 万标准箱、同比增长 58.2%。2018 年，连云港还着力探索西通道北线对东中欧和波罗的海地区的班列线可行性。

宁波-舟山港

港口英文名	港口代码	港口缩写	所在国家
NINGBO-ZHOUSHAN	CNZOS		CHINA

宁波-舟山港是我国大陆重要的集装箱干线港，同时也是我国大陆主要的铁矿、原油、液体化工中转储存基地和华东地区主要的煤炭、粮食等散杂货中转和储存基地，是我国的主枢纽港之一。全港由北仑、镇海、大榭、穿山、梅山、甬江等港区组成，现有生产泊位 328 座，其中万吨级以上大型泊位 99 座，5 万吨级以上的特大型深水泊位 63 座，是中国大陆大型和特大型深水泊位最多的港口。

宁波-舟山港地处我国大陆海岸线中部，南北和长江航道“T”形结构的交汇点上，自然条件得天独厚，港域“水深流顺风浪小”，主要进港航道水深在 22.5 米以上，30 万吨级巨轮可自由进出港，40 万吨级以上的超级巨轮可候潮进出，是世界上少有的深水良港。地理位置适中，内外辐射便捷。

作为浙江第一大港的宁波港，有万吨级以上深水泊位 35 座，为我国内地各类超大型泊位最多的港口，但存在港口和岸线规划布局不合理、公用码头与业主码头吞吐供需不均、深水港发展空间有限等局限，不能满足长远发展的需要。与宁波港隔海相望的舟山港现拥有码头泊位 352 座，其中万吨级以上码头泊位 12 座。港域内海底平坦，水域开阔，水深适中，作为大型锚地和水水中转地，其深水资源几乎用之不竭。但舟山港最大的制约因素就是无大陆依靠，直接经济腹地小，陆域的集疏运条件不完善，资金和技术力量不足。2006 年 1 月 1 日，“宁波-舟山港”正式挂牌，这一对紧密相连的天然良港终于基本结束内耗，以东方大港的整体优势参与全球海运业务的角逐。两港与卧榻之侧的上海洋山港竞合关系重新定位，双方对经济腹地的争夺也日趋白热化。

作为“一带一路”和长江经济带的联结点，来自全球各地的原油、煤炭、铁矿石等大宗商品在这里中转。2017 年年底，宁波-舟山港年货物吞吐量刷新全球纪录，成为世界首个“10 亿吨”超级大港。宁波-舟山港占了全球主要港口货物吞吐总量的 1/16，货物吞吐量和集装箱量增幅均超过 9%，如此高增速是近年来罕见的，其背后是中国经济在全球影响力的与日俱增。

苏州港

港口英文名	港口代码	港口缩写	所在国家
SUZHOU	CNSZH		CHINA

苏州港位于长江下游的南岸河段，地处长江入海口的江海交汇之处，具有江海联运的港口地理优势，是长江出海口的天然良港，紧邻上海港，与日本、韩国隔海相望，与中国台湾、东南亚距离适中，具有发展海运的优良环境，也是江海河联运的重要中转站。同时，苏州港背依经济发达的苏、锡、常地区，靠近集装箱生成量富集区，箱源充足，在长江三角洲地区的集装箱运输费用上具有一定优势。苏州港的地理位置十分优越，区位优势明显，是上海国际航运中心的重要组成部分，是“一体两翼”型组合港的北翼集装箱干线港，也是全国沿海港口和江苏省港口发展的重点。

苏州港是由原国家一类开放口岸张家港港、常熟港和太仓港三港合一组建成的新兴港口，原三个港口相应成为苏州港张家港港区、常熟港区和太仓港区。

南通港

港口英文名	港口代码	港口缩写	所在国家
NANTONG	CNNTG		CHINA

南通港区东濒黄海，西南临长江，处于海、江、河联运的枢纽地位，是上海国际航运中心组合港北翼重要港口。

2017 年，南通港全年进出港船舶 27.29 万艘次，港口货物吞吐量 2.35 亿吨，同比增长 3.98%，货物吞吐量连续五年突破 2 亿吨。

《上海市城市总体规划（2017—2035 年）》中提出，加强上海港与宁波-舟山港、苏州港、南通港、嘉兴港等长江下游和杭州湾地区港口的分工合作，提升国际枢纽功能，成为支撑“一带一路”和长江经济带战略的国际航运中心。这对一直积极参与上海国际航运中心分工合作的南通港来说，迎来重大利好，将成为名副其实的上海国际集装箱枢纽港多式联运集散基地。

镇江港

港口英文名	港口代码	港口缩写	所在国家
ZHENJIANG	CNZHE		CHINA

镇江港位于江苏省中部的镇江市，地处京杭大运河与长江十字交汇处，上距南京 87 公里，下距长江入海口 279 公里，港口分为高资港区、龙门港区、镇江港区、谏壁港区、大港港区、

高桥港区、扬中港区。镇江港主要为镇江市、江苏省的经济发展和对外贸易服务，为镇江市沿江经济带的开发服务，为长江中、上游地区大宗原材料和外贸物资中转运输服务。

南京港

港口英文名	港口代码	港口缩写	所在国家
NANJING	CNNKG	NJG	CHINA

南京港地处长江下游，位于长江三角洲与中西部地区的交接点、沿长江和东部沿海“T”形经济发展战略带结合部，具有承启东西、呼应南北的独特区位优势，是我国华东地区及长江流域地区江海换装、水陆中转、货物集散和对外开放的多功能的江海型港口。

南京港是中国最大的内河港口，也是长江下游水陆联运和江海中转的枢纽港。

南京港直接经济腹地为南京市，间接经济腹地为长江上、下游各地，辐射浙江、安徽、江西、湖北、湖南、四川、广东、福建、辽宁、山西、山东等省。南京港装卸的主要货种有煤炭、石油、矿石、钢铁、木材、粮食、棉花、建材等，其中以石油、煤炭为大宗。原油来自胜利、任丘、中原三大油田，经鲁宁管道由港口中转至中下游各炼油厂和浙、粤各省，并有海进江的国外进口原油、海洋原油和大庆原油在港中转。煤炭来自晋、鲁、豫、皖等地煤矿，经津浦线从浦口中转至沿江 6 省 1 市和浙、闽沿海。

3．东南沿海港口群

东南沿海地区港口群以厦门、福州港为主，包括泉州、莆田、漳州等港口，服务于福建和江西等内陆省份部分地区的经济社会发展和对台“三通”的需要。

福建沿海地区港口群煤炭专业化接卸设施布局以沿海大型电厂建设为主；进口石油、天然气接卸储运系统以泉州港为主；集装箱运输系统布局以厦门港为干线港，相应布局福州、泉州、莆田、漳州等支线港；粮食中转储运设施布局由福州、厦门和莆田等港口组成；布局宁德、福州、厦门、泉州、莆田、漳州等港口的陆岛滚装运输系统；以厦门港为主布局国内、外旅客中转运输设施。

福州港

港口英文名	港口代码	港口缩写	所在国家
FUZHOU	CNFOC	FUZ	CHINA

福州港位于中国大陆东南部，台湾海峡西岸，为大陆沿海主枢纽港之一，沿海主要外贸口岸及闽台贸易重要港口，是福建省对台“三通”的重要口岸。

福州港由河口港与海港组成。河口港居闽江下游，海港分布在闽江入海口南北两翼的福清湾、罗源湾等深水港湾，目前拥有万吨级以上泊位 40 个。

福州港的直接腹地范围包括福州市和南平市、三明市和宁德市的绝大部分。间接腹地包括江西省东部和湖南省东部及省内三明市南部地区和莆田市北部地区。腹地工业有造船、冶金、机械、化工、建材、电子、工艺品等。农业除粮油作物外，水产、水果产量甚丰。矿产资源主要有叶腊石、高岭土、花岗石料、石英砂等。

厦门港

港口英文名	港口代码	港口缩写	所在国家
XIAMEN	CNXMN	XIA	CHINA

厦门港地处上海与广州之间，福建省东南的金门湾内，九龙江入海口。它面向东海，濒临台湾海峡，与台湾、澎湖列岛隔水相望，为我国东南海疆之要津，我国对外贸易港口之一，也是华侨进出内陆的主要门户。

厦门港由东渡、海沧、翔安、招银、后石、石码、古雷、东山、云霄和诏安 10 个港区组成，是我国东南沿海重要的天然深水良港，自然条件优越，港湾外围大小金门等岛屿形成一道天然屏障。

厦门已相继开通了前往德国汉堡、德国杜伊斯堡、俄罗斯莫斯科、中亚五国等多条班列线路，厦门港面向欧洲和中亚的集疏运能力显著提升，海铁联运已经成为福建省深化与“一带一路”沿线国家和地区多领域深层次合作往来的重要物流通道。

2018 年新开中欧（厦门—布达佩斯）班列从厦门海沧出发，途经西安后，直奔有着“中东欧心脏”之称的匈牙利首都布达佩斯。班列每周五从厦门始发，经“陆上丝绸之路”重要节点城市西安，横跨亚欧大陆，直达布达佩斯，全程约 1.2 万公里，计划开行 18 天，这将比传统的海运到欧洲港后再转至中东欧要节省一半的时间。布达佩斯是欧洲地区电子产品、鞋帽箱包、小商品、建材等商品的物流枢纽。班列开通后，不仅厦门及周边地区，台湾、东盟乃至整个东南亚的货物都可以通过中欧（厦门）班列物流新通道直达匈牙利布达佩斯。

4．珠江三角洲港口群

珠江三角洲港口群由粤东和珠江三角洲地区港口组成。该地区港口群依托香港经济、贸易、金融、信息和国际航运中心的优势，在巩固香港国际航运中心地位的同时，以广州、深圳、珠海、汕头港为主，相应发展汕尾、惠州、虎门、茂名、阳江等港口，服务于华南、西南部分地区，加强广东省和内陆地区与港澳地区的交流。

该地区煤炭接卸及转运系统由广州等港口的公用码头和电力企业自用码头共同组成；集装箱运输系统以深圳、广州港为干线港，由汕头、惠州、虎门、珠海、中山、阳江、茂名等为支线或喂给港组成；进口石油、天然气接卸中转储运系统由广州、深圳、珠海、惠州、茂名、虎门港等港口组成；进口铁矿石中转运输系统以广州、珠海港为主；以广州、深圳港等其他港口组成粮食中转储运系统；以广州港为主布局商品汽车运输系统；以深圳、广州、珠海等港口为主布局国内、外旅客中转及邮轮运输设施。

深圳港

港口英文名	港口代码	港口缩写	所在国家
SHENZHEN	CNSZX	SZN	CHINA

深圳港位于广东省珠江三角洲南部，珠江入海口伶仃洋东岸，毗邻香港。全市 260 公里的海岸线被九龙半岛分割为东西两大部分，西部港区位于珠江口东岸入海前缘，主要包括蛇口、赤湾、妈湾、东角头和福永等港区；东部港区位于南海大鹏湾西北部，主要有大亚湾、沙鱼涌、下洞、盐田四个港区。以盐田为最大港区，集装箱的吞吐量约占全港的七成。此外，还有内河港区。经珠江水系可与珠江三角洲水网地区各市、县相连，经香港暗士顿水道可达国内沿海及世界各地港口。

2017 年，深圳港集装箱吞吐量以 2 500 多万标准箱创十年新高，全年共开通集装箱国际班轮航线 226 条，开通覆盖 52 个珠三角支线码头的 60 条驳船航线，14 条海铁联运班列线路，建立 11 个内陆无水港。

深圳港口的直接腹地为深圳市、惠阳区、东莞市和珠江三角洲的部分地区，转运腹地范围包括京广和京九铁路沿线的湖北、湖南、江西、粤北、粤东、粤西和广西的西江两岸。

广州港

港口英文名	港口代码	港口缩写	所在国家
GUANGZHOU	CNCAN	GUA	CHINA

广州港地处珠江入海口和我国外向型经济最活跃的珠江三角洲地区中心地带，濒临南海，毗邻香港和澳门，东江、西江、北江在此汇流入海。通过珠江三角洲水网，广州港与珠三角各大城市及与香港、澳门相通，由西江联系我国西南地区，经伶仃洋出海航道与我国沿海及世界诸港相联，是我国华南地区最大的对外贸易口岸，是泛珠江三角洲经济区域的出海通道，也是海上丝绸之路的始发港。

2017 年，广州港完成货物吞吐量 5.95 亿吨，集装箱吞吐量 2 035 万标准箱，货物吞吐量和集装箱量分别位列世界第六和第七位。

广州港经济腹地辽阔，直接经济腹地为珠江三角洲（广州、东莞、中山、佛山等）；间接腹地包括广东、广西、湖南、湖北、云南、贵州、四川及河南、江西、福建的部分地区。广州港是珠江三角洲及中南、西南、赣南等地区物资的主要集散地，便利的海、陆、空交通，使其成为上述地区客、货运输的集散中心，担负着国内和外贸物资的转口任务。

5. 西南沿海港口群

西南沿海地区港口群由粤西、广西沿海和海南省的港口组成。该地区港口的布局以湛江港、防城港、海口港为主，相应发展北海、钦州、洋浦、八所、三亚等港口，服务于西部地区开发，为海南省扩大与岛外的物资交流提供运输保障。

该地区港口集装箱运输系统布局以湛江、防城港、海口及北海、钦州、洋浦、三亚等港口组成集装箱支线或喂给港；进口石油、天然气中转储运系统由湛江、海口、洋浦、广西沿海等港口组成；进出口矿石中转运输系统由湛江、防城港和八所等港口组成；由湛江、防城港等港口组成的粮食中转储运系统；以湛江、海口、三亚等港口为主布局国内、外旅客中转及邮轮运输设施。

湛江港

港口英文名	港口代码	港口缩写	所在国家
ZHANJIANG	CNZHA	ZHA	CHINA

湛江港位于中国大陆最南端的广东省雷州半岛东北部的广州湾内，东临南海，南望海南岛，西靠北部湾，北倚大西南，湛江港素以天然深水良港著称，港湾周围岛屿环绕，形成天然屏障，港内水深浪静，水域广阔。湛江港是华南和西南地区重要的海陆交通枢纽。

湛江港是全国唯一的东、中、西三大地带共用的沿海主枢纽港，货源腹地横跨华南、西南、中南三大经济区域，直接经济腹地包括云南、贵州、四川、广西、湘西及粤西地区，间接中转腹地主要为海南省。腹地内物产资源十分丰富，矿藏储量大，开采容易。腹地通过湛江港中转的大宗物资主要有煤炭、石油、金属矿石、钢铁、水泥、非金属矿石、化肥和粮食等。

2017 年，湛江港集装箱吞吐量突破 90 万标准箱，全年箱量同比增长 25%，为年度目标 80 万标准箱的 112.5%，创下历史新高。

北部湾港

港口英文名	港口代码	港口缩写	所在国家
			CHINA

北部湾港位于中国广西壮族自治区南部北部湾，是中国沿海主要港口之一。北部湾港北靠云、贵、川，东邻粤、琼、港、澳，西接越南，南濒海南岛，地处华南经济圈、西南经济圈与东盟经济圈的结合部，是我国内陆腹地进入中南半岛东盟国家最便捷的出海门户。

2009 年 12 月，交通运输部发布公告，广西防城港港、钦州港、北海港实施整合，统一使用“北部湾港”名称。

防城港港是中国大陆海岸线最西南端的深水良港，中国西部地区第一大港；是东进西出的桥头堡，西南地区走向世界的海上主门户；是链接中国—东盟、服务西部的物流大平台。

钦州港位于北部湾湾顶的钦州湾内，三面环陆，南面向海，区位优势突出，交通便捷发达，是我国西南主要出海通道中陆路运输距离最短的出海口。这里建港条件优越，后方陆域广阔，建港成本低。

北海港是我国沿海对外开放的重要港口之一，位于广西南端，北部湾东北部；处于我国东、中、西三大地带的交会点，是华南经济圈、西南经济圈与东盟经济圈的结合部，是中国西部地区货物进出口东南亚、西亚、欧洲、非洲国家航程最近的港口之一，也是中国通向东盟国家最便捷的陆路和海路通道，是连接粤港澳与西部地区的重要通道。

海口港

港口英文名	港口代码	港口缩写	所在国家
HAIKOU	CNHAK	HKO	CHINA

海口港位于海南岛北部，海口湾中部海岸线上，北临琼州海峡，东与铺前湾交界，西至澄迈湾，是一个近似半圆形的开敞海湾，北隔琼州海峡与我国广东省雷州半岛相望。

海口港由秀英、新港、马村三个港区组成。

海口港是海南省的交通枢纽和客货集散中心，在我国沿海港口发展战略中被交通部列为沿海主要港口和海南省国际集装箱干线港口。

海口港的直接经济腹地为文昌、琼山、琼海、定安、澄迈、临高等市县和海口市，间接经济腹地遍及全省。海南省森林、矿产、水产资源丰富，各类加工业发达。出口货物有金属矿石、橡胶制品、糖涤纶丝、热带作物、农副产品等。进口货物为煤炭、化肥、粮食、油料、机械设备、建材、电器和日用百货等。

二、八大运输系统布局

全国沿海港口布局规划实施后，在区域分布上将形成环渤海、长江三角洲、东南沿海、珠江三角洲、西南沿海 5 个规模化、集约化、现代化的港口群体。港口群内起重要作用的综合性、大型港口的主体地位更加突出，增强了为腹地经济服务的能力。港口群内部和港口群之间分工合理、优势互补、相互协作、竞争有序。

在主要货类的运输上，将形成系统配套、能力充分、物流成本低的八大运输系统。

1．煤炭运输系统

根据中国“北煤南运”总体格局，装船港由北方沿海的秦皇岛港、唐山港、天津港、黄骅港、青岛港、日照港、连云港港等组成，卸船港由华东、华南等沿海煤炭消费地区的电力企业专用码头和公用港区煤炭转运设施组成。

中国煤炭资源和生产主要集中在山西、陕西和内蒙古西部地区，煤炭消费主要集中在华东和华南沿海地区，资源分布、生产力布局和能源结构的特点决定了中国将长期存在“西煤东运”“北煤南运”和“铁海联运”的运输格局。

“三西”煤炭外运已经形成北、中、南三条通道，其中由大秦线、朔黄线、丰沙大线铁路经秦皇岛港、天津港、黄骅港和唐山港为“北路”煤运通道。

2．石油运输系统

依托石化企业布点，以 20 万～30 万吨级专业化的进口原油卸船码头和二程中转储运设施及成品油、天然气中转储运设施组成，并满足国家石油储备要求。

环渤海地区形成了以青岛、天津、大连三港为主，秦皇岛和锦州两港为补充的原油运输格局；长江三角洲地区形成了以宁波-舟山港为核心，嘉兴、上海、南京等港为有机组成部分的原油中转运输体系；华南沿海基本形成了以泉州（肖厝）、惠州、广州、茂名、湛江等港接卸外贸原油较为合理的港口布局。

3．铁矿石运输系统

临近钢铁企业或与钢铁企业的调整布局相适应，由 20 万～30 万吨级高效、专业化的进口铁矿石卸船码头和二程接卸中转设施组成。

长江三角洲地区已经形成了由宁波-舟山、上海和南通等长江沿江港口组成的外贸铁矿石运输体系的港口布局；环渤海地区矿石接卸以青岛、天津两港为主，秦皇岛、大连、营口和烟台 4 个港为补充，大连、营口等港专业化泊位的建设使本地区矿石运输系统港口布局趋向合理；华南沿海铁矿石运输需求相对较小，以湛江、防城港两港为主。

4．集装箱运输系统

作为与国际接轨的重要环节，外贸集装箱运输显得尤为重要，物流的兴起推动了中国集装箱运输的发展。目前，中国集装箱港口附近大多设有以港口为依托的物流中心，以港兴流、以流促港的现象越来越多。随着物流理念的深入人心与物流实践的延伸，客户要求更加无缝、高效、便捷、完善的物流服务。物流的发展与完善是中国未来集装箱运输发展的催化剂。

目前，中国集装箱港口布局日趋合理，形成 3 个层次港口相结合的格局。环渤海地区以大连、天津、青岛港为干线港；长江三角洲地区以上海和宁波-舟山港为干线港；东南沿海地区以厦门港为干线港；珠江三角洲地区继续保持香港国际航运中心的地位，以深圳、广州港为干线港；沿海其他港口开展支线或喂给运输。

北部集装箱主枢纽港群——以大连港、天津港和青岛港为主。大连港是东北地区出海门户，随着振兴老工业基地的深入，拥有中央首批 610 亿元的投资将使得东北地区经济和外贸得到发展，港口集装箱发展趋势较好。青岛港水深条件好、腹地货源足，越来越受到航运界青睐，中远海运、马士基和青岛港合资经营青岛港前湾二、三期集装箱码头及马士基欧洲线正式首航青岛港便是最好例证。天津港位于渤海湾最里端，由于地处京、津、唐经济区的有利位置，货源较丰富。

东部集装箱主枢纽港群——以上海港、宁波-舟山港为主。上海港腹地优越，经济发展势头猛，随着长三角经济圈的发展和洋山深水港区的建成完工，上海港外贸集装箱量大幅增加，并成为国际集装箱中转港之一。宁波-舟山港是中国地理位置最优良的港口之一，总长 2 138 米的集装箱泊位可停靠第五代集装箱船，将与上海和江苏港口共同形成东部集装箱主枢纽港群。

南部集装箱主枢纽港群——以香港港、深圳港和广州港为主。香港港是重要的国际航运中心，集装箱吞吐量近些年一直名列世界前茅。与香港毗邻的深圳港，集装箱吞吐量连年攀高，深圳港大铲湾码头的建设将使目前较为紧张的集装箱通过能力得到有效改善。随着香港、澳门两地与大陆经贸的更密切联系，制造业不断向中山、广州等地延伸，加之广州港龙穴岛集装箱码头的投产，广州港将和香港港、深圳港一起实现"共同构成亚太地区超一流国际航运中心"的目标。

5. 粮食运输系统

粮食是中国国民经济和社会发展的重要战略物资，它不但关系到国计民生，而且还涉及国家安全。粮食 75%以上是从东北地区、黄淮海地区和长江中下游地区流向华东、华南、西南粮食主要消费地区。总体来看，"北粮南运"是中国粮食物流现在和将来的主要趋势。全国沿海港口布局规划实施后，形成与中国粮食主要流出区、流入区的地理分布相适应，与粮食流通、储备、物流通道相配套，规模化、集约化、专业化运营发展的粮食运输系统。

6. 商品汽车运输系统

有关资料显示，欧美汽车制造企业的物流成本占销售比例的 8%左右，日本大约是 5%，而国内汽车生产企业这一数字普遍在 15%左右。这 15%的物流成本意味着巨大的市场空间。可以看到，中国汽车工业的快速发展孕育并创造了巨大的汽车物流市场，为汽车物流行业的发展创造了前所未有的良机。

随着中国沿海港口布局的实施，一个依托汽车产业布局和内、外贸汽车进、出口口岸，专业化、便捷的商品汽车运输及物流系统将逐渐形成。在中外企业纷纷涉足汽车物流行业之际，大连、天津、上海、广州四大沿海港口用巨资布阵的汽车物流市场竞争格局已清晰可见。

7. 陆岛滚装运输系统

为沟通沿海通道，进一步改善陆岛、海峡之间的交通条件，在满足岛屿出行要求的前提下，环渤海地区以大连、青岛、烟台、威海等港口为主，长江三角洲地区以宁波-舟山、温州等港口为主，东南沿海地区以宁德、福州、厦门、泉州、莆田、漳州等港口为主，在大连烟台间、沪甬舟间、琼州海峡间和渤海湾、杭州湾、北部湾内增设轮渡设施，发展滚装运输船队，形成布局合理、竞争有序的车渡滚装运输系统，逐步建立适应沿海岛屿社会经济发展要求的陆岛滚装运输系统。

8. 旅客运输系统

全国沿海港口布局规划实施后，环渤海地区以大连、天津、青岛、烟台和威海等港口为主布局旅客运输；长江三角洲地区以上海港为主，布局国内、外旅客中转及邮轮运输设施；东南沿海地区以厦门港为主，珠江三角洲以深圳、广州、珠海等港口为主，西南沿海地区以湛江、海口、三亚等港口为主，布局国内、外旅客中转运输设施，逐步形成以人为本、安全、舒适、便捷的旅客运输系统。

三、沿海运输主要航线

国内沿海运输航线分为两个航区，即以上海、大连为中心的北方沿海航区和以广州为中心的南方沿海航区。每个航区都开辟了若干条航线，在两个航区之间组成了若干条跨区航线。

1．北方航区

北方航区的航线以上海、大连为中心，开辟的航线有：

上海至大连、天津、青岛、烟台、秦皇岛、连云港、福州、泉州、温州、宁波、海门、香港、广州、湛江、北海、防城港、海口等。

大连至上海、青岛、天津、烟台、龙口、秦皇岛、连云港、广州、湛江等。

北方航区的航线运量最大的是煤炭、石油，其次是金属矿石、粮食、木材、钢铁和集装箱等。

2．南方航区

南方航区的航线以广州为中心，开辟的航线有：

广州至汕头、海口、湛江、三亚、八所、北海、香港、大连、上海、青岛、连云港等。

此外，还有湛江至大连、秦皇岛、青岛、连云港和厦门至香港等航线。

南方航线主要运输杂货、盐、矿石、煤炭和集装箱等。

四、中国主要远洋航线

中国的远洋运输分为东行、西行、南行、北行四组主要航线。

1．东行航线

东行航线是从中国沿海的各港口出发，由海上东行到日本，并经日本东渡太平洋抵达北美洲和南美洲各国，然后再通过巴拿马运河到达加勒比海地区和北美洲及南美洲各国的东海岸。出口货物以煤、钢铁、服装、家用电器、玩具、丝织品等工业品和茶叶、蔬菜、水果等农副产品为主；进口货物以钢材、机械设备、粮食、棉花、铁矿石、铜矿石、木材、纸浆等为主。

2．西行航线

西行航线是一条非常重要的航线。由中国各港口出发，北方港口先南行过渤海、黄海、东海经台湾海峡到南海再往西航行，穿过马六甲海峡进入印度洋，此后可分为两条航线：一条经红海，过苏伊士运河，入地中海，出直布罗陀海峡，进入大西洋，到南欧和西欧各国的海运以这条航线最近；另一条在印度洋往南航行，绕过非洲南端的好望角，进入大西洋，到南部非洲各国或南美洲东岸港口的海运以这条航线比较适合。西行航线可达南亚、西亚、非洲、欧洲各国港口。这条远洋航线，运输十分繁忙，出口货物主要是钢材、家用电器、纺织品、服装、鞋帽、丝织品、机械、陶瓷、罐头食品等工业品和茶叶、蔬菜等农副产品；进口货物主要是机械、石油、天然气、电子产品、冶金矿产品、化工设备等。

3．南行航线

南行航线是从中国各港口出发，北方港口先南行过渤海、黄海、东海经台湾海峡到南海，再南行可到东南亚各国、澳大利亚和新西兰等大洋洲各国。出口货物主要有钢材、轮胎、纺织品、服装、鞋帽、轻工产品；进口货物以多种矿石（最多是铁矿）、橡胶、木材、纸浆、胶合板、棕榈油、羊毛、土特产等为主。

4．北行航线

北行航线指从中国沿海各港口出发往北航行，到达韩国、朝鲜、俄罗斯等国家的航线。出口货物主要有食糖、钢铁、铁合金、水产品、农副产品、大米、焦炭等；进口货物主要有电子产品、钢材、塑料原料、化肥、合成橡胶等。

任务检阅

一、五大港口群的 SWOT 分析

请把每个港口群作为一个整体，试用 SWOT 分析方法分别对每个港口群的优势、劣势、机会和威胁进行分析，然后再进行横向比较。

> ✔ 小提示：SWOT 分析——企业战略分析方法，即根据企业自身的既定内在条件进行分析，找出企业的优势、劣势及核心竞争力所在。其中，S 代表优势（Strength），W 代表劣势（Weakness），O 代表机会（Opportunity），T 代表威胁（Threat），S、W 是内部因素，O、T 是外部因素。

港口群	内　因		外　因	
	优势	劣势	机会	威胁
环渤海				
长三角				
东南沿海				
珠三角				
西南沿海				

横向比较：____

____

____

二、航运中心的类型（传统分类）

上海之所以成为国际航运中心，最主要是源于它优良的地理位置及经济腹地的快速发展，我们把这种类型的航运中心称为腹地型航运中心。那么除此以外，还有两种类型的航运中心，一种是传统型航运中心——是指航运历史发展悠久并一直被业内认可的地区；另一种是转运型航运中心——是指有优越的地理位置、发达的转口贸易和自由港政策，货运量以转运为主的地区。

> ✔ 小提示：航运中心——是港口高度集约化的产物，是航运发展的核心港口，是参与世界经济交往和国际航运市场竞争的集装箱枢纽港。

以下给出几个航运中心，请尝试对号入座，并说明理由。

A. 纽约　　B. 香港　　C. 伦敦　　D. 新加坡

航运中心类型	传统型	腹地型	转运型
对应城市			

理由：____

____

三、航运中心的排名

2017 年 7 月 19 日，“2017 新华・波罗的海国际航运中心发展指数”在上海发布。国际航运中心综合评价结果显示，2017 年全球综合实力前 10 位的国际航运中心分别为新加坡、伦敦、香港、汉堡、上海、迪拜、纽约、鹿特丹、东京、雅典。

其中，亚太地区的上海、迪拜凭借自贸区创新驱动效应，排名实现了战略性提升，分别跃升至第五位、第六位，经济增长疲软的欧洲地区受益于“一带一路”效应，其贸易航运保持相对稳定，汉堡港排名继续位于第四位。

全球排名前 10 位的航运中心中，5 个位于亚洲，4 个位于欧洲，1 个位于美洲。航运中心全样本城市集中在亚洲和欧洲，分别是 18 个和 12 个。整体来看，亚洲和欧洲各大航运中心发展很迅速，亚洲航运中心崛起趋势愈加明显。

2017 年指数综合评价体系的一大亮点是，项目组尝试探索一种新的航运中心分类标准，分别从传统认知型、创新引领型、潜力发展型三个观察窗口，重新审视更加科学的全球航运中心空间坐标。

创新始终是航运中心变革发展的核心驱动力。创新引领型航运中心，如以上海、迪拜、广州、宁波-舟山等为代表的亚太地区国际航运中心，相比传统认知型航运中心，更加注重后发优势与累积效应带来的超越式发展轨迹。特别是伴随着科技创新不断深入与自贸区开放合作政策快速推进，这些港口已逐步形成港城互通、湾区经济与城市组群深度融合的创新生态新模式，将对亚太地区航运业态产生颠覆性影响。

综合对比 2014—2017 年评价结果，2017 年评价结果总体较为稳定，略有调整。其中，稳定与较为稳定航运中心为 38 个，占样本总数 88.37%；波动性较大航运中心为 4 个，占样本总数 9.3%；异常波动航运中心 1 个，占样本总数 2.33%。

（资料来源：搜狐网）

试分析上述资料。

四、辽宁省“五点一线”

“五点一线”战略是指重点开发建设大连长兴岛、大连花园口岸工业园、营口沿海产业基地、锦州湾产业园区、丹东产业园区这五个区域，建设贯穿黄、渤海沿岸的滨海公路，形成沿海经济带，带动辽宁中部城市群，打造对外开放的新优势。总规划面积 482.9 平方公里。

辽宁陆地海岸线全长 2 290 公里，占全国 12%。辽宁 12 个城市中有 6 个在海边，全省 2/3 的面积在离海 100 公里内。辽宁以沿黄、渤海的五个重点发展区域和一条贯通全省海岸线的滨海公路建设为核心，实施“五点一线”对外开放的新战略，推动老工业基地振兴。

根据前述的知识储备，试分析“五点一线”如何推动老工业基地振兴。

五、洋山港全自动化码头

全球最大单体全自动化码头上海洋山港四期开港

世界第一大集装箱港口——上海港洋山港区在 2017 年 12 月 10 日迎来第四期工程开港。作为全球最大的单体全自动化码头，偌大的四期工程投入运行后呈现几乎无人在场的奇观。

这座由中国建筑旗下中建港务主承建的全球规模最大的自动化码头正式开港投入试生产，标志着中国港口行业的运营模式和技术应用迎来里程碑式的跨越升级与重大变革，为上海港加速跻身世界航运中心前列注入全新动力。

值得一提的是，这里原本只是上海东南部的一个小渔村，远离陆地逾 30 公里。一座东海上的小岛扩张近 6 倍，从深海“造”出 800 万平方米土地，摇身变为全球单体最大的全自动化码头。

洋山港四期开港后，将助推上海港年吞吐量突破 4 000 万标准箱，等于美国所有港口吞吐量之和，也是目前全球港口年吞吐量的 1/10。

洋山港四期全自动化码头的启用，不仅把上海洋山港推上了向世界级强港进发的快车道，更是我国从航运大国走向航运强国的一个缩影。

第一箱集装箱到港 全自动装卸不到 2 分钟

洋山港四期位于东海大桥以南，地处整个洋山深水港的最西侧，工程于 2014 年 12 月正式开工，经过 3 年多的建设，如今岸线长约 2 350 米，一共设计了 7 个集装箱泊位，可以满足当今市场上各类大小船只的停泊需要。

“上海国际航运中心洋山港四期码头开港!”2017 年 12 月 10 日上午 11 点半，上海市委书记李强一声令下，汽笛鸣响，桥吊开始起吊，这个全球最大单体自动化智能码头开始运作。

岸上的桥吊从岸边的集装箱船上抓起了自动化码头运作的第一个集装箱，集装箱移动到码头后，在电脑的控制下，桥吊将集装箱放置到中转平台。

此时，中转平台的门架小车也已就位，将集装箱稳稳抓起移动到已经在地面等候的 AGV 自动导航卡车上方，当集装箱缓缓落下，箱子四角的锁扣与 AGV 自动导航卡车连接，整个过程耗时不到 2 分钟。

AGV 自动导航卡车在 61 483 枚地面磁钉的引导下，载着 1 号箱开往目标箱区域。“根据磁钉位置可以准确地找到这辆车的位置，并且根据预设好的规划路径高精度运作。”上海振华重工智慧集团研发部 AGV 系统电气工程师说。

无人驾驶、自动导航、路径优化、主动避障，AGV 堪称配有智能控制系统的快递小哥。

“到达指定的堆场之后，我们的堆场机械、轨道吊已经准备就绪，把这个箱子再吊到指定的堆场位置。所有的过程都是事先设定好的，通过自动程序来完成。”上港集团尚东分公司总经理柳长满告诉记者。

从第一箱离开货轮的那一刻起，洋山港四期就开启了全面作业的旅程。10 台桥吊、38 台轨道吊、50 辆 AGV 自动导航卡车同步启动。

从码头到堆场，整个作业环节中，除岸桥小车采用自动化加人工远程操控外，其他作业过程均为全自动化作业模式。

深海里“造”出的土地 大小相当于 1000 多个标准足球场

从 20 世纪 90 年代开始，中国交建就承担了洋山港码头勘察设计工作，即从 2002 年一期开工建设至 2017 年，中国交建建设者在洋山港已建设了 15 年。

从深海里“造”出 800 万平方米土地，大小相当于 1 000 多个标准足球场。新大陆海拔 11 米，海底打桩最深可达 39 米。洋山也从面积仅有 1.76 平方公里的小岛，到现在通过填海造地达到近 10 平方公里。

在洋山港之前，要在水深 39 米的海里填出陆地，中国从来没有过。日本的关西机场是深海造田造出来的，最大水深不过 25 米，他们声称关西机场是“世界上最了不起的深海工程”。

那么洋山的 39 米水深呢？可谓最中之最了。

在 20 世纪 90 年代，全球集装箱港口排名前 20 位都找不到上海港的名字。而如今，有了洋山港，上海港的集装箱吞吐量连续 7 年排名世界第一位。

从 2002 年洋山深水港区获批以来，经过一期、二期、三期近 15 年的建设，今天的小洋山已从纯粹的小渔村华丽转身为当今世界上规模最大的自动化码头。12 月 10 日开港的洋山港四期码头则是洋山港的续建工程。

相比洋山一期、二期和三期，四期码头因其智能化和自动化，全年可作业天数超过 315 天，刷新了码头吞吐量新纪录。其建成和投产巩固了上海港港口集装箱货物吞吐能力世界第一的地位。

装好集装箱的 AGV 自动导航卡可实现无人驾驶、自动导航、路径优化、主动避障，它的导航仪就是地下埋着的 61 483 枚磁钉。

TOS+ECS 系统犹如“大脑与神经” 全自动码头用上“中国芯”

据中国交建有关负责人介绍，洋山港四期作业效率将来会达到 40 箱/小时，远超人工码头的作业效率，实现减少 70%的人工。

40 箱/小时是什么概念？即便世界最优秀的码头操作工人，也无法达到这一效率。此外，自动化码头还能 24 小时不间断作业，保证操作工人人身安全，工作环境也得到极大改善，而且电力驱动，节能环保。

究竟是谁在指挥全自动化码头呢？

答案是上港集团自主研发的码头智能生产管理控制系统（TOS 系统）和中国交建所属振华重工自主研发的智能控制系统（ECS 系统），两者组成了洋山港四期码头的“大脑”与“神经”。这两套系统的研制与应用，让国内全自动化码头第一次用上“中国芯”。

在计算机指令控制下，40 多米高的桥吊会伸出长臂，准确锁住集装箱，将它们从船上抓起再放到 AGV 自动导航卡车上，装卸精度以毫米计。原来的桥吊司机则从桥吊驾驶室搬去了百米外的中央控制室，他们对着电脑屏幕就能完成工作。

上海振华重工长兴分公司质量监督部经理赵双宝已经在振华工作 15 年。他告诉记者，全世界 70%以上的岸桥都是由振华制作完成的，平均一天半就要发一个岸桥，目前正在制作洋山港四期自动化码头第二批岸桥，预计明年就能交付使用。

“一座岸桥有 7 000 条焊缝，别小看这些焊缝，它们是桥吊的生命，我的工作就是要确保每一条焊缝合格，任何一条焊缝不合规都能导致机毁人亡。这 7 000 条焊缝对我而言就是中国制造的含义。如果说以往我们是在做中国制造的话，未来我们要做的是中国智造，在自动化码头上，每一台设备都是有生命的，我们的工作就是赋予它们生命。”赵双宝说。

据了解，当初之所以决定要把洋山港四期建成全自动化码头，是因为这里的集装箱泊位长度是 2 350 米，而宽度只有 500 米。对于传统码头来说非常狭窄，如果按照传统方式，最大作业能力也就只有 500 万标准箱；如果设计成无人码头，则吞吐量可以提升 25%，达到 630 万标准箱。

目前，全球已建成的全自动化码头分别为美国长滩、中国厦门和青岛，此前被誉为“码头大脑”的运行管理系统由一家德国公司开发设计。为了实现零的突破，在洋山港四期立项时就明确必须通过自主创新让这个“大脑”装上“中国芯”。接到任务后，科研团队反复试错，不断打磨，最终拿出了一套新系统，效率比国外软件还高 1/4。

上港集团总裁严峻表示，希望通过自身管理水平提高、科技运用，不断提高码头作业效率，降低客户物流成本。上港集团董事长陈戌源则希望，争取成为一个响当当“中国芯”的中国港口名片，把中国自己的技术推广到国外码头上去。

上海洋山港作为中国港口建设的旗舰工程，尤其是四期全自动化码头的背后，是中国港口建设体系的强力支撑。洋山港是中国港口建设走向深海的标志，也预示着中国港口规划建设能力基本实现全球无禁区。

（资料来源：新浪网）

试分析此资料。

六、世界集装箱港口吞吐量排名

表 4-1 总结了 2015—2016 年的世界集装箱港口吞吐量排名及对应每个港口的吞吐量情况，请自查资料总结 2017—2019 年的排名情况及对应的吞吐量，并对 2015—2019 年的总体排名情况进行总结，说说从中发现了什么规律和趋势，与这几年的全球经济发展趋势有何关系。

表 4-1　2015—2019 年世界集装箱港口吞吐量排名　　单位：万标准箱

	1	2	3	4	5	6	7	8	9	10
2015	上海 3654	新加坡 3092	深圳 2420	宁波-舟山 2063	香港 2011	釜山 1943	青岛 1743	广州 1739	迪拜 1559	天津 1411
2016	上海 3713	新加坡 3090	深圳 2411	宁波-舟山 2157	香港 1963	釜山 1943	广州 1858	青岛 1801	迪拜 1480	天津 1450
2017										
2018										
2019										

精华总结

- 全国沿海港口划分为环渤海、长江三角洲、东南沿海、珠江三角洲和西南沿海 5 个港口群，并形成煤炭、石油、铁矿石、集装箱、粮食、商品汽车、陆岛滚装和旅客运输 8 个运输系统。
- 中国的远洋运输分为东行、西行、南行、北行四组主要航线。
- SWOT 分析应用非常广泛，可以应用于企业战略分析，也可以应用于个人的发展分析。

子任务三　港澳台海上运输布局分析

学习目标

知识目标：

了解港澳台概况

熟悉港澳台经济发展

掌握港澳台海上运输及主要港口

技能目标：

能够对港澳台经济发展及海上货运进行分析

引导案例

梁振英承诺继续提升香港国际航运中心地位和推动海运服务业发展

香港特别行政区行政长官梁振英 1 月 13 日发表主题为“创新经济、改善民生、促进和谐、繁荣共享”的《施政报告》，指出香港要发展经济，必须有新的和长期的动力。香港应该充分把握国家“十三五”规划和“一带一路”建设所带来的良机，推动融资、商贸、物流、航运及专业服务等向高增值方向发展。他认为香港与“一带一路”沿线国家互补性强，发展协同效应的潜力很大。

梁振英指出，特区政府将全力支持新兴产业和增强传统产业的竞争力。政府将会向“创意智优计划”额外注资 4 亿港元，资助创意产业发展，特别是培育初创公司和人才。同时特区政府将预留 20 亿港元，用投资收入资助院校进行研究及用 20 亿港元成立创科创投基金，吸引私人风险投资基金共同投资于本地的创科初创企业。

他在《施政报告》中还指出，环境问题是本届特区政府的另一工作重点。这几年香港的空气质量明显改善。特区政府将通过净化海港计划第二期等措施，进一步改善香港的空气和海域水质状况。

《施政报告》还提出特区政府将成立“十三五”规划和“一带一路”与内地合作督导委员会及跨部门的专职办公室，加强香港在国家的发展政策上的角色，并且拨款加强金融、航运等专业人才的培训。

海运方面，梁振英在《施政报告》中指出，海运及物流行业 2013 年占香港生产总值的 3.3%，提供约 19 万个就业机会。特区政府计划整合现时的航运发展局及港口发展局，成立新的“香港海运港口局”，由运输及房屋局局长担任主席，为发展高增值航运服务业全方位推动人力培训、市场推广宣传及研究发展事宜，并协助政府制定策略和政策，提升香港的国际航运中心地位，尤其是推动海运服务业群配合国家的“十三五”规划、“一带一路 ”倡议得到进一步发展。

《施政报告》还提到将进一步发展香港作为亚太区国际法律和解决争议服务中心的工作。报告提到，除本地机构外，不少国际和地区相关组织在香港设立了办事处或仲裁中心，包括国际商会国际仲裁院、中国国际经济贸易仲裁委员会、海牙国际私法会议及中国海事仲裁委员会。此外，中央政府及特区政府去年与总部设于海牙的常设仲裁法院分别签订了有关该院在香港开展争议解决程序的《东道国协议》和相关的《行政安排备忘录》。特区政府将继续推动这方面的工作。

梁振英指出，香港将积极响应国家“十三五”规划的建议，发挥香港的独特优势，提升香港在国家经济发展和对外开放中的地位，巩固香港国际金融、航运、贸易三大中心地位，将进一步推进和加深内地与香港在社会、民生、科技、文化、教育、环保等领域的交流合作，充分发挥香港作为国家“超级联系人”的作用，深化泛珠三角区域等合作。

《施政报告》还提到 ，香港将扩展保护投资协定、全面性避免双重课税协定，以及就航运收入做出双重课税宽免安排等协议所覆盖的网络，争取与仍未签署这些协定的国家尽快进行磋商，务求为香港与“一带一路”沿线国家之间的商务合作提供保障及便利。

特区政府还推出了多项措施，优化现行输入人才的安排。鼓励香港移民的第二代回流就业的试验计划反应良好。特区政府还计划设立专题资讯平台，为香港移民第二代、在海外高等院校留学的香港大学生及海外专业人士回流提供就业资讯。

此外，《施政报告》还就房屋与土地供应、扶贫安老助弱、医疗卫生、市政建设等方面做了详尽的阐述。香港各界包括航运界都对《施政报告》表示欢迎。

（资料来源：航运界，http://www.ship.sh/news_detail.php?nid=19365）

知识储备

一、香港

1. 概况

全称为中华人民共和国香港特别行政区，简称港。

香港地处欧亚大陆东南部，位于珠江口东侧，南海之滨，毗邻广东省，北与深圳经济特区相连，西与澳门特别行政区隔海相望，背靠大陆，面朝南海，为珠江内河与南海交通的咽喉，南中国的门户，正是由于与中国大陆紧密相连，在一定程度上弥补了其本身面积小的不足；处于南海与台湾海峡的交汇处，是亚洲及世界的航道要冲和重要的国际商港，同时也是北美、欧洲和日本的经济贸易进入中国经济特区和广大内陆腹地最重要的大门。

香港包括香港岛、九龙半岛、新界本土及离岛（262 个岛屿）四部分，共计 1 097 平方公里，略大于上海市的 1/6。

香港自然资源极其有限，几乎所有物质，包括食品、工业原料、机器、燃料，甚至饮用水，都要依赖外地输入和供给。

香港的渔业资源非常丰富，南海水域是极为广阔的渔场。

2. 外贸

香港地区是举世闻名的贸易港口，是重要的国际贸易中心，对外贸易是香港地区的重要经济支柱之一。香港地区对外贸易包括进口、港制产品出口和转口贸易三大部分。进口市场主要是日本等亚洲国家，其次为美国、韩国、新加坡、德国和英国。香港地区产品主要输往中国内地、美国、英国、德国、日本、加拿大、澳大利亚、新加坡、荷兰、瑞士、法国。转口商品主要输往美国、新加坡、印度尼西亚、日本、韩国、菲律宾、沙特阿拉伯等国家和地区。内地是香港地区的最大贸易伙伴，香港地区九成转口货物来自内地。

3. 航运

香港的现代物流是从20世纪90年代才逐渐受到重视的，过去香港并没有一个完整的物流管理概念，也没有统一的物流政策。但由于香港是跨国企业的集中地，也是外商进入中国市场的渠道、打开内地市场的试点，这些国际性集团把在其他国家开拓物流的经验、先进的技术及成熟的物流管理方案引入香港，无形中为香港物流业打稳了基础。另外，银行财政健全、集资比较容易和其他固有优势，使香港物流业得到快速而健康的发展。

香港港

港口英文名	港口代码	港口缩写	所在国家
HONGKONG	HKHK	HKG	CHINA

香港港是全球最繁忙和最高效率的国际集装箱港口之一，也是全球供应链上的主要枢纽港。目前，有80多条国际班轮每周提供约500班集装箱班轮服务，连接香港港至世界各地500多个目的地。

香港有世界上罕见的深水良港，终年不淤不冻。它背靠中国内地，面向东南亚，地处亚太中心，可经太平洋和印度洋的海上干线，通往世界各地。这为航运业的发展和货物中转提供了极好的地缘条件。它的港口、码头的设备先进，可容纳上百艘远洋轮船同时靠泊和系泊作业；同世界上100多个国家和地区有航运往来，拥有一个以香港为枢纽，航线通达五大洲、三大洋的完善的海上运输网络；世界各个船舶公司均在港设有分支机构，使这里成为国际航运财团在亚太地区的行政和船舶管理中心。

小知识

香港的维多利亚港水深港阔，与美国旧金山、巴西里约热内卢并称为世界上三个最优良的天然深水港。

香港国际集装箱堆场的活动均以自动化系统进行计划、协调和监督，电脑系统存有每个集装箱的详尽资料，提供多种查询、报告及分析工具，协助管理集装箱储存。自动化系统与“信息交换服务”和闸口程序自动化系统联通，并具有显示堆场三维地图的特别功能，能随时提供码头最多9万个标准箱的准确位置。通过这些先进技术，码头实现了缩短船只靠泊时间的目的，加快集装箱车在码头的周转，并对客户的特别要求做出弹性处理。

香港实行世界上最开放的自由港航运政策：航运企业可自由经营，个人和企业均可在港投资经营航运业，不受国籍和投资比例与形式的限制；各国船舶可自由通航，除极少数政府规定的商品外，货物免税、免检；香港船东所拥有的船舶可自由选择在任何国家和地区注册登记；任何国家的船舶，只要符合香港船舶注册法例的规定，均可在港注册。

二、澳门

1. 概况

全称为中华人民共和国澳门特别行政区，简称澳。

澳门位于珠江入海口的西岸，东临珠江口，西接磨刀门，南对南中国海，北以关闸为界与珠海经济特区的拱北接壤。

澳门地区由澳门半岛、氹仔（Taipa）和路环（Coloanrr）两个离岸小岛组成，总面积 29.5 平方公里。

澳门海岸线长达 937.5 公里，形成了南湾、东湾、浅湾、北湾、下湾（以上位于澳门半岛）、九澳湾、竹湾、黑沙湾、荔枝湾（以上位于路环）等多处可供船只停泊的地方。目前除九澳湾、竹湾、黑沙湾外，其他港湾已经开辟成港口码头，或者因为淤泥堆积或填海而消失殆尽。

澳门的自然资源较为缺乏，从原材料到粮油食品，以及 90%以上的鲜活食品都需从邻近地区进口。在生产资料上，较为廉价的原材料和机械设备等大多来自香港、台湾地区和内地，高价产品大多来自日本和欧洲。在生活物资方面，日常所需的各类鲜活商品主要从内地引进。

2. 外贸

在澳门经济中，进出口贸易具有重要的地位和作用。葡萄牙在单方面强租澳门后，就着手开辟了到欧洲、印度、东南亚、中国内地、日本、拉丁美洲等地的航线，进行贸易活动，使澳门成为重要的国际商埠。早在 1845 年，葡萄牙政府就宣布澳门为自由港，允许各国商船至澳门自由贸易。鸦片战争后，澳门在国际贸易中的地位为交通便利、有深水良港的香港所取代，但是进出口贸易仍是澳门经济的生命之源。

澳门凭借其自由港的优势，与世界上许多国家有紧密的经济联系。近 30 个国家设有驻澳门领事，110 多个国家和地区与澳门有贸易关系。澳门参加了“世界贸易组织”及这个组织下属的“多种纤维协定”，并有多种产品享受欧洲共同体市场的“普遍优惠税制”。这些有利条件使得澳门的对外贸易在近 30 年来获得了发展。

澳门的进口商品主要来自中国内地和香港。进口的商品以纺织品及其原料、机电设备、食用工业制品为主。澳门出口贸易以美国和欧洲联盟为主要对象。出口产品以成衣和毛织衫为主，还有玩具、人造花、电子产品、手套、木家具等。

3. 交通运输

交通运输是澳门社会经济发展的生命线。澳门曾是我国对外交通最发达的门户，后因香港崛起，重要性让位于香港，20 世纪 60 年代后又在香港的影响下振兴对外交通。同时，澳门的市区交通也加快发展，出现了快速的波音喷船、飞翔船等。汽车密度发展到每公里 358 辆，道路车辆拥挤。澳门无深水港，只有沿海及内地航线。1995 年 11 月，澳门国际机场建成，开辟了通向包括台湾在内的国内、国外 20 多个城市航线。

澳门港

港口英文名	港口代码	港口缩写	所在国家
MACAU		MAC	CHINA

外港位于澳门半岛的东面，为往来香港的定期客轮上落乘客所专用。外港航道宽为 120 米，其海图深度维持 4.4 米。

内港位于澳门半岛西面，由 34 个码头组成，货物装卸都在此运作，而内港 14 号码头只供获当局批准的船只上落乘客。南舢舨码头位于内港 8 号与 9 号码头之间，供锚泊于内港的船舶上的人员登岸及离岸，且只限持有澳门居民身份证、葡籍认别证或获有当局批准权限的人士才可在此登岸及离岸，并应事前向该处的水警稽查分站报备。往内港航道及内港航道均为 55 米宽，两者的海图深度都维持 3.5 米。九澳港位于路环岛的东北面，九澳港包括油库码头、水泥厂码头、集装箱货运站码头及发电厂码头，往九澳港的共同航道，宽为 75 米。

三、台湾

在东海、南海和太平洋之间，有一块美丽富饶的土地，它形似一片巨大翠绿的芭蕉叶，漂卧在碧波万顷的大海之中，这就是我们祖国的宝岛——台湾。

1. 概况

台湾地区简称台，位于中国大陆东南沿海的大陆架上，东临太平洋；东北邻琉球群岛，两者相隔约 600 公里；南界巴士海峡，与菲律宾相隔约 300 公里；西隔台湾海峡与福建相望，最窄处为 130 公里。台湾是西太平洋航道的中心，是太平洋地区各国海上联系的重要交通枢纽。

台湾地区的范围，主体部分包括本岛、澎湖群岛 64 个小岛及环本岛的 20 余个附属岛；其他拥有行政权或驻军的部分，尚有大陆福建外海的金门列屿、马祖列岛及南海中的南沙群岛。

台湾海峡呈东北向西南走向，北通东海，南接南海，长约 200 海里，宽 70 ~ 221 海里，平均宽度约 108 海里，是国际海上交通要道。中国东海和南海之间往返的船只从这里通过；从欧洲、非洲、南亚和大洋洲到中国东部沿海的船只也从这里通过；从大西洋、地中海、波斯湾和印度洋到日本海的船只一般也经过这里。

台湾虽然人均 GDP 较高，但内需市场狭小，自然资源较少，科技基础薄弱，受此制约，形成了“浅碟子经济”的特点。这一特点主要表现在对海外市场和技术的依赖程度较高。

2. 外贸

对外贸易是台湾经济发展的基础，20 世纪 60 年代以来，台湾的经济基础围绕着“进口—加工—出口”进行，对外贸易发展迅速。进口贸易以工农业原料为大宗业务，60 年代中期之后进口商品以电子产品、机械、原油、钢铁、运输工具、食品饮料及烟类为主。过去一向以农产品为主的加工工业逐渐为产值较高的水产品、园艺加工产品所代替。近年来，出口的工业品中，重化工业产品已有所增加，但目前仍以劳动密集型的轻纺工业为主，主要出口产品有纺织品、玩具、金属制品、塑料制品、机械制材及木制品。中国台湾与美国、日本、新加坡、印度尼西亚、加拿大等国家及我国内地、香港、澳门等有贸易往来，数量达到 100 多个，但主要集中于美国、中国香港和日本，其中，对美国和日本的出口额占 55%，进口额约占 50%。

3. 海运

台湾四面环海，海运交通十分发达，国际贸易主要依靠海上运输。目前，省内拥有高雄、基隆、花莲、台中等大型港口。其中，高雄和基隆都是商港、军港和国际港口。各大港口内，每日都会有轮渡发往各离岛及金门、马祖。

高雄港

港口英文名	港口代码	港口缩写	所在国家
KAOHSIUNG	TWKHH	KAO	CHINA

基隆港

港口英文名	港口代码	港口缩写	所在国家
KEELUNG	TWKL	KEE	CHINA

台中港

港口英文名	港口代码	港口缩写	所在国家
TAICHUNG	TWTXG	TCH	CHINA

花莲港

港口英文名	港口代码	港口缩写	所在国家
HUALIEN	TWHUN		CHINA

高雄港在 2017 年上半年排名中为世界第十三大货柜港口，近几年名次有所下降。基隆港、台中港、花莲港均为国际商港。国际商港辅助港口则有台北港（基隆港辅助）、苏澳港（基隆港辅助）、安平港（高雄港辅助）。

商港目前有 4 座，嘉义县的布袋港及澎湖县的马公港主要以离岛运输及观光为主，均由高雄港务局管理。金门港与马祖港由当地政府自营，通过小三通模式，与中国大陆直接通航，并进行非正式贸易活动。福建当地台商，也多循此途径往来两地。

此外，还有工业专用港和渔港若干。

台湾的定期航线有台日航线、香港航线、台美定期航线、中东线、欧洲线；其他航线则包括东南亚线、中南美线、东南非航线、澳洲线、印度尼西亚线、西非线等。

阳明海运、长荣海运与万海航运为台湾最大的三家海运公司。

任务检阅

一、自由港

香港的经济、贸易、物流等的发展除源于它的优良地理位置以外，很大程度上源于它的自由港政策。那么，从全球范围来看，除香港以外，还有哪些自由港？它们的发展如何？

二、香港船王——包玉刚

包玉刚的父亲包兆龙从事房地产行业，他劝包玉刚子承父业，而包玉刚认为从事房地产是死的，只能收租，没有雄厚的资金斗不过英国富翁。办航运是一项好的投资，船是动产，处于运动之中，不受限制；而且航运业涉及金融、经济、政治、工程技术，可以大做文章。他根据香港在进出口贸易的有利地位，坚信海运业将会有大发展。于是，1955 年 7 月 30 日，“金安”号——环球航运集团的第一艘船只开始启航了。对包玉刚来说，这是他事业发展的开始……

请把包玉刚的故事补充完整，并讲给你的同学听听。

三、香港物流业发展的 SWOT 分析

根据所学知识及课外资料，试完成香港物流业发展的 SWOT 分析，并进一步讨论发展对策。

优势 S	劣势 W
机会 O	威胁 T

发展对策：______________________________

____

____

四、东方海外

东方海外是全球最具规模的集装箱运输和物流服务供应商之一，在全球超过 58 个国家设有 230 多家分支结构，为世界顶尖的航运企业，也是为香港最为熟悉的环球商标之一。

1947 年董浩云先生创办了东方海外，1982 年，董浩云先生去世，其子董建华先生执掌东方海外的母公司东方海外（国际）有限公司（“东方海外国际”）长达 14 年之久。1996 年，董建华先生当选香港特别行政区行政长官后，其胞弟董建成先生便接任东方海外国际主席之职。

东方海外的服务范围全面覆盖东西航道，提供若干最快捷的航线，定期航线连接亚洲、北美、欧洲、地中海、印度次大陆及中东，在亚太区的服务包括澳洲和新西兰的定期航线。它是大联盟的成员，该联盟投入 150 多艘船只，提供亚洲/欧洲、亚洲/地中海及亚洲/北美航线的定期服务。东方海外在亚洲港口的覆盖面之广无与伦比，是服务中国市场的主要航运公司，以领先的集装箱运输和物流服务而享负盛誉。

东方海外在世界各地拥有的集装箱码头，与船队、办事处和多式联运网络的运作紧密配合。它的联营公司在亚洲和北美拥有众多专用码头，如温哥华的 Deltaport 和 Vanterm、加利福尼亚的长滩集装箱码头、纽约和新泽西的全球码头、纽约的 Howland Hook 和台湾高雄的 KAOCT。

除集装箱运输和集装箱码头外，东方海外还在全球经营一些堆场、仓储和集装箱卡车运输公司。这些增值服务使东方海外提供的运输供应链更臻完善。

东方海外以其扩展多式联运网络的创新手法而著称，在中国尤其如此。它率先在中国推出了多式联运服务，1994 年，东方海外开创了郑州至香港的集装箱专列火车服务，这也是中国历史上第一列集装箱专列。第一列冷冻集装箱专列火车服务则北至哈尔滨，西至内陆的成都及西安。1998 年 12 月，推出了从西安到青岛的中国首列冷冻集装箱专列火车服务。1999 年 5 月又推出了成都到上海的冷冻集装箱专列火车服务。

通过高雄这一货运枢纽港，东方海外的船只可抵达日本所有的小港口。专门的航线将新兴市场与新加坡货运枢纽港连接起来，并使货物可以快速到达泰国、马来西亚和印度尼西亚。

东方海外的泛欧洲多式联运服务网络覆盖全欧洲 40 个主要港口。东方海外的三项欧洲区内服务连接西欧与斯堪的纳维亚-波罗的海（Scan Baltic）（芬兰、波兰、俄罗斯）及伊比利亚（Iberia）（西班牙、葡萄牙）地区。这些服务提供连接来往亚洲及北美的远洋及欧洲区内服务，帮助客户发展新市场。另外，东方海外于英国所开设的每日来往南安普敦（Southampton）及曼彻斯特

（Manchester）的火车专列（东方海外特别快车）“OOCL Express”为客户提供优质及可靠的内陆运输服务。在欧洲大陆，东方海外在各坐落于战略性位置的枢纽港发展穿梭其间的驳船及火车的接驳服务。在地中海以东一带，经由焦亚陶罗（Gioia Tauro），提供支线船的网络服务。

在美国和加拿大，铁路是多式联运的主要形式。东方海外与主要的火车服务供应商密切合作（BNSF、Norfolk Southern、CSX、Canadian Pacific、Canadian National、Union Pacific），提供至北美中心地区的最快捷、可靠的服务。定期双层集装箱火车将东西海岸的港口与主要的内陆地区和集散中心连接起来。

以上是对东方海外的简单介绍，那么为了更详细地了解东方海外的班轮运输服务，请上网查阅其定期发布的船期表，列举它的航线类型及挂靠的基本港。

另外，2018 年 7 月，中远海运完成了对东方海外的收购，请试查资料了解详情。

____

____

____

五、澳门海运业发展瓶颈

结合所学的及日常积累的知识，试分析澳门发展海运业的制约因素有哪些，有无改善措施，如何发展其物流业。

1. ______________________________________

2. ______________________________________

3. ______________________________________

六、台湾物流业发展的 SWOT 分析

根据所学知识及课外资料，试完成台湾物流业发展的 SWOT 分析。

优势 S	劣势 W
机会 O	威胁 T

精华总结

- 香港是国际航运中心。
- 香港、澳门实行自由港政策。

任务五

航空运输布局分析

学习目标

知识目标：

了解我国航空运输的发展
了解我国主要航空港
熟悉航空运输的分类
熟悉航线网络结构
掌握我国空运网络布局

技能目标：

能够对我国空运发展进行分析
能够对我国航空运输网布局进行分析

引导案例

国航正式开通成都—曼谷“白班”国际航线

2018年2月12日下午，随着执行CA471航班的空客A321飞机搭载172名乘客从双流国际机场腾空飞往泰国，国航成都—曼谷直达国际航线顺利首航，为蓉城春节出境游市场再添热度。

航班时刻优势明显。

国航成都—曼谷航线航班号为CA471/2，由国航西南分公司空客A321飞机每天往返执行一班。去程为下午14:40从双流国际机场起飞，17:00抵达曼谷素万那普国际机场；返程为18:00从素万那普国际机场起飞，21:50降落双流国际机场（以上时刻均为当地时间），单程飞行3个多小时。

目前，成都—曼谷航线已有泰国航空、东方航空、四川航空及低成本航空公司春秋航空、泰国狮航共5家公司参与经营，成都每周出港班次达31班，平均每天投入座位数接近900座。相比之下，CA471/2航班下午启程，晚饭前到达，旅客往返均不用熬夜起早，出行从容舒适，国航曼谷航线“白班机”的含金量十足。

据悉，国航成都—曼谷航线销售情况持续火热，显示出成都游客旺盛的春节出境需求。

国航此次开辟曼谷往返航线的一大目标，还盯上了当地潜在的欧洲中转客源。“曼谷一直是欧洲旅客的冬季旅游热点目的地，而在曼谷至巴黎、法兰克福航线上，各航空公司直达运力尚不能满足市场需求。开通成都—曼谷航线有助于完善国航全球航线网络，并为国航成都至法兰克福、巴黎航线吸引联程客源，进一步提升成都国家级航空枢纽地位。”国航西南营销中心业务人士介绍说。随着成都—曼谷航线开航，国航成都出港通达的国际（地区）城市增至13个。

（资料来源：锦程物流网）

航空运输的优点

1．速度快

速度快是航空运输的最大优势和主要特点。现代喷气运输机时速都在900公里以上，比海轮快20～30倍，比火车快5～10倍，它使得旅客的出行时间大大缩短，使得存货减少，保管费用降低。

2．灵活，不受地面条件影响

航空运输利用天空这一自然通道，不受地理条件的限制。对于地面条件恶劣、交通不便的内陆地区非常合适，有利于当地资源的出口，促进当地经济的发展。航空运输使本地与世界相连，对外的辐射面广，而且航空运输较公路运输与铁路运输占用土地少，对寸土寸金、地域狭小的地区发展对外交通无疑是十分适合的。

3．舒适

喷气式民航机的飞行高度一般在10公里左右，不受低空气流的影响，飞行平稳。20世纪70年代初出现的宽体客机，客舱宽敞，噪声小，机内供膳，有视听音乐设备，舒适程度大大提高。

4．安全

与其他运输方式相比，航空运输的安全性较高。尽管有飞行事故，会出现机毁人亡（事故严重性最大），但按单位客运周转量或单位飞行时间死亡率来衡量，航空运输的安全性是很高的。航空公司的运输管理制度也比较完善，货物的破损率较低，如果采用空运集装箱的方式运送货物，则更为安全。

5．节约包装、保险、利息等费用

由于采用航空运输方式，货物在途时间短，周转速度快，企业存货可以相应地减少。一方面有利于资金的回收，减少利息支出，另一方面企业仓储费用也可以降低。又由于航空货物运输安全、准确，货损、货差少，保险费用较低，与其他运输方式相比，航空运输的包装简单，包装成本减少。这些都构成企业隐性成本的下降、收益的增加。

6．快速性和机动性

由于航空运输所具有的快速性和机动性，以及民航所拥有的机场和空勤人员对军事交通运输的潜在作用，各国政府都视民航为准军事部门。一旦发生战争或紧急事件，军事部门可依据有关条例征用民航设施和人员。

航空运输的缺点

1．运载能力低，运输成本高

飞机的机舱容积和载重能力较小，因此单位运输周转量的能耗较大。除此以外，机械维护及保养成本也很高。

2. 受气候条件限制

飞行条件较高，航空运输在一定程度上受到气候条件的限制，从而影响运输的准点性与正常性。

3. 可达性差

在通常情况下，航空运输难以实现客货的“门到门”运输，必须借助其他运输工具转运。

4. 运营成本高

航空运输属于资金和技术密集型行业，投资大、飞行成本高。与其他运输方式相比，航空客货运价高，只适用于人员往来和时效性较强的货物和邮件等的运输。

子任务一　航空运输发展分析

学习目标

知识目标：

了解我国航空运输的发展

熟悉航空运输的分类

技能目标：

能够对我国空运发展进行分析

引导案例

1. 特朗普政府或出售华盛顿两大机场

据 CNBC 报道，当地时间周一，美国总统特朗普公布了其 2018 年财政预算提案，特朗普政府正在考虑出售华盛顿杜勒斯国际机场及罗纳德里根华盛顿国家机场。据悉，这两大机场是目前美国少有的仍由联邦政府所有的机场。

2. 西捷航空申请用 787 客机开通中国及日本航线

据彭博社报道，西捷航空 CEO Gregg Saretsky 透露，西捷已向加拿大及其他国家民航部门申请用 787 梦想客机开通飞往中国及日本的航线。据悉，西捷将于明年接收 3 架 787，今年 7 月其首个 787 执飞的国外目的地或将公布。

3. 激烈的竞争和涌入的资本给飞机租赁市场带来压力

据路透社报道，渣打银行近日表示，由于过量的资本涌入及随之而来的竞争加剧，全球 2 610 亿美元的飞机租赁市场正面临着租赁利率的压力。渣打银行航空金融主管 Kieran Corr 认为：“租赁利率有所下降，但是我们及其他租赁商必须保持自身的策略，购买正确的资产。”据悉，渣打银行旗下租赁公司 Pembroke 是世界第 17 大租赁商。

4. 1 月空客收获 20 架飞机订单，交付 27 架

2018 年 1 月空客公司收获 20 架 A320 系列飞机订单，同时向客户交付了 21 架 A320 飞机、

2 架 A330-300 及 4 架 A350-900 飞机。至 1 月底，空客储备订单总量达到 7 253 架，以现在的产量算，足够生产 9 年。

5. 空客 A321LR 进行首次跨大西洋飞行测试

空客 A321LR 飞机将于 2018 年 2 月 13 日进行首次跨大西洋飞行测试，从巴黎飞往纽约肯尼迪机场。A321LR 飞机配备 CFM 国际公司生产的 Leap-1A 发动机，于 1 月 31 日完成首飞。

6. 2017 新加坡入境旅客量达到 2008 年以来最高水平

2017 年新加坡入境旅客量达到 1 740 万人次，同比增长 6.2%，其中通过航空运输的旅客为 1 350 万人次。这一数字是 2008 年以来的最高水平。

7. 法荷航被指责违规收取银行卡订票手续费

据 Daily Mail 报道，法荷航近日被指责向英国乘客违规收取信用卡及借记卡订票手续费。据了解，两家航司被发现向旅客收取 2%的手续费，而他们同时将原因归结为“银行处理方面的混淆”。

8. 美西南航空恢复芝加哥航班

据路透社报道，当地时间周一，美西南航空表示芝加哥中途国际机场的航班运营已经开始恢复，除冰剂已经得到补充。据悉，由于除冰剂不足，美西南航空周日曾不得不取消中途国际机场的所有航班。

（资料来源：民航资源网）

知识储备

航空运输是使用航空器运送人员、货物的一种运输方式。随着飞机技术的发展和飞机性能的提高，航空运输的发展十分迅速，航空运输已成为世界上一种重要的运输方式。随着我国经济的不断发展，航空运输已成为我国客运、货运不可缺少的一种运输方式。

一、航空运输的分类

这里指的航空运输是利用各类民用航空器从事执行军事、海关和警察任务以外的航空运输，分为民用航空和通用航空两大类。

1. 民用航空

民用航空是指在国内和国际航线上使用航空器以营利为目的地从事定期或不定期飞行，进行旅客、行李、货物和邮件的运输。可用于民用航空运输的航空器有气球、汽艇、飞机、直升机等。

2. 通用航空

通用航空是指利用民用航空器从事为工业、农业、林业、牧业、渔业生产和国家建设服务的作业飞行，以及从事医疗卫生、抢险救灾、海洋及环境监测、科学实验、教育训练、文化体育、游览等项飞行活动。通用航空涉及国民经济各个部门，有些已经成为部门经济的组成部分。

二、航空港

航空港是指航空运输用的飞机场及其服务设施。旅客办好登机手续，要通过直伸到机舱门口的步行桥上下飞机，犹如通过码头的浮桥上下船一样，故称“航空港”。

航空港由飞行区、客货运服务区和机务维修区三部分组成。飞行区是航空港面积最大的区域，设有指挥台、跑道、滑行道、停机坪等。为保证飞机的安全起降，机场上设有通信、导航、灯光、气象、空中交通管制等各种现代化设施。指挥台是整个机场的“大脑”，它通过无线电通信设备与飞机联络，发出起飞、着陆、等待飞行等指令，使整个机场有条不紊地工作。

客货运服务区是旅客、货物和邮件运输服务的区域。机务维修区设有维修厂、维修机库和停机坪等。此外，还有消防队、急救站、储油库，并有供电、供热、供冷、供水、排水等设施。

三、我国航空运输的发展

中国民用航空发展至今主要经历了 4 个阶段。

（1）第一阶段。1949—1978 年，是中国民航事业发展的初期。这一时期，民航由于领导体制几经改变，航空运输发展受政治、经济影响较大，基本处于停滞状态。1978 年，航空旅客运输量仅为 231 万人，运输总周转量 3 亿吨・公里。

（2）第二阶段。1978—1987 年，是中国民航的独立发展时期。按照邓小平同志“民航一定要企业化”的指示，民航决定脱离军队建制，中国民航局从隶属于空军改为国务院直属机构，实行企业化管理。中国民航业从此有了巨大的发展，国内航线大大增加，并建立了通向世界各大洲的国际航线网。

（3）第三阶段。1988—2001 年，是中国民航体制改革时期。这一时期，对民航业进行了以航空公司与机场分设为特征的体制改革，主要内容是将原民航北京、上海、广州、西安、成都、沈阳 6 个地区管理局的航空运输和通用航空相关业务、资产和人员分离出来，组建了 6 个国家骨干航空公司，实行自主经营、自负盈亏、平等竞争。这 6 个国家骨干航空公司是中国国际航空公司、中国东方航空公司、中国南方航空公司、中国西南航空公司、中国西北航空公司、中国北方航空公司。

1993 年 4 月 19 日，中国民用航空局改称中国民用航空总局，属国务院直属机构。12 月 20 日，中国民用航空总局的机构规格由副部级调整为正部级。

（4）第四阶段。2002 年至今，是中国民航发展的新阶段。2002 年 3 月，中国民航业再次进行重组，同年 10 月 11 日，中国航空集团公司、东方航空集团公司、南方航空集团公司、中国民航信息集团公司、中国航空油料集团公司、中国航空器材进出口集团公司宣告成立并同时与中国民用航空总局脱钩。中国民航运输及服务保障六大集团公司的成立，是中国民航深化体制改革取得的重大成果，标志着中国民航体制改革终于取得了实质性进展和根本性突破，中国民航发展进入了新的阶段。

2008 年 3 月成立中国民用航空局（简称民航局或 CAAC），其前身为中国民用航空总局。它是中华人民共和国国务院主管民用航空事业的部委管理的国家局，归交通运输部管理。

航空运输发展数据（2018 年）

基础设施：

2018 年年末共有颁证民用航空机场 235 个，比上年增加 6 个，其中定期航班通航机场 233 个，定期航班通航城市 230 个。

年旅客吞吐量达到 100 万人次以上的通航机场有 95 个，比上年增加 11 个，年旅客吞吐量达到 1 000 万人次以上的有 37 个，增加 5 个。年货邮吞吐量达到 10 000 吨以上的有 53 个，增加 1 个。

运输服务：

全年完成旅客运输量 6.12 亿人，比上年增长 10.9%，旅客周转量 10 711.59 亿人·公里，增长 12.6%。其中，国内航线完成旅客运输量 5.37 亿人，增长 10.5%，港澳台航线完成旅客运输量 1 127.10 万人，增长 9.8%；国际航线完成旅客运输量 6 366.70 万人，增长 14.8%。

完成货邮运输量 738.50 万吨，比上年增长 4.6%，货邮周转量 262.42 亿吨·公里，增长 7.7%。

民航运输机场完成旅客吞吐量 12.65 亿人，比上年增长 10.2%。完成货邮吞吐量 1 674.02 万吨，增长 3.5%。

交通固定资产投资：

全年完成民航固定资产投资 857 亿元，比上年下降 1.3%。

（数据来源：交通运输部）

小知识

我国第一条国内航线：1920 年开通的北京—天津航线。

我国第一条国际航线：1936 年开通的广州—河内航线。

任务检阅

资料分析

亚马逊的快递航空战：与快递巨头 UPS 和 FedEx 争抢市场

正值春运，航空市场相当繁忙，但当中又有多少装的是快递……

随着电商业务量的爆发，越来越多的快递需求让天上有了更多的货运飞机，更有多家快递公司成立了航空公司。在美国，亚马逊也正加速布局快递业，与老牌快递巨头 UPS 和 FedEx 争抢市场。

据海外媒体报道，亚马逊未来几个星期将在洛杉矶试营，与亚马逊网站上的第三方商家开展快递业务，并计划于年内将业务扩大到全美。据悉，亚马逊计划通过压低价格与 UPS 和 FedEx 竞争，但还不清楚具体的收费结构。在此之前，这个名为 SWA 的快递业务曾在伦敦进行过试点，具体服务形式为亚马逊从需要派件的企业方（商家）接收包裹，然后送货给客户。

美国电商专家 Pat Petriello 指出，虽然 UPS 和 FedEx 历来是亚马逊的重要合作伙伴，但这个行业还是希望看到亚马逊与两者展开竞争的：组建自己的物流团队来打通“最后一公里”。供应链咨询公司 MWPVL 国际公司表示，亚马逊在过去三年里基本建立好了运输系统。2016 年年底美国派杰投资银行数据显示，亚马逊在 21 个州遍布了大约 70 个寄快递点。花旗集团表示，亚马逊采用 UPS 和 FedEx 来发货，平均每个快递要花费 7.81 美元。如果不使用两者的派送服务，通过自建物流体系，平均每个快递可节省 3 美元及以上，一年共减少约 11 亿美元开支。

进军快递业，亚马逊一直尝试各种“新玩法”：在美国各地数百万套公寓的邮件室里安装了订制的亚马逊储物柜，创建了一个能让快递员进入客户家门送货的系统。

而在过去两年里，亚马逊一直致力于创建自己的包裹运输网络——涉足航运，并建立了航空货运枢纽，租用了多达 40 架飞机。2017 年 2 月，亚马逊宣布投资近 15 亿美元在肯塔基州建立一座货运中转中心，从而满足自己不断扩张的机队需要，还正尝试利用无人机送货，意味着亚马逊正在构建一张包括公路货运、航空货运、航运业及“最后一公里”的完整运输体系，从而降低自己对于传统货运运输商的依赖程度。

据路透社数据，亚马逊在美国境内至少有10个机场部署有飞机，这些飞机主要运输轻型货物。

在传统航空货运场景中，货运航空公司是相对独立的承运人角色，对运输时效的包容度也较高。当快递公司甚至是电商巨头自己组建航空公司之后，则可以很好地控制链条上的时效。其实，在国内市场大量的高端时效件也在涌现。以生鲜为例，从山东的樱桃再到阳澄湖的大闸蟹，冷链物流需求在喷涌，跨境电商亟待释放，这都取决于航空力量。所以，近年来快递公司和电商巨头都意识到航运这块大蛋糕。就在去年，京东集团宣布与中国东方航空集团公司签署战略合作协议。

当然，亚马逊能否在航空快递业突出重围，还不得而知，毕竟UPS和FedEx在过去几十年里建立了昂贵、庞大而且直达全美各地的运输网络。但可以预见的是，会有越来越多的包裹乘坐“专机”，夜空将越来越繁忙。

（资料来源：证券时报）

请结合所学知识，分析上述资料。

子任务二　我国航空运输网布局分析

学习目标

知识目标：

了解我国主要航空港

熟悉航线网络结构

掌握我国空运网络布局

技能目标：

能够对我国航空运输网布局进行分析

引导案例

借力机器学习和大数据 盖特威克提高出港准点率

当前，提高出港准点率（OTD）是全球机场的共同目标，技术的发展为机场提高总体运行效率带来了新的机会。

盖特威克机场是英国第二大机场，同时也是全球最高效的单跑道机场。该机场的首席信息官Cathal Corcoran和IT商业与创新部门负责人Abhi Chacko认为，目前在该机场所开展的项目中，对机场运行影响最大的是：利用机器学习和大数据来更加精确地预测目标撤轮档时间（TOBT）。

目前，该机场在飞机抵达时预测撤轮档时间的准确率约为50%。通过与提供预测分析解决方案的ConvergentAI公司合作，利用机器学习可以将预测的精确性提高20%。这一技术正在实际运行中进行测试，因此盖特威克机场可以将其与传统人为预测方法进行比较。

Corcoran 表示，我们希望将预测的精确性提高到 85%，甚至 90%，对此我们很有信心。由于初始测试仅仅基于一年的数据和有限的变量，随着更多的数据导入系统中，包括乘客数量、行李数量、停机位的分配、机型、航点和天气信息，并且允许使用的历史数据可以追溯到一年前或更长时间，预测的精确性自然会开始提高。

他表示，作为全球最繁忙的单跑道机场，盖特威克机场所面对的难题是，无论任何时候发生何种程度的运营中断，不管是出港还是入港，都会产生连锁效应。盖特威克机场的运营团队已经做了大量工作来提高 OTD，包括优化人员配置、运营流程及与 Gatwick Family 合作伙伴的合作。为了取得进一步的提升，需要先进技术来发挥其作用。

Chacko 表示，我们认为，如果通过机器学习来进行预测，将能获得 1 小时的优势。这 1 小时可以用来对任何潜在的航班延误造成的影响进行恢复。

该机场的创新团队也在研究聊天平台如何帮助提升飞机过站流程的运营效率。约在两年前，盖特威克机场推出了 Community 应用，它是为机场工作人员设计的多机场应用程序。由 AirportLabs 开发的这一应用，目前被超过 1 万名机场工作人员所使用。盖特威克机场通过开发一个类似 WhatsApp 的聊天平台，方便地面人员在飞机过站流程中进行交流。

“尚未通过安检的乘客”

另一个在优先开展的项目被 Chacko 称为“尚未通过安检的乘客”。登机口的工作人员可以在他们的电子设备上查看有哪些乘客还没有通过安检。如果有迟到的乘客无法及时赶到登机口，这一功能将有助于确保航班准时起飞。

Chacko 解释，登机口的工作人员需要决定，是否等待迟到的旅客赶到登机口，或者立即停止登机。而现在的解决方案将使这些工作人员从安检点获得实时信息，了解有多少乘客通过了安检，是哪些乘客及在何时通过了安检。

Corcoran 表示，对于很少有机场采用这一方案，他感到吃惊。这是一个相对较小的项目，但是可以为机场运营带来持续的改进。

如果一名乘客错过了航班，有可能他的行李需要卸下来再次托运，而这是盖特威克机场正在努力解决的一个问题。行李图像查询工具允许地服人员根据标签或旅客订座记录（PNR），快速检索特定行李的照片。目前，这只适用于在自助行李托运区托运的行李。这个项目的核心理念是加速行李卸载的过程，这转而也会有助于提高出港准点率。

Corcoran 表示，我们已经捕捉了行李的图像，却没有充分利用。如果地服人员知道行李的形状、品牌、大小和尺寸，将使行李卸载更加容易和快捷。他还补充道，我们只能向地服人员提供，因为他们已经安装了 Community 应用。

物联网

物联网（IoT）是盖特威克机场重点关注的另一个方向。该机场正在利用物联网和探测装置，努力提高多个领域的效率。计划是在整个机场安装探测装置，从客座率、温度到噪声水平都进行监测，还有很多运营情况的监测，包括了解飞机加油何时开始及结束，飞机地面电源何时打开或关闭，发动机何时运转或停止，行李何时被送上传送带，等等。盖特威克机场希望推出一种工具，集成这些监测数据，并向相关各方提供过站流程的实时数据。

盖特威克机场还在不断引入帮助提升 OTD 的技术，还将进一步扩展到引入 soft radio。该技术将使得全球任何地点都可以通过机场的数字化无线电系统进行通信，并最终可以使机场员工将智能手机作为无线电设备使用。此外，机场人员的手持设备现在可以接收实时排序信息，还在对将无人机用于机场跑道异物探测和跑道检查，以及地面运行团队使用亚马逊语音助手 Alexa

等方面进行研究。

（资料来源：民航资源网）

知识储备

目前，全国民航共有国内、国际和地区航线1 257条，其中国内航线1 024条（其中港澳航线43条），国际航线233条。每天飞行4 023班，其中国内航班3 602班，国际航班421班。国内、国际和地区航线总里程达到200万公里。

一、航线网络结构

从目前航线网络的构成上分析，常见的单元结构形式有城市对式和中转辐射式两种。

1．城市对式

城市对式是空运网络中的基本单元结构。它的特点是两地间的直飞航线。由于形式简单、实用，便于进行运力上的调配，因此成为空运网络中最基本的单元结构，也是我国航线结构中所采用的主要形式。但是当航线两端的流量较低时，采用城市对式，会使航班的密度降低，从而使地面等待的时间过长，航空运输的快速优势就无法体现。因此在流量较小的机场之间采用城市对式航线并非明智之举。

2．中转辐射式

中转辐射式是目前较为成熟的网络结构，也是目前空运发达国家的航线网络中最常见的形式。中转辐射式结构由城市对航线和中心机场的辐射航线构成。通常要确定全国或区域范围内的中心机场，中心机场应该是区域范围内的航空客货集散地，同时与区外的其他中心机场之间有便利的空运联系，具有明显的内联外引的功能。中心机场之间采用城市对式航线直飞，再以每个中心机场为中转站建立其辐射航线。这样，流量较小的城市之间就无须采用对飞形式，而是通过中心机场中转而实现通航。

中转辐射式网络结构具有使空运网络衔接通畅，使空运网络适应市场需求，有利于机场网络的规划建设，有利于提高飞机的客座率和载运率等优势。中转辐射式网络的实现，一要建立中心机场，二要有便利的辐射航线。在保证干线飞行的同时，还必须使辐射航线保持较高的航班密度，这样才能实现航空运输快速的特点。

二、我国空运网络布局

1．国内航线

（1）我国国内航线集中分布于哈尔滨—北京—西安—成都—昆明一线以东的地区。其中又以北京、上海、广州的三角地带最为密集。从整体上看，航线密度由东向西逐渐减少。

（2）航线多以大、中城市为中心向外辐射，由若干个放射状的系统相互连通，共同形成全国的航空网络。目前，航线的单元结构以城市对式为主，以中转辐射式为辅。

（3）国内主要航线多呈南北分布。在此基础上，又形成由沿海向内陆延伸的东西向航线布局。

我国主要的国内航线有：北京—广州、北京—武汉、成都—拉萨、北京—乌鲁木齐、北京—哈尔滨、上海—北京、上海—昆明、上海—沈阳、上海—兰州、广州—哈尔滨、广州—厦门、广州—上海、沈阳—南京、沈阳—广州、西安—桂林、西安—重庆、成都—武汉、成都—西安等。

2. 国际航线

新中国的国际航线创建于 20 世纪 50 年代初，50—70 年代，由于受到政治、经济、外交等因素的综合影响，国际航线的发展是缓慢的。70 年代初，中华人民共和国在联合国取得了合法地位，1971 年 11 月 9 日，国际民航组织通过决议，承认中华人民共和国政府的代表为中国唯一合法代表。在这个形势下，我国民航的国际航线有了较大的发展，先后增辟了几十条国际航线。

（1）我国的国际航线以北京、上海、广州为中心，通过乌鲁木齐、昆明、厦门、深圳、大连、沈阳、哈尔滨等航空港向东、西、南三面辐射。

（2）国际航线的主流呈东西向。向东连接日本、韩国、北美，向西连接中东、欧洲，是北半球中纬度航空圈带的重要组成部分。

（3）我国的国际航线是亚太地区航空运输网络的重要组成部分，与南亚、东南亚、澳大利亚等有密切的联系。

按照航线的分布特征，我国的国际航线基本可分为东线、西线和南线。

（1）东线。

中日线：BJS/SHA/DLC/SHE/SIA—TYO/OSA/FUK/NGO/NGS

中韩线：SHA/SHE—SEL

中美线：BJS/SHA—SEA/SFO/LAX—CHI—NYC（JFK）

中加线：BJS/SHA—YVR—YTO

（2）西线。

北线：BJS—IKT/OVB—STO/MOW/SOF/FRA

南线：BJS/SHA—SHJ/DXB/BAH/KHI/IST/KWI/BGW/TLV/
LON/PAR/BRU/VIE/ZRH/ROM/MAD/BUH/CAI

（3）南线。

BJS—CAN/CTU/XMN/KMG/SZX—KUL/PEN/SIN/MNL/JKT/SUB/BKK—SYD/MEL

三、我国主要航空港

新中国成立以来，随着民航事业发展的需要，先后扩建、新建了一大批航空港。目前，我国大小航空港已有 140 多个，主要位于北京、广州、上海、成都、桂林、厦门、西安、南京、福州、海口、昆明、沈阳、汕头、武汉、乌鲁木齐等。其中北京首都机场，上海浦东、虹桥机场，广州白云机场，乌鲁木齐地窝堡机场等，均能在复杂气候条件下起降大型喷气式客机。

从中国大陆民航机场 2017 年全年的业务量排名来看，排名前五位的机场如表 5-1 所示。

表 5-1　2017 年中国大陆民航机场业务量排名

排名	一	二	三	四	五
客运量	北京/首都	上海/浦东	广州/白云	成都/双流	深圳/宝安
货邮量	上海/浦东	北京/首都	广州/白云	深圳/宝安	成都/双流

（1）北京首都国际机场。北京首都国际机场是我国运输生产最繁忙的大型国际航空港。北

京首都国际机场地理位置重要，不仅是首都的空中门户和对外交往的窗口，而且是我国民用航空网络的辐射中心。北京首都国际机场凭借优越的地理位置、齐全优质的服务设施，吸引了62家国内外航空公司，国内通航城市137个，国际通航城市95个，每周有7 000多个定期航班从这里飞往祖国和世界各地。

2008年建成投入使用的三号航站楼和第三条跑道，能承载空中客车A380等新型超大型客机。

（2）上海浦东国际机场。1999年建成通航的上海浦东国际机场，目前有两条南北向跑道，飞行区等级为4E级，为拥有1个航站楼、176个机位、13条到港行李传送带的国际性航空港。

浦东机场的航班量占到整个上海机场的六成左右，国际旅客吞吐量位居国内机场首位，货邮吞吐量位居世界机场第三位。通航浦东机场的中外航空公司已达48家，航线覆盖90余个国际（地区）城市、62个国内城市。

（3）广州白云国际机场。广州白云国际机场是中国第三大城市广州的门户，广东省省会广州市的一座大型民用机场，国内三大航空枢纽机场之一。这里有通往全国77个城市的102条国内航线和通往22个海外城市的22条国际及地区航线，是我国链接世界各地，特别是东南亚各国的重要口岸机场和国际航空交通枢纽。

小知识

地区航线——特指香港、澳门与内地的航线，是国内航线的组成部分，又是联系国际航线的重要桥梁。

（4）成都双流国际机场。成都双流国际机场是中西部最繁忙的民用枢纽机场、西南的航空枢纽和重要客货集散地，是前往拉萨贡嘎国际机场的最大中转机场，也是前往昌都邦达机场和林芝米林机场的唯一中转机场。成都双流国际机场自成立以来，每年均居中国十大繁忙机场之列，并始终保持空地安全事故为零的纪录。

（5）深圳宝安国际机场。深圳宝安国际机场是一个具有海、陆、空联运的现代化航空港，中国五大机场之一，世界百强机场之一，1991年正式通航，1993年成为国际机场。深圳宝安国际机场作为中国大陆第五大航空港，目前开通107条国际国内航线，可到达80余个国内国际城市和地区，是中国珠江三角洲地区重要的空运基地之一。

任务检阅

一、我国主要航空公司

我国主要航空公司有中国国际航空股份有限公司、中国东方航空股份有限公司和中国南方航空股份有限公司，它们合称中国三大航空公司。

1．中国国际航空股份有限公司

中国国际航空股份有限公司1988年在北京正式成立。它是中国航空集团公司控股的航空运输主业公司，是中国目前资产最多、运输量最大的航空运输企业。

中国国际航空公司是中国唯一挂载国旗的航空公司，不仅提供国际、国内的客货运输服务，而且承担国家领导人的专机任务。中国国际航空公司现经营114条航线，其中，国际航线43条，国内航线 71 条，每周定期航班 1 000 多个班次，飞往世界 19 个国家的 29 个城市，通达国内大部分省会、主要城市和旅游热点城市。

2．中国东方航空股份有限公司

中国东方航空股份有限公司是一家总部设在中国上海的国有控股航空公司，于 2002 年在原中国东方航空集团公司的基础上，兼并中国西北航空公司，联合云南航空公司重组而成。东方航空是中国民航第一家在香港、纽约和上海三地上市的航空公司。

东航集团拥有大中型飞机 400 多架，经过数年的调整优化和资源整合，东航集团已基本形成以民航客货运输服务为主，通用航空、航空食品、进出口、金融期货、传媒广告、旅游票务、机场投资等业务为辅的航空运输集成服务体系。

3．中国南方航空股份有限公司

中国南方航空股份有限公司是由中国南方航空集团公司发起设立，以原中国南方航空公司为基础，联合中国北方航空公司和新疆航空公司重组而成的航空运输主业公司。它是中国南方航空集团公司发起设立并控股的航空公司。2011 年 10 月 15 日，中国南方航空股份有限公司在首都机场接收了第一架空客 A380，成为中国首家、全球第七家运营空客 A380 飞机的航空公司。

中国南方航空股份有限公司是中国运输飞机最多、航线网络最发达、年客运量最大的航空公司。目前，南航经营包括波音 777、747、757、737，空客 A330、321、320、319、300、380 在内的客货运输机 400 架，机队规模跃居世界前六，形成了以广州、北京为中心枢纽，密集覆盖国内 150 多个通航点，全面辐射亚洲 40 多个通航点，链接欧洲、美洲、澳大利亚、非洲的发达航线网络，航线数量 660 多条，每天有 1 500 ~ 2 000 个航班穿梭于世界各地，每天投入市场的座位数可达 20 万个。通过与天合联盟成员密切合作，航线网络通达全球 884 个目的地，连接 169 个国家和地区，到达全球各主要城市。

请自查资料，并结合以上信息总结三大航空公司的航班设置情况。

✔ 小提示：中国国际航空股份有限公司网址：www.airchina.com.cn
中国东方航空股份有限公司网址：www.ceair.com
中国南方航空股份有限公司网址：www.csair.cn

二、我国空港代码

请总结我国主要航空港，并对表 5-2 进行补充。

表 5-2　国内空港代码及名称

国内空港					
代　码	英文名	中文名	代　码	英文名	中文名
BAV	BAOTOU	包头	CAN	GUANGZHOU	广州
CKG	CHONGQING	重庆	CSX	CHANGSHA	长沙
CTU	CHENGDU	成都	DLC	DALIAN	大连
DYG	ZHANGJIAJIE	张家界	FOC	FUZHOU	福州
HAK	HAIKOU	海口	HGH	HANGZHOU	杭州
HKG	HONGKONG	香港	HRB	HARBIN	哈尔滨

续表

代　码	英文名	中文名	代　码	英文名	中文名
KMG	KUNMING	昆明	KWL	GUILIN	桂林
LHW	LANZHOU	兰州	LYG	LIANYUNGANG	连云港
NGB	NINGBO	宁波	NKG	NANJING	南京
PEK	BEIJING	北京	SHE	SHENYANG	沈阳
PVG	SHANGHAI PUDONG	上海浦东	SHA	SHANGHAI HONGQIAO	上海虹桥
SIA	XI'ANXIGUAN	西安西关	SJW	SHIJIAZHUANG	石家庄
SZX	SHENZHEN	深圳	TAO	QINGDAO	青岛
TSN	TIANJIN	天津	TYN	TAIYUAN	太原
URC	URUMQI	乌鲁木齐	WNZ	WENZHOU	温州
WUH	WUHAN	武汉	XIY	XI'ANXIANYANG	西安咸阳
…					

精华总结

- 航空运输分为民用航空运输和通用航空运输。
- 航线网络结构分为城市对式和中转辐射式。
- 我国空运网络布局。

任务六

管道运输布局分析

学习目标

知识目标：

了解管道运输的发展

熟悉管道运输存在的问题

掌握管道运输的种类

掌握我国“西气东输”工程布局

技能目标：

能够对我国管道运输的发展进行分析

能够对我国“西气东输”工程进行分析

引导案例

中亚管道对华输气减少近半 国内天然气迎来史上最低库存

中亚管道天然气输送量骤降，给国内本已紧张的天然气供应带来更大的考验。

日前获得的中国石油天然气集团公司（下称中石油）2018 年 1 月 31 日下发的文件显示，由于目前供气形势持续恶化，1 月 30 日中亚管道来气从 1.2 亿立方米降至 0.7 亿立方米，同比减少近一半。

“中国联合石油有限公司（下称中联油）已经在与中亚供气国家进行交涉。”一位接近消息的人士透露，“如果中亚管道输气一直不恢复，企业也无计可施。供气国可以把供应中国的天然气转输到欧洲，卖出高价。”

“现在国内的天然气是历史最低库存。”该人士提供的北京油气调控中心数据显示，1 月 31 日 8 时，国内天然气管网管存达到应急低管存值 19.9 亿立方米；截至 2018 年 1 月 30 日 8 时，按照当前管网可供销售资源量 4.20 亿立方米/日、销售需求 4.45 亿立方米/日和自耗气 500 万立方米/日的速度来计算，国内的天然气资源缺口已经达到约 3000 万立方米/日。

“中亚供气国没有按照合同约定把应该给中国的天然气输送过来，理由包括输气设备坏了没钱修等。”一位来自三大国有石油公司的知情人士表示，中亚供气国由于自身用气量上升，并且希望对输华天然气涨价，所以没有按计划执行与中石油签订的天然气合同。

在中石油下发的这份名为《关于再次重申严格执行日指定计划的通知》中（下称《通知》），

措辞严厉地指出“中亚来气持续欠气 2000 万立方米/日，日均欠量达 3000 万立方米以上”。为全力维持管网安全运行，中石油将严格按日指定计划控制供气，坚决采取到量关阀和控制销售措施。否则“接近临界管存的中石油管道面临崩盘危险”。

始于阿姆河右岸的土库曼斯坦和乌兹别克斯坦边境的中国–中亚天然气管道，是世界上最长的天然气管道，全长约 10000 公里，经乌兹别克斯坦中部和哈萨克斯坦南部，从霍尔果斯进入中国后为“西气东输二线”。其中土库曼斯坦境内长 188 公里，乌兹别克斯坦境内长 530 公里，哈萨克斯坦境内长 1300 公里，其余约 8000 公里位于中国境内。

土库曼斯坦是中国管道天然气进口第一大国。海关总署数据显示，来自土库曼斯坦的进口量为 1932.2 万吨，占同期中国管道天然气进口总量的 84.6%。

“1 月，土库曼斯坦对华输气的气源来自土库曼斯坦天然气康采恩已经停机三次。”上述《通知》显示。

土库曼斯坦对华输气的气源分别来自土库曼斯坦天然气康采恩和中石油自营的阿姆河右岸区块，其中康采恩的气量约为 6500 万立方米/日。

自 2017 年 11 月 15 日供暖以来，为保障冬季用气，国内一直在加大管道天然气的进口量。12 月 27 日，在中石油派出阿姆河天然气公司原任总经理邓民敏出使土库曼斯坦进行协调后，土库曼斯坦向中国输气量达到 1 亿立方米/日，比此前增加了约 3000 万立方米/日，同比增长约三成。

中石油表示，执行“压非保民”原则，依据日指定计划合理安排供气。1 月 30 日夜间，北京油气调控中心开始执行到量关阀，全国共 12 家超日指定计划城燃用户被紧急关阀限气。

“中亚管道输气的减少，将影响到陕西、北京和西气东输部分沿线城市。”一位来自中石油管道分公司的知情人士表示，东北和华南地区的管网相对压力不大。

（资料来源：http://www.mycoal.cn/news/25/123778.html）

管道运输是一种利用管道输送气体、液体和粉状固体的运输方式。其运输形式是靠物体在管道内顺着压力方向循序移动实现的，和其他运输方式的重要区别在于，其管道设备是静止不动的。管道运输现已形成独立的技术门类和工业体系。它同铁路运输、公路运输、水路运输、航空运输并列为五大主要运输方式。

管道所输送的货物主要是油品（原油和成品油）、天然气（包括油田伴生气）、煤浆及其他矿浆。

管道运输是国民经济综合运输的重要组成部分之一，也是衡量一个国家的能源与运输业是否发达的特征之一。

管道运输的优点

1．运量大

一条输油管线可以源源不断地完成输送任务。根据其管径的大小不同，其每年的运输量可达数百万吨到几千万吨，甚至超过亿吨。

2．占地少

运输管道通常埋于地下，其占用的土地很少。运输系统的建设实践证明，运输管道埋藏于地下的部分占管道总长度的 95%以上，因而对于土地的永久性占用很少，分别仅为公路的

3%、铁路的 10%左右。在交通运输规划系统中，优先考虑管道运输方案，对于节约土地资源意义重大。

3．建设周期短、费用低

国内外交通运输系统建设的大量实践证明，管道运输系统的建设周期与相同运量的铁路建设周期相比，一般来说要短 1/3 以上。历史上，我国建设大庆至秦皇岛全长 1 152 公里的输油管道，仅用了 23 个月的时间，而若要建设一条同样运输量的铁路，至少需要 3 年时间。统计资料表明，管道建设费用比铁路低 60%左右。

4．安全可靠、环境效益好、连续性强

由于石油天然气易燃、易爆、易挥发、易泄漏，采用管道运输方式，既安全，又可以大大减少挥发损耗，同时由泄漏导致的对空气、水和土壤的污染也可大大减少，也就是说，管道运输能较好地满足运输工程的绿色化要求。此外，由于管道基本埋藏于地下，其运输过程受恶劣多变的气候条件影响小，可以确保运输系统长期稳定地运行。

5．耗能少、成本低、效益好

发达国家采用管道运输石油，每吨公里的能耗不足铁路的 1/7，在大量运输时的运输成本与水运接近，因此在无水条件下，采用管道运输是一种最为节能的运输方式。以运输石油为例，管道运输、水路运输、铁路运输的运输成本之比为 1∶1∶1.7。

管道运输的缺点

1．灵活性差

管道运输不如其他运输方式（如汽车运输）灵活，除承运的货物比较单一外，还不能随便扩展管线，无法实现“门到门”的运输服务。对一般用户来说，管道运输常常要与铁路运输或汽车运输、水路运输配合才能完成全程输送。

2．不适合非连续性运输

管道运输一般用于连续性运输的物资，对于运输量较小或者有不连续需求的物料，用管道运输也不适合，而常采用容器包装运输。

子任务一　管道运输发展分析

学习目标

知识目标：

了解管道运输的发展

熟悉管道运输存在的问题

掌握管道运输的种类

技能目标：

能够对我国管道运输的发展进行分析

知识储备

一、历史发展

现代管道运输始于19世纪中叶，1865年美国宾夕法尼亚州建成第一条原油输送管道。然而它的进一步发展是从20世纪开始的。随着第二次世界大战后石油工业的发展，管道的建设进入了一个新的阶段，各产油国开始竞相兴建大量石油及油气管道。

从20世纪60年代开始，输油管道的发展趋于采用大管径、长距离，并逐渐建成成品油输送的管网系统。同时，开始尝试用管道输送煤浆。全球的管道承担着很大比例的能源物资运输，包括原油、成品油、天然气、油田伴生气、煤浆等。其完成的运量常常大大高于人们的想象（如在美国接近于汽车运输的运量）。

近年来，管道运输也被进一步研究用于承担散状物料、成件货物、集装物料的运输，以及发展容器式管道输送系统。

二、管道运输的种类

按所输送的物品不同，管道运输可分为原油管道、成品油管道、天然气管道和固体料浆管道。

（1）原油管道。原油运输不外乎自油田将原油输给炼油厂，或者输给转运原油的港口或铁路枢纽，或者两者兼而有之。其运输特点是输量大、运距长、收油点和交油点少，故原油特别适宜用管道输送，世界上有85%以上的原油是用管道输送的。

（2）成品油管道。它指汽油、煤油、柴油、航空煤油和燃料油，以及从油气中分离出来的液化石油气等成品油（油品）的管道运输。成品油管道运输的特点是批量多、交油点多。因此，管道的起点段管径大，输油量大，经多处交油分输以后，输油量减少，管径亦随之变小，由此形成成品油管道多级变径的特点。

（3）天然气管道。输送天然气和油田伴生气的管道，包括集气管道、输气干线和供配气管道。就长距离运输而言，输气管道系指高压、大口径的输气干线。这种输气管道约占全世界管道总长的一半。

（4）固体料浆管道。它是20世纪50年代中期发展起来的，20世纪70年代初已建成，能输送大量煤炭料浆，输送方法是将固体粉碎，掺水制成浆液，再用泵按液体管道输送工艺进行输送。

三、我国管道发展现状

我国管道运输经历了50多年的发展历史，无论是管道建设还是油气运输都得到了较大的发展。油气管道运输主要经历了初始发展（1958—1969年）、快速发展（1970—1987年）、稳步发展（1988—1995年）和加快发展（1996年至今）四个阶段。

随着塔里木、吐-哈、准格尔、柴达木、鄂尔多斯和四川盆地油气田发展速度的加快及国外油气进口量的增加，我国油气管道建设进入了加快发展的高潮时期，1995—2008年全国油气管道总里程年均增加4 000多公里，管道油气货运量年均增加2 300 多万吨。特别是近些年，随着西气东输三条线、陕京线等天然气主干管道及多条联络管道的建设，以及西部原油（成品油）

管道、甬沪宁原油管道、珠江三角洲成品油管道工程的投产，我国油气管网覆盖面得到了迅速扩大。

我国建成投产的原油管道主要有庆铁线（大庆—铁岭）、东黄线（东营—黄岛）、鲁宁线（临邑—南京）、库鄯线（新疆库尔勒—鄯善）、沿江管线（仪征—长岭）、甬沪宁线（宁波—上海—南京）、庆哈线（大庆—哈尔滨）、阿独线（阿拉山口—独山子）、西部线（乌鲁木齐—兰州）、曹津线（曹妃甸—天津）等原油管道。目前，已经形成了东北、华北、中原、华东和西北地区四通八达、输配有序的区域性原油管网。

相较于油气管道建设的快速发展，我国输气管道建设更为迅速。2004 年建成投产的西气东输管线，以总长 3 856 公里成为我国第一条超长距离、大口径、高压力、大输气量的天然气管线。2008 年 2 月正式开工建设、2009 年年底西段投运、2011 年全线建成投运的西气东输二线工程，在与中亚天然气管道实现对接后，干线和支线总长度超过 1 万公里，把来自土库曼斯坦的天然气输送到我国中西部地区、长三角和珠三角地区等用气市场，是我国又一条能源大动脉，并是迄今世界上距离最长、等级最高的天然气输送管道。此外，近 10 多年间先后建成的轮库线（轮台—库尔勒）、鄯乌线（鄯善—乌鲁木齐）、靖西线（靖边—西安）、陕京线（陕北—北京）、涩宁兰线（青海涩北—西宁—兰州）、忠武线（重庆忠县—武汉）、兰银线（兰州—银川）、涩格复线（涩北—格尔木）等长输管道，已在川渝、华北及长三角地区形成了比较完善的区域性天然气管网，并在中南地区、珠三角地区基本形成了区域性输气管网主体框架。

我国成品油管道起步较晚，近年来取得了较大的发展，成品油管输比例逐年增加，先后建成了抚顺—营口鲅鱼圈、克拉玛依—乌鲁木齐、乌鲁木齐—兰州、兰州—成都—重庆、洛阳—郑州—驻马店、石家庄—太原、大港—枣庄、茂名—昆明等成品油管道干支线。目前，在西北、西南和珠三角地区已建成骨干输油管道，形成了“西油东运、北油南运”的成品油管道输送格局。

随着中哈原油管道和中亚天然气管道的建成投产，我国实现了管道进口油气零的突破。“十二五”期间建成中俄、中缅等战略油气管道，我国西北、东北和西南三大陆上进口通道基本形成，与海上运输通道一起，构筑我国油气进口的“四大通道”，形成我国油气进口的多元化格局。

预计到“十三五”末，仅中国长输油气管道的总里程将超过 16 万公里，储气库工作气量将达到 105 亿立方米，LNG 接收能力将达到 1 900 万吨/年。

就世界范围来看，化石能源消费仍占据主导地位。中东、中亚、俄罗斯等油气资源富集区的储运设施建设总体仍呈平稳增长态势。中国政府正在推进的“一带一路”倡议，构建的亚投行、丝路基金、中非基金等投融资平台，都为国际油气通道建设发展带来新的历史性机遇。

四、我国管道运输存在的问题分析

1．管道运输在我国综合运输体系中的地位仍然较低

与其他运输方式相比，管道运输在货物运输市场中的份额仍明显落后，尤其是成品油管道运输比例很低。美国有约 15 万公里的成品油管道，成品油管道运输比例达到 47%（水运 23%，公路 29%），管道运输是成品油输送的主要方式。我国成品油管道的发展明显滞后于欧美，成品油运输仍以铁路、公路等其他运输方式为主，一次运输的管道运输比例只有 20%。由于资源产地与市场分布不均衡，造成油品调运不及时和不灵活。近年来，我国虽然加快了成品油管道的建设，但是由于成品油供应和需求增长较快，管道建设依然不适应市场发展的需要。

2．管道网络化程度较低，建议加快管道运输网络体系建设

我国原油管道主要分布在东部、西北和长庆油田周边地区，三个区域孤立运行，互不联通。我国天然气管道由于联络线较少，联通程度不够，可用于灵活调剂的富余能力仅 30 亿～120 亿立方米/年。天然气、成品油支线网络建设无法满足市场需求。管道运输是大运量液态和气态货物的最佳运输方式，与铁路和公路运输相比，具有明显的技术经济优势，同时在节约土地资源、减少环境污染和节约能源方面均有较大的贡献。面对未来管道运输需求快速增长的趋势，国家应从政策和审批等方面出台有利于管道建设的政策和规定，加快推进管道运输网络化体系建设。

3．政府监管体制和法规体系不健全，建议建立管道运输法规体系

油气管道运输具有自然垄断的特点，因此政府的监管必不可少。目前，与管道发达国家相比，我国对油气管道运输的监管体制及其法律法规建设相对滞后，在管道运营、市场准入、安全、环保及管道运输费用和服务等方面尚未建立全面完善的监管制度。

4．建议统筹全国管道网络建设规划

作为我国综合运输体系 5 种运输方式之一的管道运输，长期以来并没有受到应有的重视。面对未来管道运输需求快速增长的趋势，管道网络建设规划应列入国家相关部门的议事日程，成为落实《综合交通网中长期发展规划》和指导未来管道建设的政策依据，促进综合运输体系不断完善。

五、“十三五”我国油气管道运输发展分析

“十三五”期间，成品油输油管道将从现有的 2.1 万公里增加到 3.3 万公里，增长 57%；天然气管道里程将从 6.4 万公里增加到 10.4 万公里，提高 62.5%。

2018 年 1 月 19 日，国家发改委印发《石油发展“十三五”规划》（下称《石油规划》）、《天然气发展“十三五”规划》（下称《天然气规划》），对此前发布的《能源发展“十三五”规划》做了进一步细化。

截至 2015 年年底，除台湾外，全国已建成的油气管道总里程已达到 12 万公里，是 1978 年的 14.5 倍。

这与国际先进水平相比仍有不小差距。根据中石油的统计，美国原油输送管网在 1959 年已发展到 25.7 万公里，运往炼油厂的原油的 80%通过管道运输。

在 2016 年大庆、胜利两大油田分别减产 182.6 万吨和 320 万吨后，《石油规划》划定了 2020 年国内石油产量 2 亿吨的红线，并提出要构建开放条件下的多元石油供应安全体系，保障国内在 2020 年 5.9 亿吨的石油消费水平。

为了与之相适应，“十三五”期间，我国将建成原油管道约 5 000 公里，新增一次输油能力 1.2 亿吨/年；建成成品油管道 12 000 公里，新增一次输油能力 0.9 亿吨/年。

《天然气规划》统计，2015 年全国天然气表观消费量 1 931 亿立方米，“十二五”期间年均增长 12.4%，累计消费量是“十一五”的两倍。

目前，主干管网建设较为完善，脉络清晰。但区域性管道不完善，个别省份的气化率偏低。储气库建设处于完全落后的局面，储备能力和储集量无法满足要求。随着居民用气量的增大，冬季供气已经出现了经常性的紧张。

针对天然气基础设施建设落后的局面，《天然气规划》提出，“十三五”期间，新建天然气主干及配套管道 4 万公里，2020 年总里程达到 10.4 万公里，干线输气能力超过 4 000 亿立方米/年；

地下储气库累计形成工作气量 148 亿立方米，比 2015 年增加两倍。

1．陆上三大战略性油气进口通道格局基本形成

随着中缅油气管道项目开工，我国西北、东北和西南陆上三大战略性油气进口通道格局基本形成。

（1）西北油气进口通道。

西北油气进口通道包括中哈原油管道、中亚天然气管道，资源来自哈萨克斯坦、土库曼斯坦、乌兹别克斯坦。其中中哈原油管道一期和中亚天然气管道一期已经建成投产，是我国成功实施的第一条陆上进口石油和天然气管道项目。这些管道的建成，不仅使我国摆脱了资源引进单一海上通道的不利处境，增加了进口资源的安全性，还为中亚资源东流打开了通道。

（2）东北油气进口通道。

东北油气进口通道主要包括中俄原油管道和中俄天然气管道，其中原油管道已经建成投产，天然气管道还在筹划中。中俄原油管道起自俄罗斯远东原油管道斯科沃罗季诺分输站，从中俄边境的漠河进入我国黑龙江省境内。该管道设计输油能力 1 500 万吨/年，已于 2010 年 12 月投产运营。

（3）西南油气进口通道。

西南油气进口通道包括中缅原油管道和中缅天然气管道。中缅油气管道起点位于缅甸西海岸皎漂市，从云南瑞丽进入中国。原油管道设计能力 2 000 万吨/年，天然气管道设计能力 120 亿立方米/年。中缅油气管道项目已经于 2010 年 6 月开工建设，2013 年投产。

2．跨区域油气骨干管网初具规模

（1）原油管道。自 1958 年我国第一条长距离输油管道——新疆克拉玛依到独山子炼油厂输油管道建成后，随着东北、华北、华东和西北地区油田的相继开发和大中型炼油厂的建成投产，输油管道得到迅速发展。目前，原油管道已经在东北、西北、华北、华东和中部地区形成了区域性的输油管网。主干输油管道主要包括庆铁线及复线、铁大线、铁抚线、铁秦线、秦京线、阿独线、西部原油管道、东黄线及复线、东临线及复线、鲁宁线、甬沪宁线及仪长线等。

（2）天然气管道。我国天然气管道经过几十年的发展，特别是西气东输一线投产后管道建设的加速发展，全国性输气管网已基本形成。我国已形成了以西气东输系统、陕京系统、秦沈线、忠武线、涩宁兰及复线、长宁线、兰银线、淮武线、冀宁线、川气东送、榆济线等管道为骨架的横跨东西、纵贯南北、连通海外的全国性供气网络，已建成管道总里程 4 万公里，干线管网总输气能力超过 1 000 亿立方米/年，并已在西南、环渤海、长三角、中南及西北地区形成了比较完善的区域性天然气管网。

（3）成品油管道。我国成品油管道近年来得到较大的发展，并已在西北、西南和珠三角地区建成骨干输油管道，形成了“西油东运、北油南运”格局。主干成品油管道包括西部成品油管道、兰成渝成品油管道、兰郑长成品油管道、茂昆成品油管道等。

任务检阅

资料分析

我国油气管道运输发展面临的环境分析

（1）世界能源消费结构加速向低碳转化，天然气将成为第一大能源。在国际社会的大力推

动下，世界范围内正在酝酿一场大规模的经济发展模式和产业结构升级。其核心内容是建立低碳经济发展模式和低碳社会消费模式，努力减少二氧化碳等温室气体排放，将其作为协调经济发展和气候变暖之间关系的根本途径。伴随世界各国强化节能减排、走低碳经济之路而来的必然是一场新的大规模的能源革命，能源开发利用趋向多元化，能源消费结构趋向低碳化，但 2030 年前化石能源主体地位不可替代，天然气将成为世界第一大能源。

（2）我国经济继续保持较快增长。从国内看，尽管我国不平衡、不协调、不可持续问题依然突出，但工业化、信息化、城镇化、市场化、国际化进程将继续深入。为解决国内就业等各种矛盾和问题，保持在国际上的竞争优势，我国将继续保持平稳较快发展态势，经济增长潜力依然较大，“十二五”期间 GDP 年均增速 7.8%。

（3）我国油气需求旺盛。在全球应对气候变化形势下，我国作为负责任的发展中大国，对国际社会做出了到 2020 年非化石能源占能源消费比重达到 15%和单位 GDP 二氧化碳排放较 2005 年减少 40%～45%的郑重承诺。这将对我国能源转型发展起到倒逼作用，在客观上也强化了能源发展的“碳约束”。

基于国民经济社会发展预期，考虑能源发展的“碳约束”，参考国内外相关机构的研究成果，总体判断，2015 年我国能源需求总量为 38.8 亿～42.4 亿吨标准煤，其中石油 4.5 亿～5.1 亿吨，天然气 2 100 亿～2 700 亿立方米。

（4）我国石油产量将保持稳中有升，天然气产量快速增长。通过对东部老油田和渤海海域深入挖潜，可实现油气生产当量稳定。通过加大西部年轻油田和南海海域产能建设，可实现油气产量稳步增长。“十二五”期间，我国国内石油产量保持在年均 2 亿吨左右。天然气产量快速上升，2015 年达到 1 500 亿立方米。

（5）我国利用国外油气资源条件有利，对外依存度将继续增加。全球油气资源丰富，完全可以满足需求。目前，在全球能源需求总量中，发展中国家是能源需求增长的主体。2005 年发达国家石油消费达到峰值，已呈下降趋势，预计 2020 年前年均降幅为 0.5% 左右。发展中国家石油需求将保持年均 2.5%的增长，2014 年石油需求占比首次超过发达国家。世界新增天然气需求主要来自新经济体和资源国。2015 年我国油气对外依存度分别为 60%和 40%左右。

请结合所学知识分析以上资料。

子任务二　西气东输工程布局分析

学习目标

知识目标：

了解我国“西气东输”工程

掌握我国“西气东输”工程布局

技能目标：

能够对我国“西气东输”工程进行分析

知识储备

西气东输工程是我国宏伟战略的一个重要内容，它创造了几个“中国管道之最”：最长的管道，途经行政区域最多的长输管道，输气量最大的管道，途经最复杂的地形、地貌、地质条件的管道，输气量最大的管道，工程投资最高的管道，穿越大型河流最多的管道，惠及用户最多的管道，等等。

一、西气东输一线

我国西部地区的塔里木、柴达木、陕甘宁和四川盆地蕴藏着 26 万亿立方米的天然气资源，约占全国陆上天然气资源的 87%。特别是新疆塔里木盆地，天然气资源量有 8 万多亿立方米，占全国天然气资源总量的 22%。塔里木北部的库车地区的天然气资源量有 2 万多亿立方米，是塔里木盆地中天然气资源最富集的地区，具有形成世界级大气区的开发潜力。塔里木盆地天然气的发现，使我国成为继俄罗斯、卡塔尔、沙特阿拉伯等国之后的天然气大国。

西气东输一线工程于 2002 年 7 月正式开工，2004 年 10 月 1 日全线建成投产。主干线西起新疆塔里木油田轮南油气田，向东经过库尔勒、吐鲁番、鄯善、哈密、柳园、酒泉、张掖、武威、兰州、定西、西安、洛阳、信阳、合肥、南京、常州等大中城市，东西横贯 9 个省（自治区），全长 4 200 公里，最终到达上海市白鹤镇。它是我国自行设计、建设的第一条世界级天然气管道工程，也是国务院决策的西部大开发的标志性工程。

二、西气东输二线

2008 年年初，西气东输二线工程正式开工，该工程外连源自土库曼斯坦的中亚天然气管道，西起霍尔果斯，南至广州、深圳和香港，是世界上最长的跨国天然气管道，将国内外的天然气输送到中部、南部和珠三角地区，为中部和南部地区提供清洁能源，意义重大，影响深远。

它从新疆霍尔果斯口岸进境，南至广州，途经新疆、甘肃、宁夏、陕西、河南、湖北、江西、湖南、广东、广西等 10 个省（自治区），干线全长 4 895 公里，加上若干条支线，管道总长度（主干线和 8 条支干线）超过 9 102 公里。西气东输二线配套建设 3 座地下储气库，分别为河南平顶山储气库、湖北云应盐穴储气库、南昌麻丘水层储气库。工程设计输气能力 300 亿立方米/年，总投资约 1 420 亿元，西段工程于 2009 年 12 月 31 日 16 时建成投产，东段工程于 2011 年 6 月 30 日投产，这标志着中亚—西气东输二线干线全线贯通送气。

西气东输二线是我国首条引进境外天然气资源的战略通道工程，是目前世界上线路最长、工程量最大的天然气管道。

西气东输二线管道与中亚天然气管道相连，工程建成投运后，将我国天然气消费比例提高 1～2 个百分点。这些天然气每年可替代 7 680 万吨煤炭，减少二氧化硫排放 166 万吨、二氧化碳排放 1.5 亿吨，将我国新疆地区生产及从中亚地区进口的天然气输往沿线中西部地区和珠三角、长三角资源匮乏地区，以满足中西部、珠三角和长三角地区的能源需求，并可稳定供气 30 年以上。

该工程对改善中国能源结构，保障天然气供应，保障中国能源安全，促进节能减排，优化能源消费结构，推动国际能源合作互利共赢具有重大意义，并将大大有助于满足中部、东部地区尤其是燃气电厂日益增长的天然气需求及日益提高的环境保护要求，更有助于燃气电厂的正常运行。

三、西气东输三线

西气东输三线是继西气东输二线之后，我国第二条引进境外天然气资源的陆上通道，主供气源为来自中亚国家的天然气，补充气源为疆内煤制天然气。西气东输三线包括一条干线、五条支干线、三条支线，总长度约 7 378 公里，总投资超过 1 200 亿元。该工程西起霍尔果斯口岸，东至福州市。管道首站西起新疆霍尔果斯，途经甘肃、宁夏、陕西、河南、湖北、湖南、广东等省（自治区），东达末站福建福州，设计年输气能力 300 亿立方米。

西气东输三线于 2012 年 10 月 16 日开工。工程分为西段、中段和东段建设，2015 年全线贯通，与境外同步建设的中亚天然气管道 C 线相连。

该工程是具有战略意义的能源运输大动脉，横跨我国边疆、内地和沿海 10 省（自治区）。开工建设这一重大工程，将使沿线上亿群众用上清洁可靠的天然气，推动能源结构优化和节能减排，促进区域协调发展，而且能够带动设备、材料等相关产业，扩大国内需求，支撑和助推经济社会发展。

任务检阅

资料分析

“西气东输”的环保和护遗

在“西气东输”一线工程的建设过程中，从上海“白鹤”末站回首位于塔克拉玛干大漠边缘的首站轮南，就会发现，绵延 8 000 多里的管道巨龙，其上游走向与黄河文化带和古丝绸之路比肩而行，中部和下游则是中原文化和吴越文化发展传播的地方。安徽是商周时期文化遗存较发达的地区，河南则是仰韶文化的发源区。从文化上说，这些都是当地历史、文化发展及中西文化交流的见证。因此，如何实现对沿线文物古迹的保护和抢救性挖掘，成为摆在工程建设者面前的一道难题。

工程建设之初，中国石油与国家文物局联合下发了《关于做好“西气东输”管道工程文物保护工作的通知》，确立了管道建设要让步于自然保护的原则。为此，西气东输管道分公司专门制定发布了《西气东输工程文物保护管理办法》，明确了对已知文物的“避让”政策和对偶然发现文物的“停工”政策，做好沿线的考古发掘和文物保护工作。同时，建设部门还会同当地文物部门对沿线文物古迹进行实地勘察，绘制专门的地图供施工单位参考。对于偶然发现的文物古迹，进行抢救性挖掘，尽量避免损失。

在陕西境内，管道要经过一个属于国家一级保护文物的庞大石窟群——建于东晋时期的国家重点保护文物钟山石窟。为了对石窟文物进行保护，工程不但两次将穿越地改为距离钟山石窟南 300 米的秀延河，而且在施工中尽量减少放炮开挖管沟，控制爆破药量，个别地段用凿岩机，使“国字号”文物和“国字号”工程做到了“和平共处”。为保护好中华民族瑰宝古长城，管道在甘肃、宁夏、陕西等省（自治区）的 13 处穿越，全部采取顶管施工工艺设计。尽管增加了许多人力、财力成本，但有效避免了对古长城的损坏。

为了保护野骆驼自然保护区，施工单位经过反复勘察和论证，将原本取直的管线向北平移 200 公里，因此增加两亿元人民币投资也在所不惜。在宁夏中卫、陕西延水关、河南郑州三次黄河穿越中，建设者会同黄河水利委员会专家，周密研究，精心部署，论证选取穿越黄河的最佳方案，一次性穿越成功，保证黄河和管道这两条“巨龙”的安全、亲密接触，母亲河涛声依旧。

据不完全统计，西气东输管道工程用于管道沿线文物勘探、发掘、补偿的费用达几千万元，沿途应该经过却绕过的历史文化遗存、遗址达数千处，但都得到了及时处理和妥善保护。

（资料来源：http://news.9ask.cn/xzcf/hjbh/hjbhdzyx/201204/1664696.shtml）

请试分析以上资料。

精华总结

- 管道运输分为原油管道、成品油管道、天然气管道和固体料浆管道。
- “西气东输”工程是我国具有战略意义的能源运输大动脉。

任务七

国际物流环境分析

学习目标

知识目标：

了解国际物流的产生与发展
熟悉世界主要资源的分布
掌握我国主要国际贸易口岸
掌握国际物流基础知识
掌握世界主要资源的流向

技能目标：

能够对国际物流的发展进行分析
能够对世界主要资源的分布及流向进行分析

引导案例

澳发现大储量页岩油 或将不再依赖进口石油

在对位于南澳大利亚的阿卡林加盆地进行勘探后发现，该地区页岩油开采潜力巨大，据估计储量约为 2 330 亿桶，价值约合 20 万亿澳元。

阿卡林加盆地蕴含的页岩油储量足以使澳大利亚在石油开采方面实现自给自足，并有可能使澳大利亚从石油进口国转变为出口国。从目前来看，南澳可能像美国一样出现页岩油勘探及开采热潮。新发现的页岩油储备对南澳能源行业来讲是个好消息，同时，页岩气和页岩油对确保澳大利亚的能源安全至关重要。

（资料来源：中国化工网 http://news.chemnet.com/item/2013-01-29/1803839.html）

子任务一　国际物流概念解析

学习目标

知识目标：

了解国际物流的产生与发展

熟悉国际物流的特点
掌握我国主要国际贸易口岸

技能目标：
能够对国际物流的发展进行分析

引导案例

中蒙最大陆路口岸 1 月对蒙进出口贸易值达 12.6 亿元

中蒙最大陆路口岸——二连浩特口岸传出利好消息，二连浩特海关 2018 年 2 月 13 日对外称，今年 1 月该口岸对蒙古国贸易增幅明显，实现“开门红”。

消息指出，2018 年 1 月，二连浩特口岸对蒙古国进出口贸易值达 12.6 亿元（人民币，下同），占同期二连浩特口岸对外贸易总值的 64.9%，与 2017 年同期相比增长 48.1%。

海关部门分析认为，这是由于中国国内制造业生产保持扩张，带动自蒙古国进口需求增长，加之 2017 年以来全球大宗商品价格大幅反弹，进一步拉大进口值增幅。

据统计，2018 年 1 月，二连浩特口岸自蒙古国进口铜、铁、锌、煤炭等矿产品增幅均超 45%，拉动了二连浩特口岸对蒙古国的贸易增长态势。

二连浩特口岸位于中国正北方，北与蒙古国扎门乌德隔界相望，是中国通往蒙古国的唯一铁路口岸，该口岸同时也是中国国务院首批批准的 13 个沿边开放城市之一。

（资料来源：中国新闻网）

知识储备

国际物流是现代物流系统中一个重要的领域，近十几年来取得了很大的发展。“东欧剧变”和苏联解体后，随着国际贸易壁垒的拆除、新的国际贸易组织的建立，一些地区突破国界的限制形成了统一市场，使国际物流出现了新的情况，国际物流形式也随之不断变化。

从企业角度看，近十几年来跨国企业发展很快。越来越多的企业在推行国际战略，在全世界范围内寻找贸易机会、最理想的市场和最好的生产基地，这就必然将企业的经济活动领域由一个地区、一个国家扩展到国际之间。这样一来，企业的国际物流也被提到议事日程上来。企业为支持这种国际贸易战略，必须更新物流观念，扩展物流设施，按国际物流要求对原来的物流系统进行改造。

一、国际物流的含义和特点

所谓国际物流，就是组织商品在国际进行合理流动，也就是发生在不同国家之间的物流。国际物流的实质是按国际分工协作的原则，依照国际惯例，利用国际化的物流网络、物流设施和物流技术，实现商品在国际的流动与交换，以促进区域经济的发展和世界资源的优化配置。

与国内物流系统相比，国际物流具有以下几个特点。

1. 物流渠道长，物流环节多

国际物流系统往往需要跨越多个国家和地区，需要跨越海洋和大陆，物流渠道长，还要经过报关、商检等业务环节。这就需要在物流运营过程中合理选择运输路线和运输方式，尽量缩短运输距离，缩短商品在途时间，合理组织物流过程中的各个业务环节，加速商品的周转并降低物流成本。

2．物流环境的复杂性

由于各国社会制度、自然环境、经营管理方法、生产习惯等不同，特别是不同国家之间物流环境上有差异，国际组织商品流动成为一项复杂的工作。物流环境的差异使一个国际物流系统需要在几个不同法律、人文、习俗、语言、科技及设施的环境下同时运行，这无疑会大大增加物流的难度和系统的复杂性。

3．国际物流对标准化要求较高

统一标准对于国际物流来说是非常重要的，可以说，如果没有统一的标准，国际物流水平就无法提高。目前，美国、欧洲国家基本实现了物流工具、设施的统一标准。在物流信息传递技术方面，不仅要实现企业内部的标准化，而且要实现企业之间及统一物流市场的标准化，这样才能使各国之间、各企业之间物流系统的交流更加简单有效。

4．国际物流中的风险较大

国际物流的复杂性也将带来一定的风险，主要包括政治风险、经济风险和自然风险。政治风险主要指所经过国家的政局动荡，如罢工、战争等原因可能使商品受到损害或灭失；经济风险主要指因从事国际物流发生的资金流动而产生的汇率风险和利率风险；自然风险则指物流过程中，由自然因素（如海风、暴雨等）造成的商品延迟、商品破损等风险。

5．国际物流的多种运输方式组合

国际物流中运输距离长，运输方式多样，有海洋运输、铁路运输、航空运输、公路运输，以及由这些运输手段组合而成的国际综合运输。

二、国际物流的产生与发展

国际物流活动随着国际贸易和跨国经营的发展而发展，经历了以下几个阶段。

1．20 世纪 50—70 年代

20 世纪 50—60 年代，国际上形成了较大数量的物流，在物流技术方面出现了大型物流工具，如 20 万吨的油轮、10 万吨的矿石船等。70 年代，国际物流不仅在数量上进一步发展，船舶的大型化趋势进一步加强，而且服务水平的要求提高，大数量、高服务型物流从石油、矿石等物流领域向难度较大的中小件杂货领域深入，其标志是国际集装箱和国际集装箱船的发展。国际各主要航线的定期班轮都投入了集装箱船，很快地提高了散杂货的物流水平，从而使国际物流服务水平获得了很大提高。在这个阶段，国际航空物流和国际联运在数量上大幅度扩大。

2．20 世纪 70 年代末期—80 年代中期

这一阶段国际物流的突出特点是出现了“精细物流”，物流的机械化、自动化水平提高，物流设施和物流技术得到了极大的发展。例如，建立了配送中心，广泛运用电子计算机进行管理，出现了立体无人仓库，一些国家建立了本国的物流标准化体系等。同时，伴随新时代人们需求观念的变化，国际物流着力于解决“小批量、高频度、多品种”的物流问题，运用了不少新技术和新方法，这就使现代物流不仅覆盖了大量商品、集装杂货，而且也覆盖了多品种的商品，基本解决了所有物流对象的现代物流问题。

3．20 世纪 80 年代中期—90 年代初

在这个阶段，随着经济技术的发展和国际经济往来的日益频繁，物流国际化趋势开始成为世界各国共同面对的局面。各国企业越来越注意改善国际性物流管理，降低产品成本，改善服务，扩大销售，使企业在激烈的国际竞争中获得胜利。另外，伴随着国际多式联运式物流的发展，出现了电子数据交换系统等信息技术。信息的作用是使国际物流向成本更低、质量服务更高、更大量化、更精细化方向发展。可以说，20 世纪八九十年代的国际物流已进入了物流信息时代。

4．20 世纪 90 年代初至今

这一阶段国际物流的概念和重要性已为各国政府所普遍接受。很多企业的贸易伙伴遍布全球，必然要求企业物流国际化，即物流设施国际化、物流技术国际化、物流服务国际化、商品运输国际化、包装国际化和流通加工国际化等。世界各国广泛开展国际物流理论和实践方面的大胆探索，人们也逐步认识到，只有广泛开展国际物流合作，才能促进世界经济繁荣，“物流无国界”的理念被人们广泛接受。

三、国际物流的种类

根据不同的标准，国际物流主要可以分为以下几种类型。

1．根据商品在国与国之间的流向分类

根据商品在国与国之间的流向，可以将国际物流分为进口物流和出口物流。当国际物流服务于一国的商品进口时，即进口物流；当国际物流服务于一国的商品出口时，即出口物流。

2．根据商品流动的关税区域分类

根据商品流动的关税区域，可以将国际物流分为不同国家之间的物流和不同经济区域之间的物流。区域经济的发展是当今国际经济发展的一大特征，例如，欧盟国家由于属于同一关税区，成员国之间物流的运作和它们与其他国家或经济区域之间的物流运作在方式和环节上存在较大的差异。

3．根据跨国运送的商品特性分类

根据跨国运送的商品特性，可以将国际物流分为国际军火物流、国际商品物流、国际邮品物流、国际捐助或救助物资物流、国际展品物流、废弃物物流等。本书所论述的国际物流主要是指国际商品物流。

此外，根据国际物流服务提供商的不同，可以将国际物流的运营企业分为国际货运代理、国际船务代理、无船承运人、报关行、国际物流公司、仓储和配送公司等。

四、国际物流与国际贸易之间的关系

国际物流是随着国际贸易的发展而产生和发展起来的，并已成为影响和制约国际贸易发展的重要因素。国际贸易与国际物流之间是相互促进、相互制约的关系。

1．国际贸易是国际物流产生和发展的基础和条件

最初，国际物流只是国际贸易的一部分，但是生产的国际化和国际分工的深化加速了国际贸易的快速发展，促使国际物流从国际贸易中分离出来，以专业化物流经营的姿态出现在

国际贸易之中。跨国经营与国际贸易在规模、数量和交易品种等方面的大幅度增长，促进了商品和信息在世界范围内的大量流动和广泛交换，物流国际化成为国际贸易和世界经济发展的必然趋势。

2．国际物流的高效运作是国际贸易发展的必要条件

国际市场竞争日益激烈，要求国际贸易商以客户和市场为导向，满足国内外消费者定制化的需求。消费者对商品多品种、小批量的需求使得国际贸易中的商品品种、数量迅猛增长，对国际物流的运作要求也大幅度提高。在这种情况下，专业化、高效率的国际物流运作对于国际贸易的发展是一个非常重要的保障。缺少高效国际物流系统的支持，国际贸易中的商品就有可能无法按时交付，并且物流成本也将提高。

3．国际贸易对国际物流提出的新要求

随着世界经济的飞速发展和政治格局的风云变幻，国际贸易表现出一些新的趋势和特点，从而对国际物流也提出了越来越高的要求。

（1）质量要求。国际贸易的结构正在发生巨大变化，传统的初级产品、原料等贸易品种逐步让位于高附加值、精密加工的产品。由于高附加值、高精密度商品流量的增加，国际贸易对物流工作质量提出了更高的要求。

（2）效率要求。国际贸易活动的集中表现就是合约的订立和履行，而国际贸易合约的履行是由国际物流系统来完成的。

（3）安全要求。由于国际分工和社会生产专业化的发展，大多数商品在世界范围内进行着分配和生产。在组织国际物流、选择运输方式和运输路径时，要密切注意所经地域的气候条件、地理条件，还应注意沿途所经国家和地区的政治局势、经济状况等，以防止这些不可抗拒的自然力和人为因素造成商品灭失。

（4）经济要求。国际贸易的特点决定了国际物流的环节多、备运期长。在国际物流领域，控制物流费用、降低成本这两方面具有很大潜力。对于国际物流企业来说，选择最佳物流方案，提高物流经济性，降低物流成本，保证服务水平，是提高竞争力的有效途径。

（5）环保要求。国际物流作为国际贸易的桥梁，能否适应全球的绿色化发展趋势，直接影响着各国的对外贸易的发展。首先，绿色壁垒是许多国家对外经济贸易活动中必须跨越的一道门槛，为保证商品顺利进入国际市场，就必须发展绿色物流。其次，绿色物流可以帮助企业节约资源，降低经营成本。最后，在生产经营中体现绿色物流思想，将会大大提高企业形象，有利于增强企业核心竞争力，提高企业经济效益。这些都会大大提高企业的国际竞争力，促进国际贸易的发展。

总之，国际物流必须适应国际贸易结构和商品流通形式的变革，向国际物流合理化方向发展。

五、国际贸易口岸

1．口岸的概念

口岸，原指设在海口的商埠，也称通商口岸。据《政治经济学辞典》解释，商埠是“一个国家指定的准许外国人前来通商的地方”。由此可知，口岸原来是指由国家指定对外通商的沿海港口。《辞海》也将口岸解释为“对外通商的港埠”。随着历史的进步，如今这种将口岸仅仅理解为对外通商的港埠的看法，已经远远不能适应现代国际交往的实际，也不能准确地反映“口

岸”这个概念的真正内涵。口岸已不仅仅是指设在沿海的港口，在口岸进行的也不仅仅是经济贸易往来（通商），还包括政治、外交、科技、文化、旅游和移民等方面的往来。随着陆、空交通运输的发展，对外贸易的货物、进出境人员及其行李物品、邮件包裹等，可以通过铁路、公路和航空直达一国腹地。因此，在开展国际联运、国际航空、国际邮包邮件交换业务及其他有外贸、边贸活动的地方，国家也设置了口岸。改革开放以来，中国外向型经济由沿海逐步向沿边、沿江和内地辐射，口岸也由沿海逐渐向边境、内河和内地城市发展。

现在，除对外开放的沿海港口外，口岸还包括：国际航线上的飞机场；山脉国境线上对外开放的山口；国际铁路、国际公路上对外开放的火车站、汽车站；国界河流和内河上对外开放的水运港口。

综合来讲，口岸是由国家指定对外经贸、政治、外交、科技、文化、旅游和移民等往来，并供往来人员、货物和交通工具出入国（边）境的港口、机场、车站和通道。简单来讲，口岸就是国家指定对外往来的门户。

2. 口岸的分类

口岸可以从不同的角度进行分类，常用的分类方法有如下几种。

（1）按批准开放的权限划分。按照批准开放的权限，可将口岸分为一类口岸和二类口岸。一类口岸是指由国务院批准开放的口岸（包括中央管理的口岸和由省、自治区、直辖市管理的部分口岸）；二类口岸是指由省级人民政府批准开放并管理的口岸。

（2）按出入境的交通运输方式划分。按照出入境的交通运输方式划分，可将口岸分为港口口岸、陆地口岸和航空口岸。

港口口岸是指国家在江、河、湖、海沿岸开设的供人员和货物出入国境及船舶往来停靠的通道。港口口岸包括海港港口口岸和内河港口口岸。内河港口是建造在河流（包括运河）、湖泊和水库内的港口，为内河船舶及其客货运输服务。

陆地口岸是指国家在陆地上开设的供人员和货物出入国境及陆上交通运输工具停站的通道。陆地口岸包括国（边）境，以及国家批准内地可以直接办理对外进出口经济贸易业务和人员出入境的铁路口岸和公路口岸。

航空口岸又称空港口岸，是指国家在开辟有国际航线的机场上开设的供人员和货物出入国境及航空器起降的通道。

此外，在实际工作中，还经常使用边境口岸、沿海口岸、特区口岸、重点口岸、新开口岸和老口岸等概念。这些分类虽然尚未规范化，但在制定口岸发展规划和各项口岸管理政策方面，还是有一定的积极作用的。

3. 我国主要边境口岸

我国目前共开放各类口岸 271 个，其中航空口岸 58 个、水运口岸 137 个、铁路口岸 17 个、公路口岸 55 个、管道口岸 4 个。

与我国综合运输网主干线关联的重要口岸如表 7-1 和表 7-2 所示。

表 7-1 与“五纵七横”国道主干线关联的口岸（78 个）

项 目	五 纵	七 横	项 目	五 纵	七 横
水运口岸	17	8	公路	0	3
铁路	2	3	航空	17	28

表 7-2　与“八纵八横”铁路主干线关联的口岸（78 个）

项　目	八　纵	八　横
水运口岸	7	12
铁路	3	2
公路	3	0
航空	25	26

（1）**五纵有水运口岸 17 个、铁路口岸 2 个、公路口岸 0 个、航空口岸 17 个。**

一纵：重庆—湛江线

重庆（水运口岸）—贵阳（航空口岸）—南宁（航空口岸）—湛江（水运口岸）

二纵：二连浩特—河口线

二连浩特（航空口岸）—集宁（航空口岸）—大同（航空口岸）—太原（航空口岸）—西安（航空口岸）—成都（航空口岸）—昆明（航空口岸）—河口（铁路口岸）

三纵：同江—三亚线

同江（水运口岸）—哈尔滨（水运口岸）—长春（航空口岸）—沈阳（航空口岸）—大连（航空口岸）—烟台（水运口岸）—青岛（水运口岸）—连云港（水运口岸）—上海（水运口岸）—宁波（水运口岸）—福州（水运口岸）—深圳（水运口岸）—广州（水运口岸）—湛江（航空口岸）—海口（航空口岸）—三亚（航空口岸）

四纵：北京—福州

北京（航空口岸）—天津（水运口岸）—济南（航空口岸）—南京（航空口岸）—杭州（航空口岸）—宁波（水运口岸）—福州（水运口岸）

五纵：北京—珠海线

北京（航空口岸）—石家庄（航空口岸）—郑州（航空口岸）—武汉（水运口岸）—长沙（航空口岸）—广州（水运口岸）—珠海（水运口岸）

（2）**七横有水运口岸 8 个、铁路口岸 3 个、公路口岸 3 个、航空口岸 28 个。**

一横：上海—成都线

上海（水运、航空口岸）—南京（水运、航空口岸）—合肥（航空口岸）—武汉（水运、航空口岸）—重庆（水运、航空口岸）—成都（航空口岸）

二横：衡阳—昆明线

衡阳（公路口岸）—桂林（航空口岸）—南宁（航空口岸）—昆明（航空口岸）

三横：上海—瑞丽线

上海（水运口岸）—杭州（航空口岸）—南昌（航空口岸）—长沙（航空口岸）—贵阳（航空口岸）—昆明（航空口岸）—瑞丽（公路口岸）

四横：连云港—霍尔果斯线

连云港（水运口岸）—郑州（航空口岸）—西安（航空口岸）—兰州（航空口岸）—乌鲁木齐（航空口岸）—霍尔果斯（公路口岸）

五横：青岛—银川线

青岛（水运口岸）—济南（航空口岸）—石家庄（航空口岸）—太原（航空口岸）—银川（航空口岸）

六横：丹东—拉萨线

丹东（铁路口岸）—沈阳（航空口岸）—北京（航空口岸）—集宁（航空口岸）—呼和浩特（航空口岸）—银川（航空口岸）—兰州（航空口岸）—西宁（航空口岸）—拉萨（航空口岸）

七横：绥芬河—满洲里线

绥芬河（铁路口岸）—哈尔滨（水运口岸）—满洲里（铁路口岸）

（3）八纵有水运口岸 7 个、铁路口岸 3 个、公路口岸 3 个、航空口岸 25 个。

京九通道：北京（航空口岸）—聊城—商丘—九江（水运口岸）—南昌（航空口岸）—深圳（铁路、公路、航空口岸）—九龙

京广通道：北京（航空口岸）—石家庄（航空口岸）—郑州（航空、铁路口岸）—武汉（航空、水运口岸）—长沙（航空口岸）—株洲—广州（航空、水运、铁路口岸）

大湛通道：大同—太原（航空口岸）—焦作—洛阳（航空口岸）—襄樊—石门—益阳—永州—梧州（水运口岸）—柳州（水运口岸）—黎塘—湛江（航空、水运口岸）—海口（航空、水运口岸）—三亚（航空、水运口岸）

包柳通道：包头—西安（航空口岸）—重庆（航空、水运口岸）—贵阳（航空口岸）—柳州（水运口岸）—南宁（航空口岸）

兰昆通道：兰州（航空口岸）—宝鸡—成都（航空口岸）—昆明（航空口岸）

京哈通道：北京（航空口岸）—天津（水运口岸）—沈阳（航空口岸）—哈尔滨（航空、水运、铁路口岸）—满洲里（铁路口岸）

沿海通道：沈阳（航空口岸）—大连（航空、水运口岸）—烟台（航空、水运口岸）—胶州—新沂—长兴—无锡—上海（航空、水运口岸）—杭州（航空口岸）—宁波（航空、水运口岸）—温州（航空、水运口岸）—福州（航空、水运口岸）—厦门（航空、水运口岸）—广州（航空、水运、铁路口岸）—湛江（航空、水运口岸）

京沪通道：北京（航空口岸）—天津（水运口岸）—济南（航空口岸）—徐州—南京（航空、水运口岸）—上海（航空、水运口岸）

（4）八横有水运口岸 12 个、铁路口岸 2 个、公路口岸 0 个、航空口岸 26 个。

京兰通道：北京（航空口岸）—大同—包头—呼和浩特（航空口岸）—兰州（航空口岸）—西宁—拉萨（航空口岸）

煤运北通道：大同—秦皇岛（水运口岸）—府谷—黄骅（水运口岸）

煤运南通道：太原（航空口岸）—石家庄（航空口岸）—德州—长治—邯郸—济南（航空口岸）—青岛（航空、水运口岸）—侯马—月山—新乡—菏泽—兖州—日照（水运口岸）

陆桥通道：连云港（水运口岸）—徐州—郑州（航空、铁路口岸）—西安（航空口岸）—宝鸡—兰州（航空口岸）—乌鲁木齐（航空口岸）—阿拉山口（铁路口岸）

宁西通道：西安（航空口岸）—南阳—潢川—合肥（航空口岸）—南京（航空、水运口岸）

沿江通道：重庆（航空、水运口岸）—武汉（航空、水运口岸）—九江（水运口岸）—芜湖（水运口岸）—南京（航空、水运口岸）—上海（航空、水运口岸）

沪昆（成）通道：上海（航空、水运口岸）—杭州—株洲—怀化—贵阳（航空口岸）—昆明（航空口岸）—重庆（航空、水运口岸）—成都（航空口岸）

西南出海通道：昆明（航空口岸）—南宁（航空口岸）—黎塘—湛江（航空、水运口岸）

4．口岸的地位和作用

（1）口岸象征着一个国家的主权。有国家就有领土和疆界，有领土和疆界就必然要对出入

境活动进行管理，口岸权是国家主权的重要体现。

（2）口岸是对外开放的门户。加强口岸管理，在维护国家安全、维护国家利益、保障国内安定局面方面具有极其重要的作用。

（3）口岸是国际货物运输的枢纽。口岸作为国际物流系统中的一个子系统，是国际货物运输的枢纽，它必须与交通运输发展规划相配套，与对外经贸的发展规划相协调。

任务检阅

一、我国主要边境口岸绘制

根据知识储备中学到的关于我国边境口岸的内容，试在图 7-1 上粗略标出我国主要的边境口岸。

中国地图

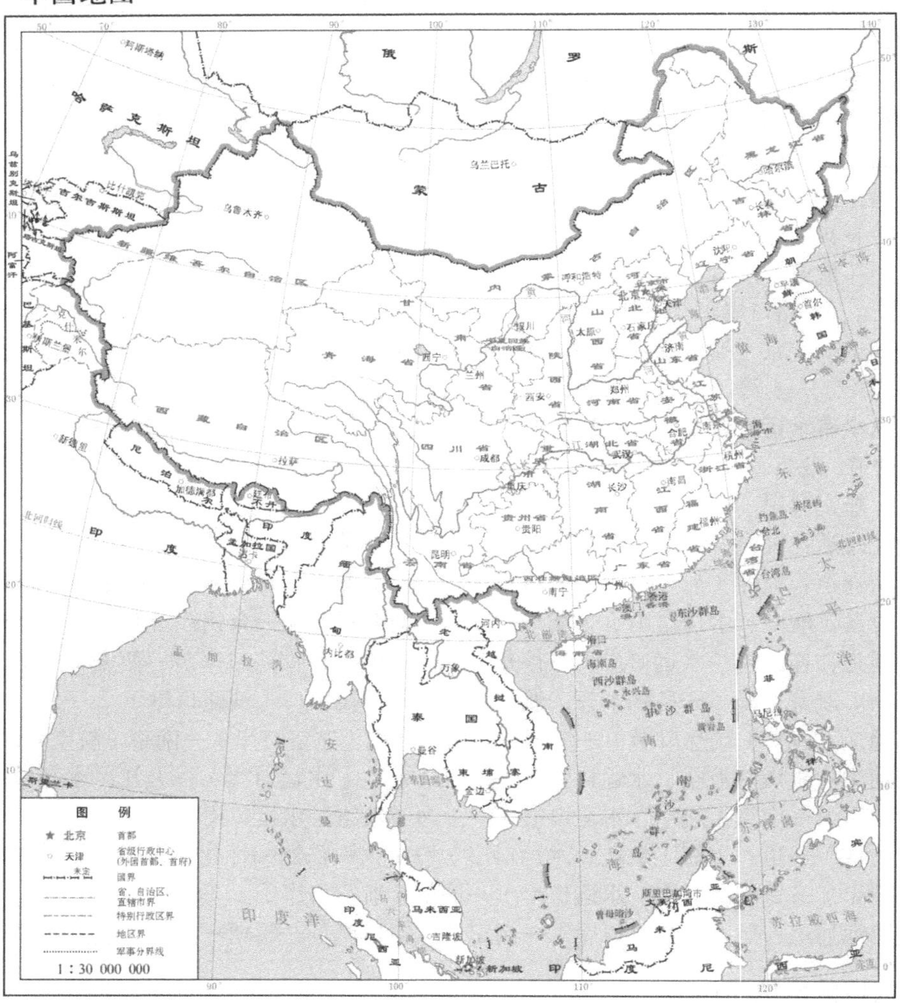

审图号：GS(2016)2891号

国家测绘地理信息局 监制

图 7-1　中国地图

二、国际物流运输

国际物流运输是指国家与国家之间、国家与地区之间的国际贸易运输。它的特点是涉外性、政策性强；路线长，环节多；涉及面广，情况复杂多变；时间性强，风险大。

国际物流的运输方式有海上运输、铁路运输、公路运输、航空运输、管道运输及邮政运输，还有多式联合运输和大陆桥运输等。国际贸易货物的 85%～90%是由海上运输完成的。国际物流的组织，必须正确选择运输方式和管理组织方式。国际物流对运输方式的选择主要从以下几个方面考虑。

1．运输成本

这是国际物流在运输方式的选择上首要考虑的因素，其原因是运距太长，运费负担较重。据统计，在外贸的价格中，物流费有时可占出口货价的 30%～70%，对于煤炭、矿石等低价值货物，这一比例或许更高。

在国际物流中，大型专用船舶的运输成本较低，定期班轮则较高。一般而言，海运成本低于陆运成本，但如果海运有大迂回，则利用大陆桥在运载成本方面有一定的优势。

2．运行速度

国际物流速度也很重要，主要有两个原因：一是运距长，需时日较多，资金占用时间长，加快速度有利于解放占用的资金；二是市场价位，速度慢错过了好的价位将使经济效益下降。所以缩短物流时间会有一系列的好处。

在各种物流形式中，航空货运有不容争议的高速度。在洲际运输中，用大陆桥运输取代海运，会获得提高物流速度的显著效果。

3．货物的特点及性质

货物特点及性质有时对物流方式的选择起决定作用。经常是国际物流方式的限制，使得有些货物无法进入国际物流中而失去市场时机。

一般来说，各种包装杂货可以选择各种物流方式，诸如水泥、石油、沥青、危险品等，选择范围则较窄，如在国际物流中，选择汽车或飞机运输水泥显然是不恰当的。

4．货物数量

国际物流运输距离长，大数量货物运输受到了限制，因为国际物流距离往往超出了汽车等运输工具的经济里程，大数量货物也不可能选择航空运输，因为航空运输不具备那样大的运输能力，更不用讲价格了。

5．物流基础设施条件

国家之间发展不平衡，一个国家中可以选择的物流方式，到另一个国家便不能采用，原因是另一个国家缺乏采用这种方式的必要基础设施。在选择时，如不考虑这个问题，是无法形成有效的物流系统的。最典型的例子是大型船和集装箱，如缺乏必要的水域条件、港口条件，大型船无法作业，则不管如何便宜，也不能选择大型船；如果没有大型集装箱装运码头和集装箱集疏的腹地条件，也不可能大量选择集装箱方式。在国际物流中，运输方式选择不当造成的不合理运输程度远甚于一般物流。例如，一旦选择海运，则不可避免地受航线的约束形成迂回，这比通常的陆地迂回大得多，而且一旦上船便无法改变。又如，由于国际物流受国际贸易的驱动，比一个国家内多了一层通关手续，多了很多关税，假如物流方式选择不当，拉长了时间，错过了销售时机，会造成更大的经济损失。

请举例分析国际物流如何选择运输方式。

子任务二　国际物流基础知识回顾

学习目标

知识目标：

掌握国际物流基础知识

技能目标：

能够熟悉世界地图

能够根据已知时间推算其他不同时区的时间

引导案例

巴拿马运河管理局宣布提高船舶通过运河船闸吃水深度

巴拿马运河管理局（ACP）近日宣布，自 2018 年 2 月 9 日起，通过新巴拿马型（Neopanamax）船闸的船舶最大允许吃水深度提高到运河扩建项目所允许的最大吃水深度，即 15.2 米（热带淡水深度）。

最大允许船舶通过船闸吃水深度是季节性的，是根据实际和预计的加通湖水平而确定的，这取决于运河流域内降水等当时的天气条件等因素。按惯例，会提前四周向客户公布更新的最大允许船舶吃水深度，以便客户有足够的时间进行相应的调整。

巴拿马运河管理局认为，这次提高最大船舶吃水深度是一个重要的里程碑，能为用户提供更多的货物运输量，使运河当局的客户受益。

（资料来源：中国水运网）

知识储备

一、大洲

地球上陆地大小不一。通常，面积广大的陆地叫大陆，小块的陆地叫岛屿，大陆及其附近的岛屿合在一起叫大洲。地球上的陆地共分七大洲，即亚洲、非洲、欧洲、北美洲、南美洲、大洋洲和南极洲。

亚、欧两洲的大陆部分是连成一体的亚欧大陆，以乌拉尔山脉、乌拉尔河、高加索山脉作为亚、欧两洲的陆上分界线；亚、非两洲以苏伊士运河作为分界线；南、北美洲则以巴拿马运河作为分界线。亚洲、欧洲和非洲位于东半球；大洋洲主要部分在东半球；南极洲基本在南极圈内，为太平洋、印度洋和大西洋所环绕；南、北美洲则分布在西半球。

二、海洋

海洋是国际物流活动的大舞台。地球表面的海洋面积约 3.6 亿平方公里，占地表总面积的 71%，约为陆地面积的 2.5 倍。海洋的中心部分称为洋，约占海洋总面积的 89%，其深度大，水温、含盐度不受大陆影响。地球上的海洋被陆地分割成四大洋，即太平洋、大西洋、印度洋和北冰洋。

太平洋是世界上面积最大、深度最深、岛屿和边缘海最多的海洋。它位于亚洲、大洋洲、南北美洲和南极洲之间。南北最大长度为 1.58 万公里，东西最大宽度为 1.95 万公里，西南以澳大利亚塔斯马尼亚东南角所在经线（东经约 147°）与印度洋分界；东南以南美洲南端合恩角所在经线（西经约 68°）为界；北以白令海峡通北冰洋；东有巴拿马运河、麦哲伦海峡及德雷克海峡通大西洋；西经马六甲、巽他、龙目、巴斯等海峡通印度洋，西南还有宽阔的水域与印度洋连接。总面积 1.8 亿平方公里，约占世界大洋总面积的一半，比陆地面积还大。平均深度 4 028 米，最深的马里亚纳海沟达 1.1 万米，是当今世界上的深极。太平洋上约有岛屿一万多个，岛屿总面积 440 多万平方公里，约占世界岛屿总面积的 45%，主要分布在北部和西部边缘，如世界第二、第三大岛——新几内亚岛和加里曼丹岛、日本列岛、马来群岛等。在岛屿和大陆的分隔下，又有近 20 个主要边缘海和海湾，总面积 1 850 万平方公里。在这广阔的边缘浅海和大陆沿岸分布有 938 万平方公里的大陆架，有的地方大陆架宽达 700 ~ 800 公里，这里是海洋生物和海底石油的主要分布区。太平洋上每年渔获量占世界的一半以上。太平洋赤道附近水面的平均水温为 26 ~ 29℃，水温随纬度的增高而递减，平均盐度 34.58‰。海水在盛行风的推动下，以北纬 5° ~ 10° 为界，分成南北两大环流：北环流以顺时针方向运转，由北赤道暖流、台湾暖流、北太平洋暖流和加利福尼亚寒流组成；南环流以反时针方向运转，由南赤道暖流、东澳暖流、西风漂流和秘鲁寒流组成。

大西洋位于欧洲、非洲、南北美洲和南极洲之间，轮廓呈“S”形。南北最长 1.5 万公里，东西最宽 2 830 公里。北以丹麦海峡—冰岛—法罗群岛—设得兰群岛一线的洋底海岭同北冰洋分开；西南以西经 68°同太平洋分界，东南以东经 20°与印度洋分开。面积 9 336 万平方公里，平均深度 3 626 米。海底亦有一条南北伸展、略呈“S”形的大西洋海岭，海岭两侧分布有宽广的深海盆地，边缘有海沟，最深处是波多黎各海沟，达 9 219 米。大陆架面积 921 万平方公里，主要分布在北海、波罗的海、南美东北和东南沿海、纽芬兰浅滩等海域之间。赤道附近水面水温平均 25 ~ 27℃，随纬度的增加而减少，平均盐度 34.9‰，最高达 37.3‰。海水在盛行风的推动下，形成南北两个大环流：北部沿顺时针方向旋转，由北赤道暖流、墨西哥湾暖流、北大西洋暖流、加那利寒流组成，其中北大西洋暖流是墨西哥湾暖流的延缓，它直入北冰洋，给西北欧送去大量热能，提高了气温；南环流由南赤道暖流、巴西暖流、西风漂流和本格拉寒流组成，沿反时针方向旋转。北大西洋中低纬度两侧有地中海、黑海、北海、波罗的海、加勒比海、墨西哥湾等海湾伸入内陆，或被群岛、半岛所分隔。和其他大洋一样，大西洋上有丰富的资源，水产渔获量占世界的 2/5，浅海大陆架蕴藏有大量的石油。

印度洋位于亚洲、大洋洲、非洲和南极洲之间。西南以通过非洲南端厄加勒斯角的东经 20°线同大西洋分界，东南以东经 147°线与太平洋分界，面积 7 492 万平方公里，大部分在南半球，平均水深为 3 897 米，最深处是东部爪哇海沟，约 7 450 米。洋底中部有南北向的海岭，高出海底 1 000 ~ 2 000 米。大陆架面积较小，仅约 317 万平方公里，主要分布在波斯湾、澳大利亚西北沿岸和中南半岛西部沿海。大岛有马达加斯加和斯里兰卡岛。大部分属热带水域，水面平均温度 20～27℃，在赤道以北。

5 月水温可达 27℃，平均盐度 34.8‰，其中红海盐度高达 41‰，是世界上盐度最高的水域。大洋南部环流较为稳定，由南赤道暖流、马达加斯加暖流、西风漂流、西澳寒流组成；北部水域海流随季风而变换，冬季沿反时针方向运动，夏季沿顺时针方向运动。海洋资源以石油为突出，波斯湾、红海、阿拉伯海、孟加拉湾等海底都蕴藏有丰富的石油，特别是波斯湾。

北冰洋是地球上四大洋中最小、最浅的洋，大致以北极为中心，介于欧洲、亚洲和美洲的北岸之间，面积 1 310 万平方公里，平均深度 1 296 米，最深处的利特克海沟水深 5 449 米，经白令海峡通太平洋，法罗海岭是它与大西洋的分界。北冰洋又分北欧海域和北极海域两大部分。前者包括挪威海、格陵兰海、巴伦支海及白海；后者包括亚洲、北美洲北部沿岸边缘海及北冰洋的主体。北欧海域受北大西洋暖流影响，水温、气温较高，降水较多，冰情较轻，海洋生物资源丰富。北冰洋大陆架面积宽广，有 490 万平方公里，特别是亚洲大陆一侧，表层水温大多为零下，盐度 28‰～32‰，冬季 85%洋面冻结，夏季近 2/3 的洋面覆盖浮冰。大陆架蕴藏有丰富的石油、天然气。北冰洋仅有挪威海和巴伦支海西南全年可航，北极海域在夏季俄罗斯沿岸也有不定期航线至远东港口，但须破冰船开航。

海是大洋的边缘部分，深度较浅，面积较小，没有独立的潮汐和海流系统，水温、含盐度等受大陆的影响较大。海按其所处位置的不同分为“边缘海”和“地中海”两种。边缘海是大洋靠近大陆的部分被岛屿和半岛分隔开，水流交换畅通的海域，如东海、南海、日本海等；“地中海”是介于大陆之间的海，如亚、欧、非三大洲之间的地中海和南北美洲之间的加勒比海等。

三、海峡与运河

海峡是海洋中相邻海区之间较狭窄的水道，其一般形式为在大陆与邻近的沿岸岛屿之间或两个大陆之间的狭窄水道，把比较宽广的海面或洋面联系起来，如台湾海峡、马六甲海峡、直布罗陀海峡等。全世界可供航行的海峡有 130 多个，其中经常用于国际航行的主要海峡有 40 多个。

运河是人工开凿的水道。在国际航运中，运河与海峡起着非常重要的作用。重要的运河和海峡往往是航行中的咽喉地带，它们把许多重要海区和航行联系起来。运河还能大大缩短航程，提高航运经济效益。最著名的国际运河有苏伊士运河、巴拿马运河、基尔运河。

四、经纬度

我们知道用直角坐标法可以确定平面上某一个点的位置，这在实际生活中的应用例子很多。而地球是个球体，要确定地球上某点的位置，比如，船舶在海洋上航行要精确地报告自己的方位，要准确地知道某港口在地球上的位置，就不能用平面直角坐标，而要用球面坐标。实际中，地球表面坐标系统是用经纬度这个概念来表述的。

地球自转时，只有地轴的两个端点的自转速度等于零，这就是地球的两个极点。对着北极星的一点，叫北极，相对的另一点叫南极。地轴的中心点叫地心。垂直于地轴，并通过地心的平面叫赤道面。赤道面和地球表面相交形成的大圆圈为赤道圈，简称赤道。

地球表面上任何一点在地球绕轴自转时划出的圆圈叫纬线圈。距离赤道越远，纬线圈越小。由于纬线圈和赤道互相平行，所以纬线圈又叫平行圈。我们把赤道定为纬度零度，向南极和向北极各定到 90°。赤道以南的叫南纬，以北的叫北纬，北纬 90°就是北极，南纬 90°就是南极。地面上一个纬度的距离为 111 公里，这样，知道一个地方的纬度，就可以知道它距赤道或极地有多远。纬度单位有“度”“分”“秒”，如北纬 23 度 6 分 3 秒，写成 23°6'3 " 。

通过地轴的平面与地球表面相交的圆圈叫经线圈，每一个经线圈必然通过两极，因而每条经线都准确地指着南北方向，所以经线又称子午线。为统一起见，世界各国共同议定以英国格林威治天文台原址的经线为零度经线，也称本初子午线。从这条线算起，向东向西各分 180°，向东的称为东经，向西的称为西经，所以东经 180°与西经 180°实际上是同一条线，一般就称它为 180°经线。经度单位也是“度”“分”“秒”，如东经 67 度 16 分，写成 67°16'。

这就是地球表面坐标系统，有了经纬度就可精确地表示出地球上任何一点的位置。

五、时区

在国际航运中，有关船舶航行和在港装卸货物的日期或时间是很重要的因素，它是处理各项业务的依据之一。为此，有必要了解世界时区的有关规定。

时间，是物质运动的一种形式。地球不停地从西向东自转，形成太阳每天东升西落的现象。因此，在地球上，东边要比西边先看到太阳。在日常生活中，人们习惯根据太阳在空中的位置来确定时间，如把当地所看到的当天太阳位置最高时定作“中午”，以此为标准计算的时间叫“地方时间”。由于各地的经度不同，它们的“地方时间”也就不一样，东边的时间比西边的早。例如，当英国伦敦的“地方时间”为中午 12 时时，埃及开罗的“地方时间”为下午 2 时 5 分 2 秒，而美国纽约的“地方时间”为上午 7 时 4 分 4 秒。随着社会的发展，国际交往频繁，如果仍用这种方法计算时间，会给交通和通信在时间换算上带来很多困难。因此，自 1884 年以后，大多数国家共同商定，采用以时区为单位的标准时间。

时区的划分是以经过英国伦敦格林威治天文台原址的本初子午线（零度经线）为标准线，把西经 7.5°到东经 7.5°（经度间隔为 15°）划为中时区（又称零时区）。在这个时区内，以零度中央经线的“地方时间”为标准时间，这就是格林威治时间，又称世界时。然后，从中时区的边界分别向东、西每隔经度 15°划一个时区，东西各划出 12 个时区，东 12 时区和西 12 时区相重合，全球共划分 24 个时区。各时区都以本区中央经线的“地方时”为本区共同的标准时间。例如，我国北京位于东经 116°30'，属于东八区，该区的中央经线为东经 120°（经山海关东侧）。因此，北京时间是东经 120°的“地方时”。各相邻时区的标准时间正好相差 1 小时，即位于东区的时区比其西邻的时区早 1 小时。例如，当北京时间为星期二中午 12 时时，东九区的日本为当天下午 1 时，而西边东一区的挪威、丹麦是凌晨 5 时，半球西五区的美国东部为星期一深夜 11 时。

实际上，时区的界线不完全按照经线，而往往参照各国的行政区界或自然界线来划分。此外，各国还按照需要来确定本国的时间。例如，巴黎位于中时区，为了与欧洲大部分国家交往方便，使用东一区的标准时间。又如，我国东西跨五个时区，为了方便起见，采用北京所在的东八区标准时间——北京时间为全国统一时间。因此，我国西部的一些省区，太阳位置最高的时间不在 12 时，而在 13 时或 14 时。

六、国际日期变更线

地球不停地自转，那么地球上新的一天是从哪里开始，又到哪里结束呢?根据 1884 年国际经度会议规定，将东西经 180°经线作为国际日期变更线（或称日界线），地球上新的日期就从这里开始。当此线西侧的东十二区新的一天已经开始时，此线东侧的西十二区的前一天还没有结束，时刻相差 24 小时，形成日期差，即东十二区比西十二区早一天。

例如，在太平洋上航行的轮船或在上空飞行的飞机，由中国沿海到美国西海岸（由西向东)越过日界线，时刻不变，日期便退回一天（若是 3 月 2 日 5 时，则改为 3 月 1 日 5 时）；相反，由东向西越过日界线，日期便加上一天（若是 3 月 2 日 5 时，则改为 3 月 3 日 5 时）。

为了照顾某些领土分布在日界线两侧的国家在日期上的不便，经国际上协商，又进行了适当调整，调整后的日界线，是一条曲折的线，即目前的国际日期变更线。

关于世界各地标准时刻的换算，可以采用以下公式：

所求时刻（某地）=已知某地时刻 ±1 小时 × 时区差

按照这一公式运算时，应注意以下几点：

（1）式中“+、−”是指“东加西减”。也就是说，所求时刻的某地，在已知时刻的某地东边，则用加；所求时刻的某地，在已知时刻的某地西边，则用减。

（2）时区差的计算，若已知某地时区和所求某地时区都在东时区或西时区（包括中时区）时，则大数减小数。如果一个在东时区，另一个在西时区，则计算可分两种情况：一种是经中时区计算，其时差等于两地时区数相加；另一种是经日界线计算，其时区差等于（12−东某时区）+（12−西某时区）。按后一种计算，要特别记住，过日界线日期要变更。

（3）按公式所求出的答数，超过 24 小时，则减去 24 小时，所剩余的时刻为次日时刻（明天时刻，日期要加一天）。若所得的数为负数，则加上 24 小时，为前一天时刻（昨天时刻，日期要减一天）。

（4）在计算日期时，不仅要注意过日界线后日期的变更，而且要注意大小月份天数计算的不同，阳历大月为 31 天，小月为 30 天，平年时二月是 28 天，闰年时二月是 29 天（一般来说，公历年份数能被 4 整除的年份为闰年）。

（5）如果是旅行的话，按公式计算后，还须加上航程的时间。

另外，若已知某地的经度，算时区的方法是：将已知经度除以 15°，如果能除尽或余数小于 7.5°，那么所得的商数就是所求的时区数；如果余数大于 7.5°，那么所求时区数，就应是所得商数加 1（东经属于东几区，西经属于西几区）。

例：一艘远洋货轮于 12 月 3 日 12 时（北京时间）从上海启航，航行 20 天零 3 小时到达位于西经 120°南纬 75°的某目的港（西八区）。整一个月后航经澳大利亚的悉尼，再继续航行两个月后回到上海。试问：

（1）到达某目的港时，当地是几月几日几时?是白天还是夜晚?为什么?

（2）航经悉尼时，悉尼是什么季节？为什么?

（3）回到上海时，上海的昼夜长短如何?

答：

（1）该船出发时间是 12 月 3 日 12 时，出发地点上海属东八区，到达地点属西经 120°（西八区）两地相差 16 小时，又加上航行时间 20 天 3 小时，所以该船到达某目的港的时间是 12 月 22 日 23 时。

到达某目的港的时间是白天。因为 12 月 22 日这一天，太阳直射在南回归线上，南极圈内出现极昼，目的港是在南纬 75°，位于南极圈内，所以是白天。

（2）该船到目的港的时间是 12 月 22 日，航经悉尼是 1 个月后，即 1 月 22 日，此时太阳仍直射南半球，南半球是夏季，悉尼在南半球，也是夏季。

（3）从悉尼到上海又航行两个月，原来 1 月 22 日在悉尼，两个月后即 3 月 22 日，所以正是春分前后，太阳直射在赤道上，全球各地昼夜平分，上海昼夜长度也相等。

任务检阅

时间推算

1. 已知北京（东八区）时间为 4 月 1 日 12:00。

请问：（1）东京（东九区）的时间。

（2）伦敦的时间。

（3）纽约（西五区）的时间。

2. 已知纽约时间为 8 月 23 日 14:00，请问东京的时间。

子任务三　世界主要资源分布及流向分析

学习目标

知识目标：

熟悉世界主要资源的分布

掌握世界主要资源的流向

技能目标：

能够对世界主要资源的分布及流向进行分析

引导案例

世界石油格局正发生根本性变化

在上任后的第一次国情咨文中，美国总统特朗普颇为自豪地说："我们终结了对美国能源的战争。我们也终结了对美丽的清洁煤炭的战争。我们现在是一个骄傲的能源出口国。" 曾经，美国是最大的能源进口国，但现在美国"骄傲"地出口能源了。180 度大逆转的背后，则是世界石油格局的根本性变化。

根据美国能源情报署的统计，2017 年 11 月美国石油日产量逼近 1004 万桶，仅略低于 1970 年 11 月创下的纪录，是 2008 年美国低点（日均约 500 万桶）的两倍多。美国在一直头疼的能源问题上华丽转身，还真不是因为奥巴马主张的清洁能源革命，而是因为美国北达科他州和得克萨斯州拥有丰富的页岩气或页岩油。因其储量巨大，这种能源在国际能源界又被称为"博弈改变者"（Gamechanger）。按照美国能源部的估计，美国可开采的页岩气达 862 万亿立方英尺，能满足美国 100 年的需求。

但过去，这种能源的开采成本很高，甚至每桶成本都远远超过当时的油价，但随着科技进步，尤其是美国"水力压裂法"的广泛运用，页岩气（油）得到大量开采，成本不断下降，由此特朗普才能最终宣布，美国已经成为“骄傲的能源出口国”。其出口对象，也包括中国。

石油是现代经济的血液，“页岩气革命”不仅影响到油价，更对整体经济带来促进。在国情咨文中，特朗普认为自己上台已经创造了 240 万个就业岗位，美国经济持续向好，苹果等企业正在回归。这是事实。有些改变，确实受益于或即将受益于特朗普的减税政策；但有些，则同“页岩气革命”有莫大关系。正是页岩气（油）的大量开发，使国际油价长期处于低位，美国国内汽油成本低于世界绝大多数国家，包括中国，从而极大地降低了美国的生产成本，创造了大量的就业岗位，并推动美国经济向前发展。

可能用不了太长时间，美国将超越沙特阿拉伯和俄罗斯，成为世界最大的原油生产国。美国能源信息署在《2012 年能源展望》中就预测，美国能源自给率将在 2021 年突破 85%，在 2035 年达到 87%。目标正在一步步实现，甚至比预想中更快。

基辛格曾说：“如果你控制了石油，你就控制了所有国家。”能源版图的改变，毫无疑问将给现有国际政治经济秩序带来极大冲击。比如，中东是世界石油的主要供应地，为了确保美国市场的石油供应，美国曾发动或操纵了一场又一场的战争。当年，对于小布什发动伊拉克战争推翻萨达姆政权，美联储前主席格林斯潘就认为，主要还是为了中东的石油。

一旦有了更近距离、更可靠保证的油源，美国将可大大削减中东石油进口量。与之相配合的，美国将从中东逐渐撤离。这种突然打破平衡的举动，将可能使中东局势变得更加动荡。事实上，沙特一度拒绝压缩石油产量，就是希望逼迫美国页岩气开发者无法承受低油价成本，从而退出市场。但结果事与愿违，科技创新让页岩气开发成本不断下降，沙特、俄罗斯等国在叫苦不迭之后只能压缩产量。

但经此一役，美国正在奠定国家能源市场王者的地位。美国知名能源问题专家、IHS Markit 副董事长丹尼尔·耶金就感叹：“曾经有几十年时间，唯一的问题是美国石油进口量增长的速度会有多快。但现在全球石油市场就像被放进一个瓶子里用力摇动，新的格局正在浮现。”

能源格局的变动，对中国来说，意味着新的挑战。从经济层面看，随着中国成为世界最大石油进口国，大量财富将不得不用于海外石油的进口，一方面，这将极大地受制于人，甚至不排除因某种问题出现“石油危机”，从而严重冲击中国经济；另一方面，这将大大提高“中国制造”的成本，影响中国产品的竞争力。

从地缘政治层面看，未来中国石油除来自邻近的中亚和俄罗斯外，更多地将来自海湾地区。中东复杂的政治军事形势，却是稳定油源的最大威胁。美国可以不再需要中东石油，但作为世界最大能源进口国的中国，不能没有中东的供应，这将迫使中国加大在中东地区的投入。

（资料来源：中证网）

知识储备

大宗货物主要指矿物原料中的石油、煤炭、铁矿石及粮食等，工业产品中的钢铁、水泥等。

从世界海运贸易的统计数据中可看出，全球主要海运货物的构成中，原油、铁矿石、煤炭和成品油占据主要地位。

按照生产国（地区）和消费国（地区）划分，粗钢生产国地区为中国、欧洲、西亚、印度，消费国地区为中国、亚洲、欧洲；铁矿石出口国地区为澳大利亚、巴西和印度，进口国地区为中国、日本和欧洲；煤炭主要出口国地区为澳大利亚、印度尼西亚和俄罗斯，进口国地区为欧洲、日本、韩国、中国台湾；谷物出口国地区为加拿大、美国、阿根廷、澳大利亚和欧洲，进口地区国为亚洲、非洲、拉美和西亚。

全球原油运输格局：巨型油轮航线从两大产油区波斯湾和西非至亚洲、欧洲和美国；苏伊士型油轮分布在西非至美国和欧洲，黑海、地中海至欧洲，北海至欧洲，波斯湾至亚洲航线；阿芙拉型油轮主要分布在北海、波罗的海、地中海、黑海至欧洲，北海、加勒比海至美国。

一、粮食的分布及运输流向

粮食是人类最基本的生活资料，也是发展畜牧业的主要精饲料，部分轻工业的原料。按人口计算，粮食产量最高的是北美洲和大洋洲。这里是新大陆，温带草原区，人口密度较小，农业科技含量高，是世界重要的产粮区。其次是欧洲，粮食产量较高，拉美和亚洲较低，非洲最低。

世界谷物市场的五个出口大国年谷物出口量达 2 亿吨，占世界谷物市场出口量的 90%，这五国是美国、加拿大、澳大利亚、阿根廷、法国。

世界谷物进口市场有俄罗斯、日本、中国、非洲部分国家、中东的海湾产油国、拉丁美洲的墨西哥、巴西、委内瑞拉等。

谷物海上运输线主要有美国、加拿大—远东，美国、加拿大—欧洲，阿根廷—欧洲，澳大利亚—远东等。

二、矿物原料的分布及运输流向

1. 石油

石油占世界外贸海运量的 50%以上，是世界海运中最大宗的货物。因为石油是高热值的原燃化工原料，是世界重要的战略物资，生产发展迅速，在世界能源消费中具有显赫地位，约占 45%以上，是工业国家经济发展最主要的动力。它的生产和消费在世界各地区分布极不平衡。

海上石油运输线主要有：

（1）波斯湾—好望角—西欧—北美航线。

该航线是西欧、北美消费区主要的供油运输线，主要由超级油轮公司承运。

（2）波斯湾—龙目海峡、望加锡海峡—日本航线。

该航线主要由超级油轮公司承运，是日本的主要供油线。

（3）波斯湾—苏伊士运河，地中海—西欧、北美航线。

该航线在埃及境内航段，一是由 15 万吨级以内的油轮运输，苏伊士运河的原油运量为 6 000 万吨，其中有部分是经沙特阿拉伯的输油管在延布港转运的；二是由斯德油管输送，由红海岸的艾因苏赫纳通向地中海岸的亚历山大港，该管线原油输送量达 8 000 万吨。这样通过运河和斯梅管线总计运送 1.43 亿吨原油，占中东海湾至地中海、西北欧间原油总运量的 60%。

（4）墨西哥—日本北太平洋航线。

此外，还有西非—北美、南美，西非—西欧，里海—地中海，波斯湾—澳新地区，阿拉斯加—美国东西海岸，墨西哥湾—加勒比海，东南亚、中国—日本等航线。其运程都较短，运量也较少。

2. 煤炭

煤炭是动力燃料，也是钢铁、化学工业的重要燃料。世界上煤炭储量丰富，估计约 30 万亿吨，目前探明储量是 1.4 万亿吨。世界煤炭资源 58%分布于亚洲，30%分布于北美，只有 8%左右分布在欧洲，其他各洲总计仅 4%。其中以俄罗斯、中国和美国的煤炭资源最为丰富。

世界煤炭运输的主要航线是北美—远东、澳大利亚—日本、北美—西欧、南非—西欧、澳大利亚—西欧。

3．铁矿石

世界上海上铁矿石运输量仅次于石油，占世界总海运量的 8%以上，居干散货运输首位。铁矿石是钢铁工业的主要原料，伴随着世界钢铁工业的发展，世界铁矿石外贸海运量迅速增加。目前，世界上最大的铁矿石出口国是澳大利亚与巴西，两国铁矿石出口量已占世界海运铁矿石贸易量的 74%，澳大利亚的力拓、必和必拓及巴西的淡水河谷集团这三大铁矿石巨头近乎控制着整个市场。

世界上铁矿石海上运输线有：澳大利亚、巴西、印度—日本、中国，南非、南美西海岸—日本，委内瑞拉、巴西—美国东南岸，加拿大—美国大湖区，巴西、南非、西非、北欧—西欧。

任务检阅

一、资源流向绘制

根据知识储备中学到的关于世界主要资源分布的内容，试在图 7-2 上粗略地标出主要资源的流向，并进行分析。

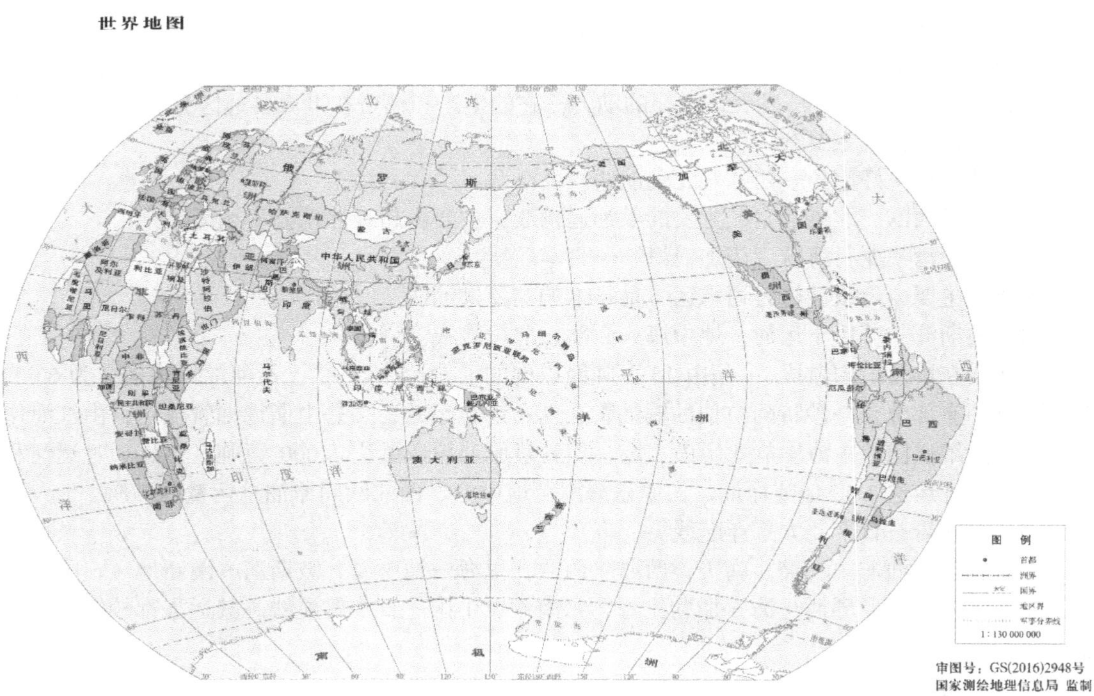

图 7-2　世界地图

二、资料分析

中国对巴西铁矿石需求激增 提携船公司营收增长

由于中国对巴西和澳洲的高品级铁矿石需求激增，未来两年美国干散货船运公司营收料创强劲增长。

为治理冬季雾霾问题，中国削减铁矿石产出，促使国内钢铁厂进口更多高品级铁矿石。

“中国对较高品级铁矿石需求增加，加上巴西供应增加，近几个月对海岬型船运费构成利好……我们认为这种趋势未来还将持续。”纽约 Eagle Bulk Shipping Inc（EGLE.O）执行长 Gary Vogel 说。

摩根士丹利分析师 Fotis Giannakoulis 称，2018 年海岬型船平均运费料从 2017 年的不足 14 000 美元跃升至 24 000 美元左右。该型船舶的通常运载量为 15 万吨。

Seanergy Maritime Holdings（SHIP.O）执行长 StamatisTsantanis 称，接下来三年中国的铁矿石需求平均应当增长 4%～5%，与 2017 年的需求增速步调一致。

澳洲是中国的头号铁矿石供应国，去年西澳大利亚州对中国的出口量为 6.52 亿吨。巴西也在迎头赶上，向中国提供品质更好的铁矿石。

根据巴西外贸部统计，2016 年巴西对中国铁矿石出口增长近 16%，达 2.14 亿吨。

根据一份政府报告，西澳大利亚州对中国的铁矿石出口增长 6%，增幅低于过去 10 年的年均增幅 18%。

中国对澳洲和巴西铁矿石的需求增长，为船运公司带来更高的营收。

（资料来源：航运在线网）

请结合所学知识分析以上资料。

精华总结

- 国际物流的特点。
- 国际日期变更线是一条曲折的线。
- 在全球主要海运货物的构成中，原油、铁矿石、煤炭和成品油占据主要地位。

任务八

海上运输布局分析

学习目标

知识目标：

了解世界地理

熟悉六大航区的划分及不同航区的国家概况

熟悉主要的大洋航线

掌握六大航区的主要海域、海峡、运河、港口等

掌握主要国际集装箱海运航线

技能目标：

能够对国际海上运输布局进行分析

能够合理地设计货物运输路线

引导案例

苏伊士运河对这些航线的油轮实行通行费优惠

根据一份来自苏伊士运河管理局的通知，对 2018 年所有的补贴都是有效的，之所以采取 45%～75%的不同优惠费率，是为了鼓励更多的油轮通过苏伊士运河。

从美国海湾和加勒比海到印度次大陆西部的港口，从印度科钦和巴基斯坦卡拉奇出发，不管是满载还是空载的原油油轮，从正常的通行费中可以获得 45%的折扣。对于驶往科钦东部港口的油轮来说，折扣将达到 75%。

据悉，有资格获得优惠费率的船舶不应在航行中挂靠中间港口。苏伊士运河的通行费也需要全额支付，然后申请退免，管理局一旦收到所有的申请文件，就会退还优惠的部分。

苏伊士运河管理局已将干散货船和超大油轮的优惠费率延长至 2018 年，集装箱船则延长至 2018 年 6 月底。

（资料来源：航运在线）

子任务一　国际六大航区及主要枢纽港布局分析

学习目标

知识目标：

了解世界地理

熟悉六大航区的划分及不同航区的国家概况

掌握六大航区的主要海域、海峡、运河、港口等

技能目标：

能够对国际海上运输布局进行分析

能够合理地设计货物运输路线

引导案例

普京称俄船将获北海航线独家运输权不许外船进入

据俄罗斯电视台报道，根据俄总统普京的提议，悬挂俄罗斯旗帜的船只或将获得北海航线油气资源独家运输权，将外国船只排除在外，以促进俄罗斯造船业的振兴。

报道称，北海航线涵盖俄罗斯的整个北极地区和远东地区，有望成为欧亚之间的主要货运航线。普京表示，此举将提升航运量，提高俄罗斯国内航运公司的地位，并为舰队更新创造更多机会。

“相关议案目前正提交国家杜马（下议院）审议，我希望它能很快通过。”普京称，还有人提议将相关规定延伸至俄罗斯其他海域，“我们将对这些问题进行从容而全面的分析。”

据报道，俄罗斯北海航线去年货运量达到750万吨，超过了苏联时期的纪录。根据俄罗斯联邦海运和河道运输局的预测，未来3年，北海航线货运量将增长6倍，到2030年有望猛增至7000万吨。

北海航线的船只主要运输液化天然气、石油和煤炭等。从东南亚经北极地区前往欧洲的航线，相较于途经苏伊士运河和巴拿马运河的传统航线，能减少一半运输时间。苏联时期，该航线主要用于向北极地区的孤立定居点提供物资。

（资料来源：航运在线）

知识储备

以海洋为核心，世界海运划分为六大航区：西太平洋航区、北印度洋航区、东南非和西非航区、地中海航区、北海和波罗的海航区、美洲航区。

一、西太平洋航区

该航区主要由大中国航区、环日本海航区、东南亚航区及澳新航区组成。大中国航区在任务四中已做详细讲解，此处略。

1. 环日本海航区

该航区系指以日本海为核心，包括日本周围、朝鲜半岛和俄罗斯远东部分在内的广大地区。

（1）该航区主要的海域和海峡。

日本海（SEA OF JAPAN）：是一个介于亚洲大陆和日本列岛之间的太平洋边缘海。该海域因受北太平洋暖流影响较深，除北岸浅海外，大多常年不冻，四季可航，沿岸有许多优良大港。

宗谷海峡（LA PEROUSE STRAIT）：又称拉彼鲁兹海峡，位于日本北海道和俄罗斯的萨哈林岛（库页岛）之间，是日本海出入鄂霍次克海航路要冲和北方门户。

朝鲜海峡（KOREA STRAIT）：为朝鲜半岛与日本九州岛之间的狭窄水域的总称，包括朝鲜半岛与日本对马岛之间的釜山海峡和对马岛—九州岛的对马海峡，两侧海岸曲折，多港湾。下关至釜山港之间有定期轮渡，单程约七小时。

津轻海峡（TSUGARU STRAIT）：指日本本州与北海道之间的狭窄水道，是日本海的主要出入水道，也是日本海出入太平洋的捷径。

济洲海峡（CHEJU STRAIT）：沟通黄海和朝鲜海峡，我国北方港口—日本海之间的船舶常走此峡。

（2）该航区主要国家及港口。

日本：由本州、四国、九州、北海道四个大岛及 3 900 多个小岛组成的群岛国家，首都东京，是全球最富裕、经济最发达的国家之一。日本自然资源贫乏，除煤炭、天然气、硫黄等极少量矿产资源外，其他工业生产所需的主要原料、燃料等都要从海外进口。但是，日本森林和渔业资源丰富，森林覆盖面积占日本陆地面积的 69%，是世界上森林覆盖率最高的国家之一。北海道和日本海是世界著名的大渔场，盛产 700 多种鱼类。

日本经济上对外依赖性很大，因此海运具有特别重要的地位，重要海港有：东京湾沿岸的东京港、千叶港、横滨港、川崎港，大阪湾沿岸的神户港、大阪港，本州中部的名古屋港等。

东京港

港口英文名	港口代码	港口缩写	所在国家
TOKYO	JPTYO	TOK	JAPAN

日本首都商港，位于本州东南部的东京湾西北岸，日本交通中心，东西与千叶和川崎两工业港相连。港区分为内、外港，南北相连，全港码头岸线总长 15 公里，均有一百多个中级以上泊位。

千叶港

港口英文名	港口代码	港口缩写	所在国家
CHIBA	JPCHB	CBA	JAPAN

日本工业港，位于本州东南部的东京湾东北岸，是日本最大的工业港口。千叶西邻东京，为东京湾地区主要工业带之一，有炼油、钢铁、石油化工、造船、电力等大型企业。由于港口海岸线得到了合理改造，吸引了无数工业投资，千叶港发展飞速，成为日本数一数二的大型货运港口。

名古屋港

港口英文名	港口代码	港口缩写	所在国家
NAGOYA	JPNAG	NAG	JAPAN

日本国际贸易港，位于本州（HONSHU）东南部爱知（AICHI）县西部沿海伊势（ISE）湾的西北侧，是日本五大港口之一。名古屋自 1970 年成为通商口岸后商业迅速发展，现为综合性的工业城市。主要工业有毛纺、陶瓷、木材加工、汽车、钢铁、机械、金属加工、精密仪器、化学工业等，工业规模居世界第 4 位。港口背靠平原，湾口有半岛和小岛为屏障，湾内风平浪静，是一个得天独厚的优良深水港口。主要出口货物为汽车、钢铁、陶瓷、化肥、运输机械及化工产品等；主要进口货物有木材、羊毛、煤炭、铁矿石、原油、粮谷、棉花及石油制品等。日本最大的丰田汽车城就在市区东南约 20 公里处，汽车出口占全国的 30%。

横滨港

港口英文名	港口代码	港口缩写	所在国家
YOKOHAMA	JPYOK	YOK	JAPAN

日本大型商港，世界亿吨大港之一，是一个天然良港，位于本州东南部，东京湾西岸神奈川县。横滨港是日本海港中距美国最近的一个，美日海上贸易多以此港为装卸港。横滨港以输出业务为主，出口额占贸易额的 2/3 以上。出口商品主要是工业制成品，有机器、汽车、钢铁、化工品、日用品等；进口货物主要有原油、重油、铁矿石等工业原料和粮食。日本是个“加工贸易型”国家，对外贸易在国民经济中有着极为重要的意义，虽然横滨港货物吞吐量低于神户和千叶港，但是港口贸易额居全国首位，成为日本最大的国际贸易港。

大阪港

港口英文名	港口代码	港口缩写	所在国家
OSAKA	JPOSA	OSK	JAPAN

日本国际贸易港，位于本州南部大阪湾东北岸，是日本五大集装箱港口之一。该港自古以来就是京都的海上门户，大阪市内河道纵横，有“水都”之称。现为阪神工业区的核心，轻重工业综合发展，其工业产值仅次于东京。

神户港

港口英文名	港口代码	港口缩写	所在国家
KOBE	JPUKB	KOB	JAPAN

日本大型商港，位于大阪湾北岸，是日本最大的集装箱港。自古以来神户就是日本的重要交通枢纽，它既是主要的国际贸易中心，又是日本最大的工业中心之一，现为阪神工业区的核心之一。

门司港

港口英文名	港口代码	港口缩写	所在国家
MOJI	JOMOJ	MOJ	JAPAN

位于日本九州东北端，临关门海峡。

韩国：三面环海，西南濒临黄海（韩国又称“西海”），东南是朝鲜海峡，东边是日本海（韩国又称“东海”），北面隔着朝韩非军事区与朝鲜相邻，首都首尔。自然资源匮乏，主要工业原料均依赖进口。

釜山港

港口英文名	港口代码	港口缩写	所在国家
BUSAN	KRBUS	BUS	S.KOREA

韩国最大商港，位于朝鲜半岛东南角、釜山湾内，临朝鲜海峡，是朝鲜半岛的南部门户，被称为“韩国海上第一门户”，朝鲜半岛上最大的国际港口，各种船舶可从釜山港启航前往世界各大港口。

釜山港还是韩国海军第三舰队的主要基地，韩军最大的弹药总库、最大的军械库也在其附近。釜山港也是驻韩美海军的主要海运、后勤保障基地。

仁川港

港口英文名	港口代码	港口缩写	所在国家
INCHON	KRINC	INC	S.KOREA

韩国第二大港，是韩国西海岸的最大港口，也是韩国首都首尔的外港，与首尔相距不到40公里。仁川是韩国最大的经济中心，又是韩国北部进出口贸易中心。仁川港有规模广大的产业经济腹地，主要有炼钢、机械、汽车、造船、化工、电子、车辆制造、金属加工、石油及纺织等。

俄罗斯：世界上领土面积最大的国家，地域跨越欧亚两个大洲，绵延的海岸线从北冰洋一直伸展到北太平洋，还包括了内陆海黑海和里海。与中国、蒙古国、朝鲜等国接壤，同时，俄罗斯还与日本、美国、加拿大等国隔海相望。

俄罗斯自然资源十分丰富，种类多，储量大，自给程度高。森林覆盖面积8.67亿公顷，占国土面积50.7%，居世界第一位。木材蓄积量807亿立方米。天然气已探明蕴藏量为48万亿立方米，占世界探明储量的1/3，居世界第一位。石油探明储量65亿吨，占世界探明储量的12%～13%。煤蕴藏量2 000亿吨，居世界第二位。铁蕴藏量居世界第一位。铝蕴藏量居世界第二位。水力资源4 270立方公里/年，居世界第二位。铀蕴藏量居世界第七位。黄金储藏量居世界第四至第五位。

符拉迪沃斯托克港（海参崴）

港口英文名	港口代码	港口缩写	所在国家
VLADIVOSTOK	SUVVO	VLA	RUSSIA

位于俄罗斯东海沿海彼得大帝湾北侧的阿穆尔湾与乌苏里湾之间，东临日本海与日本相望，西与中国和朝鲜为邻，是俄罗斯远东地区的大港之一，又与纳霍德卡（NAKHODKA）港同是第一条西伯利亚大陆桥的东桥头堡。早在20世纪40年代至80年代末，该港采取闭关自守的政策，阻碍了自身的发展。直到1992年1月俄罗斯政府才正式宣布对外开放。海参崴是通往欧洲和西伯利亚的门户，又是从太平洋到大西洋横跨欧亚铁路干线的东方枢纽，地理位置十分重要。随着东北亚国际贸易的发展，海参崴将成为俄罗斯在东方的窗口。

海参崴是天然的不冻港，也是俄罗斯太平洋沿岸最大的港口城市，扮演着军港、渔港、商港三种不同的角色，如今以商港为其主要功能。

纳霍德卡港

港口英文名	港口代码	港口缩写	所在国家
NAKHODKA	SUNJK	NAK	RUSSIA

位于日本海北部彼得大帝湾东南最南突的陆岸凹入的阿美利加湾内，港区在西部小湾两岸，西北距海参崴直线约 65 海里，是天然的不冻港。

东方港

港口英文名	港口代码	港口缩写	所在国家
VOSTOCHNY	RUVOS	VOS	RUSSIA

俄罗斯太平洋岸的商港。临日本海，濒临纳霍德卡湾的东南侧，是俄罗斯远东地区的最大港口。每年 1—3 月有薄冰，须破冰船协助开航。

2. 东南亚航区

该航区系指西太平洋中段与印度洋之间的广大地区。陆域由大陆伸入海洋的中印半岛、马来半岛及两洋之间的马来群岛组成。东南亚各陆域之间分布着许多海域和海峡，它们是太平洋和印度洋之间船舶往来的通道，战略地位重要。

（1）东南亚航区的主要海域。东南亚航区的主要海域除南中国海外，还有苏碌海、苏拉威西海、班达海、爪哇海等。

（2）东南亚航区的重要海峡。东南亚航区的重要海峡包括望加锡海峡、龙目海峡、巽他海峡、马六甲海峡。

马六甲海峡（STRAIT OF MALACCA）：位于马来半岛与苏门答腊岛之间的海峡。马六甲海峡呈东南—西北走向。它的西北端通印度洋的安达曼海，东南端连接南中国海。海峡全长约 1 080 公里，西北部最宽达 370 公里，东南部最窄处只有 37 公里。

马六甲海峡因沿岸有马来西亚一古城马六甲而得名。海峡现由新加坡、马来西亚和印度尼西亚 3 国共管。海峡处于赤道无风带，全年风平浪静的日子很多。海峡底质平坦，多为泥沙质，水流平缓。

马六甲海峡是印度洋与太平洋之间的重要通道，连接了世界上人口甚多的三个大国：中国、印度与印尼。另外，也是西亚石油到东亚的重要通道，经济大国日本常称马六甲海峡是其“生命线”。

望加锡海峡（MAKASSAR STRAIT）：印度尼西亚群岛中段的海峡。位于加里曼丹与苏拉威西两岛之间，北通苏拉威西海，南接爪哇海与弗洛勒斯海。

望加锡海峡是亚洲和欧洲间的重要洲际海上航道，是从中国南海、菲律宾到澳大利亚的重要航线，也是东南亚区际间航线的捷径，是世界上有重要军事和经济意义的八大海峡之一。它与龙目海峡相连，成为联结太平洋西部和印度洋东北部的战略通道。美国、俄罗斯、日本等国的舰艇常常经由望加锡海峡和龙目海峡往来于太平洋和印度洋之间。在第二次世界大战期间，为了争夺海峡控制权，日本联合舰队与盟军曾在 1942 年 1 月在望加锡海峡进行过闻名于世的望加锡大海战。望加锡海峡对海上交通运输有重要作用，对海军利用该海峡进行南北机动和两洋兵力互相支援亦有重大价值。因此，它始终是各国激烈争夺与控制的海上要道。

望加锡海峡、龙目海峡和巽他海峡，在世界海洋交通格局中占有十分重要的战略地位，是穿越印度尼西亚群岛，沟通两大洋的海上咽喉要道。

龙目海峡（LOMBOK STRAIT）：位于印度尼西亚群岛的巴厘岛和龙目岛之间，北接巴厘海，南通印度洋。它是因地壳断裂下沉而形成的，所以水道幽深，岸壁陡峭。由于海流的强烈侵蚀冲刷，龙目海峡至今仍在继续加深加宽。现在，龙目海峡不仅在进行海上交通运输方面有重要作用，而且在军事战略上亦有重大价值。

龙目海峡不仅是印度尼西亚群岛之间的纽带，也是太平洋与印度洋海上航运的重要通道。龙目海峡为印度尼西亚各海峡中最安全的天然航道。许多来往于波斯湾与东南亚、日本之间的巨型船只，从马六甲海峡不能通过时，均取道于此南下印度洋，或再经望加锡海峡北上。龙目海峡由此成为世界性的海运门户，其战略地位与日俱增。特别是近几年来，由于通过马六甲海峡的大型油船和舰艇越来越拥挤，加上沉船、流沙、淤泥经常使航道改变，此外受水深的影响，很多大型船只无法通过，而且日益猖獗的海盗活动也给通过马六甲海峡的船只带来了很大的风险，因此许多船只特别是超级巨型油船更愿意经由龙目海峡。现在 20 万吨以上的轮船均要绕道龙目海峡，由此可见龙目海峡在经济中的重要性。

巽他海峡（SUND STRAIT）：位于苏门答腊岛和爪哇岛之间，是爪哇海与印度洋之间的通道。海峡东部水深很浅，不宜行驶 20 万吨以上的油轮。

（3）东南亚航区的经济状况。东南亚地区处于热带低纬，气候炎热多雨，很适于热带森林和热带经济作物的生长，目前它是世界上橡胶、油棕、椰子、稻米及热带木材等最重要的生产和供应者。另外，石油、锡的生产与出口也占有重要地位。

（4）该航区主要港口。

新加坡港

港口英文名	港口代码	港口缩写	所在国家
SINGAPORE	SGSIN	SGP	SINGAPORE

地处太平洋与印度洋之间的航运要道——马六甲海峡的出入口，是远东至欧洲、中东和非洲的远洋船舶必经之处，是国际航运枢纽之一。2017 年新加坡港集装箱吞吐量仅次于上海，排名世界第二位。新加坡作为自由贸易港，现已成为东南亚各国之间的转运港。我国远洋船舶经常靠泊新加坡港，同时新加坡与我国贸易量也比较大。

新加坡港位于新加坡岛南部沿海，西临马六甲海峡的东南侧，南临新加坡海峡的北侧，是天然良港，亚太地区最大的转口港，是世界上最大的集装箱港口之一。该港扼太平洋和印度洋之间的航运要道，战略地位十分重要。该港自然条件优越，水域宽敞，很少受风暴的影响，港区面积达 583 平方公里，水深适宜，吃水在 13 米左右的船舶可随时进港靠泊，港口设备先进完善，并采用计算机化的情报系统。

从新加坡港起航，有 200 多条航线通往世界各主要港口。新加坡港的管理非常现代化，采用的是最新的电子技术和机械。新加坡港还可以修理世界上最大的超级油轮，是亚洲最大的修船基地。

曼谷港

港口英文名	港口代码	港口缩写	所在国家
BANGKOK	THBKK	BKK	THAILAND

位于泰国西南部湄南河下游的两岸，近曼谷湾的北侧，是泰国的最大港口，是东南亚第二大城市，市区河道纵横交错，水上贸易称盛，有“东方威尼斯”之美称，还是世界著名的米市。港区主要由东、西两个码头所组成，西码头停靠普通船舶，东码头以停靠集装箱船为主，本港由于码头水浅，只能停靠载重 1 万吨的船舶及 500 标准箱的集装箱船。泰国全国 90%的外贸货物及老挝和柬埔寨部分进出口货物也经此港中转。

巴生港

港口英文名	港口代码	港口缩写	所在国家
PORT KELANG	MYPKG	PKE	MALAYSIA

位于马来西亚的马来半岛西部沿海巴生河口南岸，濒临马六甲海峡的东侧，是马来西亚的最大港口，是首都吉隆坡的外港。巴生港腹地广阔，有铁路相连，主要出口货物为木材、胶合板、棕榈油、橡胶及农产品等，进口货物主要有钢铁、大米、纸张、机械、石油等。

雅加达港

港口英文名	港口代码	港口缩写	所在国家
JAKARTA	IDJKT	JAK	INDONESIA

位于印尼爪哇岛的西北沿海雅加达湾的南岸，濒临爪哇海的西南侧，东距外港 10 公里，是印尼最大的集装箱港口，又是印尼有名的胡椒输出港，是印尼海陆空的交通枢纽；同时还是东南亚最大城市之一，亚洲南部和大洋洲的航运中心，地理位置相当重要。主要工业有造船、汽车装配、机械、建材、纺织等。主要出口货物为橡胶、茶叶、胡椒、咖啡、木材、锌、奎宁（金鸡纳霜）、烟草、石油等。进口货物主要有机械、钢铁、大米、药品、家电等。该港外贸吞吐量占印尼输入的 50%以上，主要贸易对象为日本、美国、新加坡和中国等。

马尼拉港

港口英文名	港口代码	港口缩写	所在国家
MANILA	PHMXA	MAN	PHILIPPINES

菲律宾的首都，位于菲律宾最大的岛屿吕宋岛西岸，是菲律宾最大的海港，也是该国的政治、经济、文化和交通中心。这里集中了全国半数以上的工业企业，主要以制糖、榨油、纺织、食品加工、制药、卷烟等为主。该港有南港、北港和国际集装箱三个港区。主要出口货物为大麻、食糖、烟叶、酒精、木材及三合板等，进口货物主要有机械、纺织品、食品、石油、水泥等。马尼拉港的进口货物占全国进口货物的 4/5。

海防港

港口英文名	港口代码	港口缩写	所在国家
HAIPHONG	VNHPH	HPG	VIETNAM

濒临北部湾的西北岸，是越南北方最大的海港。它是首都河内的海上门户，也是北方进出口物资的中转站。

3．澳新航区

该航区系指澳大利亚、新西兰、巴布亚新几内亚、斐济、社会群岛等地区。

（1）该航区主要海峡和海域。主要海峡和海域包括阿拉弗拉海、托雷斯海峡、珊瑚海、塔斯曼海及巴斯海峡等。

阿拉弗拉海（ARAFURA SEA）：西太平洋的浅海部分，位于澳大利亚北岸、卡奔塔利亚（Carpentaria）湾和巴布亚新几内亚南岸之间。西连帝汶海（Timor Sea），西北接班达（Banda）海和赛拉姆（Ceram）海，东部经托雷斯海峡（Torres Strait）沟通珊瑚海（Coral Sea）。

珊瑚海（CORAL SEA）：太平洋西南部海域。位于澳大利亚和巴布亚新几内亚以东，新喀里多尼亚（New Caleonia）和新赫布里底（New Hebrides）岛以西，所罗门群岛以南。南连塔斯曼（Tasman）海，北接所罗门海，东临太平洋，西经托里斯（Torres）海峡与阿拉弗拉海相通。珊瑚海是澳大利亚东部及新西兰各港往返于亚洲东部的必经海域。

珊瑚海因有大量珊瑚礁而得名，以大堡礁最著名，世界上有名的大堡礁就分布在这个海区。它像城堡一样，从托雷斯海峡到南回归线之南不远，南北绵延 2 400 公里，东西宽 2～150 公里，总面积 8 万平方公里，为世界上规模最大的珊瑚体，大部分隐没水下成为暗礁，只有少数顶部露出水面成为珊瑚岛，在交通上是个障碍。

塔斯曼海（TASMAN SEA）：西南太平洋的边缘海。位于澳大利亚东南岸、塔斯马尼亚（西）和新西兰（东）之间，北与珊瑚海相连，西南以巴斯海峡（Bass Strait）与印度洋相连，东有科克海峡（新西兰南、北岛之间）与太平洋相通。

塔斯曼海以多风暴闻名。新西兰、澳大利亚东南部和塔斯马尼亚之间有海洋航线，其经济资源包括渔产，以及巴斯海峡东端吉普斯兰海盆（Gippsland Basin）中的石油蕴藏。

托雷斯海峡（TORRES STRAIT）：位于澳大利亚与巴布亚新几内亚的美拉尼西亚岛之间的水体，海峡最窄处约 150 公里，其南面是约克角半岛（澳大利亚昆士兰州的最北端），北面是巴布亚新几内亚。托雷斯海峡是澳大利亚东海岸及新西兰各港往返于东南亚之间的必经之路。

托列斯海峡有刺猬一般的暗礁，以及住在这一带海岸的土著人，因此被认为是很危险的地带。

巴斯海峡（BASS STRAIT）：是分隔塔斯马尼亚与澳大利亚大陆南部的海峡，最窄处宽约 240 公里，平均约 50 米深，海峡上有很多岛屿。

巴斯海峡是西南太平洋和印度洋之间在南半球中纬地带的重要通道。

（2）主要国家及港口。

澳大利亚：全球土地面积第六大的国家，国土比整个西欧大一半，首都堪培拉。澳大利亚不仅国土辽阔，而且物产丰富，是南半球经济最发达的国家，是全球第四大农产品出口国，也是多种矿产出口量全球第一的国家。

澳大利亚的矿产资源、石油和天然气都很丰富，矿产资源至少有 70 余种。其中，铝土矿储量居世界首位，占世界总储量的 35%。澳大利亚是世界上最大的铝土、氧化铝、钻石、铅、钽生产国，黄金、铁矿石、煤、锂、锰矿石、镍、银、铀、锌等的产量也居世界前列。同时，澳大利亚还是世界上最大的烟煤、铝土、铅、钻石、锌及精矿出口国，第二大氧化铝、铁矿石、铀矿出口国，第三大铝和黄金出口国。

悉尼港

港口英文名	港口代码	港口缩写	所在国家
SYDNEY	CASYD	SYD	AUSTRALIA

澳大利亚第二大集装箱港，也是主要的羊毛出口港，是全国最大的经济、文化、贸易中心，也是世界上最大的羊毛销售中心。该港腹地广阔、交通便利、经济发达，主要工业有炼油、重型机械、化工、纺织、飞机制造、电子、服装、食品加工等。该港出口货物主要有羊毛、小麦、面粉、肉类、纺织品、钢铁及杂货等，进口货物主要有石油、木材、汽车、纸产品等。

墨尔本港

港口英文名	港口代码	港口缩写	所在国家
MELBOURNE	AUMLB	MEL	AUSTRALIA

澳大利亚最大的现代化港口，也是澳大利亚东南地区羊毛、肉类、水果及谷物的输出港，又是重要的国际贸易港口，同时还是全国经济、贸易和交通中心，主要工业有重型机械、汽车制造、石油冶炼、纺织品等。

布里斯班港

港口英文名	港口代码	港口缩写	所在国家
BRISBANE	AUBSA	BRI	AUSTRALIA

澳大利亚商港，位于东海岸中部昆士兰州东南部的布里斯班河口，是昆士兰州的最大海港，也是澳大利亚的第三大城市，现为商业和文化中心，有铁路与公路腹地相连。

阿德莱德港

港口英文名	港口代码	港口缩写	所在国家
ADELAIDE	AUADL	TAT	AUSTRALIA

澳大利亚商港，位于澳大利亚圣文森特湾东岸，临南印度洋。

弗里曼特尔港

港口英文名	港口代码	港口缩写	所在国家
FREMANTLE	AUFRE	FRE	AUSTRALIA

澳大利亚商港。位于该国西澳大利亚西南斯旺河口，珀斯市之西南，港口有内外港之分。

新西兰：位于太平洋西南部，是个岛屿国家。新西兰两大岛屿以库克海峡分隔，南岛邻近南极洲，北岛与斐济及汤加相望，面积 26.8 万平方公里，首都惠灵顿，最大的城市是奥克兰，新西兰经济蓬勃发展，属于发达国家。

奥克兰港

港口英文名	港口代码	港口缩写	所在国家
AUCKLAND	NZAKL	AUC	NEW ZEALAND

新西兰最大的港口，现为新西兰第一大城市和全国工业、贸易及航运中心，又是国际交通枢纽。主要工业有轻工机械制造、钢铁、造船、乳肉加工、造纸、化工等。全国 1/3 的工厂集中于此。奥克兰还是新西兰北部地区的畜牧产品的集散中心，铁路、公路沟通北岛各地，交通发达。

该港 80%的吞吐量为集装箱货物，其集装箱装卸量相当于新西兰集装箱装卸量的 60%。主要出口货物为肉类、乳制品、羊毛、皮革、木材、钢材等，进口货物主要有纺织品、石油、纤维制品、粮食、服装及化学制品等，主要贸易对象有日本、澳大利亚、美国、中国和韩国等。

惠灵顿港

港口英文名	港口代码	港口缩写	所在国家
WELLINGTON	NZWGN	WEL	NEW ZEALAND

新西兰首都商港。位于该国北岛南端尼可尔逊湾内，紧靠市区北部，临库克海峡。

4. 太平洋上的重要航站

苏瓦港

港口英文名	港口代码	港口缩写	所在国家
SUVA	FJSUV	SUV	FI JI ISLANDS

斐济的最大海港，是南太平洋的航运中心，有南太平洋的“十字路口”之称。苏瓦港现为全国政治、经济和交通中心。工业以榨油为主，其次是椰子加工、木材加工和黄金开采等，港口外有珊瑚礁作屏障，港内水深、风平浪静，是个天然良港。

苏瓦港主要出口货物为糖、椰油、木材及糖浆等，进口货物主要有粮食、机器、燃料油及化工产品等。

帕皮提港

港口英文名	港口代码	港口缩写	所在国家
PORT PAPEETE			SOCIETY ISLANDS

位于南太平洋社会群岛中塔希提岛西北岸马塔继湾内，为法属波利尼西亚的首府所在地，也是澳美航线上的重要中继站。

火奴鲁鲁（檀香山）港

港口英文名	港口代码	港口缩写	所在国家
HONOLULU	PUHNL	HON	HAWAIIAN ISLANDS

美国夏威夷州首府和港口城市，位于北太平洋夏威夷群岛中瓦胡岛的东南角。因为早期本地盛产檀香木，而且大量运往中国，故华人称之为檀香山。

火奴鲁鲁地处太平洋中心，是太平洋海、空交通的枢纽和重要港口，被喻作“太平洋的十字路口”。此处是从美国西岸去澳大利亚和从巴拿马运河到远东的船舶航线和航空线的必经之地，穿越太平洋的海底电缆也在此经过。其战略地位重要，西郊十公里处的珍珠港是美主要海、空军基地之一，统率亚太地区美国驻军的美军太平洋司令部就驻在这里，是美军在太平洋地区活动的中心。

火奴鲁鲁港口年吞吐量达 800 万吨以上，为深水良港，是夏威夷重要门户，也是跨太平洋海运贸易的重要据点之一，为横渡太平洋海轮的停靠站，全州所需粮食、燃料和各种工业品多经该港输入。

二、北印度洋航区

该航区由印巴、海湾、亚丁湾和红海等航区组成。

1. 印巴航区

该地区陆域以印度为主体，包括其两翼毗邻的沿海国家巴基斯坦、斯里兰卡、孟加拉国和缅甸等。该航区西起伊朗高原东缘，东至中印半岛中央山脉，北有喜马拉雅山脉与亚洲内陆分隔，面向印度洋的阿拉伯海和孟加拉湾，自然界线分明，环境独特，有南亚次大陆之称。

（1）该航区的主要海域和海峡。

孟加拉湾（BAY OF BENGAL）：位于亚洲的印度半岛、斯里兰卡、缅甸、安达曼—尼科巴群岛之间，面积 217 万平方公里，平均深度在 2 500 米以上，海流随风向而变，冬季呈逆时针方向向西流，夏季呈顺时针方向向东流，沿岸有恒河、布拉马普特拉河等注入。

安达曼海（ANDAMAN SEA）：在亚洲的中南半岛安达曼—尼科巴群岛和苏门答腊岛之间，面积 60 万平方公里，东南经马六甲海峡通南海，西以普雷帕里斯和尼科巴等海峡通孟加拉湾和印度洋，北有伊洛瓦底江和萨尔温江等注入，是进出马六甲海峡的必经海域。

阿拉伯海（ARABIAN SEA）：位于印度半岛与阿拉伯、索马里半岛之间，包括阿曼湾和亚丁湾在内，面积共约 368 万平方公里，水深超过 2 000 米，海底有西北—东南向的海岭，使之与索马里海盆分开，海流与安达曼海一样，这里自古以来就是海上重要通道。

格雷特海峡（GRETHEL STRAIT）：在大尼科巴岛与苏门答腊岛之间，也称尼科巴海峡，长宽各约 150 公里，水深 200 米。它是安达曼海西南出入印度洋的重要通道，远东地区经马六甲海峡至波斯湾、地中海、西北欧的船只均经此海峡。

普雷帕里斯海峡（PREPARIS CHANNEL）：在安达曼群岛北面的普雷帕里斯岛的南北，普岛之南称为南普雷帕里斯海峡，普岛之北称为北普雷帕里斯海峡。它沟通了安达曼海和孟加拉湾，长宽各约 200 公里，水深 150 米，远东地区经马六甲海峡进出孟加拉湾北部沿岸港口的船只均经此海峡。

（2）主要港口。

加尔各答港

港口英文名	港口代码	港口缩写	所在国家
CALCUTTA	INCAL	CCU	INDIA

濒临孟加拉湾的北侧，是印度东部最大的港口，因主要出口黄麻，又有“黄麻港”之称，是印度第二大港，全印度经济、交通和文化的中心之一；同时又是内陆国家尼泊尔、不丹和锡金的出海口。出口货物主要有黄麻、煤、矿石、茶叶、棉花等；进口货物主要有石油、盐、水泥、钢铁、橡胶、木材等。

孟买港

港口英文名	港口代码	港口缩写	所在国家
MUMBAI	INBOM	BOM	INDIA

位于印度西海岸的孟买岛（该岛与大陆联结）上，西邻阿拉伯海，是印度最大的港口。它是南亚大陆桥的桥头堡：东起加尔各答，西至孟买，全长 2 000 公里，是印度海陆空的交通枢纽。孟买港工商业发达，是全印度最大的棉纺织中心。

孟买港出口货物主要有纺织品、黄麻、矿石、棉花等；进口货物主要有钢铁、石油、水泥、木材、橡胶及化工产品等。

那瓦舍瓦港

港口英文名	港口代码	港口缩写	所在国家
NHAVA SHEVA	INNXV		INDIA

印度最大的集装箱港，仅供集装箱船停靠。

那瓦舍瓦港和孟买港事实上是同一个港口不同港区的关系。孟买港曾经是印度第一大集装箱港口，由于孟买港口水深不足 10 米，不利于港口的长久发展，印度政府于 1989 年在孟买以南 70 公里处兴建了水深 12 ~ 14 米的尼赫鲁港，也就是现在大家习惯上称呼的“NHAVA SHEVA”港。

科伦坡港

港口英文名	港口代码	港口缩写	所在国家
COLOMBO	LKCMB	COL	SRI LANKA

斯里兰卡第一大港，是世界著名的人工海港，该港是世界航道上印度洋的重要航站，是横渡印度洋的过往船舶的补给站，地理位置重要，交通便利。出口货物主要有茶叶、咖啡、可可、椰干、橡胶等；进口货物主要有石油、煤、大米、棉制品、水泥和化肥等。

卡拉奇港

港口英文名	港口代码	港口缩写	所在国家
KARACHI	PKKHI	KAR	PAKISTAN

位于巴基斯坦南部，是巴基斯坦最大的港口，也是全国工商业和文化中心。巴基斯坦95%以上的外贸货物及阿富汗部分进出口货物都经此港运输。主要进口货物为石油、机械、燃油、电器产品、钢铁、化工产品等；主要出口货物为大米、小麦、纺织品、地毯、棉花等。

吉大港

港口英文名	港口代码	港口缩写	所在国家
CHITTAGONG	BDCGP	CTG	BANGLADESH

吉大港是孟加拉国的最大海港和第二大城市，位于孟加拉湾东北岸，是孟加拉的重要交通枢纽和工业中心。

仰光港

港口英文名	港口代码	港口缩写	所在国家
YANGON RANGOON	BURAN	RAN	MYANMAR

缅甸首都的海上门户，为缅甸第一大港。

2. 海湾航区

这里所指的海湾是中东的波斯湾和阿曼湾。海湾沿岸有伊朗、沙特阿拉伯、伊拉克、科威特、阿联酋、阿曼、巴林、卡塔尔8国，海湾8国总面积为465万平方公里，人口6 900万人，是个地广人稀的地区。这里地处热带低纬大陆中心，气候炎热少雨，不利于农业生产，也不太适于人居住，但这里地居亚、欧、非三洲和地中海、红海、阿拉伯海、黑海四海交界地带，自古以来就是亚、非、欧三洲交往的交通要道，战略地位十分重要。

20世纪初以来，这里发现了极其丰富的石油宝藏，石油探明储量约占世界的53%以上，天然气储量占世界的1/4，石油总产量约占世界的1/3，为世界石油市场提供了60%以上的原油，是世界上最大的石油供应基地。

（1）该航区的主要海域和海峡。该航区的主要海域和海峡有波斯湾、阿曼湾及霍尔木兹海峡。

波斯湾（PERSIAN GULF）：位于阿拉伯半岛和伊朗高原之间。西北起阿拉伯河河口，东南至霍尔木兹海峡，长约990公里，宽56～338公里，面积24万平方公里。水深：伊朗一侧大部分深于80米，阿拉伯半岛一侧一般浅于35米，湾口处最深达110米。

阿曼湾（GULF OF OMAN）：阿拉伯海西北海湾，位于阿拉伯半岛与伊朗之间。东南从阿拉伯半岛的哈德角到伊朗—巴基斯坦交界处的瓜塔尔湾一线，宽约360公里。

霍尔木兹海峡（HORMUZ STRAIT）：连接波斯湾和印度洋的海峡，亦是唯一一个进入波斯湾的水道，是全球最繁忙的水道之一。霍尔木兹海峡可以说是中东地区的“油库总阀门/咽喉”。

自从中东地区发现石油后，这里每天有数以百计的运油船经过，以水路将石油运出中东。

（2）主要港口。

迪拜港

港口英文名	港口代码	港口缩写	所在国家
DUBAI	AEDXB	DXB	UNITED ARAB EMIRATES

位于阿联酋东北沿海，濒临波斯湾的南侧，又名拉希德港（MINA RASHID），是阿联酋最大的港口，也是集装箱大港之一。迪拜港是该航区的主要港口，该港地处亚欧非三大洲的交汇点，是中东地区最大的自由贸易港，尤以转口贸易发达而著称，同时也是海湾地区的修船中心，拥有名列前茅的百万吨级的干船坞。长期以来，该港还是波斯湾南岸的商业中心。主要出口货物为石油、天然气、石化产品等；主要进口货物为粮食、机械及消费品等。

阿里山港

港口英文名	港口代码	港口缩写	所在国家
JEBEL ALI	AETAT	JEA	UNITED ARAB EMIRATES

阿联酋商港，位于迪拜西南约 35 海里的阿里山自由贸易区海岸。它也是海湾地区规模最大的商港和中心之一，是进出最大的人工港。1991 年 5 月起，该港与拉希德港合并成立迪拜港务局，但仍为两大港区。

豪尔费坎港

港口英文名	港口代码	港口缩写	所在国家
KHOR FAKKAN		KFA	UNITED ARAB EMIRATES

阿联酋阿曼湾岸港口。

阿巴斯港

港口英文名	港口代码	港口缩写	所在国家
BANDAR ABBAS	IRBND	BAB	IRAN

位于霍尔木兹海峡北岸，伊朗南岸。

3. 红海、亚丁湾航区

（1）该航区的海域和海峡。

红海（RED SEA）：阿拉伯半岛和非洲东北部之间狭长的海域，呈西北东南走向，长宽约 2 200 公里和 300 公里，两岸大致平行。西北由于西奈半岛的楔入，分成两个小海湾，即西侧的苏伊士湾和东侧的亚喀巴湾。苏伊士湾有人工运河连接地中海，也使亚洲与非洲的脐带断离。

亚丁湾（GULF OF ADEN）：阿拉伯半岛与“非洲之角”之间的海湾，属阿拉伯海，它是世界海上交通要道之一。

曼德海峡（THE MANDAB STRAIT）：位于亚洲阿拉伯半岛西南端和非洲大陆之间，连接红海和亚丁湾、印度洋。苏伊士运河通航后，为从大西洋进入地中海，穿过苏伊士运河、红海通印度洋的海上交通必经之地，战略地位重要。

苏伊士运河（SUEZ CANAL）：1869 年修筑通航，沟通地中海与红海，沟通了印度洋和大西洋，提供从欧洲至印度洋和西太平洋附近土地的最近的航线。它使远东至欧洲航线缩短 6 000

公里以上，还可免受好望角风浪的颠簸。它是世界上使用最频繁的航线之一，也是亚洲与非洲的交界线。

（2）主要港口。

亚丁港

港口英文名	港口代码	港口缩写	所在国家
ADEN	YDADE	ADN	YEMEN

亚丁港为该航区的主要港口，位于也门西南沿海，亚丁湾的西北岸，扼红海与印度洋的出入口，是欧洲、红海至亚洲、太平洋之间的交通要冲，地理位置非常重要。它还是也门最大的海港，主要从事转口贸易，是世界第二大加油港，有水下油管直通岸上，能同时为15艘海船加油上水。

荷台达港

港口英文名	港口代码	港口缩写	所在国家
AL HODEIDAH			YEMEN

也门共和国西海岸商港。

吉达港

港口英文名	港口代码	港口缩写	所在国家
JEDDAH	SAJED		SAUDI ARABIA

位于沙特阿拉伯西海岸中部，濒临红海东侧，是沙特阿拉伯最大的集装箱港。

亚喀巴港

港口英文名	港口代码	港口缩写	所在国家
AQABA	JOAQA		JORDAN

位于约旦西南，是约旦唯一海港。

苏赫奈泉港

港口英文名	港口代码	港口缩写	所在国家
SOKHNA	EGASU	AIS	EGYPT

位于苏伊士运河南面入口处，距离埃及首都开罗（Cairo）只有110公里。

苏丹港

港口英文名	港口代码	港口缩写	所在国家
PORT SUDAN	SDPZU	PSU	SUDAN

位于苏丹东北沿海中部，濒临红海西侧，是苏丹唯一的对外贸易港口，全国90%以上的进出口货物经此港运输。

三、东南非和西非航区

1. 东南非航区

东南非航区系指非洲南部赤道以南、南非以北，印度洋沿岸以莫桑比克海峡为核心的地区。

该地区经济状况如下：

（1）主要海域和海峡。

莫桑比克海峡（MOZAMBIQUE CHANNEL）：西印度洋的一条水道，是世界上最长的海峡，东为马达加斯加岛，西为莫桑比克。

（2）主要国家和港口。

南非：地处南半球，有“彩虹之国”之美誉，位于非洲大陆的最南端，其东、南、西三面被印度洋和大西洋环抱，北面与纳米比亚、博茨瓦纳、津巴布韦、莫桑比克和斯威士兰接壤。

南非资源丰富，是世界五大矿产国之一，黄金、铂族金属、锰、钒、铬、硅铝酸盐的储量居世界第一位。

南非是非洲最大经济体和最具影响力的国家之一，其国内生产总值约占撒哈拉以南非洲国家经济总量的 1/3。

达累斯萨拉姆港

港口英文名	港口代码	港口缩写	所在国家
DAR ES SALAAM	TZDAR		TANZANIA

位于坦桑尼亚东部沿海的达累斯萨拉姆湾内，濒临印度洋的西侧，是坦桑尼亚首都和最大港口，也是东非的著名港口之一。

蒙巴萨港

港口英文名	港口代码	港口缩写	所在国家
MOMBASA	KEMOM		KENYA

位于肯尼亚东南端，是肯尼亚最大的港口，也是东非的最大港之一。该港是东非的工商业中心。肯尼亚、乌干达的大部分外贸物资及卢旺达、坦桑尼亚、扎伊尔东部、苏丹南部的部分货物均由该港中转。

路易港

港口英文名	港口代码	港口缩写	所在国家
PORT LOUIS	MUPLU		MAURITIUS

位于毛里求斯西北沿海，是该国最大海港，也是全国进出口货物的唯一门户，港市是该国首都。该港地处南大西洋和印度洋之间的航运要冲，是南印度洋重要的海底电缆站和国际航运的重要停靠站。该市的制糖、出口加工和旅游业已成为毛里求斯国民经济的三大支柱。

德班港

港口英文名	港口代码	港口缩写	所在国家
DURBAN	ZADUR		SOUTH AFRICA

位于南非东部沿海德班湾的北侧岸，濒临印度洋的西南侧。又名纳塔尔（NATAL）港，是南非最大的集装箱港。它是全国第三大城市。

开普敦港

港口英文名	港口代码	港口缩写	所在国家
CAPE TOWN	ZACPT	CPT	SOUTH AFRICA

位于南非西南沿海桌湾(TABLE BAY)的南岸入口处，南距好望角(CAPE OF GOOD HOPE) 52 公里，濒临大西洋的东南侧。它是南非的立法首都，是南非的主要港口之一。该港地理位置重要，是欧洲沿非洲西海岸通往印度洋及太平洋的必经之路。

2．西非航区

西非航区系指以几内亚湾为中心，非洲大西洋沿岸的广大地区。西非沿海有 20 个国家和地区，其中近一半地处几内亚湾沿岸。这里地处赤道南北，气候带状分布明显，几内亚湾沿岸及刚果河流域既是世界热带经济作物和热带森林主要分布区之一，又是丰富的石油、铁、锰、铀、钻石等多种矿石的矿藏区。目前，它是非洲经济最活跃的地区之一。

（1）主要海域和海峡。

几内亚湾（GULF OF GUINEA）：非洲西南岸赤道低纬度的大西洋海湾。西起利比里亚东南边界的帕尔马斯角，东至加蓬的洛佩斯角，东西长约 1 800 公里，这里沿岸有较宽的大陆架，海底有丰富的石油。

（2）主要国家和港口。

加蓬：西非人均收入最多的国家，主要输出石油、木材、锰、铀、铁矿。

尼日利亚：西非最大产油国，油田分布于尼日尔河三角洲及其近岸海底。

利比里亚：一个有 200 多万人的小国，以农业为主，铁矿石产量居非洲第二位。该国的海运业在世界上具有特殊地位，自己拥有的船只不多，但悬挂该国国旗的船只比比皆是。

达喀尔港

港口英文名	港口代码	港口缩写	所在国家
DAKAR	SNDKR	DAK	SENEGAL

位于塞内加尔西海岸中部，濒临大西洋的东侧，是塞内加尔的最大港口，也是西非的最大海港。始建于 1861 年，现为塞内加尔的首都及全国政治、经济和交通的中心。它是大西洋航线的重要中转港及加油港，是西非极为重要的交通枢纽。

蒙罗维亚港

港口英文名	港口代码	港口缩写	所在国家
MONROVIA	LRXIY	MON	LIBERIA

利比里亚首都，位于非洲西部大西洋沿岸梅苏拉多角和布什罗德岛上。据守圣保罗河入海口，是西非重要的出海门户，是非洲距南美大陆最近的港口。

阿比让港

港口英文名	港口代码	港口缩写	所在国家
ABIDJAN	CIABJ	ABI	IVORY COAST

西非科特迪瓦最大的商港，内陆国布基纳法索的中转港。

拉各斯港

港口英文名	港口代码	港口缩写	所在国家
LAGOS	NGLAG	LOS	NIGERIA

尼日利亚的商港，位于几内亚湾北部该国西南海岸的拉各斯卸湖口。

（3）大西洋航站。

佛得角（CAPE VERDE）：西非大西洋上的岛国，东距大陆约500公里，居民从事农业和渔业，岛上有天然良港和飞机场，是往来大西洋上的船只和飞机的重要中途站和补给站。

拉斯帕尔马斯（LAS PALMAS）：加那利群岛最大港市和首都。加那利群岛是北大西洋非洲近岸的火山群岛，气候温和，多产水果，渔业发达，旅游业兴旺。

由于港口地处欧、非、南美间航运要冲，来往船只进港补给的很多。

四、地中海航区

该航区以地中海为主体，包括黑海水域。地中海位于东半球的欧亚非三大洲之间的闭合水域。

1. 该航区的重要海域和海峡

爱琴海（AEGEAN SEA）：地中海的一部分，位于希腊半岛和小亚细亚半岛之间，南北长610公里，东西宽300公里。爱琴海海域中岛屿众多、星罗棋布，海岸线曲折，有无数海湾、港口和避风小港。

突尼斯海峡（Can. de Tunis）：地中海中部深水海峡，在突尼斯和意大利的西西里岛之间，为东西地中海间航路要冲，峡中有尤利亚岛，人称“幽灵岛”，峡口附近有马耳他岛，是地中海航路中的一个重要航站。

直布罗陀海峡（STRAIT OF GIBRALTAR）：沟通大西洋，在欧洲伊比利亚半岛南端与非洲西北角之间，是大西洋和地中海间唯一的海上通道。

土耳其海峡（THE TRUKEY STRAIT）：被称为“天下咽喉”的土耳其海峡，是地中海通往黑海的唯一海峡，故又称黑海海峡。它包括伊斯坦布尔海峡（博斯普鲁斯海峡）、马尔马拉海和恰纳卡莱海峡（达达尼尔海峡）三部分，全长345公里。整个海峡呈东北—西南走向，是亚、欧两洲的分界线。东北端为博斯普鲁斯海峡，西南端为达达尼尔海峡，两海峡之间是土耳其内海马尔马拉海。两岸主权均属于土耳其。土耳其海峡是海上交通要道，它沟通黑海和地中海，是罗马尼亚、保加利亚、乌克兰、格鲁吉亚等国唯一的出海口。

2. 该航区的主要国家和港口

地中海地区有悠久的历史、文化和发达的海上交通，沿岸有18个国家，居住着3亿人，有发达的经济和众多的港口。1869年苏伊士运河的开通，使它成为世界上最繁忙的航路。

（1）非洲地中海沿岸。该沿岸有埃及、利比亚、突尼斯、阿尔及利亚、摩洛哥5国。它们均在非洲撒哈拉大沙漠以北，自古以来与西亚、南欧各国有着密切的联系，是阿拉伯世界的一部分，以阿拉伯文化和伊斯兰教为特色。它们是非洲资源丰富、经济发达的地区，以生产麦类、棉花、水果为主，尤以盛产石油、磷灰石、天然气最为著名。

埃及：地跨亚、非两洲，大部分位于非洲东北部，只有苏伊士运河以东的西奈半岛位于亚洲西南角。北濒地中海，东临红海，为亚、非、欧三洲交通要冲。埃及具有悠久的历史和古老的文化，尼罗河纵贯南北，旅游资源丰富，文化古迹众多。经济方面主要依赖农业、石油出口、旅游业，以及劳务出口。埃及是世界上重要的棉花产地和出口国。

亚历山大港

港口英文名	港口代码	港口缩写	所在国家
ALEXANDRIA	EGALE		EGYPT

位于埃及地中海岸，是埃及最大的海港。

塞得港

港口英文名	港口代码	港口缩写	所在国家
PORT SAID	EGPSD	PSA	EGYPT

东北部城市，全国第二大港口。扼守印度洋、大西洋、地中海和黑海沿岸各国航路的要冲，为重要的货物转口港，有完善的装卸、储存及修船设施。现以供应重油为主，同时也是尼罗河三角洲东部棉花、稻米、毛皮等的出口港。有船舶修理、化工、食品、羊毛加工等工业。

利比亚：在埃及之西，经济原以农牧业为主，现已成为世界产油大国，其原油输出港是地中海岸的马萨哈里加等 5 港，年输油能力约 2 亿吨。其干货港是首都的黎波里港和班加西港。

的黎波里港

港口英文名	港口代码	港口缩写	所在国家
TRIPOLI	TRTIP	TRI	LIBYA

利比亚首都商港，位于该国地中海岸西北。

班加西港

港口英文名	港口代码	港口缩写	所在国家
BENGHAZI	LYBEN	BEN	LIBYA

利比亚锡尔特湾东北部商港。

突尼斯：有“橄榄王国”之称，经济以工矿业为主，外贸出口以石油、磷灰石、橄榄等为大宗商品。突尼斯为其首都和最大港市，最大石油输出港是斯希腊。

突尼斯港

港口英文名	港口代码	港口缩写	所在国家
TUNIS	TNTUN	TNS	TUNISIA

位于东北沿海突尼斯湖口，在突尼斯湾的西南岸，濒临突尼斯海峡的西侧，是突尼斯的最大港口。

阿尔及利亚：主要分布在地中海沿岸平原，经济以工矿业为主，尤以石油和天然气为主要支柱。所产原油经油管由阿尔泽、贝贾兰、斯基克和突尼斯的斯希腊等港输出，天然气用大口径管道经突尼斯海峡，越地中海直输到欧洲。

阿尔及尔港

港口英文名	港口代码	港口缩写	所在国家
ALGIERS	DZALG		ALGERIA

北非阿尔及利亚大商港，位于该国的北部地中海岸中段。

摩洛哥：北临地中海，西濒大西洋，为农业国，但其磷灰石出口居世界第一位。

达尔贝达（卡萨布兰卡）港

港口英文名	港口代码	港口缩写	所在国家
DAR EL BAIDA	MACAS		MOROCCO

摩洛哥最大港口，位于大西洋沿岸。

丹吉尔港

港口英文名	港口代码	港口缩写	所在国家
TANGIER	MATNG	TAN	MOROCCO

位于摩洛哥西北部直布罗陀海峡南岸，坐落在世界交通的十字路口。东进地中海和西出大西洋的船只，都要从这里经过或停泊；大西洋东岸南来北往的船只，也要在这里调整航向，战略地位十分重要，历来为兵家必争之地。

（2）亚洲地中海沿岸。该沿岸有土耳其等国。

土耳其：位于亚洲西端，跨欧亚两洲，三面临水，地处水陆交通十字路口，战略地位重要。外贸出口小麦、牛羊肉、纺织品、水泥和家用电器；主要进口原油。其外贸大港有伊斯肯德伦、梅尔辛、伊兹密尔、伊斯坦布尔等港。

伊兹密尔港

港口英文名	港口代码	港口缩写	所在国家
IZMIR	TRIZM		TURKEY

土耳其商港，位于该国西端爱琴海伊兹密尔湾内。

伊斯坦布尔港

港口英文名	港口代码	港口缩写	所在国家
ISTANBUL	TRIST	IST	TURKEY

位于土耳其西部沿海伊斯坦布尔海峡西南岸，濒临马尔马拉海的东北侧，是土耳其的最大海港。它是一个跨越欧、亚两洲的历史名城。它控制了从地中海经马尔马拉海去黑海的通道。

叙利亚：连接地中海和东方的商路要冲，是一个中度发展的国家。外贸进口机械、化工原料等；出口石油、棉花等。主要外贸港口是拉塔基亚商港和巴尼亚斯油港。

黎巴嫩：地中海东岸的西亚小国，贝鲁特是其工商中心和交通中心及最大海港，其长期为西亚中部地区的西方门户，过境贸易和金融业在近东居重要地位。该国北部地区出入海港是的黎波里。

塞浦路斯：东地中海中的岛国，经济以农业为主，也出口少量的铜、石棉等，其进出口岸是利马索尔港。

利马索尔港

港口英文名	港口代码	港口缩写	所在国家
LIMASSOL	CYLIM		CYPRUS

位于塞浦路斯南岸。

巴勒斯坦：位于亚洲西部，地处亚、非、欧三洲交通要冲，战略地位重要，首都耶路撒冷。北接黎巴嫩，东邻叙利亚、约旦，西南与埃及的西奈半岛接界，南端的一角临亚喀巴湾，西濒地中海，经济以农业为主。

以色列：位于地中海的东南方向，北靠黎巴嫩，东濒叙利亚和约旦，西南边则是埃及，是世界上唯一以犹太人为主体的国家。以色列是中东地区最为强大，现代化、经济发展程度最高的国家，属于发达国家。

阿什杜德港

港口英文名	港口代码	港口缩写	所在国家
ASHDOD	ILASH	ASD	ISRAEL

位于以色列西部沿海的中部，濒临地中海的东侧，是以色列西部的第二大港。

（3）黑海沿岸。黑海是欧洲东南部和亚洲大陆之间的内海，北岸、东岸属俄罗斯、乌克兰、格鲁吉亚等国，西岸属罗马尼亚、保加利亚，南岸属土耳其。

敖德萨港

港口英文名	港口代码	港口缩写	所在国家
ODESSA	SUOSD	ODE	UKRAINE

位于黑海西北岸的敖德萨湾内，是乌克兰最大商港。

马里乌波尔港

港口英文名	港口代码	港口缩写	所在国家
MARIUPOL	VAMPW		UKRAINE

乌克兰东部商港，旧称日丹诺夫港。

新罗西斯克港

港口英文名	港口代码	港口缩写	所在国家
NOVOROSSIJSK	RUNOV		RUSSIA

俄罗斯南方大油港，又称诺沃罗西斯克港，位于黑海东北岸诺沃罗西斯克湾。

康斯坦萨港

港口英文名	港口代码	港口缩写	所在国家
CONSTANTZA	ROCON	CON	ROMANIA

罗马尼亚商港，位于黑海西岸。

（4）欧洲地中海沿岸。该段海岸是地中海海岸线最曲折、经济最发达的地段，海港众多，往来船舶频繁。

希腊：位于欧洲东南部巴尔干半岛南端。陆地上北面与保加利亚、马其顿及阿尔巴尼亚接壤，东部则与土耳其接壤，濒临爱琴海，西南临爱奥尼亚海及地中海。希腊被誉为西方文明的发源地，拥有悠久的历史，并对三大洲的历史发展有过重大影响。

希腊属欧盟经济欠发达国家之一，经济基础较薄弱，工业制造业较落后。海运业发达，与旅游、侨汇并列为希腊外汇收入三大支柱。

希腊经济对外依赖性很大，外贸进口主要有石油、煤、各种机械设备、原料和粮食等；出口主要是水泥、烟草、水果、矿产品和工业品等。

比雷埃夫斯港

港口英文名	港口代码	港口缩写	所在国家
PIRAEUS	GRPIR	PIR	GREECE

位于希腊东南部，为希腊最大港口，也是全球 50 大集装箱港及地中海东部地区最大的集装箱港口之一。

萨洛尼卡港

港口英文名	港口代码	港口缩写	所在国家
SALONICA			GREECE

希腊北方商港，位于爱琴海西北，萨尔迈湾东北的小湾内，该港不仅是北部进出门户，而且还是匈牙利、保加利亚部分产品的转运港。

佩特雷港

港口英文名	港口代码	港口缩写	所在国家
PATRAS			GREECE

克罗地亚：位于欧洲东南部的共和国，处于地中海及巴尔干半岛潘诺尼亚平原的交界处。

里耶卡港

港口英文名	港口代码	港口缩写	所在国家
RIJEKA	HRRIJ		CROATIA

克罗地亚最大海港，全国约 60%以上的外贸进出口由此进行，并且奥地利、匈牙利、捷克斯洛伐克等内陆国货物也经此转运。

意大利：位于地中海北岸中段，犹如一只穿高跟鞋的腿伸向地中海的亚平宁半岛和西西里岛，它是东西地中海的分界线，是中欧通地中海的要道。意大利是古罗马帝国的核心，文艺复兴的发源地，现为世界工业发达的国家。外贸出口以机械设备、汽车、军火、化工产品等为主；进口以石油、煤、铁矿石和食品为主。

热那亚港

港口英文名	港口代码	港口缩写	所在国家
GENOA	ITGOI	GOA	ITALY

位于意大利亚平宁半岛西北海岸的热那亚湾顶端，濒临利古里亚海的北侧，是意大利最大海港之一。它是全国造船工业中心，每年约有 2/3 的船舶在此建造；又是意大利的主要炼油中心之一，有输油管道通往瑞士和德国等国家。

那不勒斯港

港口英文名	港口代码	港口缩写	所在国家
NAPLES	ITNPK	NAP	ITALY

位于意大利亚平宁半岛西南海岸那不勒斯湾的顶端，濒临第勒尼安海的东侧，又名那波利（NAPOLI）港，是意大利的主要海港之一。主要工业有炼油、钢铁、造船、机器、化学、汽车装配、纺织及食品等。

威尼斯港

港口英文名	港口代码	港口缩写	所在国家
VENICE	ITXNL	VEN	ITALY

位于意大利东北沿海威尼塔澙湖中的一个小岛上，濒临威尼斯湾的西岸，是意大利北部的

主要港口之一。

法国：地中海西北岸一个三面环海、三面靠陆、呈六边形的国家。境内有塞纳河、卢瓦尔河、加龙河和罗纳河，通过加龙河和罗纳河谷使地中海与西欧大西洋岸联系方便。外贸进口以石油、煤为主；主要出口粮食、机械设备、化工产品、军火等。

主要外贸海港有：地中海岸最大商港——马赛港群，法国第二大港——勒阿弗尔港，北部的工业中心——敦刻尔克港、西部卢瓦尔河下游的南特港群、西南部加龙河下游的波尔多港群。

马赛港

港口英文名	港口代码	港口缩写	所在国家
MARSEILLES	FRMRS	MRS	FRANCE

位于法国东南沿海利翁湾东北岸，濒临地中海的西北侧，包括福斯（FOS）及布克（BOUC）等港区，原属于普罗旺斯省。它是法国最大的商业港口，也是地中海最大的商业港口。

勒阿弗尔港

港口英文名	港口代码	港口缩写	所在国家
LE HAVRE	FRLEH	OPH	FRANCE

位于法国西北沿海塞纳（SEINE）河口北岸，濒临塞纳湾的东侧，是法国第二大港和最大的集装箱港，也是塞纳河中下游工业区的进出口门户。

该港承担法国与南、北美洲之间的货物转运，并且是来往于西班牙、葡萄牙、爱尔兰和苏格兰的理想中转港口。

波尔多港

港口英文名	港口代码	港口缩写	所在国家
BORDEAUX	FRBOR	BOD	FRANCE

法国商港，位于该国西南的加龙河下游沿岸。

西班牙：位于地中海西岸伊比利亚半岛，具有优越的地理位置，其与地中海各国和欧洲、非洲大西洋沿岸各国商业往来十分方便，是个具有一定规模的工业国。外贸进口石油、工业设备、棉花；出口工业品、矿砂及柑橘等农产品。航海业发达，沿海港口众多。

巴塞罗那港

港口英文名	港口代码	港口缩写	所在国家
BARCELONA	YUBLA	BAR	SPAIN

位于西班牙东北沿海略夫雷戈斯河口东岸，濒临地中海的西北侧，是西班牙最大海港。

巴伦西亚港

港口英文名	港口代码	港口缩写	所在国家
VALENCIA	ESVLN	VAL	SPAIN

西班牙商港，位于该国东部地中海巴伦西亚湾。

葡萄牙：欧洲落后的农业国，侨汇收入和旅游收入是该国重要的经济支柱，出口纺织品、软木等；进口石油和粮食。

里斯本港

港口英文名	港口代码	港口缩写	所在国家
LISBOA	PTLZI	LIS	PORTUGAL

位于葡萄牙西海岸，濒临大西洋，是葡萄牙最大港口。

波尔图港

港口英文名	港口代码	港口缩写	所在国家
PORTO	PTPOR		PORTUGAL

葡萄牙北部重要港口。

五、北海和波罗的海航区

该航区以北海和波罗的海为核心，包括周边的英国、荷兰、比利时、德国、丹麦、芬兰、挪威、瑞典、冰岛等国，经济发达，自古就是重要的国际航道。

1. 该航区的重要海域和海峡

北海（NORTH SEA）：在大不列颠岛与欧洲大陆之间，是欧洲西北部的大西洋边缘海。这里是世界著名的渔场，海底石油、天然气资源丰富，北经挪威海通北冰洋，东经斯卡格拉克等海峡通波罗的海，西南经多佛尔-英吉利海峡通大西洋。

波罗的海（BALTIC SEA）：世界上盐度最低的海，得名于芬兰湾沿岸从什切青到的雷维尔的波罗的山脉，波罗的海被西欧各国（如英国、丹麦、德国、荷兰等）称为东海，而被东欧的爱沙尼亚称为西海。

波罗的海曾是古代北欧商业的通道。第二次世界大战后，木材和鱼是这个地区的主要商品。芬兰、瑞典和俄罗斯的软木是出口的大宗货源；木材加工（如造纸和纤维板）在经济上日益重要。瑞典的铁矿、芬兰和丹麦的造船和船舶机械、瑞典哥德堡的汽车制造和轻型机械，都是沿岸重要工业。

波罗的海是北欧重要航道，也是俄罗斯与欧洲贸易的重要通道，航运意义很大，是沿岸国家之间及通往北海和北大西洋的重要水域，从彼得大帝时期起，波罗的海就是俄罗斯通往欧洲的重要出口。

英吉利海峡（ENGLISH CHANNEL）：分隔英国与欧洲大陆的法国，并连接大西洋与北海的海峡。海峡长 560 公里，宽 240 公里，最狭窄处又称多佛尔海峡。地处国际航道要冲，是世界上最繁忙的海运要道之一。

多佛尔海峡（STRAIT OF DOVER）：法国称加来海峡（PAS DE CALAIS），为英吉利海峡的东部，介于英国和法国之间，是连接北海与大西洋的通道。长 30～40 公里，最窄处仅 28.8 公里，大部分水深 24～50 米，最深 64 米。

该海峡是国际航运要道，西北欧 10 多个国家与世界各地之间的海上航线有许多从这里通过，同时它又是欧洲大陆与英伦三岛之间距离最短的地方，因此海峡的航运十分繁忙。

基尔运河（KIEL CANAL）：位于德国北部，西南起于易北河口的布伦斯比特尔科克港，东北至于基尔湾的霍尔特瑙港，横贯日德兰半岛，全长 53.3 海里，是连接北海和波罗的海的重要航道，故又名“北海—波罗的海运河”。基尔运河的开通极大地缩短了北海与波罗的海之间的航程，比绕道厄勒海峡—卡特加特海峡—斯卡格拉克海峡减少了370海里。

2．该航区的主要国家和港口

英国：全称大不列颠及北爱尔兰联合王国，由英格兰、苏格兰、威尔士和北爱尔兰组成。英国是世界上工业化最早的国家，一直是国际航运和贸易中心之一，境内煤、铁、石油、天然气等资源丰富。目前，外贸出口主要是机械、运输工具、化工产品、石油，进口工业原料和食品，其95%的外贸通过海上运输。

伦敦港

港口英文名	港口代码	港口缩写	所在国家
LONDON	GBLON	LON	UNITED KINGDOM

位于英国东南沿海，是世界航运中心。伦敦是英国的政治、经济、文化、交通的中心，还是英国最主要的制造城市，以通用机械与电机著称，其他如飞机、精密仪器、汽车、化学等工业均很发达。大量的封闭式港池群是本港的一大特色。

南安普顿港

港口英文名	港口代码	港口缩写	所在国家
SOUTHAMPTON	GBSSK	SOU	UNITED KINGDOM

英国南部大商港，是自由港，位于英吉利海峡北岸中段、特斯特峡湾内，湾口外有怀特岛阻挡风浪，南临英吉利海峡，是南美东岸、西北非、地中海沿岸国家等海上客货进出英国的主要港口。

费利克斯托港

港口英文名	港口代码	港口缩写	所在国家
FELIXSTOWE	GBFXT	FEL	UNITED KINGDOM

位于英国的东南部，是欧洲西北部地区到世界大部分地区的必经之路。由于拥有深水泊位和不需要绕航，是国际集装箱航线的理想枢纽港、英国规模最大的集装箱港口，也是欧洲大型集装箱港口，为远洋、近洋和沿海运输提供包括集装箱转运、集散、拼箱、拆箱、修箱等全方位服务。该港得益于优越的地理位置、四通八达的公路铁路和海上交通运输线路，可以为来往于非洲国家、地中海国家、欧洲国家各大港口及来自中国等亚洲国家的国际远洋承运人所经营的集装箱班轮提供航程最短、速度最快、效率最高的服务。

爱尔兰：位于爱尔兰岛的西南部，西临大西洋，东靠爱尔兰海。爱尔兰传统经济是农牧业，草地遍布全国，故出口以畜产品为主，主要进口工业设备、石油、车辆、粮食等。

都柏林港

港口英文名	港口代码	港口缩写	所在国家
DUBLIN	IEPSK	DUB	IRELAND

位于东海岸中部利菲河的入海口，都柏林湾的顶端，濒临爱尔兰海的西南侧，是爱尔兰的首都和主要港口。

荷兰：全称尼德兰王国，位于欧洲西北部，是一个人口稠密的小国，首都是阿姆斯特丹，但政府机构设在海牙。全境1/3的土地海拔不到1米，1/4的土地低于海平面，是世界著名的低地国家。境内河网密布，南部的莱茵河、马斯河、斯海尔德河入海的三角洲地带，是西欧重要的水路枢纽。荷兰工农业发达，又是传统贸易国，外贸出口天然气、石油制品、化工产品、机械、畜产品；进口矿产品、工业原料和机电产品等。

鹿特丹港

港口英文名	港口代码	港口缩写	所在国家
ROTTERDAM	NLRTM	ROT	NETHERLANDS

位于该国西南沿海莱茵河和马斯河两大河流入海汇合处形成的三角洲上，是欧洲最大的海港。航道无闸，冬季不冻，泥沙不淤，常年不受风浪侵袭，是一个天然良港。

本港不但是西欧地区的商品集散中心，而且是整个欧洲的物资流通基地。美国向欧洲出口货物的43%，日本向西欧市场出口货物的34%，都经鹿特丹港中转，其中德国经鹿特丹港的进出口货物几乎超过其国内港口的总吞吐量。这主要在于该港内陆交通干线极为发达，通过高速公路网进行国际汽车长途运输，在以鹿特丹为中心、半径为500公里范围的区域内，24小时便可将货物运至目的地。另外，从鹿特丹到欧洲各大城市之间都有定期的集装箱列车，还可利用莱茵河和马斯河等内河水路网开展驳运，后方疏运条件发达。在该港的进口海运量中，只有23%为荷兰所需，其余77%是再转口去欧洲其他国家的。

阿姆斯特丹港

港口英文名	港口代码	港口缩写	所在国家
AMSTERDAM	NLAMS	AMS	NETHERLANDS

荷兰商港，位于该国西北部。

比利时：位于欧洲大陆西部，北海东南岸，首都为布鲁塞尔。境内有斯海尔德河和马斯河，有丰富的煤、铁资源。外贸进口矿产品、石油、天然气、粮食等，出口钢铁及其制品、机械、化工产品等。比利时素有“欧洲十字路口”之称，境内铁路、公路和内河航道纵横交错、四通八达。

安特卫普港

港口英文名	港口代码	港口缩写	所在国家
ANTWERP	BEANT	ANT	BELGIUM

比利时最大的海港，也是欧洲大港。

德国：位于北海南岸，领土伸入欧洲内陆中部，东北还有波罗的海的海岸线，境内有莱茵河、易北河、威悉河和多瑙河经过，矿产资源主要有煤、铁、钾盐等。德国是西欧的“经济巨人”，有著名的鲁尔工业区。莱茵河与多瑙河水系的沟通运河在纽伦堡至克耳海姆之间，与基尔运河一起，实现北海、波罗的海、里海、地中海等四海的内陆通航。德国的外贸出口为工业制成品，进口以原料、燃料和食品为主。

汉堡港

港口英文名	港口代码	港口缩写	所在国家
HAMBURG	DEHXV	HAM	GERMANY

位于德国北部，是德国最大的港口。

不来梅港

港口英文名	港口代码	港口缩写	所在国家
BREMEN	DEBRE	BXE	GERMANY

位于德国西北，是德国第二大港，也是欧洲重要的中转港。

丹麦：位于欧洲北部，日德兰半岛上，南同德国接壤，西濒北海，北与挪威、瑞典隔海相望，东与俄罗斯隔海相望。地扼波罗的海出入北海、大西洋的咽喉，战略地位重要。自然资源较贫乏。除石油和天然气外，其他矿藏很少，所需煤炭全部靠进口。

哥本哈根港

港口英文名	港口代码	港口缩写	所在国家
COPENHAGEN	DKCPH		DENMARK

位于丹麦东北，是丹麦首都和最大港口，地处北欧海、陆、空交通枢纽。早在 16 世纪开始因波罗的海的海运发展而繁荣起来。

挪威：位于北海东北岸，西北临北冰洋的挪威海和巴仑支海，沿海天然良港甚多，多数终年不冻。境内铁、铜等矿产资源丰富，北海大陆架有丰富的石油和天然气，沿海为世界著名渔场，是世界最富裕的国家之一。外贸出口石油、天然气、渔产品等，进口工业原料、粮食等。

卑尔根港

港口英文名	港口代码	港口缩写	所在国家
BERGEN	NOBGO	BGN	NORWAY

位于挪威西南，是挪威最大港口，是天然良港，无潮、避风、不冻。该港进口粮食、焦炭、铁矿石、石油等，出口鱼、纸张、生铁等。

奥斯陆港

港口英文名	港口代码	港口缩写	所在国家
OSLO	NOOSL	OSL	NORWAY

位于挪威东南，是挪威首都，也是全国最大的工业中心，还是世界裘皮加工、出口的中心之一，有“裘皮之都”的誉称。港口由群山环抱，港阔水深，是天然良好的海港，冬季湾内有冰，但港内不冻，不影响航行。主要出口货物为纸浆、毛皮、化工原料等，主要进口货物有燃油、咖啡、运输设备、谷物等。

瑞典：位于北欧斯堪的纳维亚半岛的东南部，东南临波罗的海，面积约 45 万平方公里，是北欧最大的国家。境内木材和铁矿及水力资源丰富，以工业为主，是世界上最富裕的国家之一。外贸出口纸浆、纸、木材及制品、铁矿砂等，进口石油、电子仪器和服装等。

哥德堡港

港口英文名	港口代码	港口缩写	所在国家
GOTEBORG	SEGOT		SWEDEN

位于瑞典西南，是瑞典最大港口，瑞典西部的工业中心。港市主要工业有造船、炼油、汽车、机械、木材加工及食品等，有全国规模最大的造船厂和炼油厂。

斯德哥尔摩港

港口英文名	港口代码	港口缩写	所在国家
STOCKHOLM	SESTO	STO	SWEDEN

濒临波罗的海的西北侧，是瑞典第二大港，也是波罗的海的主要港之一，冬季有结冰期，需靠破冰船协助开航。港市是瑞典的首都，全国政治、经济、文化和交通的中心。

芬兰：位于欧洲北部，北面与挪威接壤，西北与瑞典为邻，东面是俄罗斯。全国有69%的土地被森林覆盖，其覆盖率居欧洲第一位，世界第二位。丰富的森林资源使芬兰拥有“绿色金库”的美称。芬兰的木材加工、造纸和林业机械等行业成为其经济支柱，并具有世界领先水平。芬兰是世界第二大纸张、纸板出口国和第四大纸浆出口国。外贸出口木材、纸浆、特种船等，进口原油、煤和消费品等。

赫尔辛基港

港口英文名	港口代码	港口缩写	所在国家
HELSINGFORS	FIHEL	HEL	FINLAND

位于芬兰南岸，是全国最大的外贸口岸，它担负着芬兰对外贸易货运量的50%左右。每年12月下旬至次年的4月中旬为冰冻期，但有破冰船协助开航。主要进口货物有煤、石油、粮谷、水果及汽车等，主要出口货物有木材、纸张、纸浆及木制品等。

圣彼得堡港

港口英文名	港口代码	港口缩写	所在国家
SANKT PETERBURG	RULED		RUSSIA

位于俄罗斯波罗的海沿岸的商港，受气候影响冬季（11月下旬至次年4月）结冰，靠破冰船通航。

波兰：位于波罗的海南岸，境内最大河流是维斯瓦河和奥得河，有煤、铜等丰富资源，出口以煤、硫黄为主，进口石油、铁矿石、粮食等。

格但斯克港

港口英文名	港口代码	港口缩写	所在国家
GDANSK	PLGDA	GDN	POLAND

波兰商港，位于该国北部。

冰岛：北欧国家，面积为10.3万平方公里，为欧洲第二大岛，西隔丹麦海峡与格陵兰岛相望，东临挪威海，北面格陵兰海，南界大西洋，首都雷克雅未克。冰岛是世界上温泉最多的国家，所以被称为“冰火之国”。渔业、水力和地热资源丰富，其他自然资源匮乏，石油等产品需要进口。

雷克雅未克港

港口英文名	港口代码	港口缩写	所在国家
REYKJAVIK	ISREY	REY	ICELAND

冰岛商港，位于冰岛西南法赫萨湾东南岸，港市之西，西临丹麦海峡。

六、美洲航区

美洲位于大西洋西岸、太平洋东岸，大陆南北伸展，呈哑铃状。美洲分为北美洲（North America）和南美洲（South America），以巴拿马运河为界，总称亚美利加州，简称美洲。

> **小知识**
>
> 拉丁美洲——一个政治地理概念，指美国以南的所有美洲地区，以罗曼语族语言作为官方语言或者主要语言的地区，因为罗曼语族衍生于拉丁语，拉丁美洲由此得名。

美洲的经济发展很不平衡。除美国和加拿大是经济发达的国家以外，其他大部分（除古巴外）是资本主义性质的发展中国家。

1．该航区重要的海域和海峡

墨西哥湾（GULF OF MEXICO）：濒临墨西哥，位于北美洲大陆东南沿海水域，部分为陆地环绕。透过佛罗里达半岛和古巴岛之间的佛罗里达海峡与大西洋相连，并经尤卡坦半岛和古巴之间的尤卡坦海峡与加勒比海相通。

墨西哥湾蕴藏大量的石油和天然气，1940 年以来，这些矿藏已经被大量开发，占美国国内需求的很大一部分。

哈得孙湾（HUDSON BAY）：位于北冰洋边缘海，伸入加拿大东北部内陆的大海湾。北经福克斯湾与北冰洋相通，东北通过哈得孙海峡与大西洋相连，向东南伸出的部分是詹姆斯湾，是一个近乎封闭的内陆浅海。

五大湖（GREAT LAKES）：位于加拿大与美国交界处的几座大型淡水湖泊，按面积从大到小分别为：苏必利尔湖（Lake Superior）、休伦湖（Lake Huron）、密歇根湖（Lake Michigan）、伊利湖（Lake Erie）和安大略湖（Lake Ontario）。除密歇根湖属于美国外，其他四湖为加拿大和美国共有。这五个湖泊所组成的五大湖是世界上最大的淡水水域，总面积达 245 660 平方公里，有北美洲地中海之称。

圣劳伦斯河（SAINT LAWRANCE RIVER）：北美洲中东部的大水系，连接美国明尼苏达州圣路易河的源头和加拿大东端通往大西洋的卡伯特海峡，流经北美内陆约 4 000 公里。圣劳伦斯水系对于美国和加拿大都有地理和经济上的极大重要性。可分为三大段：上游是五大湖区，有狭窄水道连接各大湖广阔的湖面；中游从加拿大京斯敦市旁的安大略湖东部出口至魁北克市以下的奥尔良岛，此段水道比较正常，常被称为圣劳伦斯河本身；从奥尔良岛至纽芬兰和新斯科舍之间的卡伯特海峡，河面再次展宽，先是形成圣劳伦斯河口，直线距离为 50 公里，实际经安蒂科斯蒂岛之后形成一个椭圆形海水域，称圣劳伦斯湾。

圣劳伦斯航道对美国和加拿大经济有重大作用。建设这条航道的一个主要原因是魁北克和拉布拉多蕴藏了大量美国钢厂所需的铁矿石。在此航道开通之前，加拿大是美国铁矿的进口国，之后却把铁矿作为位居第二的大宗商品向美国出口。运输量最大的商品是谷物，从加拿大大草原和美国中西部的农场用轮船通过此航道运输会节省许多花费。

主要行驶在这条航道上的船只称为湖轮，湖轮是为了方便双向运输根据航道船闸的最大限量设计的。湖轮在五大湖西面装上世界市场所需的谷物，然后在圣劳伦斯航道下游装上加拿大的铁矿石返航。第三种大宗航运商品是煤，主要从美国的煤矿启运，通过韦兰运河到达加拿大的钢厂和发电厂。因其价值而不是因其运量而十分重要的另一种商品是进口的铁和钢。大宗的商品占年货运吨数约 90%，但许多国家的货船也利用此航道装运一般货物。

五大湖水系注入圣劳伦斯河，并经圣劳伦斯湾流入大西洋。五大湖区和圣劳伦斯河沿岸是美国、加拿大工业最发达的地区，工厂林立，城市密布，交通密如蛛网。

五大湖—圣劳伦斯水系成了世界上最繁忙的国际贸易路线之一。每年通过蒙特利尔—安大略湖段的货物吨数约 4 000 万吨。虽然该水系经常被看作类似地中海的庞大内陆海，但利用它要受到通路的限制和严冬气候的影响。严冬气候使航运季节缩短到约 8 个半月。

巴拿马运河（PANAMA CANAL）：位于巴拿马，横穿巴拿马地峡，连接太平洋和大西洋，是重要的航运要道，被誉为世界七大工程奇迹之一和“世界桥梁”。巴拿马运河由巴拿马共和国拥有和管理，属于水闸式运河。巴拿马运河全长 81.3 公里，水深 13 ~ 15 米，河宽 150 ~ 304 米。整个运河的水位高出两大洋 26 米，设有 6 座船闸。船舶通过运河一般需要 9 小时，可以通航 76 000 吨级的轮船。

巴拿马运河是世界上最具有战略意义的两条人工水道之一，另一条是苏伊士运河。行驶于美国东西海岸之间的船只，原先不得不绕道南美洲的合恩角（Cape Horn），使用巴拿马运河后可缩短航程约 15 000 公里。由北美洲的一侧海岸至另一侧的南美洲港口也可节省航程多达 6 500 公里，航行于欧洲与东亚或澳大利亚之间的船只经由该运河也可减少航程 3 700 公里。

加勒比海（CARIBBEAN SEA）：世界上最大的内海，位于大西洋西部边缘。加勒比海的主要进出口是尤卡坦半岛与古巴岛之间的尤卡坦海峡、古巴与伊斯帕尼奥拉岛之间的向风海峡（美国东海岸各港至加勒比海沿岸、巴拿马运河经此）、伊斯帕尼奥拉岛与波多黎各岛之间的莫纳海峡、维尔京群岛与马丁海峡之间的阿内加达海峡及多米尼加岛以北的多米尼加海峡，近岸海底多石油和天然气，是大西洋与太平洋间重要的国际航路。

白令海峡（BERING STRAIT）：位于亚洲最东点的迭日涅夫角和美洲最西点的威尔士王子角之间的海峡，是亚洲与北美洲的分界线，也是连接北冰洋和太平洋的通道。

2．该航区主要的国家和港口

美国：美利坚合众国（USA）是一个由 50 个州和华盛顿特区组成的宪政联邦制共和制国家，美国本土东濒大西洋，西临太平洋，北靠加拿大，南接墨西哥，阿拉斯加州位于北美大陆西北方，夏威夷州则是太平洋中部的群岛，另有波多黎各、北马里亚纳等海外领地。

美国自然资源丰富，煤、石油、天然气、铁矿石、钾盐、磷酸盐、硫黄等矿物储量均居世界前列，战略矿物资源钛、锰、钴、铬等主要靠进口。

美国西海岸主要港口：

西雅图港

港口英文名	港口代码	港口缩写	所在国家
SEATTLE	USSEA	SEA	U.S.A

位于美国西北部的商港，是美国第五大集装箱港，也是美国距离远东最近的港口。该港交通运输发达，是北美大陆桥的桥头堡之一，即横贯美国东西向的主要干线北太平洋铁路的终点。东部的桥头堡为纽约。

波特兰港

港口英文名	港口代码	港口缩写	所在国家
PORTLAND	USPLD		U.S.A

美国西海岸商港，位于美国本土西北部哥伦比亚河与其支流威拉米特尔河交汇处。

洛杉矶港

港口英文名	港口代码	港口缩写	所在国家
LOS ANGELES	USLAX	LSA	U.S.A

美国西部商港，位于加利福尼亚州南部圣彼得罗湾西北岸。洛杉矶港是美国第二大集装箱港。它是北美大陆桥的桥头堡之一，是横贯美国东西向的主要干线圣非铁路的西桥头堡，东部大西洋岸的桥头堡为费城。

该港口出口货物主要有石油、水泥、机械、化学品、棉花、钾碱、新鲜水果、鱼制品等；进口货物主要有钢材、天然橡胶、纤维制品、糖浆、木材、纸张、干果、羊毛、车辆、咖啡、玻璃及香蕉等。

长滩港

港口英文名	港口代码	港口缩写	所在国家
LONG BEACH	USLGB	LGB	U.S.A

美国西海岸商港，位于加利福尼亚南部，太平洋圣彼得罗湾北岸，洛杉矶港之东。长滩港是北美西海岸最大的物流中心，是美国最大的集装箱港。

旧金山港

港口英文名	港口代码	港口缩写	所在国家
SAN FRANCISCO	USSFO	SFO	U.S.A

美国西海岸商港，位于加利福尼亚州中腰，旧金山湾中段西岸，港市之东岸。旧金山湾中段的东侧是奥克兰港，相距 3 海里，有跨海湾大桥相连。该港是北美大陆桥的桥头堡之一，是横贯美国东西的主要干线——联合太平洋铁路的终点，东部的起点是纽约。

奥克兰港

港口英文名	港口代码	港口缩写	所在国家
OAKLAND	USXKB	OAK	U.S.A

奥克兰港为美国第四大集装箱港，该港北有西雅图、塔科马，南侧为洛杉矶、长滩港，居于十分优越的地理位置，交通十分发达，有横贯美国东西的太平洋铁路线及主要公路干线，并可通行双层集装箱列车，在实行多式联运方面有较多的有利条件。

美国东海岸主要港口：

波士顿港

港口英文名	港口代码	港口缩写	所在国家
BOSTON	USBOS		U.S.A

美国东北部商港。

费城港

港口英文名	港口代码	港口缩写	所在国家
PHILADELPHIA	USPXX	PHI	U.S.A

美国商港，位于美国东海岸宾夕法尼亚州。费城港是美国的主要港口之一，是美国东部的铁路枢纽，是横贯美国东西第三条大陆桥的桥头堡，即圣菲铁路东部的起点，西至太平洋沿岸的洛杉矶。

纽约港

港口英文名	港口代码	港口缩写	所在国家
NEW YORK	USNYC	NYK	U.S.A

美国东部的世界大港，位于纽约州东南与新泽西州交界的海湾内，是个港阔水深、终年不冻、潮差仅 1.2 ~ 1.5 米的天然良港。它是美国最大的交通枢纽，是两条横贯美国东西大陆桥的桥头堡，即北太平洋铁路——东起纽约，西至西雅图；联合太平洋铁路——东起纽约，西至旧金山。

诺福克港

港口英文名	港口代码	港口缩写	所在国家
NORFOLK	USNFK		U.S.A

美国东中部商港。

萨凡纳港

港口英文名	港口代码	港口缩写	所在国家
SAVANNAH	USSAV		U.S.A

美国东南部商港。

查尔斯顿港

港口英文名	港口代码	港口缩写	所在国家
CHARLESTON	USCHA	CHS	U.S.A

美国东海岸商港。位于南卡罗来纳州库珀河与温都河交汇处，迈阿密至华盛顿、纽约的铁路干线经过。

威尔明顿港

港口英文名	港口代码	港口缩写	所在国家
WILMINGTON	USWTN		U.S.A

美国港口，位于该国东部北卡罗来纳州东南大西洋岸。

墨西哥湾沿岸港口：

新奥尔良港

港口英文名	港口代码	港口缩写	所在国家
NEW ORLEANS	USMSY	NOL	U.S.A

新奥尔良港是美国第二大港，仅次于纽约港，在墨西哥湾密西西比河口以上约 180 公里处。新奥尔良港扼密西西比河咽喉，腹地深广，是美国重要的河海、海陆联运中心。

该港是美国最大的河港，也是最大的散货出口港，又是密西西比河流域的海上门户，由于该港处在墨西哥湾的入海口，使其起到墨西哥湾和中南美的中转港的作用。该港还是铁路交通的枢纽，一是南北干线的芝加哥至新奥尔良铁路的终点，二是南太平洋铁路自洛杉矶至杰克逊维尔港的中转站。

休斯敦港

港口英文名	港口代码	港口缩写	所在国家
HOUSTON	USHSO	HOU	U.S.A

美国南部得克萨斯州大商港。

加拿大：位于北美洲北部，东临大西洋，西濒太平洋，西北部邻美国阿拉斯加州，东北与格陵兰（丹）隔戴维斯海峡遥遥相望，南接美国本土。

加拿大人口多为英、法移民的后裔，英语、法语是官方语言。全国人口 90%分布在同美国接壤的南部狭长地带。圣劳伦斯河沿岸人口密度较高，尤以蒙特利尔、多伦多和首都渥太华 3 个城市人口最为集中。

加拿大是仅次于美国和俄罗斯的世界第三大矿产国。煤炭、石油、天然气储量丰富，集中分布在落基山脉东侧，是加拿大的“燃料库”。由于煤炭和石油多分布于西部，而主要消费区集中于东部中心城市，所以西部能源多用于出口，东部的不足则依靠进口。

钢铁工业所需的焦煤几乎全部从美国进口，因为煤炭资源分布远离工业中心和钢铁生产基地。最大的钢铁中心是哈密尔顿。

丰富廉价的电力为炼铝工业的发展奠定了基础，铝土矿大多从南美和西印度群岛等地进口，加拿大已成为世界第二大铝生产国和最大的铝出口国，产量的 80%供出口。

丰富的森林资源使加拿大的林业和木材加工业发达。

加拿大是世界上主要的农产品生产国和出口国之一，小麦的出口量仅次于美国、澳大利亚，居世界第三位。

纽芬兰附近的大西洋沿海是世界著名的渔场。太平洋沿岸也是重要的渔场，还有境内众多湖泊的淡水鱼资源。水产品的 2/3 供出口，主要输往美国。

温哥华港

港口英文名	港口代码	港口缩写	所在国家
VANCOUVER	CAVAN	VTM	CANADA

加拿大西海岸商港。该港是加拿大最大的港口，是亚洲到北美各航线中最短的航线。公路与加拿大、美国各地相通，铁路可达美洲大陆各地。自从 1887 年横贯加拿大东西的大陆桥（西起温哥华，东岸桥头堡为蒙特利尔）建成后开始发展起来，现已成为加拿大西部的工商业、交通、科技和文化中心。

鲁珀特太子港

港口英文名	港口代码	港口缩写	所在国家
PRINCE RUPERT	CAPRR	PRR	CANADA

加拿大商港，位于该国西海岸开恩岛上，港市之西，临太平洋。港区处在开恩岛西北，其西及北均有岛屿为其屏障，是港阔水深、终年可航的天然良港。该港和温哥华外港罗伯茨滩（REBESTS BANK）是加拿大两大煤炭输出港。除煤炭外，也是加拿大谷物、木材、林产品、

水产品等输出港。

蒙特利尔港

港口英文名	港口代码	港口缩写	所在国家
MONTREAL	CAMTR	MTL	CANADA

加拿大东部商港，位于圣劳伦斯河中游与渥太华河交汇附近。该港是加拿大最大的集装箱港，也是世界上最大的河港之一，是加拿大最大的铁路枢纽，是横贯加拿大大陆桥的东桥头堡，西边太平洋沿岸的桥头堡是温哥华港。

哈利法克斯港

港口英文名	港口代码	港口缩写	所在国家
HALIFAX	CAHFX	HFX	CANADA

加拿大东海岸商港，位于新斯科舍半岛东南岸中腰。该港是加拿大的北方门户，同时是加拿大的第二大集装箱港，交通运输发达。港口终年开放，是一个不冻良港，在圣劳伦斯河冰封期间，大西洋进出加拿大的船舶大多数到此靠泊。

中美地区国家：在墨西哥东南、哥伦比亚以北、东临加勒比海、西濒太平洋的美洲大陆中部狭长地带的危地马拉、洪都拉斯、伯利兹、萨尔瓦多、尼加拉瓜、哥斯达黎加和巴拿马七国，该地区盛产香蕉、咖啡、棉花、可可、烟草等。

巴里奥斯港

港口英文名	港口代码	港口缩写	所在国家
PUERTO BARRIOS	GTPBR	PBA	GUATEMALA

危地马拉加勒比海沿岸港口。

科尔特斯港

港口英文名	港口代码	港口缩写	所在国家
PUERTO CORTES	HNPCR	PCO	HONDURAS

洪都拉斯商港，位于该国西北加勒比海洪都拉斯湾。

阿卡胡特拉港

港口英文名	港口代码	港口缩写	所在国家
ACAJUTLA	SVAQJ	ACA	EL SALVADOR

萨尔瓦多商港，位于该国西部海岸。

卡贝萨斯港

港口英文名	港口代码	港口缩写	所在国家
PUERTO CABEZAS	NIPUZ	PCA	NICARAGUA

尼加拉瓜加勒比海沿岸港口。

利蒙港

港口英文名	港口代码	港口缩写	所在国家
PORT LIMON		PLI	COSTA RICA

哥斯达黎加港口，位于该国东部加勒比海岸。

科隆港

港口英文名	港口代码	港口缩写	所在国家
COLON	PAONX	COL	PANAMA

位于巴拿马共和国北部沿海巴拿马运河的大西洋出口处，濒临利蒙（Limon）湾的东侧，是巴拿马最大港口，克里斯托瓦尔（Cristobal）为其外港。科隆是仅次于新加坡、中国香港的第三大自由贸易港，自由贸易区面积达 50 万平方米，主要经营电器、机械产品、车辆及化工产品等。

西印度群岛：位于墨西哥湾和加勒比海之间，东南邻近委内瑞拉北海岸，包括古巴、牙买加、海地、波多黎各等国。

哈瓦那港

港口英文名	港口代码	港口缩写	所在国家
HABANA	CUHAV		CUBA

古巴最大商港，位于该国西北岸哈瓦那湾内，北临佛罗里达海峡。

圣地亚哥港

港口英文名	港口代码	港口缩写	所在国家
SANTIAGO	CUSGO	SGO	CUBA

古巴第二大商港。位于该国东南加勒比海伸入内陆小湾东北和东岸。小湾深凹，口窄内宽，长 8 公里，宽 2 公里，水深 8.5 米，且有群山环抱，避风条件良好，外临向风海峡和牙买加海峡国际航道。

金斯敦港

港口英文名	港口代码	港口缩写	所在国家
KINGSTON	JMKIN		JAMAICA

牙买加的首都和外贸门户。

太子港

港口英文名	港口代码	港口缩写	所在国家
PORT AU PRINCE	HTPAP	PAP	HAITI

海地共和国的首都商港。

圣多明各港

港口英文名	港口代码	港口缩写	所在国家
SANTO DOMINGO	DOSDQ		DOMINICAN REPUBLIC

多米尼加共和国经济中心和最大港口，以输出咖啡、烟草为主。

圣胡安港

港口英文名	港口代码	港口缩写	所在国家
SAN JUAN	PRSJU		PUERTO RICO

波多黎各对外贸易大港，为大西洋和加勒比海间的重要交通枢纽。

委内瑞拉：南美洲北部国家，首都加拉加斯，北临加勒比海，西与哥伦比亚相邻，南与巴西交界，东与圭亚那接壤。委内瑞拉为石油输出国组织成员，世界主要的产油国之一。石油产业是其经济命脉，该项所得占委内瑞拉出口收入约 80%。

马拉开波港

港口英文名	港口代码	港口缩写	所在国家
MARACAIBO	VEMAR	MAR	VENEZUELA

委内瑞拉油港，位于该国西北马拉开波湖口西岸。

哥伦比亚：位于加勒比海西南岸，西濒太平洋，石油、煤、金等矿藏丰富，畜牧业发达。

布埃纳文图拉港

港口英文名	港口代码	港口缩写	所在国家
BUENAVENTURA	COBUN	BUE	COLOMBIA

哥伦比亚太平洋岸商港。位于该国西部布埃那文图拉湾内卡斯卡贾尔岛上，有海堤与大陆相连。

巴兰基亚港

港口英文名	港口代码	港口缩写	所在国家
BARRANQUILLA	YUBAQ	BAR	COLOMBIA

哥伦比亚加勒比海岸商港，位于马格达雷纳河口左岸。

秘鲁：位于赤道之南，自然资源丰富，采矿业和渔业较发达，锌产量居世界第五位，铅产量居第十位，钢产量居第七位。

卡亚俄港

港口英文名	港口代码	港口缩写	所在国家
CALLAO	PECLL	CAL	PERU

位于秘鲁海岸中腰，利马城市郊。它是南美两岸最现代化的港口，秘鲁全国 3/4 进口和 1/4 出口物资经由此港，年吞吐量约 500 万吨。

智利：位于南美洲西南部，安第斯山脉西麓。东同阿根廷为邻，北与秘鲁、玻利维亚接壤，西临太平洋，南与南极洲隔海相望，是世界上地形最狭长的国家。智利是拉丁美洲比较富裕的国家，拥有非常丰富的矿、林、水产资源，铜的蕴藏量居世界第一位，它拥有世界上已知最大的铜矿，有“铜之王国”之称。它还是世界上唯一生产硝石的国家。智利的农业、渔业和服务业也很发达。

瓦尔帕莱索港

港口英文名	港口代码	港口缩写	所在国家
VALPARAISO	CLVPZ	VAL	CHILE

位于智利海岸中腰瓦尔帕莱索湾南岸，港市之北。智利外贸进口物资半数以上经此。

巴西：南美最大的国家，境内有世界第一大河亚马逊河。亚马逊河流域是世界上最大的热带林区，巴西铁矿、森林等自然资源丰富，农牧业发达。主要出口铁矿砂、木材、咖啡等农产品，进口石油、煤和小麦等。

桑托斯港

港口英文名	港口代码	港口缩写	所在国家
SANTOS	BRSTS		BRAZIL

位于巴西东南沿海的桑托斯湾内，地处沙维圣岛的东岸及圣多亚马罗岛的西岸，濒临大西洋的西南侧，是巴西最大城市圣保罗的外港，是巴西最大的海港，又是世界上最大的咖啡输出港，还是玻利维亚和巴拉圭的中转港。

里约热内卢港

港口英文名	港口代码	港口缩写	所在国家
RIO DE JANEIRO	BRRIO	RDJ	BRAZIL

巴西商港，位于该国东南瓜纳巴拉湾西南岸，为世界三大天然良港之一。

阿根廷：南美第二大国，是世界主要农牧产品生产国和出口国之一，矿物资源有石油等，水力资源、森林资源丰富，外贸出口小麦、玉米、大豆及畜牧产品，进口煤、铁等。

布宜诺斯艾利斯港

港口英文名	港口代码	港口缩写	所在国家
BUENOS AIRES	ARBUE	BNA	ARGENTINA

位于阿根廷东部沿海拉普拉塔河口的西岸，在桑博龙邦湾的西北端，濒临大西洋的西南侧，是阿根廷最大的海港，运量占全国进出口物资的 75%。

乌拉圭：经济以畜牧业为主，外贸出口畜牧产品占 90%，进口石油、设备和化工产品，全国约 90%的外贸物资经蒙得维的亚港吞吐，为全国政治、经济、文化和交通中心。

蒙得维的亚港

港口英文名	港口代码	港口缩写	所在国家
MONTEVIDEO	UYMVD	MON	URUGUAY

位于乌拉圭的蒙得维的亚湾内，临拉普拉塔河口湾北岸，吞吐量占全国进出口贸易物资的 90%，出口羊毛、冻肉、皮革，进口石油、煤、工业品等。

任务检阅

一、港口连线

请将对应的港口中文名、英文名、所属国、所属航区用直线连接起来。（同学们还可以更换其他港口，进行练习）

马赛港	CHIBA	AUSTRALIA	美洲航区
千叶港	LONG BEACH	MALAYSIA	澳新航区
长滩港	MARSEILLES	FRANCE	东南亚航区
巴生港	MELBOURNE	JAPAN	地中海航区
墨尔本港	PORT KELANG	U.S.A	环日本海航区

二、“人”字形海峡

结合世界资源分布、地理位置、经济发展、政治局势，试分析“人”字形海峡——霍尔木兹海峡的重要地位。

三、东京湾港口群

日本东京湾港口群占有极好的地理位置，由三浦、房总两个半岛合抱，形成了袋状海湾。袋状口宽仅 8 公里，袋状长径深内陆 8 公里，因而造就了水深浪小的优良港湾环境。沿东京湾两翼延伸，首尾相连 175 公里，港口密布，工厂林立，形成了日本最大的港口工业区城市群，在世界上首屈一指。日本东京湾港口群的主要特点如下：

1）运输省协调港口群发展，港口管理权下放给地方港口机构。日本是个岛国，且地域狭小，使得日本不得不进口几乎所有的原材料，然后再将成品出口到世界各地。港口的发展与运营不仅仅关系港口自身或是地方政府利益，而且是国家经济存亡的关键。因此港口管理机构在拥有港口基本管理权外，运输省掌握了港口群规划协调的最终权力，从而确保国家利益，避免港口之间恶性竞争。

2）内联外争。东京湾港口在运输省的协调下，错位发展、揽货、整体宣传，以提高整体知名度，从而同国外港口相抗衡。为了控制日本主要大港之间在价格上的自由竞争，缓解港口之间的竞争压力，1985 年运输省同船东协会商定后，规定在东京、川崎、横滨、名古屋、大分、神户、门司、北九州的入港费和岸壁使用费采取统一的标准。这一政策的出台使得日本港口将对内的竞争转向对外的竞争。

2004 年 7 月，日本政府为了同釜山港和高雄港争夺中转货源，决定大幅降低港口收费，并简化繁复的商船进港手续，从而重振东京湾、阪神和伊势湾三大港口群的转运功能，并指定这 3 个港口群为超级枢纽港湾，集中投资建设。

3）分工明确。港口建设与定位同临港工业相联系，从而达到港口群内各个港口的错位发展，避免港口间的过度竞争。根据临港工业带的布局，港口定位和发展也有所不同。东京港拥有世界上先进的外贸集装箱码头，主要负担着东京产业活动和居民生活必需的物资流通，包括小麦、水产品、蔬菜、纸类等与城市生活密切相关的必需品。横滨和川崎港主要进口原油、铁矿石等工业原料和粮食，出口工业制成品。而千叶进口货物以石油和天然气为主，铁矿石、煤炭和木材为辅，出口货物以汽车为主，其次为钢铁和船舶等。

请自查资料，并结合上述给定的材料试分析日本东京湾港口群的发展，并进一步分析阪神和伊势湾港口群。

请结合《任务四　水路运输布局分析》，试比较两国港口群发展策略的异同。

四、运输路线设计

请按要求在图 8-1 中画出以下国际货物运输路线，并按顺序写出路线中的主要水域、运河、海峡、国家、城市等名称，在图中正确标注序号①～⑤。（同学们还可以更换其他条件，进行练习）

（1）画出以下两条石油运输航线：

1）波斯湾—日本（20 万吨级以上的油轮路线），序号为①。

2）波斯湾—法国（小型油船路线），序号为②。

（2）自行设计三条日本—鹿特丹的集装箱运输路线，要求三条路线不全为同一种运输方式，序号依次为③④⑤

Map of the World

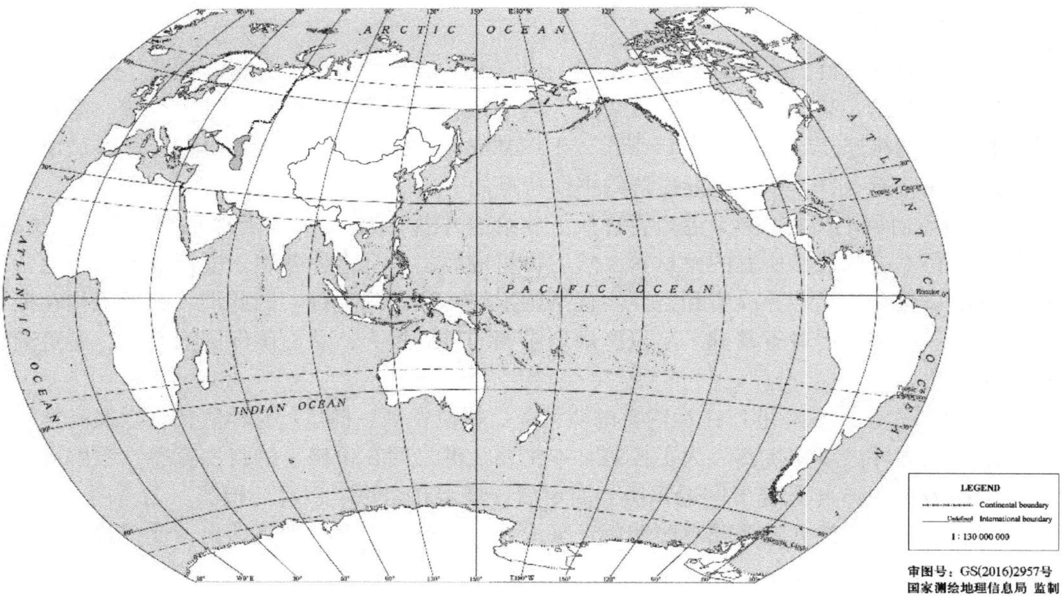

审图号：GS(2016)2957号
国家测绘地理信息局 监制

图 8-1 世界地图

五、瓜达尔港

2016 年 11 月 13 日巴基斯坦由中方运营的瓜达尔港正式开航。中远“惠灵顿”轮从新建的瓜达尔港出发，将来自新疆喀什的货物，转运到中东和非洲。

作为“一带一路”倡议支点的突破口，瓜达尔港已经正式开航 3 年多，瓜达尔港的开通对于开辟中国原油进口的新渠道、中巴经济合作、推进“一带一路”倡议实施及中国在太平洋西岸的军事防御是否具有重大意义？阅读相关资料，试分析。

精华总结

- 全球六大航区及部分主要港口。
- 西太平洋航区：东京、横滨、千叶、神户、大阪、名古屋、门司、釜山、仁川、符拉迪沃斯托克、纳霍德卡、东方港、新加坡、曼谷、巴生、雅加达、马尼拉、悉尼、墨尔本、奥克兰、惠灵顿。
- 北印度洋航区：加尔各答、孟买、科伦坡、卡拉奇、吉大港、迪拜、阿巴斯、荷台达、吉达。
- 东南非和西非航区：蒙巴萨、德班、开普敦。

- 地中海航区：亚历山大、塞得、伊兹密尔、阿什杜德、比雷埃夫斯、热那亚、威尼斯、那不勒斯、马赛、勒阿弗尔、巴塞罗那、巴伦西亚、里斯本。
- 北海和波罗的海航区：伦敦、南安普顿、费力克斯托、鹿特丹、阿姆斯特丹、安特卫普、汉堡、不来梅、哥本哈根、奥斯陆、斯德哥尔摩、赫尔辛基、圣彼得堡。
- 美洲航区：西雅图、旧金山、奥克兰、洛杉矶、长滩、波士顿、纽约、费城、诺福克、萨凡纳、威尔明顿、查尔斯顿、新奥尔良、休斯敦、温哥华、蒙特利尔、哈利法克斯、布宜诺斯艾利斯、里约热内卢。

子任务二　海上主要运输航线分布

学习目标

知识目标：

了解世界地理

熟悉主要的大洋航线

掌握主要国际集装箱海运航线

技能目标：

能够对国际海上运输布局进行分析

能够合理地设计货物运输路线

引导案例

APL 联手正利航业推出中韩海峡航线

美国总统轮船 APL 与正利航业（CNC Line）宣布将合作推出全新中韩海峡航线（KCS），连接中国及韩国。

KCS 航线首航定于 2017 年 11 月 18 日，挂港次序为：大连→新港→连云港→光阳→釜山→上海→南沙→新加坡→巴生港→雅加达→泗水→马尼拉→大连。

APL 表示，将通过与正利航业签署船舶共享协议，在新航线部署 5 艘巴拿马型船。

（资料来源：中国航贸网）

知识储备

一、主要航线介绍

1．航线的基本概念

船舶在两个或多个港口之间从事货物运输的营运通路叫航线。航线是在世界各地水域、港湾、潮流、风向、水深及地球面距离等自然条件限制下，考虑运输安全、航运技术、港口技术、经济效益等几个方面的因素而选定的。

国际远洋航线是指贯通一个或多个大洋的航线。

（1）航线挂靠的港口。航线挂靠的港口分为基本港和非基本港。基本港是运价表规定的班轮公司一般要定期挂靠的港口。凡基本港口以外的港口均称为非基本港。

（2）与航线相关的几个名词。班轮运价是按照班轮运价表的规定计算的运价，为垄断性价格。

基本费率是指每一计费单位（如一吨）货物收取的基本运费。

附加费是为了保持在一定时期内基本费率的稳定，同时反映出各港口各种货物的航运成本，班轮公司在基本费率的基础上又规定了各种额外加收的费用，包括燃油附加费、货币附加费、转船附加费、直航附加费、超重附加费、港口附加费、港口拥挤附加费、变更卸货港附加费、绕航附加费等。

（3）航线的分类。

1）按航程的远近不同，航线可分为远洋航线（Ocean-going Shipping Line）、近海航线（Near-sea Shipping Line）、沿海航线（Coastal Shipping Line）。

2）按船舶营运方式不同，航线分为定期航线和不定期航线。

3）按航行的特点不同，航线分为环球航线（Global Trade Service）、区域性航线（Regional Service）、钟摆航线（Pendulum Service）。

（4）航线名称。

1）用航区或两个航区来命名（EU，TP，AE，AMX，PSW，PNW，CAM）。

航线名称简写为：A-Asia；E-Europe or East；M-Mediterranean or Middle East；AWE-All water express；TP-Transpacific；C-China or Central；S，X，E-Express。

2）用航线编号或航线特点命名（Loop，NYX，NCX，AWE，ECX）

航线名称简写为：J-Japan；F-Far East or France；N-North；L-Line or Lane；S-South；K-Korea；EC-East Coast；P-Pacific。

（5）航线营运方式。

1）中转/支线运输。中转/支线运输的特点是可减少运输周期，可提高舱位的利用率，更有效地提高营运效率，成本高。

2）联营/联盟。航运业要巨额的投资，联营可以减少风险，提高舱位的利用率，有更多的选择给货主，提供差异性的服务给货主，更有效地提高营运效率。

2．环球航线（Global Trade Service）

（1）定义。环球航线是从某港口出发，横跨太平洋、大西洋，环地球一周回到始发港。其特点是挂靠中心港口、运输周期长、需要支线服务。

（2）一条典型的环球国际贸易航线介绍。全世界 160 多个沿海国家和地区共有大小海港近万个。其中，国际贸易货物吞吐量较多的大中型港口 2 000 多个。海上航线密如蛛网，交通繁忙程度各不相同，其中有一些是连接世界各大港口的贸易主航线。

试以世界贸易第二大港荷兰的鹿特丹港为起点，做一次环球的纸上航行。

货船从鹿特丹港起航，经过英国的伦敦，再过多佛尔海峡和英吉利海峡，进入大西洋。横渡大西洋，即到美国第一大都会纽约。北大西洋航线是世界上最繁忙的航线，多佛尔海峡、英吉利海峡是世界上过往船只最多的海峡，每年多达 12 万艘次。

货船离开纽约，穿过巴拿马运河，横渡太平洋，就到了日本的神户和横滨。离开日本港口，经韩国釜山港，到达中国的上海港，再由上海经台湾高雄到达香港。由香港横渡南中国海，到达马六甲海峡南口的新加坡。釜山、高雄、香港、新加坡是号称“亚洲经济发展四小龙”的国家或地区的主港。上海港在历史上就是太平洋西岸首屈一指的国际贸易大港。

船过马六甲海峡，横渡印度洋，经红海、波斯湾，过苏伊士运河，进入地中海。红海波斯湾沿岸的中东地区是世界主要的石油产区。海运货运量的一半左右是石油。巨大的油轮就是从这一地区装上石油，向西运往欧洲各国，往东供应澳大利亚、日本、美国等国的。地中海是海运最为繁忙的海区，每天地中海上在航的船舶有 1 200 艘之多。位于地中海沿岸的法国港口马赛也是吞吐量过亿吨的世界大港。轮船离开繁忙的地中海，穿过直布罗陀海峡，转向北航行，不久便又回到了出发港鹿特丹港。这个环球航线就是世界贸易的主航线。

3．区域性航线（Regional Service）

（1）定义。区域性航线是在某一个或两个航区内营运。其特点是区域的运输量大、运输周期短、挂靠港选择多。

（2）典型区域性航线介绍。欧洲航线 AEX1 的挂靠港口有：天津—大连—釜山—连云港—宁波—上海（洋山）—盐田—香港—赤湾—巴生—瓦伦西亚—菲利克斯托—汉堡—安特卫普—巴生。

4．钟摆航线

钟摆航线（Pendulum Service）由两条运输量相当的区域性航线组成。其特点是节约投资（船）和时间、挂靠港选择更多、提高营运能力。

二、区域航线分类

1．太平洋航线组

（1）远东—北美西海岸航线。该航线包括从中国、朝鲜、日本、俄罗斯远东海港到加拿大、美国、墨西哥等北美西海岸各港的贸易运输线。从我国的沿海各港出发，偏南的经大隅海峡出东海；偏北的经过对马海峡穿日本海后，或经津轻海峡进入太平洋，或经宗谷海峡，穿过鄂霍次克海进入北太平洋。

（2）远东—加勒比海、北美东海岸航线。该航线常经夏威夷群岛南北至巴拿马运河后到达。从我国北方沿海港口出发的船只多半经大隅海峡或琉球奄美诸岛出东海。

（3）远东—南美西海岸航线。从我国北方沿海各港出发的船只多经琉球奄美诸岛、硫黄列岛、威克岛、夏威夷群岛之南的莱恩群岛穿越赤道进入南太平洋，至南美西海岸各港。

（4）远东—东南亚航线。该航线是中、朝、日货船去东南亚各港，以及经马六甲海峡去印度洋、大西洋沿岸各港的主要航线。东海、南海、台湾海峡、巴士海峡是该航线船只的必经之路，航线繁忙。

（5）远东—澳大利亚、新西兰及西南太平洋岛国各港航线。远东至澳大利亚东南海岸分两条航线。中国北方沿海港口及朝鲜、日本到澳大利亚东海岸和新西兰港口的船只，需走琉球久米岛、加罗林群岛的雅浦岛进入所罗门海、珊瑚湖。中澳之间的集装箱船需经南海、苏拉威西海、班达海、阿拉弗拉海，后经托雷斯海峡进入珊瑚海。中、日到澳大利亚西海岸航线经菲律宾的民都洛海峡、望加锡海峡及龙目海峡进入印度洋。

（6）澳、新—北美东西海岸航线。由澳、新至北美海岸多经苏瓦、火奴鲁鲁等太平洋上重要航站到达。澳新—北美东海岸多半过社会群岛的帕提拉，后经巴拿马运河到达。

（7）远东—北印度洋、地中海、西北欧航线。

（8）东亚—东南非、西非、南美东海岸航线。

（9）澳、新—南美西海岸国家各港航线。

（10）北美东、西海岸—南美西海岸航线。

2．大西洋航线组

（1）西北欧—北美东海岸航线。该航线是西欧、北美两个世界上工业最发达地区之间的原料燃料和产品交换的运输线，运输极为繁忙，船舶大多走偏北大圆航线。该航区冬季风浪大，并有浓雾、冰山，对航行安全有威胁。

（2）西北欧—加勒比航线。西北欧—加勒比航线多半出英吉利海峡后横渡北大西洋。它同北美东海岸各港出发的船舶一起，一般都经莫纳、向风海峡进入加勒比海。除去加勒比海沿岸各港外，还可经巴拿马运河到达美洲太平洋岸港口。

（3）北美东海岸—加勒比航线。同西北欧—加勒比航线。

（4）西北欧—地中海、苏伊士运河—亚太航线（中东、远东、澳新）。该航线属世界上最繁忙的航段，它是西北欧与亚太海湾地区间贸易往来的捷径。该航线一般途经亚速尔群岛、马德拉群岛上的航站。

（5）北美东海岸—地中海、苏伊士运河—亚太航线（中东、远东、澳新）。同西北欧—地中海、苏伊士运河—亚太航线（中东、远东、澳新）。

（6）西北欧、地中海—南美东海岸航线。该航线一般经西非大西洋岛屿—加纳利、佛得角群岛上的航站。

（7）西北欧、北美东海岸—好望角、远东航线。该航线一般是巨型油轮的油航线。佛得角群岛、加纳利群岛是过往船只停靠的主要航站。

（8）南美东海岸—好望角—远东航线。这是一条以石油、矿石为主的运输线。该航线处在西风漂流海域，风浪较大。一般西航偏北行，东航偏南行。

3．印度洋航线组

印度洋航线以石油运输线为主，此外，有不少是大宗货物的过境运输。

（1）波斯湾—好望角—西欧、北美航线。该航线主要由超级油轮公司经营，是世界上最主要的海上石油运输线。

（2）波斯湾—东南亚—远东航线。该航线经马六甲海峡（20万载重吨以下的船舶可通行）或龙目海峡、望加锡海峡（20万载重吨以上的超级油轮可通行）至日本、中国、韩国等。

（3）波斯湾—苏伊士运河—地中海—西欧、北美运输线。该航线目前可通行载重约30万吨的超级油轮。

除以上三条油运线路外，印度洋其他航线还有：远东—东南亚—东非航线；远东—东南亚，地中海—西北欧航线；远东—东南亚—好望角—西非、南美航线；澳、新—地中海—西北欧航线；印度洋北部地区—欧洲航线。

4．北冰洋航线

由于北冰洋系欧、亚、北美三大洲的顶点，为联系三大洲的捷径。鉴于地理位置的特殊性，目前，北冰洋已开辟从摩尔曼斯克经巴伦支海、喀拉海、拉普捷夫海、东西伯利亚海、楚科奇海、白令海峡至俄罗斯远东港口的季节性航线，以及从摩尔曼斯克直达斯瓦尔巴群岛、冰岛的雷克雅未克和英国的伦敦等航线。随着航海技术的进一步发展和北冰洋地区经济的开发，北冰洋航线也将有更大的发展。

小知识

大圆航线——把地球看作一个球体，通过地面上任意两点和地心做一平面，平面与地球表面相交看到的圆周就是大圆。两点之间的大圆弧线是两点在地面上的最短距离。沿着这一段大圆弧线航行时的航线称为大圆航线。由于大圆航线是两点之间的最短航线，故有时称为最经济航线。

三、国际集装箱航线

亚洲—欧洲、亚洲—美洲、美洲—欧洲集装箱三大主力航线运力占世界总运力50%以上。

1. 世界海运集装箱航线类型

世界海运集装箱航线分为以下六类：

（1）远东—北美航线。

（2）北美—欧洲、地中海航线。

（3）欧洲、地中海—远东航线。

（4）远东—澳大利亚航线。

（5）澳、新—北美航线。

（6）欧洲、地中海—西非、南非航线。

目前，航线正向全球网络化方向发展，在船舶大型化与港口深水化的推动与制约下，世界上现行的以三大传统主干航线为框架的航线布局正在被更新，出现了以赤道环球航线为主干、南北支持航线为辅助、区域喂给航线为基础的新的全球航线网络。

2. 中国集装箱运输航线类型

中国集装箱运输航线分为以下七类：

（1）横跨太平洋，TransPacific。

（2）亚洲—欧洲/地中海，Asia to Euro/Mediterranean sea。

（3）亚洲地区，Intra Asia。

（4）亚洲—中东/印度洋，Asia to Middle East/Indian Ocean。

（5）亚洲—南美洲，Asia to South America。

（6）亚洲—非洲，Asia to Africa。

（7）亚洲—澳、新，Asia to Australia/New Zealand。

任务检阅

一、航线查询

请自查资料，分析国际知名船公司中远海运、马士基、达飞、长荣、地中海航运、商船三井、东方海外等的航线和船期设置，并进行比较分析。

✔ 小提示：中远海运网址：WWW.COSCOSHIPPING.COM
马士基网址：WWW.MAERSKSEALAND.COM
达飞网址：WWW.CMA-CGM.COM
长荣网址：WWW.EVERGREEN-MARINE.COM
地中海航运网址：WWW.MSCGVA.COM
ONE 网址：WWW.ONE-LINE.COM[Ocean Network Express：日本三大船公司商船三井（MOL）、川崎汽船（K Line）和日本邮船（NYK）合资的新集运公司]

二、航线比较

（1）有 10 个集装箱货物，要从日本东京运往荷兰鹿特丹，请根据所学知识先在图 8-1 上设计运输路线（数量无限制）。

（2）再考虑时间、成本、季节等因素，选择合适的路线（条件自拟）。

三、北极航线

2018 年 1 月 26 日上午，国新办召开了《中国的北极政策白皮书》发布会，给出了一个激动人心的消息：中国即将投入精力建设冰上丝绸之路。以此为指导方针，中国的新型破冰船也将作为设备保障，预计明年投入运行。

中国加入北极航路的开发，将对中国与欧亚大陆另一端的联系产生难以估量的影响。作为连接亚欧大陆的最短海上通道，北极航线常态化运营将提供更多的探索机会，大大提升中国对外贸易的能力，对于中国制造和中国装备走出去、扩大欧洲市场份额，以及欧洲货物出口远东，有着十分积极的促进作用，并把中国一直主张的贸易全球化推上新的层次。

然而，开发北极航路并不简单。在北极航路的开发史上，强大的俄罗斯、美国和欧洲各国，都做出过一些尝试，却很少有成功的案例。早在 15 世纪，欧洲的航海探险家就在试图寻找一条穿越北冰洋的可靠航路。以当时的地理知识推测，有三条潜在的路线存在：西北航路，即从美洲大陆北部的群岛穿越；东北航道，即穿越欧亚大陆北方海岸线的通道；北极点通道，即穿越北极点的北方航线。但这三条航路的可行性如何，以当时的航海知识尚无法判定。

请自查资料，关注北极航道新动向。

精华总结

- 世界主要集装箱航线：远东—北美航线；北美—欧洲、地中海航线；欧洲、地中海—远东航线。

任务九

国际航空运输布局分析

学习目标

知识目标：

了解国际民航组织

熟悉国际空运的主要方式

熟悉世界主要航空港

掌握国际航空区划

掌握国际主要航线

技能目标：

能够对国际航空运输布局进行分析

引导案例

新加坡航空将开通“墨尔本—惠灵顿”航线

新加坡航空公司（以下简称新航）2018 年 1 月 24 日宣布，将开通连接新加坡、墨尔本和新西兰首都惠灵顿的新航线。随着新航线的开通，新航将对目前的新加坡—堪培拉—惠灵顿航线进行部分调整，取消目前连接堪培拉和惠灵顿的航线，并将新加坡—堪培拉航线的航班频次从每周四班增加至每日一班。

新开通的新加坡—墨尔本—惠灵顿航线将从 2018 年 5 月 3 日开始运营，每周四班。去程航班号为 SQ247，返程航班号为 SQ248。

该航线将由波音 777-200 客机执飞。航班将配备 266 个座位，包括 38 个商务舱座位和 228 个经济舱座位。

5 月 1 日，新航还将开通飞往澳大利亚首都堪培拉的每日航班，经悉尼中转。去程航班号为 SQ288（新加坡—悉尼—堪培拉），返程航班号为 SQ288（堪培拉—新加坡）。

新加坡—悉尼—堪培拉航线将由波音 777-300ER 客机执飞，配备 264 个座位，包括 4 个头等舱座位、48 个商务舱座位、28 个优选经济舱座位和 184 个经济舱座位。

2016 年 9 月，新航首次开通新加坡—堪培拉—惠灵顿航线。新航也是首家运营定期往返澳大利亚首都国际航班的航空公司。

新加坡航空公司市场策划高级副总裁陈凯平先生表示："自堪培拉—惠灵顿航线于2016年开通以来，往返两地的国际旅客人数日益增多。而随着新航线的开通，我们将为往返堪培拉和惠灵顿的旅客提供更为便捷的服务，同时将逐步增加飞往堪培拉的航班频次。"

除堪培拉、墨尔本、悉尼和惠灵顿外，新加坡航空的西南太平洋航线网络还涵盖了飞往阿德莱德、奥克兰、布里斯班、基督城和珀斯的航班。

新增航班有待监管机构批准。航班机票将通过多种分销渠道逐步上线。

（资料来源：中国民航网）

子任务一　航空组织和航区划分的概括总结

学习目标

知识目标：

了解国际民航组织

熟悉国际空运的主要方式

掌握国际航空区划

技能目标：

能够对国际空运的概况进行分析

引导案例

全球航空客运市场重心东移

国际航空运输协会（IATA，以下简称"国际航协"）报告显示，2036年，全球航空客运量将达78亿人次；全球航空客运市场重心东移，发展中市场成为焦点，亚太地区将成为推动需求增长的最大驱动力。

2036年，亚太地区新增旅客预计将达21亿人次，整体市场客运总量将达35亿人次。中国航空市场出境客流量日益增多，随着经济快速增长，中国步入中等收入国家行列，居民有更多的资金用于旅游,乘坐飞机出行的次数是低收入国家人口的近7倍。中国居民的购买力已从1982年的约3%，上升至目前的28%左右。2022年，中国航空客运市场（包括飞抵、飞离中国及中国国内客运量）将位居全球之首。2036年，中国新增旅客将达9.21亿人次，客运总量将达15亿人次。

国际航协报告及联合国人口调查数据显示，全球"飞行年龄"人口达49亿人（"飞行年龄"是指年龄在15~64岁，飞行频率较高的人群）。根据全球人口区域分布，3/4以上的人口现居住在亚太和非洲地区。尽管目前欧洲和北美是全球最大的两个航空市场，但现阶段，其潜在"飞行年龄"人口仅占15%。（航空市场规模较大主要反映了该地区收入水平较高）

到2036年，全球"飞行年龄"人口预计增长17%，主要受亚太和非洲地区增长所驱动。未来20年，非洲"飞行年龄"人口预计年均增长2.7%；到2036年，全球1/5的人口来自非洲大陆，高于目前非洲大陆（占全球1/7）的人口。相比之下，欧洲的老龄化人口意味着"飞行年龄"人口平均每年同比将下降0.5%。

当然，潜在旅客群体不会自动增长为航空客运量；毕竟，需求是否增长取决于旅客是否愿意接受及是否有能力支付某项产品或服务。但从长远来看，亚太和非洲地区的经济水平预计将大幅提升，航空出行的成本预计将随通货膨胀持续下降。这些地区将有越来越多的人群选择航空出行。总而言之，这些驱动因素将在未来几年内持续推动航空业重心东移。

国际航协理事长兼首席执行官亚历山大·德·朱尼亚克先生表示："全球航空运输需求将持续保持增长，我们需要为未来 20 年客运量成倍增长做好准备。对于航空运输业的创新和繁荣发展而言，这是个利好消息；对于政府和行业而言，要确保能够成功满足基本需求，也是一项巨大挑战。

我们预计 2018 年搭乘飞机出行的旅客将达 43 亿人次，比 2017 年高出 2.3 亿人次。航空运输业运力充足，但如果基础设施无法匹配需求增长，将会带来巨大风险，造成经济损失。国际航空旅客旅行的花费高达 7500 亿美元，全球供应链依靠航空运输的货物超过 6 万亿美元，这给目前的全球基础设施带来巨大压力。

毫无疑问，新的一年航空运输业面临诸多亟待解决的问题。但我们也应认识到，基础设施能够确保航空业未来收益。国际航协倡议，各国政府应认真规划，以可负担的成本提供满足需求增长的优质基础设施，满足日益增长的连通需求。"

（资料来源：中国民航网）

知识储备

一、国际民航组织

1．国际民用航空组织

国际民用航空组织（International Civil Aviation Organization，ICAO）是芝加哥公约的产物，是协调各国有关民航经济和法律义务，并制定各种民航技术标准和航行规则的政府间的国际组织。第二次世界大战后，为解决民用航空发展中的国际航空运输业务权等国际性问题，1944 年 11 月 1 日至 12 月 7 日在芝加哥召开了有 52 个国家参加的国际民用航空会议，签订了《国际民用航空公约》，简称芝加哥公约，并根据国际民用航空临时协定成立了临时国际民用航空组织。1947 年 4 月 4 日，国际民用航空公约生效，国际民航组织（ICAO）正式成立，同年 5 月成为联合国的一个专门机构。国际民用航空组织的总部设在加拿大的蒙特利尔。标识如图 9-1 所示。

（1）组织机构。国际民航组织由大会、理事会和秘书处三级框架组成。

大会是国际民航组织的最高权力机构。大会由理事会在适当的时间和地点，每三年至少召开一次，遇有特别情况时经理事会召集或经 1/5 以上的缔约国向秘书长提出要求，可以随时举行大会特别会议。

理事会是向大会负责的常设机构，由大会选出的 33 个理事国组成，由每届大会选举产生。理事国分为三类：第一类是在航空运输领域居特别重要地位的成员国，第二类是对提供国际航行设施做出突出贡献的成员国，第三类是区域代表成员国。理事会下设航空运输委员会、航行委员会、财务委员会、防止非法干扰委员会、联营导航委员会和法律委员会。

秘书处是国际民航组织的常设行政机构，由秘书长负责保证国际民航组织各项工作的顺利进行。秘书长由理事会任命。秘书处下设航行局、航空运输局、法律局、技术合作局、行政局五个局及财务处、外事处。此外，秘书处有一个地区事务处和七个地区办事处，分设在曼谷、开罗、达喀尔、利马、墨西哥城、内罗华和巴黎。地区办事处直接由秘书长领导，主要任务是建立和帮助缔约各国实行国际民航组织制定的国际标准和建设措施及地区规划。

（2）宗旨和目的。国际民航组织的宗旨和目的是发展国际航行的原则和技术，促进国际航空运输的规划和发展，即：

1）保证全世界国际民用航空安全地和有秩序地发展。

2）鼓励为和平用途的航空器的设计和操作技术。

3）鼓励发展国际民用航空应用的航路、机场和航行设施。

4）满足世界人民对安全、正常、有效和经济的航空运输的需要。

5）防止因不合理的竞争而造成经济上的浪费。

6）保证缔约各国的权利充分受到尊重，每一缔约国均有经营国际空运企业的公平的机会。

7）避免缔约各国之间的差别待遇。

8）促进国际航行的飞行安全。

9）普遍促进国际民用航空在各方面的发展。

以上九条共涉及国际航行和国际航空运输两个方面的问题。前者为技术问题，主要是安全；后者为经济和法律问题，主要是公平合理，尊重主权。两者的共同目的是保证国际民航安全、正常、有效和有序地发展。

我国是国际民航组织的创始成员国之一，1971 年国际民航组织通过决议承认中华人民共和国为中国唯一合法代表。1974 年我国承认《国际民用航空公约》并参加国际民航组织的活动。同年我国当选为二类理事国，至今已八次连选连任二类理事国。蒙特利尔设有中国驻国际民航组织理事会代表处。

图 9-1　国际民用航空组织（ICAO）标识

2. 国际航空运输协会

国际航空运输协会（International Air Transport Association，IATA）简称国际航协，是世界上最大的航空公司间的组织，也是在国际航空运输方面影响最大的一个国际组织。其宗旨是“为了世界人民的利益，促进安全、正常而经济的航空运输”“对于直接或间接从事国际航空运输工作的各空运企业提供合作的途径”“与国际民航组织及其他国际组织通力合作”。标识如图 9-2 所示。

国际航空运输协会的主要任务有：协商制定国际航空客货运价；统一国际航空运输规章制度；通过清算所统一结算各会员与非会员间联运业务账目；开展业务代理；进行技术合作；协

助各会员公司改善机场布局和程序标准，以提高机场营运效率。

图 9-2　国际航空运输协会（IATA）标识

凡国际民航组织成员国的任一经营定期航班的空运企业，经其政府许可都可以成为该协会的成员。经营国际定期航班的航空公司为正式会员，只经营国内定期航班的航空公司为准会员。国际航协目前有 280 多个会员。

国际航协的总部设在加拿大的蒙特利尔，执行总部位于瑞士日内瓦，而且在安曼、北京、布鲁塞尔、达喀尔、伦敦、迈阿密、内罗毕、智利的圣地亚哥、新加坡及华盛顿特区等设置了地区办事处。

3. 国际货运代理协会联合会

国际货运代理协会联合会（International Federation of Freight forwarders Associations，FIATA）是世界性的各国代理人协会及货运代理人的联合组织，于 1926 年在维也纳成立。FIATA 是一个非营利性的行业组织，其宗旨是联合各国运输商结盟，从而在世界上得到保护代理人的利益。它的成员不仅限于货物运输行业，而且包括与其相关的其他行业，如海关、飞机制造商及经纪业、货栈、地面运输业、混载业者等组成国际航空运输的各个部分。标识如图 9-3 所示。

图 9-3　国际货运代理协会（FIATA）标识

二、国际航空区划

根据航空运输发展及地域性的差异，IATA 将全球分为三个区域，称为“国际航协交通会议区”（IATA Traffic Conference Areas），简称 TC1、TC2、TC3。

1. TC1 区

南北美洲大陆及相邻岛屿：格陵兰岛、百慕大群岛、西印度群岛、加勒比海群岛、夏威夷群岛（包括中途岛和帕尔米拉岛）。

加勒比海分区：

（1）美国（除了波多黎各和维尔京群岛）和巴哈马、百慕大群岛、加勒比海群岛、圭亚那、苏里南和法属圭亚那之间。

（2）加拿大、墨西哥和巴哈马、百慕大、加勒比海群岛（包括波多黎各和维尔京群岛）、圭亚那、苏里南和法属圭亚那之间。

墨西哥分区：

加拿大、美国（不包括波多黎各、维尔京群岛）和墨西哥之间。

狭长地带分区：

（1）美国、加拿大、墨西哥和中美洲、南美洲之间。

（2）在巴哈马、百慕大、加勒比海群岛、圭亚那、苏里南、法属圭亚那和中美洲之间。

（3）在中美洲和南美洲之间。

（4）在中美洲区域内。

为了使加勒比海和狭长地带的定义更明朗，规定：加勒比海群岛包括安圭拉（英属）、安提瓜和巴布达、阿鲁巴（荷）、巴巴多斯、本内尔、英属维尔京群岛、开曼群岛（英）、古巴、酷拉索岛、多米尼加联邦、多米尼加共和国、格林纳达、瓜德罗普岛（法）、海地、牙买加、马提尼克、蒙特塞拉特岛（英）、圣基茨岛（尼维斯岛、安挂拉）、圣卢西亚、圣马丁、圣文森特和格林纳丁斯、多巴哥和特黑尼达、特克斯群岛（英）和凯克斯群岛（英）。

中美洲：伯里兹、哥斯达黎加、萨尔瓦多、危地马拉、洪都拉斯、尼加拉瓜。

南美洲：阿根廷、玻利维亚、巴西、智利、哥伦比亚、厄瓜多尔、巴拿马、巴拉圭、秘鲁、乌拉圭、委内瑞拉。

2. TC2 区

欧洲（包括俄罗斯的欧洲部分）及其邻近的岛屿、冰岛、亚速尔群岛、非洲及其邻近的岛屿、阿松森岛及亚洲的一部分，即伊朗以西。

欧洲（Europe）

阿尔巴尼亚、阿尔及利亚、安道尔、亚美尼亚、奥地利、阿塞拜疆、亚速尔群岛、比利时、白俄罗斯、保加利亚、加那利群岛、克罗地亚、捷克共和国、丹麦、爱沙尼亚、芬兰、法国、格鲁吉亚、德国、直布罗陀、希腊、匈牙利、冰岛、爱尔兰、意大利、拉脱维亚、列支敦士登、立陶宛、卢森堡、马其顿、马德拉岛、马耳他、摩尔多瓦、摩纳哥、摩洛哥、荷兰、挪威、波兰、葡萄牙、罗马尼亚、俄罗斯（乌拉尔山脉以西）、圣·马利诺、斯洛伐克共和国、斯洛文尼亚、西班牙、瑞典、瑞士、突尼斯、土耳其（在欧洲和亚洲部分）、乌克兰、英国、南斯拉夫。

中东（Middle East）

IATA 定义中的中东指巴林、塞浦路斯、埃及、伊朗、伊拉克、以色列、约旦、科威特、黎巴嫩、阿曼、卡塔尔、沙特阿拉伯、苏丹、叙利亚、阿拉伯联合酋长国（由阿布扎比、阿治曼、迪拜、富查伊拉、哈伊马角、沙迦及乌姆盖万等组成）、也门。

非洲（Africa）

非洲指中非、东非、印度洋群岛、利比亚、南非和西非。

中非：马拉维、赞比亚、津巴布韦。

东非：布隆迪、吉布提、厄立特里亚、埃塞俄比亚、肯尼亚、卢旺达、索马里、坦桑尼亚和乌干达。

印度洋群岛：科摩罗、马达加斯加、毛里求斯、马约特、留尼汪岛和塞舌尔群岛。

南非：博茨瓦纳、莱索托、莫桑比克、南非、纳米比亚、斯威士兰和乌姆塔塔。

西部非洲：安哥拉、贝宁、布基那法索、喀麦隆、佛得角、中非共和国、乍得、刚果人民共和国、科特迪瓦、赤道几内亚、加蓬、冈比亚、加纳、几内亚、几内亚比绍、利比里亚、马里、毛里坦尼亚、尼日尔、尼日利亚、圣多美和普林西比、塞内加尔、塞拉利昂、多哥和扎伊尔。

3．TC3 区

伊朗以东的亚洲部分及其邻近的岛屿、东印度群岛、澳大利亚、新西兰及其邻近的岛屿、太平洋岛屿中除去属于一区的部分。

南亚次大陆（South Asian Subcontinent）

南亚次大陆：阿富汗、孟加拉国、不丹、印度（包括安达曼群岛)、马尔代夫、尼泊尔、巴基斯坦、斯里兰卡。

东南亚（South East Asia）

东南亚：文莱达鲁萨兰国、柬埔寨、中国、关岛、中国香港、印度尼西亚、哈萨克斯坦、吉尔吉斯斯坦、老挝、马来西亚、马绍尔群岛、密克罗尼西亚（包括加罗林群岛中除去帕劳群岛部分）、蒙古国、缅甸、北马里亚纳群岛（包括除关岛外的马里亚纳群岛）、帕劳、菲律宾、俄罗斯（乌拉尔山脉以东）、新加坡、中国台湾、塔吉克斯坦、泰国、土库曼斯坦、乌兹别克斯坦、越南。

西南太平洋（South West Pacific）

西南太平洋：美属萨摩亚、澳大利亚、库克群岛、斐济群岛、法属波利尼西亚、基里巴斯、瑙鲁、新喀里多尼亚、萨摩亚、所罗门群岛、汤加、图瓦卢、瓦努阿图、瓦利斯和富图纳群岛。

日本/朝鲜地区（Japan/Korea）

日本、韩国、朝鲜。

三、国际航空货物运输的主要运输方式

航空运输方式主要有班机运输、包机运输、集中托运和航空快递。

1．班机运输

所谓班机运输是指在固定航线上定期航行的航班。班机运输一般有固定的始发站、到达站和经停站。

按照业务对象的不同，班机运输可分为客运航班和货运航班。顾名思义，后者只承揽货物运输，大多使用全货机。但由于到目前为止国际贸易中经由航空运输所承运的货量有限，所以货运航班只是由某些规模较大的、专门的航空货运公司或一些业务范围较广的综合性航空公司在货运量较为集中的航线开辟。对于前者，一般航空公司通常采用客货混合型飞机，在搭乘旅

客的同时也承揽小批量货物的运输。

由于班机运输有固定的航线、挂靠港、固定的航期，并在一定时间内有相对固定的收费标准，对进出口商来讲可以在贸易合同签署之前预计货物的起运和到达时间，核算运费成本，合同的履行也较有保障，因此班机运输成为多数贸易商的首选航空货运形式。特别是近年来货运业竞争加剧，航空公司为体现航空货运快速、准确的特点，不断加强航班的准班率（航班按时到达的比率），强调快捷的地面服务，在吸引传统的鲜活易腐货物、贵重货物、急需货物的基础上，又提出为企业特别是跨国企业提供后勤服务的观点，正努力成为跨国公司分拨产品、半成品的得力助手。

班机运输由于多采用客货混合机型，航班以客运服务为主，货物舱位有限，不能满足大批量货物及时出运的要求，往往只能分批运输。再有，不同季节同一航线客运量的变化也会直接影响货物装载的数量，使得班机运输在货物运输方面存在很大的局限性。

2. 包机运输

由于班机运输形式下，货物舱位常常有限，因此当货物批量较大时，包机运输就成为重要方式。分段包机运输通常可分为整机包机和部分包机。

包机运输满足了大批量货物进出口运输的需要，同时运费比班机运输形式低，且随国际市场供需情况的变化而变化，给包机人带来了潜在的利益。但包机运输是按往返路程计收费用，存在着回程空放的风险。

与班机运输相比，包机运输可以由承租飞机的双方议定航程的起止点和中途停靠的空港，因此更具灵活性。但各国政府出于安全的需要，也为了维护本国航空公司的利益，对他国航空公司的飞机通过本国领空或降落本国领土往往大加限制，复杂烦琐的审批手续大大增加了包机运输的营运成本，因此目前使用包机业务的地区并不多。

3. 集中托运

集中托运是指集中托运人将若干批单独发运的货物组成一整批，向航空公司办理托运，采用一份航空总运单集中发运到同一目的站，由集中托运人在目的地指定的代理收货，再根据集中托运人签发的航空分运单分拨给各实际收货人的运输方式。集中托运是航空货物运输中开展最为普遍的一种运输方式，也是航空货运代理的主要业务之一。

集中托运作为最主要的一种航空货运方式有着鲜明的特征，同时也给托运人带来了极大的便利，主要表现在：

（1）由于航空运费的费率随托运货物数量的增加而降低，所以当集中托运人将若干个小批量货物组成一大批出运时，能够争取到更为低廉的费率。集中托运人会将其中一部分作为支付目的地代理的费用，另一部分会返还给托运人以吸引更多的客户，其余的作为集中托运人的收益。

（2）集中托运人的专业性服务也会使托运人受益，这包括完善的地面服务网络，拓宽了的服务项目，以及更高的服务质量。

（3）因为航空公司的主运单与集中托运人的分运单效力相同，集中托运形式下托运人结汇的时间提前，资金的周转加快。

但是，集中托运也有它的局限性，主要是指：

（1）贵重物品、活动物、危险品、外交信袋等根据航空公司的规定不得采用集中托运的形式。

（2）由于集中托运的情况下，货物的出运时间不能确定，所以不适合易腐烂变质的货物、紧急货物或其他对时间要求高的货物的运输。

（3）对书本等可以享受航空公司优惠运价的货物来讲，使用集中托运的形式可能不仅不能享受到运费的节约，反而会加重运费负担。

4．航空快递

所谓航空快递，是指具有独立法人资格的企业将进出境的货物或物品从发件人所在地通过自身或代理的网络送交指定地点或收件人的一种快速运输方式。

（1）航空快递的主要业务形式：

1）门（桌）到门（桌）。

2）门（桌）到机场。

3）专人派送。

（2）航空快递的特点。航空快递的特点主要体现在：

1）速度更快。航空快递自诞生之日起就强调快速的服务，速度又被称为整个行业生存之本。一般洲际快件运送在 1～5 天内完成，地区内部只要 1～3 天。这样的传送速度无论是传统的航空货运业还是邮政运输都是很难达到的。

2）更加安全、可靠。在航空快递形式下，快件运送自始至终在同一公司内部完成，各分公司操作规程相同，服务标准也基本相同，而且同一公司内部信息交流更加方便，对客户的高价值、易破损货物的保护也会更加妥帖，所以运输的安全性、可靠性也更高。与此相反，邮政运输和航空货物运输因为都涉及不止一位经营者，各方服务水平参差不齐，所以较容易出现货损货差的现象。

3）更方便。确切地说，航空快递中不止涉及航空运输一种运输形式，它更像陆空联运，通过将服务由机场延伸至客户的仓库、办公桌，真正实现了门到门服务，方便了客户。此外，航空快递公司对一般包裹代为清关，针对不断发展的电子网络技术又率先采用了 EDI（电子数据交换）报关系统，为客户提供了更为便捷的网上服务，快递公司特有的全球性电脑跟踪查询系统也为有特殊需求的客户带来了极大的便利。

当然，航空快递同样有自己的局限性。如快递服务所覆盖的范围不如邮政运输广泛。国际邮政运输综合了各国的力量，可以这样说，有人烟的地方就有邮政运输的足迹，但航空快递毕竟是靠某个跨国公司的一己之力，所以各快递公司的运送网络只能覆盖那些商业发达、对外交流多的地区。

任务检阅

资料分析

2017 年全球航空货运需求增长 9.0%

国际航空运输协会（IATA）最新发布的全球航空货运定期数据显示，2017 年全球航空货运需求（按照货运吨公里计算）同比增长 9.0%，与 2016 年增长率（3.6%）相比增长了一倍以上。

2017年，货运运力（按照可用货运吨公里计算）增长了3.0%，是自2012年以来运力增速最缓慢的一年。货运需求增长是运力增长的3倍。

2017年，所有地区航空公司货运需求均实现增长。

亚太航空公司2017年12月货运需求同比增长5.6%，运力增长2.2%。2017年货运需求与2016年相比增长了7.8%，运力增长了1.3%。2017年亚太航空公司的强劲表现反映了该地区主要出口国——中国和日本受到欧洲经济复苏及美国经济持续稳健发展的推动，出口需求持续增长。预计将进一步提振新一年货运需求增长。

北美航空公司2017年12月货运需求同比增长5.4%，运力增长2.2%。2017年货运需求增长7.9%，运力增长1.6%。近几年，美国经济及美元走强提振了进口货运市场。展望2018年，尽管货运需求可能受近期美元疲软的影响，但新近达成的美国税改法案或将有助于提振未来一段时间的货运量。

欧洲航空公司12月货运需求同比增长5.0%，运力增长3.2%。12月的强劲表现助力2017年欧洲航空公司货运需求增长11.8%，排名位列非洲航空公司之后。2017年运力增长5.9%，欧洲制造商出口订单达到历史最高水平，预计将进一步提振新一年的货运需求增长。

中东航空公司12月货运量同比增长6.3%，运力增长4.7%。2017年需求增长8.1%，排名位列第三位。2017年运力增长2.6%。然而，由于中东航空公司并未像其他地区一样，在2017年上半年需求获得强劲增长，因此，在全球货运需求中的占比18年以来首次出现下滑。

拉美航空公司12月需求增长4.9%，运力增长11.6%。2017年货运需求增长5.7%，运力增长3.1%，该地区两年以来，需求首次实现增长。需求增长概因该地区最大经济体巴西经济的复苏。经季节性调整后的国际货运量现已回至2014年年底水平。

非洲航空公司货运量同比增长最快，2017年12月需求增长15.6%，运力增长7.9%。2017年货运需求增长24.8%，增速位列各地区之首。这是非洲航空公司自1990年以来，第二次问鼎全球货运需求增长首位。2017年运力增长9.9%。亚非贸易涨幅在2017年前11个月超过64%，贸易强劲增长推动了该地区货运需求增长。

（资料来源：中国民航网）

请结合所学知识分析以上资料。

子任务二　国际主要航线及航空港布局分析

学习目标

知识目标：

熟悉世界主要航空港

掌握国际主要航线

技能目标：

能够对国际航空运输布局进行分析

引导案例

亚洲航空开通澳门至泰国布吉航线

2018 年 1 月 8 日，亚洲航空成功开通澳门至泰国布吉航线。这条全新的直飞航线每天一班，是澳门国际机场开通的第四条泰国航线，也是亚洲航空集团从澳门出发的第七条国际航线。

澳门国际机场一直致力与航空公司共同拓展航线网络，相信新航线将会受到澳门及珠三角地区旅客的欢迎，同时也可以借此带动旅游双边经济的互动，有助于旅游业的推广。据悉，2017 年澳门国际机场客流量稳步上升，首次突破 710 万人次，其中来自东南亚航线旅客上升 10%。澳门至泰国布吉航线的开通，必将为两地民众交往提供更多的选择，也将对推动两地经济社会发展起到积极的作用。澳门国际机场表示，将继续与航空公司紧密合作，共同为澳门开辟更多航点，努力为旅客的出行提供更多的便捷通道。

（资料来源：中国民航网）

知识储备

一、国际主要航线

目前，世界上主要国际航线多达数千条，根据主要航线的分布特征可归纳为以下主要航线。

1．北大西洋航线

它是连接欧洲和北美洲之间的最重要的国际航线，集中分布于中纬地区的北大西洋上空，来往于北大西洋东西海岸的主要国际机场之间，是目前世界上最繁忙的国际航线。对于欧洲各国与北美之间的政治、经济、军事联系，甚至对于世界航空运输的发展，都起了很重要的作用。

REK、FRA、LON、SUN、PAR、MAD、LIS—YMQ、YTO、BOS、NYC、WAS、ATL、MIA

2．北太平洋航线

它是连接北美和亚洲之间的重要航线，穿越浩瀚的太平洋及北美大陆，是世界上最长的航线。它东起北美大陆东岸的蒙特利尔、纽约等城市，横穿北美大陆后，从西海岸的温哥华、西雅图、旧金山、洛杉矶等城市飞越太平洋，西到亚洲东部的东京、北京、上海、香港、曼谷等城市。

KHV、TYO、OSA、SEL、BJS、SHA、HKG、BKK—ANC、YVR、SEA、SFO、LAX、SAN

3．欧亚航线

它是横穿欧亚大陆连接大陆东西两岸的重要航线，又称西欧—中东—远东航线，对东亚、南亚、中东和欧洲各国之间的政治、经济联系起到重要作用。根据航线的走向，又可分为北线、中线、南线。

北线：LON—AMS—SXF—MOW—IKT—KHV

中线：LON—FRA—BUH—THR—URC—PEK

南线：LON—PAR—ROM—CAI—KHI—PEK

LON—ROM—CAI—CCU—RGN—BKK

北大西洋航线、北太平洋航线和欧亚航线均呈东西向分布，这三组航线共同组成了北半球中纬地区的纬向航空圈带，这个圈带是当今世界航空运输的主流。以此为基础，向南又形成了几股分流，构成世界范围的主要国际航线网络。

4. 欧非航线

按航线走向可分为西线、中线和东线。

西线：LON—PAR—DAR—ABJ—LOS

中线：PAR—ALG—FIH—CAP

东线：MOW—ROM—CAI—KRT—NBO—DAR

5. 欧洲—拉美航线

西线：LON—PAR—LIS—CCS—LIM

东线：LON—PAR—LIS—RIO—BUE

6. 北美—拉美航线

西线：SFO—LAX—MEX—PTY—LIM—SCL

中线：YMQ—NYC—MIA—PTY—LIM—SCL

东线：YMQ—NYC—CCS—RIO—BUE

7. 北美—非洲航线

NYC—DKR—LOS—KRT

8. 北美—大洋洲航线

SFO（LAX）—HNL—NAN—SYD

9. 亚洲—大洋洲航线

连接东亚、南亚、东南亚与大洋洲之间的主要航线。

西线：BKK—SIN—JKT—SYD

中线：PEK—CAN—MNL—MEL—SYD

TYO—HKG/TPE—MNL—SYD—MEL

东线：TYO—GUM—BNE—SYD

10. 北极航线

它是连接 2 区和 3 区、穿越北极上空的重要航线。

TYO、OSA、SEL—ANC—STO、LON、PAR

根据国际主要航线的构成和分布，可知世界上主要国际航线具有以下三个特点：

（1）航线最密集的地区和国家为欧洲、北美、东亚等地；航线最繁忙的海域为北大西洋和北太平洋。

（2）航线走向的总趋势是呈东西向的，主要的国际航线集中分布在北半球的中纬度地区，大致形成一个环绕纬圈的航空带。

（3）在纬向航空带的基础上，由航线密集区向南辐射，形成一定的经向航线的分布。

二、世界主要航空港

世界上很多国家的首都和重要城市都建有国际航空港，目前，世界上建有重要国际航空港的城市有：

亚洲的北京、上海、香港、东京、首尔、马尼拉、新加坡、仰光、曼谷、雅加达、德里、加尔各答、卡拉奇、德黑兰、贝鲁特、吉达、迪拜。

非洲的开罗、阿尔及尔、喀土穆、内罗毕、达喀尔、拉各斯、约翰内斯堡、布拉柴维尔。

欧洲的伦敦、巴黎、布鲁塞尔、阿姆斯特丹、法兰克福、柏林、维也纳、苏黎世、华沙、莫斯科、罗马、雅典、布加勒斯特、马德里、哥本哈根、斯德哥尔摩。

北美洲的纽约、华盛顿、芝加哥、亚特兰大、洛杉矶、旧金山、迈阿密、西雅图、达拉斯—沃斯堡、休斯敦、蒙特利尔、多伦多、温哥华。

拉丁美洲的布宜诺斯艾利斯、里约热内卢、圣保罗、利马、圣地亚哥、加拉加斯、墨西哥城、圣胡安。

大洋洲的悉尼、奥克兰、火奴鲁鲁、楠迪。

任务检阅

一、航线绘制

根据知识储备中学到的关于国际空运主要航线及航空港的内容，试在图 8-1 上粗略标出几条主要航线，并标示几个主要航空港。

二、世界空港代码

请总结世界主要航空港，并补充其所属国，如表 9-1 所示。

表 9-1　国际空港代码及名称

国际空港			
三字代码	英文名	中文名	所属国
ANC	ANCHORAGE	安克雷奇	
BKK	BANGKOK	曼谷	
BNE	BRISBANE	布里斯班	
BOM	BOMBAY	孟买	
BRU	BRUSSELS	布鲁塞尔	
CDG	CHARLES DE GAULLE	巴黎戴高乐	
DEL	DELHI	德里	
DPS	DENPASAR	登巴萨	
STO	STOCKHOLM	斯德哥尔摩	
FRA	FRANKFURT	法兰克福	

续表

三字代码	英文名	中文名	所属国
ZRH	ZURICH	苏黎世	
GUM	GUAM	关岛	
VCE	VENICE	威尼斯	
HNL	HONOLULU	夏威夷	
WAS	WASHINGTON	华盛顿	
NYC	NEW YORK	纽约	
OSA	OSAKA	大阪	
KUL	KUALA LUMPUR	吉隆坡	
LAX	LOS ANGELES	洛杉矶	
LON	LONDON	伦敦	
MAD	MADRID	马德里	
MUC	MUNICH	慕尼黑	
NGO	NAGOYA	名古屋	
NRT	NARITA	东京成田	
CHI	CHICAGO	芝加哥	
PUS	PUSAN	釜山	
SEA	SEATTLE	西雅图	
SEL	SEOUL	首尔	
SFO	SAN FRANCISCO	旧金山	
SIN	SINGAPORE	新加坡	
MOW	MOSCOW	莫斯科	
SYD	SYDNEY	悉尼	
TPE	TAIPEI	台北	
VIE	VIENNA	维也纳	
YVR	VANCOUVER	温哥华	
AKL	AUCKLAND	奥克兰	
AMS	AMSTERDAM	阿姆斯特丹	
ATH	ATHENS	雅典	
BER	BERLIN	柏林	
BSB	BRASILIA	巴西利亚	
BSG	BATA	巴塔	
BUE	BUENOS AIRES	布宜诺斯艾里斯	
CAI	CAIRO	开罗	
CAS	CASABLANCA	卡萨布兰卡	
CCS	CARACAS	加拉加斯	
CCU	CALCUTTA	加尔各答	
DXB	DUBAI	迪拜	
…			

三、世界航空公司

航空公司是航空运输活动的直接组织者和经营者，它的分布对空运布局产生重大影响。大型的航空公司拥有庞大的机群，为此，航空公司必须建立自己的空运基地。大型公司除中心基地外，还可能在其他机场建立多个空运基地。公司机群的地域配置、机队规模、飞机的性能及投入航线的使用状况，基本决定了区域内的航空运输能力。因此，航空公司的分布决定了运力的分布，它是航空运输生产布局中不可缺少的重要组成部分。

从 20 世纪 70 年代末至今，世界上主要航空大国已基本完成航空运输产业结构性调整，实现航空公司的国际化、跨国化、大型化和集团化。

世界上主要航空公司有：

亚洲

中国国际航空公司　Air China
中国东方航空公司　China Eastern Airlines
中国南方航空公司　China Southern Airlines
日本航空公司　Japan Airlines
全日空航空公司　All Nippon Airways
大韩航空公司　Korean Air
韩亚航空公司　Asiana Airlines
蒙古航空公司　MIAT Mongolian Airlines
国泰航空公司　Cathay Pacific Airways
港龙航空公司　Dragonair
澳门航空公司　Air Macau
中华航空公司　China Airlines
长荣航空公司　Eva Air
新加坡航空公司　Singapore Airlines
马来西亚航空公司　Malaysia Airlines
泰国国际航空公司　Thai Airways International
越南航空公司　Vietnam Airlines
印度航空公司　Air-India
巴基斯坦航空公司　Pakistan Int.Airlines
土耳其航空公司　Turkish Airlines
乌兹别克斯坦航空公司　Uzbekistan Airways

欧洲

法国航空公司　Air France
德国汉莎航空公司　Lufthansa
英国航空公司　British Airways
荷兰皇家航空公司　KLM-Royal Dutch Airlines
瑞士航空公司　Swissair
意大利航空公司　Alitalia

奥地利航空公司　Austrian Airlines
北欧航空公司　Scandinavian Airlines
匈牙利航空公司　Hungarian Airlines
西班牙航空公司　Iberia
俄罗斯航空公司　Aeroflot
葡萄牙航空公司　TAP-Air Ortugal
希腊航空公司　Air Greece

北美洲

美国西北航空公司　Northwest Airlines
美国联合航空公司　United Airlines
美国航空公司　American Airlines
大陆航空公司　Continental Airlines
环球航空公司　Trans World Airlines
美国达美航空公司　Delta Airlines
美国西方航空公司　America West Airlines
合众国航空公司　US Airways
夏威夷航空公司　Hawaiian Airlines
加拿大航空公司　Air Canada
南美洲、巴西航空公司　VARIG Brazilian Airlines

大洋洲

澳大利亚快达航空公司　Qantas Airways
安捷航空公司　Ansett Australia
新西兰航空公司　Air New Zealand

非洲

埃塞俄比亚航空公司　Ethiopian Airlines
南非航空公司　South African

例：法国国际航空公司 AIR FRANCE

法航总部位于法国巴黎夏尔·戴高乐国际机场，同时也是法国国营航空公司。成立于 1933 年，在 2004 年 5 月收购荷兰皇家航空公司，并因此组成了法国航空–荷兰皇家航空集团（Air France-KLM）。Air France-KLM 在法国的法律之下成立，总部则设于巴黎戴高乐国际机场。法国航空–荷兰皇家航空集团是欧洲最大的航空公司，也是世界上最大的航空公司之一。Air France-KLM 是“天合联盟”的成员。法国航空公司是“天合联盟”的创始成员之一。法航标识如图 9-4 所示。

法国国际航空公司在标志的设计上采用了与国歌《马赛曲》有相同意义的一匹赋予多元化元素的马的外形作为基本图形。图形中马的尾部螺旋形式富有错落的灵动感。马的背上镶入一对翅膀代表了飞翔的寓意。

请自查资料选择你喜欢的航空公司做进一步了解。

AIR FRANCE

图 9-4　法航标识

四、航空联盟

航空联盟是两个或以上的航空公司之间所达成的合作协议。全球最大的三个航空联盟是星空联盟（STAR ALLIANCE）、天合联盟（SKY TEAM）及寰宇一家（ONE WORLD）。除客运外，货物航空公司之中亦有航空联盟，例如 WOW 航空联盟。航空联盟提供了全球的航空网络，加强了国际的联系，并使跨国旅客在转机时更方便。

请自查资料了解一下几大联盟的成员都有哪些，并对航空联盟的优势进行讨论分析。

精华总结

- 国际民航组织：ICAO、IATA、FIATA。
- 国际航空区划：TC1、TC2、TC3。
- 国际主要航线：北大西洋、北太平洋、欧亚航线。

任务十

国际多式联运及陆路运输分析

学习目标

知识目标：

了解国际多式联运的概念

熟悉世界主要铁路干线

熟悉我国对外贸易公路运输的口岸分布

掌握我国通往国外的国际铁路

掌握陆桥运输

技能目标：

能够对国际多式联运进行分析

能够对国际铁路和公路运输布局进行分析

引导案例

重庆“软硬兼施”发力多式联运

处在“一带一路”建设和长江经济带连接点的中国中西部直辖市重庆，已打通多条对外通道，在机制创新和设施建设方面“软硬兼施”，探索多式联运。

2017 年 8 月，中新（重庆）互联互通多式联运示范项目“1+1”运营平台揭牌。这是目前中国与新加坡第三个政府间合作项目框架下最重要的项目，旨在通过中新合作，破解中国西部地区多式联运基础设施衔接不足、集疏运不畅、缺乏多式联运专用站场和载运机具、多式联运信息平台建设滞后等问题。

身处西部内陆的重庆对破解多式联运问题确有得天独厚的条件。

重庆有汽车和电子信息两大千亿级产业集群，有大量智能终端产品、汽车及其零部件进出，需要在物流方面降本增效。换言之，有市场需求。

同时，重庆拥有长江上游最大内河港果园港，向西直达欧洲的中欧班列（重庆），向南通往东盟国家的中新（指新加坡）互联互通项目南向通道，以及 3 个航站楼的机场，内畅外联的铁路、公路网络，有发展多式联运的基础条件。

负责重庆两江新区工业开发区建设的两江集团董事长李谨近日接受记者采访时透露，中新（重庆）互联互通多式联运示范项目落户重庆两江新区鱼复工业开发区。项目一期规划面积500亩，预计总投资15亿～20亿元人民币，打造为长江上游最大的多式联运综合交通枢纽和物流贸易集散中心，预计2018年6月开工。

此外，辉联埔程物流已签约落户两江新区。该项目由新加坡辉联集团和斐格瑞集团向埔程物流增资扩股而成，占地面积约326亩，将以果园港为中心，依托铁、公、水多式联运物流集散平台、物流信息平台，实现货代公司、专线物流公司集聚，预计2018年开工。

硬件建设加速推进的同时，机制创新等软体方面的探索也在进行。

果园港引入中欧班列（重庆）第二始发站功能，完成了中欧班列（重庆）与长江黄金水道最后一公里的对接。重庆港务物流集团副总经理黄继告诉中新网记者，国内多式联运在形式上的几种运输方式组合已实现，但核心问题在管理方面。实现单证统一、保险统一等各方面标准的统一，需要顶层设计。国家相关部门已将这项工作提上日程。

重庆港务物流集团目前是通过成立水铁联运的平台公司来解决上述问题的。一次签约、一个合同、一张单据对应一个客户。货物在不同运输方式之间的单据处理等工作由平台公司完成。客户的体验是“一单制”的，不用跑多个窗口，节省大量时间和成本。该集团2017年已为800多万吨货物做了这种服务。

中国（重庆）自由贸易试验区的获批也为多式联运机制创新提供了助力。

中国（重庆）自由贸易试验区两江新区管理办公室主任谢静透露，多种运输方式的转换便捷性及综合口岸开放都是重庆自贸试验区应当突破的重点。目前，果园港B型保税物流中心的申报工作已接近完成，有望在2018年上半年获得批复。

重庆两江新区管理委员会副主任杨立杰表示，两江新区将建设多式联运监管中心，发挥国际贸易“单一窗口”功能，完善通道间互联互通，以此推进多式联运。

（资料来源：中国新闻网）

子任务一　国际多式联运分析

学习目标

知识目标：

了解国际多式联运的概念

掌握陆桥运输

技能目标：

能够对国际多式联运进行分析

引导案例

欧美多式联运的经验

1. 多式联运运输量快速增长，占总量比例大幅提升

从总体上来看，欧美的多式联运运输量快速增长，总体占比逐年提升。而我国多式联运的量非常小，仅以港口集装箱海铁联运为例，我国集装箱海铁联运比例只占了2%左右，国际上通常在20%左右，美国为40%，法国为35%，印度为25%。

2. 公铁联运成为主流方式，铁路公司成为主导力量

在美国的多式联运中公铁联运货运量比重占了53%，公铁货物周转量占了57%，其中7家Ⅰ级铁路公司所占联运的货运量超过了1/3，其中最大的BNSF公司占总联运量的接近50%。

在这种方式下中国铁路总公司要成为主导力量，这就是我们关注铁路货运组织改革的一个非常重要的原因。

3. 水陆滚装运输在近海、内河、陆岛得到大力推广

过去10年中欧洲联运运量占水运运量的比例从10%提高到13%左右，美国也正在开展依托内河促进滚装运输发展的公水快速通道的研究。

4. 甩挂（甩箱）运输成为多式联运的基础环节

在欧美的多式联运中，甩挂运输非常普遍。挂车作为一个标准的运作单元，如果没有甩挂运输，驮背运输和滚装是发展不起来的。

5. 空陆联运异军突起，发展势头迅猛

全球最大的快递物流企业FedEx在全球375个机场开设空陆联运业务，拥有634架货机、4.7万辆卡车，在全球设有1200个服务站及10个空运快件转运中心，提供次晨达、次日达、隔日达及普达等多样化快递服务。而我国所有的货机加起来也就100多架。

（资料来源：中国物流学会）

知识储备

一、国际多式联运的概念

国际多式联运（International Multimodal Transport）是在集装箱运输的基础上产生和发展起来的，是指按照多式联运合同，以至少两种不同的运输方式，由多式联运经营人将货物从一国境内的接管地点运至另一国境内指定交付地点的货物运输。

二、构成国际多式联运的基本条件

（1）必须具有一份多式联运合同。

（2）必须使用一份全程多式联运单证。该单证应满足不同运输方式的需要，并按单一运费率计收全程运费。

（3）必须是至少两种不同运输方式的连续运输。

（4）必须是国际的货物运输。这不仅区别于国内货物运输，主要是涉及国际运输法规的适用问题。

（5）必须由一个多式联运经营人对货物运输的全程负责。

（6）必须是全程单一运费费率。

由此可见，国际多式联运的主要特点是，由多式联运经营人与托运人签订一份运输合同，统一组织全程运输，实行运输全程一次托运、一单到底、一次收费、统一理赔和全程负责。它是一种以方便托运人和货主为目的的先进的货物运输组织形式。

三、国际多式联运的优越性

国际多式联运是今后国际运输发展的方向，这是因为，开展国际集装箱多式联运具有许多

优越性，主要表现在以下几个方面。

（1）简化托运、结算及理赔手续，节省人力、物力和有关费用。在国际多式联运方式下，无论货物运输距离有多远，由几种运输方式共同完成，运输途中货物经过多少次转换，所有运输事项均由多式联运经营人负责办理；而托运人只需办理一次托运，订立一份运输合同，一次支付费用、保险，从而省去办理托运手续的许多不便。同时，由于多式联运采用一份货运单证、统一计费，因而简化了制单和结算手续，节省人力和物力。此外，一旦运输过程中发生货损货差，由多式联运经营人对全程运输负责，从而也可简化理赔手续，减少理赔费用。

（2）缩短货物运输时间，减少库存，减少货损货差事故，提高货运质量。在国际多式联运方式下，各个运输环节和各种运输工具之间配合密切、衔接紧凑，货物所到之处中转迅速及时。这大大减少了货物的在途停留时间，从而从根本上保证了货物安全、迅速、准确、及时地运抵目的地，相应地也降低了货物的库存量和库存成本。同时，多式联运是以集装箱为运输单元进行直达运输的，尽管货运途中需经多次转换，但由于使用专业机械装卸，且不涉及箱内货物，因而货损货差事故大为减少，从而在很大程度上提高了货物的运输质量。

（3）降低运输成本，节省各种支出。由于多式联运可实行门到门运输，因此对货主来说，在货物交由第一承运人以后即可取得货运单证，并据以结汇，从而提前了结汇时间。这不仅有利于加速货物占用资金的周转，而且可以减少利息的支出。此外，由于货物是在集装箱内进行运输的，因此从某种意义上来看，可相应地节省货物的包装、理货和保险等费用的支出。

（4）提高运输管理水平，实现运输合理化。对于区段运输而言，由于各种运输方式的经营人各自为政、自成体系，因而其经营业务范围受到限制，货运量相应地也有限。而一旦由不同的运输经营人共同参与多式联运，经营的范围可以极大扩展，同时可以最大限度地发挥其现有设备作用，选择最佳运输线路组织合理化运输。

四、国际多式联运的运输组织形式

国际多式联运是采用两种或两种以上不同运输方式进行联运的运输组织形式。这里所指的至少两种运输方式可以是海陆、陆空、海空等。这与一般的海—海、陆—陆、空—空等形式的联运有着本质的区别。后者虽也是联运，但仍是同一种运输工具之间的运输方式。众所周知，各种运输方式均有自身的优点与不足。一般来说，水路运输具有运量大、成本低的优点；公路运输则具有机动灵活，便于实现货物门到门运输的特点；铁路运输的主要优点是不受气候影响，可深入内陆和横贯内陆实现货物长距离的准时运输；而航空运输的主要优点是可实现货物的快速运输。由于国际多式联运严格规定必须采用两种或两种以上的运输方式进行联运，因此这种运输组织形式可综合利用各种运输方式的优点，充分体现社会化大生产、大交通的特点。

由于国际多式联运具有其他运输组织形式无可比拟的优越性，因此这种国际运输新技术已在世界各主要国家和地区得到广泛的推广和应用。目前，有代表性的国际多式联运主要有远东—欧洲、远东—北美等海陆空联运，其组织形式包括以下几种。

1. 海陆联运

海陆联运是国际多式联运的主要组织形式，也是远东—欧洲多式联运的主要组织形式之一。目前，组织和经营远东—欧洲海陆联运业务的主要有中远海运、马士基等国际航运公司，以及非班轮公会的中国远洋运输公司、台湾长荣航运公司和德国那亚航运公司等。这种组织形式以航运公司为主体，签发联运提单，与航线两端的内陆运输部门开展联运业务，与大陆桥运输展开竞争。

2. 陆桥运输

在国际多式联运中，陆桥运输（Land Bridge Service）起着非常重要的作用。它是远东—欧洲国际多式联运的主要形式。所谓陆桥运输是指采用集装箱专用列车或卡车，把横贯大陆的铁路或公路作为中间“桥梁”，使大陆两端的集装箱海运航线与专用列车或卡车连接起来的一种连贯运输方式。严格地讲，陆桥运输也是一种海陆联运形式。只是因为其在国际多式联运中具有独特地位，故在此将其单独作为一种运输组织形式。目前，远东—欧洲的陆桥运输线路有西伯利亚大陆桥和北美大陆桥。

（1）西伯利亚大陆桥。西伯利亚大陆桥（Siberian Land Bridge，SLB）是世界上最著名的国际集装箱多式联运线之一，通过西伯利亚大铁路，把远东、东南亚和澳大利亚地区与欧洲、中东地区联结起来，因此又称亚欧大陆桥。大陆桥以俄罗斯东部的符拉迪沃斯托克（海参崴）为起点，经西伯利亚大铁路通向莫斯科，然后通向欧洲各国，最后到荷兰鹿特丹港，贯通亚洲北部。整个大陆桥共经过俄罗斯、中国、哈萨克斯坦、白俄罗斯、波兰、德国、荷兰 7 个国家，全长 13 000 公里左右。

使用这条陆桥运输线的主要是日本、中国和欧洲各国的货运代理公司。其中，日本出口欧洲杂货的 1/3、欧洲出口亚洲杂货的 1/5 是经这条陆桥运输的。由此可见，它在沟通亚欧大陆、促进国际贸易中所处的重要地位。

西伯利亚大陆桥运输包括“海铁铁”“海铁海”“海铁公”和“海公空”四种运输方式。俄罗斯的过境运输总公司（SOJUZTRANSIT）担当总经营人。该公司拥有签发货物过境许可证的权利，并签发统一的全程联运提单，承担全程运输责任。至于参加联运的各运输区段，则采用“互为托、承运”的接力方式完成全程联运任务。可以说，西伯利亚大陆桥是较为典型的一条过境多式联运线路。

西伯利亚大陆桥是目前世界上最长的一条陆桥运输线。它大大缩短了从日本、远东、东南亚及大洋洲到欧洲的运输距离，并因此节省了运输时间。从远东经俄罗斯太平洋沿岸港口去欧洲的陆桥运输线全长 13 000 公里，而相应的全程水路运输距离（经苏伊士运河）约为 20 000 公里。从日本横滨到欧洲鹿特丹，采用陆桥运输不仅可使运距缩短 1/3，运输时间也可节省 1/2。此外，在一般情况下，运输费用还可节省 20% ~ 30%，因而对货主有很大的吸引力。

（2）**新亚欧大陆桥**。1990 年 9 月 12 日，随着我国兰新铁路与哈萨克斯坦土西铁路接轨，连接亚欧的第二座大陆桥正式贯通。我国与欧洲、太平洋与大西洋之间架起了一条钢铁通道，这条钢铁通道被世人誉为“新亚欧大陆桥”（New Land Bridge，NLB）。

新亚欧大陆桥东起我国连云港，西至荷兰鹿特丹，途经哈萨克斯坦、乌兹别克斯坦、吉尔吉斯斯坦、塔吉克斯坦、俄罗斯、白俄罗斯、波兰、德国等国，全长 10 900 公里，是横跨亚欧两大洲，连接太平洋和大西洋，实现海陆海统一运输的国际大通道。远东至西欧，经新亚欧大陆桥比经苏伊士运河的全程海运航线缩短运距 8 000 公里；比通过巴拿马运河缩短运距 11 000 公里。远东至中亚、中近东，经新亚欧大陆桥比经西伯利亚大陆桥，缩短运距 2 700 ~ 3 300 公里。该陆桥运输线有助于缓解西伯利亚大陆桥运力紧张的状况。

新亚欧大陆桥在我国境内经过陇海、兰新两大铁路干线，全长 4 131 公里。它在徐州、郑州、洛阳、宝鸡、兰州分别与我国京沪、京广、焦柳、宝成、包兰等重要铁路干线相连，具有广阔的腹地。新亚欧大陆桥于 1993 年正式运营。亚太地区运往欧洲、中近东地区的货物可经海运至我国连云港上桥，出我国西部边境站阿拉山口后，进入哈萨克斯坦国境内边境站——德鲁日巴换装，经原独联体铁路运至其边境站、港，再通过铁路、公路、海运运至西欧、东欧、北欧和中近东各国。欧洲、中近东各国运往亚太地区的货物，则可经原独联体铁路进入中国西部边境站阿拉山口换装，经铁路运至连云港后，再转船运至日本、韩国、中国香港、中国台湾和菲律宾、新加坡、泰国、马来西亚等国和地区。

（3）**北美大陆桥**。北美大陆桥（North American Land Bridge，NALB）是指利用北美的大铁路从远东到欧洲的“海陆海”联运。该运输包括美国大陆桥运输和加拿大大陆桥运输。

美国大陆桥有两条运输线路：一条是从西部太平洋沿岸至东部大西洋沿岸的铁路和公路运输线，另一条是从西部太平洋沿岸至东南部墨西哥湾沿岸的铁路和公路运输线。

美国大陆桥于 1971 年年底由经营远东—欧洲航线的船公司和铁路承运人联合开办“海陆海”多式联运线，后来美国几家班轮公司也投入其中营运。目前，主要有四个集团经营远东经美国大陆桥至欧洲的国际多式联运业务。这些集团均以经营人的身份，签发多式联运单证，对全程运输负责。加拿大大陆桥与美国大陆桥相似，由船公司把货物海运至温哥华，经铁路运到蒙特利尔或哈利法克斯，再与大西洋海运相接。

北美大陆桥是世界上历史最悠久、影响最大、服务范围最广的陆桥运输线。据统计，从远东到北美东海岸的货物有 50%以上是采用双层列车进行运输的，因为采用这种陆桥运输方式比采用全程水运方式通常要快 1～2 周。例如，集装箱货从日本东京到欧洲鹿特丹港，采用全程水运（经巴拿马运河或苏伊士运河）通常需 5～6 周，而采用北美陆桥运输仅需 3 周左右。

随着美国和加拿大大陆桥运输的成功营运，北美其他地区也开展了大陆桥运输。墨西哥大陆桥（Mexican Land Bridge，MLB）就是其中之一。该大陆桥横跨特万特佩克地峡，连接太平洋沿岸的萨利纳克鲁斯港和墨西哥湾沿岸的夸察夸尔科斯港。墨西哥大陆桥于 1982 年开始营运，目前其服务范围还很有限，对其他港口和大陆桥运输的影响还很小。

在北美大陆桥强大的竞争力面前，巴拿马运河可以说是最大的输家之一。随着北美西海岸陆桥运输服务的开展，众多承运人开始建造不受巴拿马运河尺寸限制的超巴拿马型船（Post-Panamax Ship），从而放弃使用巴拿马运河。

（4）**第三亚欧大陆桥**。2012 年 9 月，第三条亚欧大陆桥的重要组成部分——渝新欧国际铁路正式开通运营，为我国西部地区产品开辟了一条经铁路进入欧洲市场的黄金通道。“渝”指重庆，“新”指新疆阿拉山口，“欧”指欧洲，合称“渝新欧”。“渝新欧”是重庆至欧洲的国际铁路大通道，是指利用第三欧亚大陆桥这条国际铁路通道，从重庆出发，经西安、兰州、乌鲁木齐，向西过北疆铁路，到达边境口岸阿拉山口，进入哈萨克斯坦，再经俄罗斯、白俄罗斯、波兰，至德国的杜伊斯堡，全长 11 179 公里。这条铁路运输通道由沿途六个国家的铁路、海关部门共同协调建立。

与第一亚欧大陆桥和第二亚欧大陆桥相比，渝新欧铁路实行一站通关的运营模式，大大压缩了运输成本。这条铁路与传统的水路运输相比，时间从过去的 40 天左右缩短到 16 天。

（5）**南美大陆桥**。南美大陆桥长 1 000 多公里，东起阿根廷的布宜诺斯艾利斯，西至智利首都圣地亚哥，连接大西洋和太平洋两大水域，有利于南美诸国间的协作，促进经济开发。

南美大陆桥铁路虽然很短，但比绕道南美南端麦哲伦海峡更节省路程，对两国间的经济交流有重要作用，对于将来开展国家间水陆集装箱联运意义很大：①通过它可以把大西洋和太平洋两大水域联系起来；②过去，从远东各港运往布宜诺斯艾利斯的货物必须取道麦哲伦海峡才能到达。现在，集装箱运到圣地亚哥后，可以换装火车，经“大陆桥”直达。这条捷径比海上航线缩短了运距 2 500 公里以上。

（6）**南亚大陆桥**。在亚洲南部的印度半岛上，从东岸的加尔各答港，到西岸的孟买港之间，有一条东西向长约 2 000 公里的铁路，这就是南亚大陆桥。它可以使阿拉伯海与孟加拉湾之间的海上运输改成铁路联运。

（7）**非洲大陆桥。**纵贯东南非的大陆桥从坦桑尼亚达累斯萨拉姆，经赞比亚、津巴布韦、博茨瓦纳等国家，向西南至南非开普敦港。这条铁路沿线铜、铬、金等有色金属和贵重金属资源丰富，运输繁忙。这条铁路北段为坦赞铁路，是由中国援建的，是中非友谊的象征。

（8）**其他陆桥运输形式。**北美地区的陆桥运输不仅包括上述大陆桥运输，而且包括小陆桥运输（Mini Bridge）和微陆桥运输（Micro Bridge）等运输组织形式。

小陆桥运输从运输组织方式上看与大陆桥运输并无大的区别，只是其运送货物的目的地为沿海港口。目前，北美小陆桥运送的主要是日本经北美太平洋沿岸到大西洋沿岸和墨西哥湾地区港口的集装箱货物，当然也承运从欧洲到美西及海湾地区各港的大西洋航线的转运货物。北美小陆桥在缩短运输距离、节省运输时间上效果是显著的。以日本—美东航线为例，从大阪至纽约全程水运（经巴拿马运河）航线距离 9 700 海里，运输时间 21 ~ 24 天；而采用小陆桥运输，运输距离仅 7 400 海里，运输时间 16 天，可节省 1 周左右的时间。

微陆桥运输与小陆桥运输基本相似，只是其交货地点在内陆地区。北美微陆桥运输是指经北美东、西海岸及墨西哥湾沿岸港口到美国、加拿大内陆地区的联运服务。北美小陆桥运输在发展中出现了新的矛盾，如货物由靠近东海岸的内地城市运往远东地区（或反向），首先要通过国内运输，以国内提单运至东海岸交船公司，然后由船务公司另外签发由东海岸出口的国际货运单证，再通过国内运输运至西海岸港口，海运至远东。货主认为这种运输不能从内地直接以国际货运单证运至西海岸港口转运，这样不仅增加费用，而且耽误运输时间。为解决这一问题，微陆桥运输应运而生。进出美国、加拿大内陆城市的货物采用微陆桥运输既可节省运输时间，也可避免双重港口收费，从而节省费用。如图 10-1 所示，大陆桥：大阪—伦敦（通过海运至美国西海岸，然后通过北美陆桥至美国东海岸，最后再走海运至目的地）。小陆桥：东京—纽约（通过海运至美国西海岸，然后通过北美陆桥至美国东海岸目的地）。微陆桥：横滨—匹兹堡（通过海运至美国西海岸，然后通过北美陆桥至内陆点目的地）。

图 10-1　北美陆桥示意图

3．海空联运

海空联运又被称为空桥运输（Air Bridge Service）。在运输组织方式上，空桥运输与陆桥运输有所不同：陆桥运输在整个货运过程中使用的是同一个集装箱，不用换装，而空桥运输的货物通常要在航空港换入航空集装箱。不过两者的目标是一致的，即以低费率提供快捷、可靠的运输服务。

海空联运方式始于 20 世纪 60 年代，如将远东船运至美国西海岸的货物通过航空运至美国内陆地区或美国东海岸，但到 20 世纪 80 年代才得到较大的发展。采用这种运输方式，运输时间比全程海运少，运输费用比全程空运便宜。当然，这种联运组织形式是以海运为主的，只是最终交货运输区段由空运承担。1960 年年底，苏联国家航空公司开辟了经由西伯利亚至欧洲的航空线；1968 年，加拿大航空公司参加了国际多式联运；20 世纪 80 年代，出现了经由中国香港、新加坡、泰国等至欧洲的航空线。目前，国际海空联运线主要有：

（1）远东—欧洲。远东与欧洲间的航线有以温哥华、西雅图、洛杉矶为中转地的，也有以香港、曼谷、海参崴为中转地的，还有以旧金山、新加坡为中转地的。

（2）远东—中南美。近年来，远东至中南美的海空联运发展较快，因为此处港口和内陆运输不稳定，所以对海空运输的需求很大。该联运线以迈阿密、洛杉矶、温哥华为中转地。

（3）远东—中近东、非洲、澳洲。这是以香港、曼谷为中转地至中近东、非洲的运输服务。在特殊情况下，还有经马赛至非洲、经曼谷至印度、经香港至澳洲等联运线，但这些线路货运量较小。

总体来讲，运输距离越远，采用海空联运的优越性就越大，因为同完全采用海运相比，其运输时间更短；同直接采用空运相比，其费率更低。因此，从远东出发将欧洲、中南美洲及非洲作为海空联运的主要市场是合适的。

五、我国的国际多式联运

近年来，为适应和配合我国对外贸易运输的发展需要，我国对某些国家和地区已开始采用国际多式联运方式。目前，我国已开展的国际多式联运路线主要包括：我国内地经海运往返日本内地、美国内地、非洲内地、西欧内地、澳洲内地等联运线；经蒙古国或原独联体至伊朗和往返西、北欧各国的西伯利亚大陆桥运输线。其中，西伯利亚大陆桥集装箱运输业务发展较快，目前每年维持在 10 000 标准箱左右，我国办理西伯利亚大陆桥运输主要采用铁铁（Transrail）、铁海（Transea）、铁卡（Tracons）三种方式。

任务检阅

一、陆桥绘制

根据知识储备中学到的关于国际多式联运的内容，试在图 8-1 上粗略画出几条主要陆桥线路。

二、资料分析

TNT 荷西线路采用联运方式运输货物

TNT 推出铁路—公路联合货物运输方式，使货物实现在荷兰 Duiven 和西班牙巴塞罗那两地间的顺畅流通。

首先，TNT 使用卡车将货物从 Duiven 运输至卢森堡的 Bettembourg；然后货物由卡车运输转为驶向法国南部的火车运输；最后，采用卡车运输方式将货物运往巴塞罗那。

这项联合运输服务占 Duiven 至巴塞罗那周末地面货运量的 20%。上述铁路—公路联合运输交接地位于佩皮尼昂附近的勒布卢。

TNT 的这个方案将避开法国周末公路限制，节约成本，降低二氧化碳排放量。公司在 Duiven 和意大利米兰已经使用公路—铁路—公路的联运方式。

未来，TNT 还会考虑采用火车运输方式将货物运往马德里、圣赛巴斯蒂安和欧洲其他地区。

（资料来源：锦程物流网）

请结合所学知识分析以上资料。

子任务二　国际铁路运输布局分析

学习目标

知识目标：

熟悉世界主要铁路干线

掌握我国通往国外的国际铁路

技能目标：

能够对国际铁路运输布局进行分析

引导案例

加拿大太平洋铁路有限公司在上海开设新办事处

加拿大太平洋铁路有限公司（CP）日前在上海开设了其全新亚洲办事处，希望以此进一步发展业务，增强现有客户伙伴关系及继续追求可持续、营利性增长。

据悉，上海办事处将作为 CP 的全新亚洲大本营，用于补充该公司位于北京和东京的现有办事处。

CP 向关键市场提供最短的路径和行业领先的服务，是温哥华港的卓越合作伙伴，而该港口是亚洲商品进入北美经济体的关键门户。

目前，亚洲市场已经占到 CP 现有业务量的 1/3。下一步，CP 将在中国增加新的关键职位，从而与当前和潜在客户合作，以可持续的方式拓展亚洲市场业务。

（资料来源：中国质量新闻网）

知识储备

国际铁路联运，发货人由始发站托运，使用一份铁路运单，铁路方面便根据运单将货物运往终点站交给收货人。在由一国铁路向另一国铁路移交货物时，不需收、发货人参加，亚欧各国按国际条约承担国际铁路联运的义务。

一、世界主要铁路干线

1. 西伯利亚大铁路

西伯利亚大铁路位于俄罗斯境内，该铁路有两条：

（1）第一条东起俄罗斯的纳霍德卡或东方港—符拉迪沃斯托克（海参崴）—伊尔库斯克—新西伯利亚—鄂木斯克—古比雪夫—莫斯科，全长 9 300 公里。

（2）第二条（贝阿铁路）东起苏维埃港—共青城—乌斯季库特—叶赛尼斯特—苏尔古特—秋明—新西伯利亚，再与第一条汇合，全长 6 500 公里。

2. 北美铁路干线

北美地区穿越大陆东西的铁路干线有多条，在美国境内主要有 4 条：

（1）西雅图—俾斯麦—圣保罗—芝加哥—底特律（北太平洋铁路）。

（2）旧金山—奥克兰—奥马哈—芝加哥—匹兹堡—费城—纽约（联合太平洋铁路）。

（3）洛杉矶—堪萨斯城—圣路易斯—辛辛那提—华盛顿—巴尔的摩—费城（圣菲铁路）。

（4）洛杉矶—图森—帕索—休斯敦—新奥尔良—杰克逊维尔（南太平洋铁路）。

在加拿大境内的主要有 2 条：

（1）鲁珀特王子港—爱德蒙顿—温尼伯—魁北克（加拿大国家铁路）。

（2）温哥华—卡尔加里—温尼伯—蒙特利尔—圣约翰—哈利法克斯（加拿大太平洋大铁路）。

3. 欧洲铁路干线

欧洲主要铁路线有 3 条：

（1）巴黎（法国）—慕尼黑（德国）—维也纳（奥地利）—布达佩斯（匈牙利）—贝尔格莱德（塞黑）—索非亚（保加利亚）—伊斯坦布尔（土耳其）—巴格达（伊拉克）。

（2）巴黎（法国）—科隆（德国）—柏林（德国）—华沙（波兰）—莫斯科（俄罗斯），与西伯利亚大铁路相接。

（3）里斯本（葡萄牙）—马德里（西班牙）—巴黎（法国）—科隆（德国）—柏林（德国）—华沙（波兰）—圣彼得堡（俄罗斯）—赫尔辛基（芬兰）。

4. 拉丁美洲的铁路线

（1）穿越墨西哥境内的铁路干线：马萨特兰—瓜达拉哈拉—墨西哥城—韦拉克鲁斯。该铁路沟通了太平洋和大西洋的墨西哥湾。

（2）横穿南美的主要铁路线：布宜诺斯艾利斯（阿根廷）—圣地亚哥（智利）—瓦尔帕莱索（智利）。该铁路形成了南美大陆桥，沟通南美大陆东西两岸，特别是对邻国的贸易起着重要作用，也为开展集装箱水路联运创造了良好条件。

5．非洲的铁路干线

非洲的铁路主要分布在东南部，纵贯东南非的铁路线：

达累斯萨拉姆（坦桑尼亚）—卢萨卡（赞比亚）—布拉瓦约（津巴布韦）—哈博罗内（博茨瓦纳）—开普敦（南非）。该铁路穿越 5 个国家和地区，沿线矿产丰富，一旦大量开采，运输将会十分繁忙。

6．亚洲主要铁路干线

（1）巴士拉（伊拉克）—巴格达（伊拉克）—科尼亚（土耳其）—伊斯坦布尔（土耳其）—巴尔干地区。该线全长 3 100 公里，向西经索非亚、贝尔格莱德、布达佩斯、维也纳等，与其他中、西欧铁路相连，是中东地区连接欧洲最重要的铁路线。

（2）横穿印度的加尔各答—孟买的铁路。该铁路在陆上连接了孟加拉湾和阿拉伯海，形成了南亚大陆桥。

（3）中国的主要铁路干线。中国的铁路是亚洲最多的，北方的铁路都可以通过欧亚陆桥与中亚、欧洲相连，南方铁路与东南亚相连。

二、我国通往国外的国际铁路

1．通往朝鲜的铁路

沈丹线——从京哈线上的沈阳到辽宁的丹东，跨过鸭绿江与朝鲜的新义州接轨，是我国辽宁省及关内地区、内蒙古、俄罗斯通往朝鲜的主要铁路干线。

长图线——从京哈线上的长春到图们市，过图们江后与朝鲜罗津铁路相接。

梅集线——从吉林的梅河口到中朝边界的集安市过鸭绿江与朝鲜铁路连接。

2．通往俄罗斯的铁路

滨洲线——从京哈线上的哈尔滨到边境城市满洲里，与俄罗斯外贝加尔西伯利亚铁路连接，是东北三省到俄罗斯西伯利亚的一条交通干线。

滨绥线——从京哈线上的哈尔滨到中俄边境的绥芬河市，与俄罗斯远东铁路接轨，可通往俄罗斯远东最大港口城市符拉迪沃斯托克，是中国连接俄罗斯西伯利亚铁路的另一条铁路交通干线。

北黑线——从北安到达黑河，黑龙江对岸是俄罗斯的布拉戈维申斯克（海兰泡）。

图珲铁路线——由吉林省图们市至珲春市，与俄罗斯铁路接轨，这是吉林省通往俄罗斯的主要铁路干线。

3．通往蒙古国的铁路

集二线——自京包铁路的集宁北行，到达中蒙边境城市二连浩特市，与蒙古国的铁路接轨，通过蒙古国首都乌兰巴托到俄罗斯的乌兰乌德，连接西伯利亚铁路。

4．通往越南的铁路

昆河线——从昆明到河口口岸。

湘桂线——从湖南衡阳到友谊关口岸。

5．通往哈萨克斯坦的铁路

新亚欧大陆桥——包括陇海线和兰新线，到阿拉山口口岸。

6．在建、筹建、拟建的出境国际铁路

为了加快国际通道建设，我国政府决定在西部地区筹划修建以下铁路：

（1）连接中亚的中吉乌铁路。

（2）连接东南亚的中缅铁路（滇缅铁路）。

（3）连接东南亚的中老泰国际铁路。

（4）建设连接南亚各国的中印铁路——西南国际新通道。

三、中欧班列

中欧班列是指按照固定车次、线路等条件开行，往来于中国与欧洲及“一带一路”沿线各国的集装箱国际铁路联运班列。铺划了西中东 3 条通道中欧班列运行线：西部通道由我国中西部经阿拉山口（霍尔果斯）出境，中部通道由我国华北地区经二连浩特出境，东部通道由我国东南部沿海地区经满洲里（绥芬河）出境。

自 2011 年 3 月 19 日，首列中欧班列（重庆—杜伊斯堡，渝新欧国际铁路）成功开行以来，成都、郑州、武汉、苏州、广州等城市也陆续开行了去往欧洲的集装箱班列。

线路情况如下（未列全）：

（1）中欧班列（重庆—杜伊斯堡）。从重庆团结村站始发，由阿拉山口出境，途经哈萨克斯坦、俄罗斯、白俄罗斯、波兰至德国杜伊斯堡站，全程约 11 000 公里，运行时间约 15 天。货源主要是本地生产的 IT 产品，2014 年已开始吸引周边地区出口至欧洲的其他货源。首列于 2011 年 3 月 19 日开行，截至 2016 年 6 月，据国家海关统计，重庆市开出的渝新欧班列班次数量占全国中欧班列数量的 45%左右，其货值占所有从新疆阿拉山口出境的中欧班列货值总量的 85%。2017 年 3 月 23 日，中欧（重庆）班列开行 6 年后突破 1 000 列，成为中国首个突破千列的中欧班列。

（2）中欧班列（成都—罗兹）。从成都城厢站始发，由阿拉山口出境，途经哈萨克斯坦、俄罗斯、白俄罗斯，至波兰罗兹站，全程 9 965 公里，运行时间约 14 天。货源主要是本地生产的 IT 产品及其他出口货物。首列于 2013 年 4 月 26 日开行，截至 2014 年 8 月 1 日，共开行 58 列，其中 2014 年开行 26 列。

（3）中欧班列（郑州—汉堡）。从郑州圃田站始发，由阿拉山口出境，途经哈萨克斯坦、俄罗斯、白俄罗斯、波兰至德国汉堡站，全程 10 245 公里，运行时间约 15 天。货源主要来自河南、山东、浙江、福建等中东部省市。货品种类包括轮胎、高档服装、文体用品、工艺品等。首列于 2013 年 7 月 18 日开行，截至 2014 年 12 月 17 日，已累计开行 92 班，累计承运货物 4.26 万吨，货值总计约 4.55 亿美元。其中，2014 年承运货物 3.37 万吨，货值累计 4.05 亿美元。

（4）中欧班列（苏州—华沙）。从苏州始发，由满洲里出境，途经俄罗斯、白俄罗斯至波兰华沙站，全程 11 200 公里，运行时间约 15 天。货源为苏州本地及周边地区的笔记本电脑、平板电脑、液晶显示屏、硬盘、芯片等 IT 产品。首列于 2013 年 9 月 29 日开行，截至 2014 年 8 月 1 日，共开行 16 列，其中 2014 年开行 15 列。

（5）中欧班列（武汉—捷克、波兰）。从武汉吴家山站始发，由阿拉山口出境，途经哈萨克斯坦、俄罗斯、白俄罗斯到达波兰、捷克斯洛伐克等国家的相关城市，全程 10 700 公里左右，

运行时间约 15 天。货源主要是武汉生产的笔记本电脑等消费电子产品，以及周边地区的其他货物。首列于 2012 年 10 月 24 日开行，截至 2014 年 8 月 1 日，共开行 10 列，其中 2014 年开行 9 列。

（6）中欧班列（长沙—杜伊斯堡）。始发站在长沙霞凝货场，具体实行“一主两辅”运行路线。“一主”为长沙至德国杜伊斯堡，通过新疆阿拉山口出境，途经哈萨克斯坦、俄罗斯、白俄罗斯、波兰、德国，全程 11 808 公里，运行时间 18 天，2012 年 10 月 30 日首发。“两辅”一是经新疆霍尔果斯出境，最终抵达乌兹别克斯坦的塔什干，全程 6 146 公里，运行时间 11 天；二是经二连浩特（或满洲里）出境后，到达俄罗斯莫斯科，全程 8 047 公里（或 10 090 公里），运行时间 13 天（或 15 天）。

（7）中欧班列（义乌—马德里）。作为铁路中欧班列重要组成部分，中欧班列（义乌—马德里）的首发线路，将贯穿新丝绸之路经济带，从义乌铁路西站到西班牙马德里，通过新疆阿拉山口口岸出境，途经哈萨克斯坦、俄罗斯、白俄罗斯、波兰、德国、法国、西班牙，全程 13 052 公里，运行时间约 21 天。首趟中欧班列（义乌—马德里）有 41 节列车，运载 82 个标准集装箱出口，全长 550 多米，于 2014 年 11 月 18 日上午 11 点多首发，是当前中国史上行程最长、途经城市和国家最多、境外铁路换轨次数最多的火车专列。

与其他“中欧班列”相比，“义新欧”创下了五个第一：

一是运输线路最长。比原来线路最长的“苏满欧”班列（全程 11 200 公里）长 1 850 公里，是所有中欧班列中最长的一条。

二是途经国家最多。除中国、哈萨克斯坦、俄罗斯、白俄罗斯、波兰、德国外，还增加了法国、西班牙，共计 8 个国家，几乎横贯整个欧亚大陆。

三是国内穿过省份最多。从浙江出发横贯东西，经过安徽、河南、陕西、甘肃，在新疆阿拉山口口岸出境，共计 6 个省（自治区）。

四是境外铁路换轨次数最多。其他“中欧班列”在哈萨克斯坦、波兰两次换轨，“义新欧”中欧班列（义乌—马德里）还需在法国与西班牙交界的伊伦进行第三次换轨。

五是与第一批列入“中欧班列”序列的重庆、成都、郑州、武汉、苏州城市相比，义乌是一个开通中欧班列的县级城市。

上述班列开行初期，各地政府通过补贴等措施培育市场，为保证班列稳定开行，树立中国至欧洲铁路国际联运品牌，为“一带一路”倡议实施提供了有力支撑。

（8）中欧班列（哈尔滨—俄罗斯）。2015 年 2 月 28 日，一列满载石油勘探设备的集装箱货运班列从哈尔滨香坊火车站开出，10 天后它将到达俄罗斯中部比克良火车站。这标志着中国最北省份黑龙江省首趟中欧班列正式上线运营，将成为深化对俄全方位交流合作，带动黑龙江沿边开放升级的新引擎。

班列全程运行 6 578 公里，经滨洲铁路 1 004 公里到达满洲里口岸站出境，再经俄罗斯西伯利亚大铁路 5 574 公里到达比克良站。通过铁路国际货物班列将货物从黑龙江省运达俄罗斯中部地区运费可比空运节省 3/4 左右，较普通零散运输，运到时间可缩短 2/3 以上，运费可节省 25%以上。

（9）中欧班列（哈尔滨—汉堡）。2015 年 5 月 25 日上午，哈欧国际物流有限公司筹备大会召开。为实现黑龙江省委在经济工作会议上提出“利用满洲里至绥芬河铁路通道，打造一条起自黑龙江通达俄罗斯和欧洲腹地的新‘丝绸之路’”的目标，黑龙江省引进北京长久国际物流公司、美国 UTI 国际物流集团、大连港集团与哈尔滨铁路局共同合作开通哈欧班列。哈欧班列东起哈尔滨，经满洲里、俄罗斯后贝加尔到赤塔，转入西伯利亚大铁路，经俄罗斯的叶卡捷琳堡和莫斯科到波兰的马拉舍维奇至终点德国汉堡，全程 9 820 公里。凭借“距离近、速度快、成本低”的优势，哈欧班列已经引起国际关注。德国大汉堡地区、巴伐利亚州、下萨克森州政府都希望与哈欧公司合作。法国、瑞士等国家的铁路运营公司也表示愿意就哈欧班列欧洲延伸段开展合作。

（10）冀欧班列（保定—白俄罗斯明斯克）。2016 年 4 月 26 日上午首发，是国内首列开往中白工业园的货运班列，也是华北地区第一条直达欧洲的陆运通道。从保定始发，由满洲里出境，途径俄罗斯，最后抵达白俄罗斯明斯克，全程约 9 500 公里，用时 12 ~ 14 天。货源主要来自京津冀地区，货品种类包括塑料制品、汽车及配件、橡胶及其制品、服装皮革毛皮制品、日用电器、有机玻璃制品、毛巾等日常生活用品等。

（11）中欧班列（西宁—安特卫普）。2016 年 9 月 8 日上午，青藏高原首趟中欧班列从青海省西宁市双寨铁路物流中心发出，前往位于比利时的欧洲第二大集装箱港口安特卫普，运行全程约需 12 天，主要运输藏毯、枸杞等青海当地特色产品。

（12）中欧班列（广州—莫斯科）。2016 年 8 月 29 日开通，从广州大朗站始发，经满洲里出境，直达俄罗斯莫斯科，全程 11 500 公里，共 41 节 40 英尺超高集装箱，用时 15 天到达目的地。现每周准时发运，为珠三角地区的中欧对外贸易商提供了更加便捷稳定的运输通道，同时弥补了华南地区电子类、日用商品类出口贸易在运输时效上的不足，为中国商品出口欧洲、欧洲产品进入中国开辟了一条安全、高效、便捷的国际进出口贸易绿色通道。

（13）中欧班列（青岛—莫斯科）。2017 年 6 月 24 日，在青岛海关监管下，装载 41 个集装箱的班列从青岛多式联运海关监管中心出发，经满洲里口岸出境，直达俄罗斯莫斯科，这标志着中欧班列（青岛—莫斯科）正式开通。 集装箱内装有青岛当地的机械装备、轮胎橡胶、家电等货物。班列全程 7 900 公里，运行时间约 22 天，比海运运输节省约 30 天。青岛胶州建有全国沿海首家多式联运海关监管中心，在海关等口岸单位推动下，已开通中亚、中蒙等国际班列。随着中欧（青岛）班列的开通及线路的延伸，北达俄蒙、南连东盟、东至日韩、西到欧洲的国际物流通道网络逐步形成。

（14）中欧班列（长春—汉堡）。2017 年 10 月 13 日，满载汽车零部件和纺织品的中欧国际货运班列从长春国际港驶出，42 节车厢货物将从满洲里出境发往德国汉堡。随着长春到汉堡的中欧班列的首发，长春国际港也正式开通。班列由中铁集装箱运输有限责任公司运营，首发途经俄罗斯、白俄罗斯、波兰、比利时、德国等欧洲国家的多个城市，最高时速为 120 公里，全程 12~15 天，主要运输吉林省和华北地区部分企业的汽车零部件、电子机械设备、阀门和服装等货物，远期常态化运营将达到每周 5 出 2 进。

任务检阅

一、泛亚铁路网

“泛亚铁路”的创意源自 1995 年年底马来西亚总理马哈蒂尔在东盟第五届首脑会议上的倡议，其本身就带着效仿泛欧铁路，加快区域经济发展的初衷。

2006 年的《泛亚铁路网政府间协议》将泛亚铁路网又进行了更加清晰的界定。2009 年 6 月，由 18 个国家共同签署的《泛亚铁路网政府间协定》正式生效，标志着泛亚铁路网建设正式付诸实施。

1．大国崛起的经济王牌：中国构筑泛亚铁路网

随着京广高铁开通，中国的“铁路雄心”再次成为世界话题。此前泛亚铁路昆明至磨憨段动工，被外界解读为从中国向东南亚辐射的泛亚铁路网迈出更为实质的步伐。

构筑泛亚铁路网，被认为是中国“大国崛起”的战略一步。然而，尽管中国一直从中积极推动，但资金、技术、政治等各种因素使泛亚铁路遭遇重重障碍，全线通车更是遥遥无期。

泛亚铁路 中国是中心

根据泛亚铁路协议，亚洲将建设和连通 4 条泛亚铁路动脉，包括连接朝鲜半岛、俄罗斯、中国、蒙古国、哈萨克斯坦等国的北通道；连接中国南部、缅甸、印度、伊朗、土耳其的南通道；连接俄罗斯、中亚、波斯湾的北南通道；连接中国、东盟的中国—东盟通道。4 条线路的总长达 8.1 万公里，涉及国家 28 个，其中 3 条通过中国。

这一倡议可能缘于泛欧铁路的概念。欧洲因为修建了连接欧洲各国的泛欧铁路而使整个地区的经济得以快速发展。如果把东南亚乃至整个亚洲铁路连接起来，形成大铁路网，那么世界上第三个亚欧大陆桥就会搭成。

从地区合作的角度看，泛亚铁路将织成一个经济合作的巨大网络，成为亚洲各国具体的经济往来的大动脉。从中国的角度看，中国是泛亚铁路网中心，泛亚铁路符合中国的利益。对于中国和其他亚洲国家的经贸互通和经济融合，泛亚铁路是一个非常好的陆路载体。

铁路也是一种重要的战略通道，从这个角度来看，虽然它的造价巨大，运费也高于海运，但它毕竟是战略通道多元化的一部分，能够分担海上战略通道的风险，多一条道路就多一种选择，多一分安全，这种意义也是非常重大的。

日本欲投资 周边大国防范

中国构筑泛亚铁路网引来别国担忧。

此前，日本方面已经明确表示，将通过提供经济援助插手泛亚铁路。同时，日本还积极支持中南半岛几个国家建设“东西走向”的交通路线。有分析指出，日本此举试图与泛亚铁路中国—新加坡这条“南北走廊”抗衡。

日本前首相小泉纯一郎也曾提出，希望在泛亚铁路网开通后，在日本和朝鲜半岛间打造一条海底隧道。

与此同时，我国周边的一些大国也正紧锣密鼓地进行战略布局，推动一些亚欧铁路通道避开我国铁路，给我国与周边国家实现互联互通的重要铁路建设项目，包括能源通道、矿产资源通道等项目设置障碍，在铁路通道规划方面对我国实施战略防范。

残酷的现实：政治、资金、技术，样样都很难

目前，以我国铁路网为核心，以泛亚铁路北、南通道，中蒙、中朝铁路等为外延，亚洲一体化铁路网的基本骨架正在形成。但以印度为主体的南亚铁路处于相对独立状态，没有参与到亚洲铁路网一体化进程中。

按照中国的《中长期铁路网规划》，2020 年前将有三条连接中国与东南亚的高铁线路建成通车，中国将拥有直达印度洋出海口的高速通道。但中国在推进泛亚铁路建设时多少有些“一头热”。

尽管东南亚周边国家也在期待泛亚铁路能够带来的繁荣。但也有很多人担忧西方媒体所言——“泛亚铁路将使中国获得亚洲大陆的后院”。

除此之外，资金也是一大问题。泛亚铁路在中国国境内段，资金大部分来源于政府财政。

但这很难复制到周边的东南亚等地区的国家。泰国、缅甸等国仍在使用有 100 多年历史的老旧铁路。这些地区因为投资回报问题，很难吸引资金。马来西亚总理政治秘书胡逸山说："唯一的问题是谁来投资。"

与中国毗邻的东南亚内陆国老挝终于做出了一个重大决定，2012 年 10 月 18 日，老挝第七届国会特别会议审议通过政府向中国全额贷款 70 亿美元，修建连接中老边境及老挝首都万象的铁路项目。但未来，中国在修建境外铁路方面还有很多风险。

在技术方面，最大的障碍是亚洲的铁路轨距不同。而发达国家通过其掌控的国际组织和跨国企业，推动铁路建设、装备制造、运营管理等方面技术标准的统一，也使我国企业进入国际市场的难度加大。

2. 泛亚铁路东线玉蒙铁路通车

玉蒙铁路于 2013 年 2 月开始运营，先开行货运列车，后逐步开行客运列车。

玉（溪）蒙（自）铁路是国家实施西部大开发战略和云南桥头堡建设重点工程，是规划建设的云南国际铁路大通道（泛亚铁路）东线的重要组成部分。玉蒙铁路起点为云南省玉溪南站，经通海、建水至蒙自，全长 141 公里，设计标准为国铁 I 级电气化铁路，速度目标值为每小时 120 公里，全线设 14 个车站。

（资料来源：中新网）

请结合所学知识及上述两份资料分析泛亚铁路网，并通过新闻、网络资料等方式进一步了解泛亚铁路网的发展近况。

二、一带一路

"一带一路"（The Belt and Road，B&R）是"丝绸之路经济带"和"21 世纪海上丝绸之路"的简称。2013 年 9 月和 10 月中国国家主席习近平分别提出建设"新丝绸之路经济带"和"21 世纪海上丝绸之路"的构想。它将充分依靠中国与有关国家既有的双多边机制，借助既有的、行之有效的区域合作平台，旨在借用古代丝绸之路的历史符号，高举和平发展的旗帜，积极发展与沿线国家的经济合作伙伴关系，共同打造政治互信、经济融合、文化包容的利益共同体、命运共同体和责任共同体。

1. 框架思路

"一带一路"是促进共同发展、实现共同繁荣的合作共赢之路，是增进理解信任、加强全方位交流的和平友谊之路。中国政府倡议，秉持和平合作、开放包容、互学互鉴、互利共赢的理念，全方位推进务实合作，打造政治互信、经济融合、文化包容的利益共同体、命运共同体和责任共同体。

"一带一路"贯穿亚欧非大陆，一头是活跃的东亚经济圈，另一头是发达的欧洲经济圈，中间广大腹地国家经济发展潜力巨大。丝绸之路经济带重点畅通中国经中亚、俄罗斯至欧洲（波罗的海），中国经中亚、西亚至波斯湾、地中海，中国至东南亚、南亚、印度洋。"21 世纪海上丝绸之路"重点方向是从中国沿海港口过南海到印度洋，延伸至欧洲；从中国沿海港口过南海到南太平洋。

根据"一带一路"走向，陆上依托国际大通道，以沿线中心城市为支撑，以重点经贸产业园区为合作平台，共同打造新亚欧大陆桥、中蒙俄、中国—中亚—西亚、中国—中南半岛等国际经济合作走廊；海上以重点港口为节点，共同建设通畅安全高效的运输大通道。中巴、孟中印缅两个经济走廊与推进“一带一路”建设关联紧密，要进一步推动合作，取得更大进展。

“一带一路”建设是沿线各国开放合作的宏大经济愿景，需各国携手努力，朝着互利互惠、共同安全的目标相向而行。努力实现区域基础设施更加完善，安全高效的陆海空通道网络基本形成，互联互通达到新水平；投资贸易便利化水平进一步提升，高标准自由贸易区网络基本形成，经济联系更加紧密，政治互信更加深入；人文交流更加广泛深入，不同文明互鉴共荣，各国人民相知相交、和平友好。

2．顶层设计规划解读

规划中圈定重点涉及的 18 个省，包括新疆、陕西、甘肃、宁夏、青海、内蒙古等西北的 6 省（自治区），黑龙江、吉林、辽宁等东北 3 省，广西、云南、西藏等西南 3 省（自治区），上海、福建、广东、浙江、海南等 5 省（直辖市），内陆地区则是重庆。此外，规划还提及要发挥港澳台地区在“一带一路”中的作用。

明确了各省在“一带一路”中的定位及对外合作的重点方向。例如，新疆定位为丝绸之路经济带核心区，主要深化与中亚、南亚、西亚等国家的交流合作；云南则建设成为面向南亚、东南亚的辐射中心；东北 3 省则建设向北开放的重要窗口。

规划重点提及多个节点城市：西安、兰州、西宁、重庆、成都、郑州、武汉、长沙、南昌、合肥。

而沿海的节点城市更是重点。规划强调，加强上海、天津、宁波–舟山、广州、深圳、湛江、汕头、青岛、烟台、大连、福州、厦门、泉州、海口、三亚等沿海城市的港口建设，强化上海、广州等国际枢纽机场功能。

内陆节点城市建设方面则强调，支持郑州、西安等内陆城市建设航空港、国际陆港，加强内陆口岸与沿海、沿边口岸通关合作，开展跨境贸易电子商务服务试点。

请结合上述资料学习“一带一路”相关知识，并关注后续发展。

三、资料分析

“一带一路”数据观丨中欧班列累计开行超 6 000 列 成亚欧大陆物流陆路运输骨干通道

据中国铁路总公司数据统计，截至 2017 年 10 月底，中欧班列已新辟运行线 57 条，国内开行城市达到 35 个，到达欧洲 12 个国家 34 个城市，累计开行数量 6 000 余列。

国家信息中心“一带一路”大数据中心近期编撰完成《“一带一路”大数据报告（2017）》（以下简称《报告》），利用大数据技术全面评估“一带一路”建设进展与成效，中国一带一路网据此推出系列报道《“一带一路”数据观》，用大数据描绘“一带一路”建设的大图景，探寻全球市场的机遇与挑战。今日刊发第十九期，“超 6 000 列中欧班列”还有哪些你不知道的事？

进出口物流格局中的新生力量

相较于空运和海运，中欧班列的铁路运输在时间和成本上性价比更高。《报告》显示，搭乘中欧班列的货物最快 12 天抵达欧洲，运输时间仅为海运的 30%左右，运行价格仅为空运的 1/5，被认为是国际货运的“高铁”。

在这样的优势下，中欧班列的发展速度十分迅猛。根据交通部 2016 年披露的数据，尽管当前九成以上外贸货物运输仍然通过海运完成，但中欧班列增长幅度惊人，在进出口物流格局中，中欧班列已切实成为新生力量。

有两组数字可以窥见一斑：中铁总统计数据显示，2016 年，中欧班列共开行 1 702 列，比 2013 年（全年开行 80 列）大幅增长 2 027.5%。而在 2017 年，截至 11 月 17 日，中欧班列当年开行数量已突破 3 000 列，超过 2011—2016 年开行数量的总和。

在已经开行的 6 000 列中欧班列中，第一个千列用时四年七个月才完成，第二个千列用时八个半月，第三个千列用时六个月，第四个千列用时五个月，第五个千列用时三个月，第六个千列仅用时两个月。从无到有，从择机开行到常态化，中欧班列用数字诠释钢铁丝绸之路的辉煌。

途经国内 2/3 省（自治区、直辖市）老牌“渝新欧”最受关注

在 6 年多的运营过程中，中欧班列物流组织日趋成熟，资源利用率稳步提高，价格从初期到现在下降了 30%。已开通的中欧班列途经 2/3 的省（自治区、直辖市），2016 年中欧班列回程达到去程班列的 50%以上。

据了解，目前 35 个国内开行城市中，重庆、成都、郑州、武汉、苏州、义乌、合肥、沈阳、赤峰、大连、营口、哈尔滨、长沙、广州、东莞、天津、西安、南京、大庆 19 个城市已进入稳定运营。

《报告》指出，在各地开行的各种中欧班列中，中欧班列（重庆）也就是“渝新欧”最受关注，被认为是最具代表性的中欧班列，其发展特点主要有：一是通过技术研发创新，解决了运输过程中的安全、低温等问题，保障了班列顺利运行；二是增强了运输物品的多样化，推动《国际铁路货物联运协定》中关于禁止国际铁路运输邮包规定的废除，全程运邮已测试成功；三是竞争优势不断提升，其运输价格不断降低，时速不断提高，逐渐具备与海运竞争的优势；四是规划明晰，不断升级，目前重庆正在努力打造“渝新欧”的升级版——“亚新欧”，这将会大大加强中国中西部地区与世界的互联互通。

《报告》还统计了目前经中欧班列运输的主要产品。中国向中欧班列沿线国家出口以机电产品为主，进口以矿物燃料、机械、航空器等产品为主。德国、荷兰、俄罗斯、法国、西班牙是中国向中欧班列沿线主要出口国家，主要出口产品为锅炉、机器、机械器具、电机、电气设备等；德国、俄罗斯、法国、伊朗、荷兰是中国自中欧班列沿线进口的主要来源国，主要进口产品为矿物燃料、机械、航空器等。

中欧班列在海外获赞“欧洲桥”

2017 年元旦，中国到英国的第一列货车——义乌至伦敦班列开通。这趟满载中国商品的列车从浙江义乌启程，18 天后抵达终点站伦敦，伦敦由此成了与中国有铁路直接相连的第 15 个欧洲城市。俄罗斯塔斯社将这趟列车称为“21 世纪的‘马可波罗’”，英国《国际商务时报》则称，人们对这条新线路抱有很大的希望，认为这条“现代版的古丝绸之路”将会引领东西方贸易关系的一个新时代。

每一辆新班列的开通，伴随而来的是海外媒体和民众的热烈欢迎。《报告》指出，16.31%的海外媒体和网民对中欧班列态度积极，认为从中国开行的班列能够提升这些城市的国际吸引力，同时带动沿线国家的经贸、文化旅游发展，不断深化中欧友好合作关系。与此同时，中欧班列的运到时限大幅压缩、物流全程成本不断降低，对沿线国家的中小企业更具吸引力，有更多企业愿意选择中欧国际货运班列。

《报告》指出，中欧班列不但受到各国关注，班列途经国家表现更为积极，普遍期待中欧班

列带动中欧贸易和本国的发展。《报告》提到，中东欧等国家媒体和网民将中欧班列誉为“欧洲桥”，认为以中欧班列为代表的中国贸易通道在当地落户，将进一步促进本国与外界的交流，使本国成为中国与欧洲间的重要中转地，有利于促进两国的贸易发展，进一步打开中国市场。以西班牙、意大利为代表的西欧国家媒体和网民认为中欧班列将对双边贸易产生积极影响，例如西班牙网民认为中欧班列为拓宽中欧贸易渠道提供了更便捷、有效的物流服务。

（数据来源：《“一带一路”大数据报告（2017）》）

试结合所学知识分析上述资料。

子任务三　国际公路运输布局分析

学习目标

知识目标：

熟悉我国对外贸易公路运输的口岸分布

技能目标：

能够对国际公路运输布局进行分析

引导案例

“一带一路”共建繁荣　国际公路织成“网”

“基础设施互联互通”是“一带一路”建设的优先领域，我国正加快公路建设，让我国内陆和整个“一带一路”沿线各国的联系更加快捷，为各国的经贸往来奠定良好基础。

建黑高速全长 215 公里，起于黑龙江的建三江农场，终点至黑瞎子岛乌苏大桥南岸引道，2018 年年底开通后，中国的货物可直达俄罗斯远东第一大城市哈巴罗夫斯克。

截至 2018 年 7 月，我国已与毗邻的 11 个国家的 70 对边境口岸开通了 289 条客货运输线路，线路总长度 4 万公里左右，基本建成了以重点城市为中心、边境口岸为节点、覆盖沿边地区并向周边国家辐射的国际道路运输网络。2017 年我国国际道路运输货物运输量为 3958 万吨，同比增长 10%，出入境货车 155 万辆次，增长 30%。

公路延伸将整个丝路沿线各国连接起来，拉近了中国、亚洲与世界的距离。目前，还有一批国际公路通道正在加紧建设：云南的中老泰公路、中越公路、中缅公路及中印公路国内段大部分已建成高速公路。广西崇左、靖西至龙邦高速建成后，将打通我国桂西、滇东、黔南通往东南亚各国的陆路通道。

亿赞普大数据发现，“一带一路”沿线对交通基础设施建设关注度排名在前三位的区域分别是东南亚、中亚和南亚地区。它们希望和中国互通机电产品、纺织品及服装等。未来随着“一带一路”倡议的推进，中亚，中欧将开通多条客货道路运输线路，带来更大的市场空间、更多的就业机会和更广的合作领域。

（资料来源：中国公路网）

知识储备

公路运输是现代运输主要方式之一，同时，也是构成陆上运输的两种基本运输方式之一。它在整个运输领域中占有重要的地位，并发挥着越来越重要的作用。

在一些工业发达国家，公路运输的货运量、周转量在各种运输方式中都名列前茅，公路运输已成为一个不可缺少的重要组成部分。

一、国际公路货物运输的作用

（1）公路运输的特点决定了它最适合短途运输。它可以将两种或多种运输方式衔接起来，实现多种运输方式联合运输，做到进出口货物运输的"门到门"服务。

（2）公路运输可以配合船舶、火车、港口、车站、机场集散货物的重要手段，能够起到其他运输方式难以起到的补充作用，在运输两端完成最终的运输任务。

（3）公路运输也是一种独立的运输体系，可以独立完成进出口货物运输的全过程。公路运输是欧洲大陆国家之间进出口货物运输的最重要的方式之一。我国的边境贸易运输、港澳货物运输，其中有相当一部分也是靠公路运输独立完成的。

（4）集装箱货物通过公路运输实现国际多式联运。集装箱由交货点通过公路运到港口装船，或者相反。美国陆桥运输及我国内地通过香港的多式联运都可以通过公路运输来实现。

二、我国对外贸易公路运输及口岸的分布

1. 对原独联体公路运输口岸

新疆：吐尔戈特、霍尔果斯、巴克图、吉木乃、艾买力、塔克什肯。

东北地区：长岭子（晖春）/卡拉斯基诺；东宁（岔口）/波尔塔夫卡；绥芬河/波格拉尼契内；室韦（吉拉林）/奥洛契；黑山头/旧楚鲁海图；满洲里/后贝加尔斯克；漠河/力口林达。

2. 对朝鲜公路运输口岸

中朝之间原先仅我国丹东与朝鲜新义州间偶有少量公路出口货物运输。1987 年以来，吉林省开办珲春、图们江与朝鲜咸镜北道的地方贸易货物的公路运输。外运总公司与朝鲜已于 1987 年签订了由我国吉林省的三合、沙坨子口岸经朝鲜的清津港转运货物的协议。

3. 对巴基斯坦公路运输口岸

新疆的红其拉甫和喀什市。

4. 对印度、尼泊尔、不丹的公路运输口岸

主要有西藏南部的亚东、帕里、樟木等。

5. 对越南地方贸易的主要公路口岸

主要有云南省红河哈尼族彝族自治州的河口和金水河口岸等。

6. 对缅甸的公路运输口岸

云南省德宏傣族景颇族自治州的畹町口岸是我国对缅甸贸易的主要出口陆运口岸，还可通过该口岸和缅甸公路转运部分与印度的进出口贸易货物。

7．对香港、澳门的公路运输口岸

位于广东省深圳市的文锦渡和香港新界相接，距深圳铁路车站 3 公里，是全国公路口岸距离铁路进出口通道最近的一个较大公路通道。通往香港的另两个口岸是位于深圳市东部的沙头角及皇岗。对澳门公路的运输口岸是位于珠海市南端的拱北。

任务检阅

资料分析

资料 1：满洲里国际公路口岸扩能升级顺利推进

据悉，满洲里国际公路口岸扩能升级工程中的公路口岸货运联检查验报关大楼和货运场区南北大门通道工程已完成主体建设，正在进行楼体内部及外立面装修，计划 10 月全部完工。

满洲里国际公路口岸扩能升级工程是实施国家“一带一路”倡议、贯彻自治区“8337”发展思路、扩大向北开放的口岸重点项目。主要包括满洲里国际公路口岸货运联检查验报关大楼工程、满洲里国际公路口岸货运场区南北大门通道工程、满洲里国际公路口岸货运场区道路地面硬化工程、满洲里国际公路口岸封闭式货运查验场及海关监管库房工程、满洲里国际公路口岸场区附属设施工程、满洲里国际公路口岸联检基础设施建设工程、满洲里电子口岸七个子项目。项目全部建成后，公路口岸年过货能力将由 300 万吨提升到 1 000 万吨，车辆通关能力将由 80 万辆次提高到 100 万辆次。

2016 年，满洲里公路口岸扩能升级二期工程重点建设公路口岸货运场区联检查验报关大楼、货运场区南北大门出入境货车通道、货运场区道路硬化及货运场区室外配套工程等。

满洲里国际公路口岸货运联检查验报关大楼工程建筑面积 30 809 平方米。主要功能包括联检部门业务用房、口岸相关部门业务用房、进出口企业办公区、货代企业办公区、报关报检一站式通关大厅、电子口岸和电子通关大厅、跨境电子商务和厂商跨国贸易通道展示大厅、中俄口岸工作会晤室等。投入运营后，公路口岸货运联检报关工作效率将会进一步提高，商品展示、电子商务功能将充分体现，满洲里公路口岸货运能力将得到极大提升。

满洲里国际公路口岸货运场区南北大门通道工程是完善口岸功能和改善口岸通关环境的口岸重点项目。其中，南大门通道工程建筑面积 4 594 平方米，开设 3 进 3 出共 6 条出入境货车通道；北大门通道工程建筑面积 6 041 平方米，开设 6 进 6 出共 12 条出入境货车通道，将有效改善口岸联检部门办公条件，提升公路口岸的通关能力和进出口货运量。

（资料来源：满洲里市人民政府网站）

请结合所学知识分析以上资料。

资料 2：亚洲公路网——32 国联手打造的超级工程

亚洲公路网是连接亚洲各国首都、工业中心、重要港口、旅游及商业重镇的交通运输网，覆盖除西亚以外的几乎整个亚洲地区。该公路网全长 141 204 公里，竣工后将实现亚洲与欧洲的“无缝连接”，意义远超“丝绸之路”，亚洲将因它而提速。

总耗资 440 亿美元的亚洲公路网将贯穿 32 个国家，实现亚洲与欧洲的连接。工程全部竣工后，亚洲的港口、飞机场和主要的旅游景点将连成一片，为商贸和旅游业提供更多的便利，以此带动地区经济的发展。公路网同样使“泛亚洲共同体”的梦想变得更为现实。所谓的“泛亚洲共同体”类似于现在的欧盟，即在社会、政治和经济方面具有同一性。

建造亚洲公路网的构想始于 1959 年，在联合国亚洲和太平洋经济社会委员会（简称“亚太经社会”）的倡导下正式启动。过去 20 多年，“亚太经社会”为该项目提供了巨大的支持。2004 年 4 月，亚洲公路网的建设取得重大突破，23 个亚洲国家在上海举行的“亚太经社会”第 60 次会议上签署了亚洲公路协议。

2005 年 7 月 4 日正式生效的亚洲公路协议，最终确定了穿越亚洲的线路图、道路的基本技术标准及公路沿线的线路标志。根据协议规定，亚洲公路将使用 2 个英文首字母“AH”后缀数字代码来表示地区和次地区；使用单个数字线路号码“1”到“9”的亚洲公路线路，充分贯穿多个次地区；线路号码“40”到“59”和“400”到“599”用于南亚国家；线路号码“10”到“29”和“100”到“299”用于东南亚国家。

协议规定了统一的亚洲公路分级和设计标准，为亚洲公路的建设、改善和养护提供最低标准和指南。根据车道数量和路面类型，亚洲公路被分为四个等级：干线、一级、二级和三级。“干线”指控制进入的汽车专用路；“三级”即 2 车道、双层沥青表面处理，被视为最低要求标准，应在修路资金缺乏或是供道路使用的土地有限的情况下才可使用，路面铺设将来应尽快升级到沥青或水泥混凝土。在此分类基础上，协定根据地形分类、车速等因素为不同等级的亚洲公路设计了不同建设标准。

协议规定，联合国“亚太经社会”须设立一个亚洲公路工作组，审议该协定的执行情况和任何修订建议。所有成员国均是工作组的成员。工作组每两年开一次会，任何缔约方也可通知秘书处，要求召开工作组特别会议。

借助这个贯穿亚洲的“21 世纪丝绸之路”，诸如泰国这样依托旅游业带动经济的国家将获得巨大的经济利益，泰国境内的亚洲公路全长 5 111 公里。根据工程建设计划，中国所占的路段全长 25 579 公里；印度为 11 432 公里——境内指定的亚洲公路线路全长为 65 570 公里。印度拥有世界上第二大公路网络，全长 330 万公里，仅次于美国。

（资料来源：中国高速网）

请结合上述资料分析亚洲公路网，并通过网络等方式关注目前亚洲公路网的发展。

精华总结

- 多式联运主要有三种形式：海陆联运、陆桥运输、海空联运。
- 主要陆桥有欧亚陆桥、北美陆桥。

参考文献

[1] 刘念. 物流地理[M]. 北京：高等教育出版社，2015.

[2] 杨丽红. 物流经济地理[M]. 北京：机械工业出版社，2017.

[3] 袁长明. 物流经济地理[M]. 北京：北京大学出版社，2010.

[4] 王智利. 物流经济地理[M]. 北京：首都经济贸易大学出版社，2010.

[5] 韦克俭. 商流与物流经济地理[M]. 北京：清华大学出版社，2009.

[6] 叶素文. 物流经济地理[M]. 杭州：浙江大学出版社，2010.

[7] 刘景良. 物流地理[M]. 大连：大连理工大学出版社，2017.

[8] 中华人民共和国 2017 年国民经济和社会发展统计公报.

[9] 交通运输行业发展统计公报.